Society 5.0時代の
中学校教育の構想と実践

1人1台端末時代の新しい授業の形

全教科対応

編著 岩手大学教育学部・岩手大学教育学部附属中学校

福村出版

まえがき

18世紀後半よりイギリスで始まった動力の革命（第一次産業革命）は，一般的に農耕社会から工業社会へと変革させた原動力とされている。また，16世紀頃から明確な形態を取り始めていた資本主義は，第一次産業革命において工場経営者が台頭していくことにより，新たな産業資本主義の時代へと移行していくことになった。同時にイギリスでは，第二次囲い込みや農業革命（新農法の導入）も起こっている。

20世紀後半から始まったコンピュータを中心とする第三次産業革命（第二次産業革命は19世紀後半からの石油と電力の革命）は，工業社会から情報化社会へと変革させた原動力となった。生産の現場ではコンピュータの導入による自動化が進み，主観的法則性とも言われる「技能」が，客観的法則性とも言われる「技術」へと昇華する現象も加速度的に進み始めた。そして，20世紀末に大衆に開放されたインターネットは，一部の人のツールではなく，PCの家電化との相乗効果で，現代生活にはなくてはならない生活インフラへと変貌を遂げた。さらに，スマートフォンに代表されるパーソナルデバイスとインターネットは，人々への情報伝達スピードを格段に上げ，社会の革命を引き起こすトリガーになることも，例えば平成22（2010）年12月のチュニジアの「ジャスミン革命」をはじめとする「アラブの春」などが物語っている。情報化社会が成熟した情報社会とは，これまでの工業社会の枠組みを乗り越えて発展した構造的にも異なるネットワーク社会であって，情報や知識，サービスなどを生産・流通する情報産業が中核になって発展し，コンピュータを核心とする「知的テクノロジー」が重視される知識基盤社会である。私たちは今ここにいる。

平成28（2016）年，第5期科学技術基本計画にて示された超スマート社会（Society 5.0）は，「サイバー空間（仮想空間）とフィジカル空間（現実空間）を高度に融合させたシステムにより，経済発展と社会的課題の解決を両立する，人間中心の社会（Society）」であり，「狩猟社会（Society 1.0），農耕社会（Society 2.0），工業社会（Society 3.0），情報社会（Society 4.0）に続く，新たな社会」（内閣府）とされている。現状の「情報社会（Society 4.0）」では，デバイスが接続され膨大なデータが得られる時代となった一方で，溢れるデータが十分に活用されていない問題も指摘されている。今後，すべての人やモノが繋がるIoT（Internet of Things），我々が必要とする情報を適時にAI（人工知能）が提供，高度に進展するロボット・自動運転のテクノロジーで，我が国が直面する少子高齢化，地方の過疎化，貧富の格差などの課題が克服されることも期待され，今まさに第一次産業革命に匹敵する第四次産業革命が起こっているとされている。

産業の革命は社会の在り方の変革でもある。しかしながら，超スマート社会（Society 5.0）が到来したからといって，人間の営みとしての狩猟，農業，工業，情報がなくなってしまうわけではない。例えば，農業は情報通信技術（ICT）やドローンをはじめとしたロボットテクノロジーを活用して，省力・精密化，高品質生産を実現するスマート農業へと移行する。このようなことから，Society 5.0はこれまでの社会の積み重ねとして成立する社会であることは間違いない。

急速に進展する社会の変化に，学校教育も大きく変革する時期を迎えている。令和元（2019）年12月に，いわゆる「デジタル・ニューディール政策」の一環として打ち出された「GIGAスクール構想」は，令和5（2023）年度までに義務教育段階の児童・生徒に1人1台の端末を整備するというものであった。しかし，この約2ヶ月後には，コロナウイルス（COVID-19）感染症が全世界に広がり，令和2（2020）年3月には，日本においても多くの学校が休校措置となった。これらを踏まえ，令和元年度補正予算では当初計画されて

いた令和2年度の整備分（小学校5〜6年と中学校1年）を含めた2,318億円が措置されることになった。加えて，令和2年5月には同年度の補正予算が組まれ，令和5（2023）年度まで整備される予定であった児童・生徒の端末に係る補助金2,022億円（児童・生徒の端末整備支援，学校ネットワーク環境の全校整備，GIGAスクールサポーターの配置，緊急時における家庭でのオンライン学習環境の整備）も措置されることになった。この結果，文部科学省初等中等教育局修学支援・教材課端末利活用状況等の実態調査（令和3年7月末時点の確定値）によれば，全自治体等のうち1,744自治体等（96.2%）が端末の整備を終えている。

令和3（2021）年1月26日の中央教育審議会第127回総会において，「『令和の日本型学校教育』の構築を目指して〜全ての子供たちの可能性を引き出す，個別最適な学びと，協働的な学びの実現〜（答申）」が取りまとめられた。この答申では「令和の日本型学校教育」の在り方が各学校段階に応じて述べられるとともに，Society 5.0時代における教師及び教職員組織の在り方について，基本的な考え方として以下の点が述べられている（中央教育審議会）。

・AIやロボティクス，ビッグデータ，IoTといった技術が発展したSociety 5.0時代の到来に対応し，教師の情報活用能力，データリテラシーの向上がいっそう重要

・教師や学校は，変化を前向きに受け止め，求められる知識・技能を意識し，継続的に新しい知識・技能を学び続けていくことが必要であり，教職大学院が新たな教育課題や最新の教育改革の動向に対応できる実践力を育成する役割を担うことも大いに期待

・多様な知識・経験をもつ人材との連携を強化し，そういった人材を取り込むことで，社会のニーズに対応しつつ，高い教育力を持つ組織となることが必要

国立大学法人岩手大学教育学部，同附属学校園は，教員養成学部としてこれらの諸課題に真摯に向き合い，共同で「令和の日本型学校教育」を構築できる教員の養成，地域教育のモデル校となるべく教育研究に取り組んできた。本書はその取り組みの成果を，教育学部教員と附属中学校の教員が共同で執筆したものである。本書が「令和の日本型学校教育」の構築，「新しい時代の教員の養成，研修」に少しでも役立つことができれば，望外の喜びである。

岩手大学教育学部教授・岩手大学教育学部附属中学校長　宮川洋一

目 次

●校長

宮川洋一

第**1**部

序　論

1　本書における実践研究の経緯

1.1　国立大学法人岩手大学　令和元年度学長裁量経費（研究力強化支援経費）研究

　本書における取り組みは，令和元年度における国立大学法人岩手大学学長裁量経費（研究力強化支援経費）に基づく実践研究からスタートしている。

1.1.1　採択研究課題

Society 5.0 時代の新しい学校教育の理論と実践

1.1.2　研究目的の概要

　本研究の目的は，情報社会がバージョンアップした『超スマート社会』（Society 5.0）時代に生きる児童生徒に対する教育の在り方について，「STEAM」（Science ＝科学，Technology ＝技術，Engineering ＝工学，Art ＝芸術，Mathematics ＝数学）を「人間性・直感を含む思考の基盤」と捉え，「各教科での学習を実社会での問題発見・解決に生かしていくための教科横断的な教育」及びそれを支える「主体的・対話的で深い学び」に着目し，教育学部教員と附属学校教員との協働により実践・実証研究をして，その成果を学校現場及び教員養成・教員研修に還元することである。

　本研究の特色は次の3点に集約される。第一に，各教科での学習を実社会での問題発見・解決に生かしていくための題材を具体化して実践・実証研究する点。第二に，ICT をはじめとする技術の進展に応じた教育の革新を図ろうとしている点。第三に，大学の附属機関としての附属学校を活用し，大学教員と附属学校教員の協働的な研究を推進することにより，「主体的・対話的で深い学び」に関する研究をさらに深化させる点である。

1.1.3　研究実績の概要

　本研究では研究目的を達成するため，次の6点よりアプローチすることにしていた。①本研究の全体構想の策定，②デザイン思考型教育，クリエイティブ・ラーニングの状況調査，③生徒の認知理論基礎研究，④「主体的・対話的で深い学び」の実践・実証研究，⑤STEAM 教育の側面からの教科・領域間の関連付けの検討，⑥教科間を繋ぐカリキュラム・マネジメントの具体化である。

1)　①　　　研究全体の調整，附属学校園との調整，マネジメント，本研究の将来構想等

2)　②・③　デザイン思考型教育の理念及び生徒の認知理論研究（ユニットⅠ）

3)　④　　　教科・領域等主体的・対話的で深い学び実践・実証研究（ユニットⅡ）

4)　⑤・⑥　STEAM 思考に着目した教科横断的な学び実践・実証研究（ユニットⅢ）

〈ユニットⅠにおける主な実績の概要　──附属学校教員が考える資質・能力の構造──〉

　Society 5.0 時代に必要となる資質・能力の構造に着目し，教育成果を測定するための尺度を構成した。附属中学校の教員から収集・選択した質問項目を用いて，中学1・2年生を対象に調査を行った。その後，探索的因子分析（最尤法，プロマックス回転）を行い，その構造を究明したところ，仮説によく合う3因子を抽出された。Cronbach の α 係数は『思考力』では .888，『協調性』では .898，『主体性』では .866 であり内的整合性は確認された。1週間の間隔で再調査を行ったところ Pearson の積率相関係数は『思考力』では .641，『協調性』では .698，『主体性』では .730 であり安定性にはやや課題が認められた。学年差を検討したところ，いずれの下位尺度も1年生の方が2年生よりも高く，本尺度は生徒に提示される課題の難易度の影響を受けるものであることも推察された（担当：山本・青山「研究成果等」論文）。

〈**ユニットⅡにおける主な実績の概要 ──主体的・対話的で深い学びの実践・実証研究──**〉

(1) 中学校理科における1人1台のタブレット端末を用いた学習環境の実現に向け，文部科学省が課題として指摘している指導体制の在り方について，生徒の有効性の認知とコスト感に着目して調査した。中学1年生70名を対象に4時間の授業実践（**図1**）を行い，質問紙法によって12の授業場面についてデータの収集及び分析を行った。その結果，有効性の認知についてはいずれの場面においても高い値を示し，コスト感については低い値を示した。しかし，平均値の高低に着目すると，新たに出会った課題や事象に対して既有知識や既習内容，生活経験などを関連付けながら自分の考えを整理したりまとめたりといった内的な認知処理を伴う場面においてコスト感がやや高い値を示した。

(2) 中学校数学科の図形領域におけるICTを活用した指導について，ICT活用群と非ICT活用群を設定し，生徒の質問紙調査をもとにしてその効果について検討した。その結果，図形領域におけるICTを活用した指導は，ICTを使わない従来の指導よりも「規則や性質を発見することができること」や「他の生徒とよく意見交換ができること」などの効果が明らかとなった。

〈**ユニットⅢにおける主な実績の概要 ──教科横断的な学びの実践・実証研究──**〉

中学校技術・家庭科技術分野内容「D情報の技術」において，医療・介護の問題を解決する全18時間の題材を開発し実践した。実社会の問題を発見できるようにする過程（問題発見過程）において，各教科の見方・考え方を働かせた調査活動を実施した。具体的には，A：技術科（要素技術，新技術等），B：理科（技術に関係・影響する科学），C：社会科（社会構造，人口，法律等），D：数学科（技術普及のデータ化，モデル化等）とした。その後，各自が絞り込んだ問題について，計測・制御のプログラミングによる問題解決の学習を実践した（**図2**）。なお，本研究成果は，文部科学省（2020）中学校技術・家庭科（技術分野）内容「D情報の技術」におけるプログラミング教育実践事例集に採択された。

図1　タブレット端末を用いた観察の様子　　図2　生徒が開発した製品モデル

1.2　いわて学びの改革研究事業

1.2.1　いわて学びの改革研究事業とは

いわて学びの改革研究事業は，いわて県民計画（2019〜2028）第6章「新しい時代を切り拓くプロジェクト」の一つである「学び改革プロジェクト」－「いわて学びの改革研究・普及事業」を具現化するため，国立大学法人岩手大学・令和元年度学長裁量経費（研究力強化支援経費）研究を土台として，岩手大学が岩手県より受託して実施した事業である（令和2年度〜令和4年度の3年間）。

1.2.2　いわて学びの改革研究事業の目的

　本事業は，GIGA（Global and Innovation Gateway for All）スクール構想が推進される中，豊かな創造性を備え持続可能な新しい社会［Society 5.0］の創り手となる児童生徒の育成を目指し，基礎的・基本的な知識及び技能を確実に習得させつつ，ICT を活用した『主体的・対話的で深い学び』を実践・実証するものである。なお，ここで言う『主体的・対話的で深い学び』への問いは，以下の通りである。

・『主体的な学び』への問い

　学ぶことに興味や関心をもち，自己のキャリア形成の方向性と関連付けながら，見通しを持って粘り強く取り組み，自己の学習活動を振り返って次に繋げる『主体的な学び』が実現できているか。

・『対話的な学び』への問い

　児童生徒同士の協働，教職員や地域の人との対話，先哲の考え方を手掛かりに考えること等を通じ，自己の考えを広げ深める『対話的な学び』が実現できているか。

・『深い学び』への問い

　習得・活用・探究という学びの過程の中で，各教科等の特質に応じた『見方・考え方』を働かせながら，知識を相互に関連付けてより深く理解したり，情報を精査して考えを形成したり，問題を見出して解決策を考えたり，思いや考えをもとに創造したりすることに向かう『深い学び』が実現できているか。

　平成 29（2017）年・30（2018）年に改訂された新しい教育課程は，これまでのコンテンツベースからコンピテンシー（資質・能力）ベースに転換されたものであり，平成元年に改訂された際の「新しい学力観」に匹敵する大きな枠組みの転換であると言えよう。本事業は，学習の基盤の一つと位置付けられた「情報活用能力（情報モラル）」に着目し，各教科指導における情報及び情報技術の活用にスポットを当てた令和の時代にふさわしい新しい授業の在り方を，実践・実証するものである。また，プログラミング，数理・データサイエンスに代表される「情報」そのものについての学習も，車の両輪のごとく同時に推進していく必要があると強く認識しており，小学校のプログラミング教育，中学校技術・家庭科技術分野（情報の技術）にも着目した取り組みを実施しているものである。さらに，「ICT を含む様々なツールを駆使して，各教科の学びを繋ぎ探究する STEAM 教育（Science, Technology, Engineering, Art, Mathematics 等の各教科での学習を実社会での問題発見・解決に生かしていくための教科横断的な教育）」（文部科学省）も見据えた取り組みとしている。

2　学校教育の情報化　──情報教育──

　学校教育の情報化を考える場合，大きく「教員の校務推進」と「児童・生徒に対する指導」に分けて考える。後者はさらに「情報の教育」，「教科指導における ICT 活用」に分けて整理する。いずれも学習の基盤である情報活用能力の活用・育成を目指すものである。

　一方，情報教育は今に始まったものではない。梅棹（1969）は「社会が，いままでのように人間だけでなりたっているものではなくなって，人間と機械が密接にむすびあった体系という意味」において，「プログラムのかきかたなどが，個人としてのもっとも基本的な技能となる日が，意外にはやくくるのではないかとかんがえている」と述べている。ここで，梅棹がいう「プログラムのかき方」とは「人間と機械が密接にむすびあった体系という意味」において必要とされると述べていることから，「プログラムのかき方」とは単なる文法のことをいっているのではなく，プログラミングの際に必要・発揮される見方・考え方も含んだ資

質・能力のことを意味している。いわゆる「プログラミング的思考」を包含するものである。また，梅棹は当時（1969），近い将来「情報科」という新しい教科が学校教育に確立されるであろうと述べている。

　これらを踏まえ，これまでの我が国の情報教育に関する大きな流れの中で現在の立ち位置を知っておくことは，学校教育の情報化を推進する教育実践者として重要なことであると考える。そこで，本節では，学校教育の情報化に関する歴史の概略を，教育行政の動きを中心にまとめることにする。

学校教育の情報化の流れ（小・中・高等学校を中心としたポイント）

昭和 59（1984）年　臨時教育審議会

　「我が国における社会の変化及び文化の発展に対応する教育の実現を期して各般にわたる施策に関し必要な改革を図るための基本的方策について」（諮問）

昭和 60（1985）年　臨時教育審議会　第一次答申

　教育改革の一つの方向性として「情報化への対応」が提言される。

昭和 60（1985）年　情報化社会に対応する初等中等教育の在り方に関する調査研究協力者会議第一次審議取りまとめ

　学校教育におけるコンピュータ利用の基本的な考え方が示される。

昭和 61（1986）年　臨時教育審議会　第二次答申

　児童・生徒に必要な新しい資質を「情報活用能力（情報リテラシー）」として定義付けるとともに，これらはいわゆる「読み・書き・そろばん」と同等の能力として，学校教育において育成していくことの重要性が提言される。

昭和 61（1986）年　臨時教育審議会　第四次答申（最終）

　情報社会への対応について，「21 世紀に向けて情報化という新しい時代を迎えつつある。我が国が今後情報化の絶えざる進展に柔軟に対応し，物質的にも精神的にも豊かな社会を築いていくためには，教育自体をそれに積極的に対応できるよう改革を図っていかなければならない。」とされ，以下のように具体的に提言される。

　「新しい情報手段は，情報選択の余地を飛躍的に拡大するとともに，双方向の情報伝達を可能にし，情報および情報手段の主体的な活用への道を格段に広げるものである。このような本格的な情報化は，教育において，教える者と学ぶ者との双方向の情報伝達を拡充するとともに，情報のネットワークを中心とした新しい学習空間をつくりだすという基本的な効用をもっている。しかし，その際にも，これまでの「読・書・算」のもつ教育としての基礎的・基本的な部分をしっかりと身に付けさせることが重要である。反面，情報化の進展は，間接経験の肥大と直接経験の現象，情報への過度の依存，情報過多に伴う各種の不適応症状など，情報化への対応いかんによっては，様々な弊害を生み出す可能性もあることを忘れてはならない」（一部抜粋）。

昭和 61（1986）年　教育課程審議会　答申

　「社会の情報化に主体的に対応できる基礎的な資質を養う観点から，情報の理解，選択，処理，創造などに必要な能力及びコンピュータ等の情報手段を活用する能力と態度の育成が図られるよう配慮する。なお，その際，情報化のもたらす様々な影響についても配慮する」とされ，情報活用能力と情報モラル教育の重要性が指摘される。

平成元（1989）年　小学校，中学校，高等学校学習指導要領告示（文部省）

　中学校の「技術・家庭」に「情報基礎」（選択的に扱う領域）が新設され，義務教育に「情報」を扱う内容が初めて導入される。選択的に扱う領域にもかかわらず，約 96％の中学校で実施された。この時の学習の中心は「プログラミング」であった。

　小学校，中学校の各教科での学習にコンピュータ等教育機器の活用を図ることが明記される。

平成 2（1990）年　情報教育に関する手引（文部省）

　全教科における情報活用能力の育成等について詳細に解説される。

平成 2（1990）年　米国 ARPAnet 解体

　全米科学財団（NSF：National Science Foundation）が中心となるインターネットの商用サービスが解禁となる。

平成 7（1995）年　PC の代表的な OS がリリースされる。

　　PC の家電化が始まる同時にインターネットの本格的な普及が始まる。

平成 10（1998）年　教育課程審議会　答申

幼稚園，小学校，中学校，高等学校，盲学校，聾学校及び養護学校の教育課程の基準の改善について（答申）

　　小学校，中学校及び高等学校を通じ，各教科等の学習においてコンピュータ等の積極的な活用を図ることとし，学校段階ごとには，小学校においては「総合的な学習の時間」をはじめ各教科などの様々な時間でコンピュータ等を適切に活用することを通して，情報化に対応する教育を展開する。中学校においては技術・家庭科の中でコンピュータの基礎的な活用技術の習得など情報に関する基礎的内容を必修とし，高等学校においては，情報手段の活用を図りながら情報を適切に判断・分析するための知識・技能を習得させ，情報社会に主体的に対応する態度を育てることなどを内容とする教科「情報」を新設し必修とすることが適当である（一部抜粋）。

平成 10（1998）年　小学校，中学校学習指導要領告示（文部省）

　　中学校の「技術・家庭」（技術分野）「B情報とコンピュータ」(1) - (4) が必修となる。一方，B (6)「プログラムと計測・制御」は選択的に扱う内容となり，プログラミングについては，インターネットの普及段階におけるその必要性と標準指導時間数の激減により，多くの学校では取り上げられなくなる。

　　小学校では引き続き，慣れ親しむことと位置付けられる。

平成 11（1999）年　高等学校学習指導要領告示（文部省）

　　普通教育に関する各教科に「情報」が新設され，必履修科目「情報 A」「情報 B」「情報 C」のうち，1科目2単位を履修させることが標準となる。

　　普通教育に関する各教科「情報」の目標

　　情報及び情報技術を活用するための知識と技能の習得を通して，情報に関する科学的な見方や考え方を養うとともに，社会の中で情報及び情報技術が果たしている役割や影響を理解させ，情報化の進展に主体的に対応できる能力と態度を育てる。

平成 20（2008）年　教育課程審議会　答申

幼稚園，小学校，中学校，高等学校及び特別支援学校の学習指導要領等の改善について（答申）

　　「小学校段階では，各教科等において，コンピュータや情報通信ネットワークなどの積極的な活用を通じて，その基本的な操作の習得や，情報モラル等にかかわる指導の充実を図る。

　　中学校段階では，各教科等において，小学校段階の基礎の上に，コンピュータや情報通信ネットワークなどを主体的に活用するとともに，情報モラル等に関する指導の充実を図る。特に，技術・家庭科の内容としては，マルチメディアの活用やプログラミングと計測・制御などに関する基本的な内容をすべての生徒に学習させる。

　　高等学校段階では，各教科等において，小学校及び中学校段階の基礎の上に，コンピュータや情報通信ネットワークなどを実践的に活用するとともに，情報モラル等についての指導の充実を図る。特に，普通教科「情報」については，将来，いずれの進路を選択した場合でも必要となる情報活用能力を身に付けさせるため，現行の科目構成を見直す。

　　諸外国に比べて我が国では学校における ICT 環境整備が遅れている現状も踏まえ，学校における情報機器や教材の整備や支援体制等，ICT 環境に関する条件整備も必要である」（一部抜粋）。

平成 20（2008）年　小学校，中学校学習指導要領告示（文部科学省）

　　中学校技術・家庭科技術分野内容「D情報に関する技術」において，［プログラムによる計測・制御］が必修となる。これにより，いわゆるプログラミング教育が義務教育段階において初めて必修化される。

平成 21（2009）年　高等学校学習指導要領告示（文部科学省）

　　高等学校教科「情報」（「情報 A」・「情報 B」・「情報 C」）が「社会と情報」，「情報の科学」の2科目に再編された。約8割の高校生は「社会と情報」を履修していた。

平成 22（2010）年　教育の情報化に関する手引き（文部科学省）

　　「情報化の進展と教育の情報化」「学習指導要領における教育の情報化」「教科指導における ICT 活用」「情報教育の体系的な推進」「学校における情報モラル教育と家庭・地域との連携」「校務の情報化の推進」「教員の ICT 活用指導力の向上」「学校における ICT 環境整備」「特別支援教育における教育の情報化」「教育委員会・学

校における情報化の推進体制」の全 10 章で構成されている。

平成 23（2011）年　教育の情報化ビジョン　～21 世紀にふさわしい学びと学校の創造を目指して～（文部科学省）

　日本の国際競争力の低下，資源の乏しい日本においては人材の育成がきわめて重要な意義をもつと指摘するとともに，児童・生徒の読解力に関しては，必要な情報を見つけ出し取り出すことは得意であるとする一方，それらの情報の関係性を理解して解釈したり，自らの知識や経験と結び付けたりすることが苦手である等の諸課題があると分析された。同年 3 月に発生した東日本大震災においては，情報を適切に収集・判断したり発信・伝達したりすること等が強く求められたことも言及し，2020 年度に向けた教育の情報化に関する総合的な推進方策「教育の情報化ビジョン」を示した。

平成 28（2016）年 6 月　小学校段階における論理的思考力や創造性、問題解決能力等の育成とプログラミング教育に関する有識者会議（議論の取りまとめ）

　プログラミング的思考を「自分が意図する一連の活動を実現するために、どのような動きの組み合わせが必要であり，一つひとつの動きに対応した記号を、どのように組み合わせたらいいのか、記号の組み合わせをどのように改善していけば、より意図した活動に近づくのか、といったことを論理的に考えていく力のこと」と定義する。

平成 28（2016）年 7 月　教育の情報化加速化プラン　～ICT を活用した「次世代の学校・地域」の創生～（文部科学省）

　「次世代の学校・地域」を創生し，教育の強靱化を必ず実現していくためにも，未来社会を見据えて育成すべき資質・能力を育むための新たな「学び」や，それを実現していくための「学びの場」の形成，そのために ICT を効果的に活用していくことを強く打ち出した。

平成 28（2016）年 12 月　中央教育審議会答申（中教審第 197 号）
幼稚園、小学校、中学校、高等学校及び特別支援学校の学習指導要領等の改善及び必要な方策等について（答申）

　教科等を越えた全ての学習の基盤として育まれ活用される資質・能力として，言語能力の育成，情報活用能力の育成の重要性を指摘する。以下，情報活用能力（情報技術を手段として活用する力を含む）の育成に関する内容。

　「情報活用能力とは，世の中の様々な事象を情報とその結び付きとして捉えて把握し，情報及び情報技術を適切かつ効果的に活用して、問題を発見・解決したり自分の考えを形成したりしていくために必要な資質・能力のことである。将来の予測が難しい社会においては、情報や情報技術を受け身で捉えるのではなく、手段として活用していく力が求められる。未来を拓いていく子供たちには、情報を主体的に捉えながら、何が重要かを主体的に考え、見いだした情報を活用しながら他者と協働し、新たな価値の創造に挑んでいくことがますます重要になってくる」（一部抜粋）。

平成 29（2017）年 3 月　小学校，中学校学習指導要領告示

　小学校においてプログラミング教育が必修化され，中学校技術・家庭科技術分野・内容「D 情報の技術」において，「ネットワークを利用した双方向性のあるコンテンツのプログラミングによる問題の解決」「計測・制御のプログラミングによる問題の解決」が必修化される。

平成 30（2018）年 3 月　高等学校指導要領告示

　共通必履修科目として、問題の発見・解決に向けて、事象を情報とその結び付きとして捉え、情報技術を適切かつ効果的に活用する力を生徒に育む「情報 I」を設定した。また、選択科目として、「情報 I」の基礎の上に，情報システムや多様なデータを適切かつ効果的に活用する力や、情報コンテンツを創造する力を育む「情報 II」を設定した。

令和元（2019）年 6 月　「学校教育の情報化の推進に関する法律」が公布，施行（目的　第 1 条関係）

　「高度情報通信ネットワーク社会の発展に伴い，学校における情報通信技術の活用により学校教育が直面する課題の解決及び学校教育の一層の充実を図ることが重要となっていることに鑑み，全ての児童生徒がその状況に応じて効果的に教育を受けることができる環境の整備を図るため，学校教育の情報化の推進に関し，基本理念を定め，国，地方公共団体等の責務を明らかにし，及び学校教育の情報化の推進に関する計画の策定その他の必要な事項を定めることにより，学校教育の情報化の推進に関する施策を総合的かつ計画的に推進し，もって次代の社会を担う児童生徒の育成に資することを目的とする」

令和元（2019）年12月　文部科学大臣メッセージ

子供たち一人ひとりに個別最適化され、創造性を育む教育 ICT 環境の実現に向けて

～令和時代のスタンダードとしての1人1台端末環境～

「1人1台端末環境は、もはや令和の時代における学校の『スタンダード』であり，特別なことではありません。これまでの我が国の150年に及ぶ教育実践の蓄積の上に、最先端の ICT 教育を取り入れ、これまでの実践と ICT とのベストミックスを図っていくことにより、これからの学校教育は劇的に変わります」（一部抜粋）。

令和元（2019）年12月　**教育の情報化に関する手引き（文部科学省）**

（図の出典：https://www.mext.go.jp/a_menu/shotou/zyouhou/detail/mext_00117.html）

3　本書の概要

本書は，全6部で構成されている。

第1部（本部）では，本研究の経緯と情報教育に関する大きな流れを解説した。

第2部では，「未来の教室」をイメージし，コロナウイルス感染症（COVID-19）の広がりで大学を含めて急速に進んだ遠隔・オンライン学習と，GIGA スクール構想の目指すところでもある情報及び情報手段を活用しながら，実社会の問題を発見，解決していく学習について技術・家庭科技術分野を例に紹介している。

遠隔・オンライン学習の事例では，令和3（2021）年9月7日（火）に本学教育学部附属中学校にて実施された南極（昭和基地）とリアルタイム共同学習「GIGA スクール特別講座～南極は地球環境を見守るセンサーだ！～」における，取り組みの様子を報告している。南極等，現時点においては中学生が容易に出向くことはできない環境を「学校に持ち込む」というオンラインならではの実践であると同時に，オンデマンドではなくリアルタイムで南極と接続した実践であることが特筆される点である。また，この取り組みは単なるイベント及び特定教科の学習の延長としてではなく，地球環境問題，人間の生き方を問う探究的な学びの

一環として，本学教育学部附属中学校の「総合的な学習の時間」（ヒューマン・セミナー）に位置付けて実践された。なお，ICT を活用した同校の「総合的な学習の時間」（ヒューマン・セミナー）の取り組みについては，本書の他に田代高章・阿部昇編著：『「生きる力」を育む 総合的な学習の時間』（福村出版，2021），第10章にて詳しく述べている（加藤・三浦・宮川）ので参考にしてほしい。

　これまで示してきた通り，技術・家庭科技術分野は平成元年の学習指導要領から情報の学習が指導内容として明確に位置付けられてきた教科である。平成29（2017）年告示の学習指導要領では，同分野の学習内容については「……の問題の解決」と明記され，技術に関する問題の発見・解決の学習が，技術教育の本質であることを明確に示している。この点はこれまでの同分野の学習指導要領と大きく異なる点である。なお，一般社団法人日本産業技術教育学会では，2030年の技術教育の在り方を検討し，「次世代の学びを創造する新しい技術教育の枠組み（The New Framework of Technology and Engineering Education for Creating a Next Generation Learning）」として公表している。第2部で紹介している技術分野の実践内容は，この新たな枠組みにおける具体的な取り組みの一つとして注目されていることも付記しておきたい。なお，「次世代の学びを創造する新しい技術教育の枠組み」では，技術教育から捉える STEAM 教育の枠組みも示されている。今後，各教科は各教科の本質を踏まえつつ，探究的な学習，STEAM 教育の実践も求められるところである。この際，本枠組みの考え方は，一つのモデルとして参考になるのではないかと考えられる。

　第3部では，本学教育学部附属中学校の研究の柱が論じられている。本章では，新しい時代を切り拓くために必要となる「人間の強み」に着目し，「人間の強み」を発揮するために必要となる資質・能力について，以下の3点を再定義している。

・思考力等

　問題解決及び創造をするために，自分自身の既有の知識や概念，技能を関連付けながら思考する力

・協調性等

　相手意識や思いやりをもちながら他者との対話や協働を行い，自分の考えを再構築したり，合意形成を図ったりする力

・主体性等

　身の回りの事象から価値や問題を見出す感性と力。自己を認識しつつ，探究心や好奇心をもって最後まで問題と向き合う態度

　その上で，「情報・情報技術を効果的に活用する力は，新しい社会で必要不可欠な力であり，生徒が学習や生活さらに社会でも働かせることで，より「人間の強み」としての資質・能力を高め，発揮するために必要な力と捉える」と論じている。学術的な先行研究も踏まえつつ，自校での実践に基づく学習モデルの構築，理論化が行われている点は特筆されよう。

　第4部では，第3部を具現化する各教科・領域等の実践を紹介している。情報及び情報手段は，各教科の学びの基盤として位置付くものであり，特定教科以外は情報及び情報手段そのものが学びの目的ではない。このことは，平成の時代から指導上の留意点として確認されていたところである。本章ではこの点を十分に留意し，情報及び情報手段は各教科の学びを促進するものと位置付けて実践・実証が行われている。本部では，はじめに各教科の実践に対する基本的な考え方を「教科論」として示し，その後実践・実証するための指導計画が具体的に記されている。その上で，公開授業等における生徒の学びの姿を，生徒相互の発話やワークシートの記録物より分析，考察している。

第5部では，ICT支援員の目線から見た学校現場での支援について，論述されている。ICT環境の整備は，ICTを活用した主体的・対話的で深い学びを実現するために必要不可欠であることは論を俟たない。このような環境構築だけでなく，実際に運用していく際には専門的知識と技能を兼ね備えた支援員の存在はきわめて重要である。しかしながら，このようなICT支援に必要な資格，学校現場における具体的な取り組みについては，多くの人に理解されているとは言いがたい。単なるトラブルシューティングをするだけの人という誤解もある。本書では，本学教育学部附属学校園に，ICT支援員として直接関わっていただいた，特定非営利活動法人codeMo（コードモ）の日脇氏に原稿を執筆していただいた。実際に1年間学校現場に入り，得られた体験に基づく本原稿は大変貴重なものであるといえよう。

第6部では，第4部における各教科・領域等における成果も踏まえつつ，第3部で論じた目指す生徒の姿が具現化できているのか，生徒の変容を客観的に把握することで評価しようとしている。しかし，一般的に生徒の多様な変容を量的に把握することは困難を伴う。本章では，自作した質問紙を活用して意識調査を行い，統計的分析を試みている。今後，デジタルデバイスが活用されることにより，生徒の学習データ（学習履歴）が容易に収集できるようになることが想定されている。大量に蓄積される生徒の発話記録やワークシート等，データ利活用の在り方が重要となる。本章の内容も含め，これらは今後の研究課題としておきたい。

本書はこのように多くの視点を睨みながらも，学習のコアである教科の本質を見失わないように十分配慮して実践・研究を行い，またその成果を執筆したものである。さらに本書は，令和4（2022）年度より教育職員免許法上必修化される，ICT活用指導力を総論的に修得できる科目「情報通信技術を活用した教育の理論及び方法」（1単位）の教科書としても活用できるよう，本学教育学部と附属中学校の教員とが共同で実践研究，執筆をしたものでもある。本書が全国の教員養成及び教員研修の場で活用されることを執筆者一同願ってやまない。

●教務主任
加藤佳昭

第**2**部

Society 5.0 時代の未来の学び

1 はじめに

AI，ロボット，IoT 等の急速な技術の進展により，技術と農業，工業等の産業が融合し，数年前には誰も予測できなかった社会の中で私たちは生きている。子供たちに，予測困難な未来社会の創り手となるための資質・能力を身に付けさせるためには，文系・理系といった枠に捉われず，各教科等の学びを基盤とし，様々な情報を活用しながら統合し，課題の発見，解決，社会的な価値創造に結び付けていく学習活動が必要である。また，学校を社会や世界と接点を持ちながら学ぶことができる開かれた環境とし，教育の質を高めていくことが重要である。

文部科学省（2021）は，STEAM 教育を，実社会の中からテーマが設定され，その解決に教科の学びを働かせる学習とし，教科の学びが顕在的に総合化されるカリキュラムマネジメントの重要性を指摘している。経済産業省（2020）は，「子供達のワクワクを起点に『知る』と『創る』の循環的な学びを実現すること」の必要性を指摘し，「学びの STEAM 化」の推進を図っている。日本学術会議においては，これまでの学術体系を見直し，「あるものの探究（認識科学）」と「あるべきものの探究（設計科学）」という文理融合した新しい枠組みを提唱している。本部では，実社会の問題を教科横断的に発見，解決していく実践を提案する。それは，子供がテクノロジーと出会い，エンジニアリングにおける研究・開発のプロセスを教室の中で疑似体験しながら，医療・介護の問題を解決していく授業である。

GIGA スクール構想の実施により，本校においても令和 2（2020）年度内に 1 人 1 台学習用タブレット端末の整備がほぼ完了し，令和 3（2021）年度から本格的な活用が始まった。各教科等においても，多様な人，企業とのオンライン授業が行われている。学校は社会や世界との接続が容易になり，生徒の学びは広がっている。本校は、令和 3 年 9 月 7 日に開催された文部科学省主催事業「GIGA スクール特別講座 〜南極は地球環境を見守るセンサーだ！〜」に参加した。「GIGA スクール特別講座」は，南極の昭和基地と日本国内，海外の学校を Web 会議システムで接続し，1 人 1 台端末を用いた中学生対象の講座である。本講座を総合的な学習の時間「ヒューマン・セミナー」の中に位置付け，南極観測隊員の生き方から学ぶこととした。本部では，遠隔授業の実践として，「GIGA スクール特別講座 〜南極は地球環境を見守るセンサーだ！〜」における本校の取り組みについて，生徒の具体的な姿とともに紹介する。

2 実社会の問題を教科横断的に発見，課題を解決していく豊かな学び（技術科）

（1）医療・介護の問題を解決する題材の指導計画

本題材では，生徒は，ユーザの願い（ニーズ）と，これまでの学習で習得している知識・技能（シーズ）に基づき，医療機器の開発者の立場で人間の願いを叶えるための製品モデルの開発に取り組む（**表 1**）。

表1　医療・介護の問題解決の題材の指導計画（18時間扱い）

ステップ	学　習　内　容	時間
生活や社会を 支える技術	計測・制御システムの原理についての基礎的な知識及び技能を習得する。	2
	社会構造の変化から，医療・介護を問題解決のテーマとして設定する。	1
	医療・介護技術のシステムについて，製品の開発・創造・普及の要因等を読み解く。	3
技術による 問題の解決	いくつかの症状の患者を想定し，現状を調査し，理想の姿とのギャップから解決すべき問題を絞り込む。	0.5
	チーム内で開発コンセプトを決定する。	0.5
	製品アイディアを出し合い，製品のイメージを絞り込む。	1
	最も実現可能性の高い設計に絞り込む。	1
	開発プロセスを決定し，製品モデルを試作する。問題解決を試行し，設計と開発プロセスについて，評価，改善・修正を繰り返す。	6
	製品モデルを提案し，他チームが開発し製品モデルを様々な視点から評価する。	1
社会の発展と技術	最先端の研究開発から，計測・制御の技術の将来展望について，自分の考えを発表する。	2

（2）実践の概要

①生活や社会を支える技術

はじめに，生活や社会を支える計測・制御の技術をモデル化し，プログラミングの基本的な考え方と技能，システムの基本的な仕組みについての知識を習得させた。

次に，日本の人口推移予測のグラフから，生徒が近い将来直面するだろう社会の問題を考えさせた。生徒が挙げた項目は，働き手の不足，年金問題，医療費問題，介護と仕事の両立の難しさ，介護施設の不足，高齢者による事故の増加，認知症患者の増加，一部の産業の衰退，地域の経済活動であった。これら

図1　医療機器を体験する生徒の様子

の中から，技術（Technology）で解決可能な問題を量的に絞り込み，問題解決のテーマを「医療・介護」と設定した。

その後，既に普及している3つの医療機器（装着式随意運動介助電気刺激装置，ロボットスーツ，筋電義手）が開発された過去に遡り，開発から普及に至るまでの過程において直接的に関係・影響した科学，技術，社会構造の変化，社会問題を把握し，製品開発における開発者の思考を追究する学習活動（以後，技術レビュー学習と表記する）に取り組ませた。

実際に医療機器を体験すると，生徒は自分の皮膚から漏れ出す微量な電流が検出されたことに感動し，その電流に比例した刺激がリアルタイムに出力された時に，システムの中に自分自身が存在することを実感する（図1）。「自分の筋肉が脳からの電気信号で動いている」「自分の腕の筋肉からも電流が検出されている」「外部からの刺激で腕の動きがアシストされている」といった実感から，どのようなメカニズムなのかという技術（Technology）への知的好奇心が自然と高まる。この知的好奇心の高まりをもって調査学習を行った。

調査学習は，4人1組のグループで行った。グループごとに3つの製品の中から調査したい製品を選択し，グループ内で分担して調査した。筋電を検出するためのセンサ技術や製品の動作のアルゴリズム等について

の技術分野の内容，筋電に関わる科学や人間のからだのつくりについての理科と関わる内容，販売台数や普及率等をデータ化する数学と関わる内容，開発や普及のきっかけとなった社会の変化や人口推移，法律等の社会と関わる内容，その他，対象とする年代の心理等の心理学と関わる内容等，様々な分野からの調査が行われた。調査内容をグループ内で交流する際には，自分が調査した内容に自信を持って発表する生徒の姿が見られた（図2）。交流から見出した製品の開発・普及の要因となる要素

図2　調査内容を交流する生徒の様子

をグルーピングすると，使用者のニーズ，社会のニーズ，人を支援したいという開発者の願いが出発点となり，既存の技術や科学を活用し，重量や機能性，操作性，外観，安全性，経済性を検討した上で，新しい医療機器が生み出されていることが明らかになった。また，世の中に送り出され，多くの患者の身体機能の回復に役立つ製品でも，改良の余地はあり，普及のためには社会保障の問題や価格の問題等があることに生徒は気付く。

②ユーザの現状と理想の姿とのギャップから問題を見出す

　問題とは，ユーザの現状と理想とのギャップである。生徒は，いくつかの症状の患者を想定し，現状と理想の姿を調査し，そのギャップから解決すべき問題を見出した。「不具合がすでに顕在化している問題」「放置しておくと不具合が発生する問題」「現状でも支障はないものの，理想を求める問題」等，チームによって対象とする人の現状も，問題の種類も異なる。ユーザを意識して「理想」を考えることに重点を置くことで，生徒は，患者の「できない」を「できる」に変えて，未来の生活に明るい兆しを与えられるような製品モデルを考え始める。生徒が開発者の立場で，「もっと生活を楽しんでほしい。そのためにはこんなものはどうでしょうか？」といった意識で製品モデルを開発できるように指導していくと，「自分の意志で好きなものをお皿から選んで食べたい」「自分が行きたい場所へ自分の力で移動したい」「人とのコミュニケーションを楽しみたい」「もう一度腕を動かしたい」等，ユーザのQOL（Quality of Life）の向上を意識したニーズを見出し，チームで解決すべき問題として設定した。

③開発コンセプトを設定し，解決策のアイディアを発想する

　技術レビュー学習で整理した開発における検討・配慮事項に基づき，開発において重視したい事項をチームで検討した。ユーザの経済的な負担，安全性，外観，利便性，機能性，操作性等の各チームが設定した開発コンセプトは，今後のチームの開発戦略となる。このコンセプトが，生徒自身が製品モデル開発の過程や結果を評価する際の条件となる。

　次に，問題を課題化する。課題とは，現状と理想のギャップを埋めるために「やるべきこと」である。ブレインストーミン

図3　解決策を検討する生徒の様子

グで解決策のアイディアを出し合い，KJ法で開発する製品モデルのイメージを絞り込んでいく（図3）。「批判しないこと」，「実現できなさそうな斬新なアイディアでも歓迎すること」，「質より量にこだわって多くのアイディアを出すこと」等，アイディアを出しやすい雰囲気を作るための参加行動に関する指導が重要である。

④設計を最適化する

絞り込まれた製品モデルのイメージに基づき，チーム内の一人ひとりがイメージ図やアルゴリズムを図化したものをもち合い，開発コンセプトを踏まえて，ユーザのニーズと各チームのシーズがマッチングする最も実現性の高い設計に絞り込む（**図4**）。ここでは，様々な技術と技術，技術と他分野を組み合わせたシステム的な考えが入ってくる。本題材であれば，人間の動きを支援する部分に大きく関わるため，「情報の技術（計測・制御のプログラミング）」と「エネルギー変換の技術（動力伝達の機構）」が主な組み合わせである。こうした技術と「医療・介護」の分野が組み合わせられる。

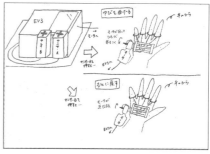

図4　生徒が記述したイメージ図の例

⑤製品モデルを試作・問題解決を試行する

生徒の製品モデルの開発プロセスには，PDCA（Plan-Do-Check-Action）サイクルの大きなプロジェクトの問題解決の流れの中に，STPD（See-Think-Plan-Do）サイクルのスピード感のある修正・改善の流れが認められた。試作したソフトウェアとハードウェアを融合させたシステムの動作確認（See），プログラムのバグの発見とハードウェアの改善点の明確化（Think），改善策と開発プロセスの考案（Plan），プログラムのデバッグやハードウェアの改善（Do）という流れを繰り返

図5　問題解決を試行する生徒の様子

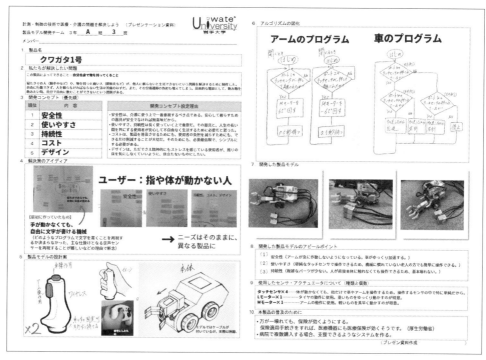

図6　プレゼンテーション資料例

した（**図5**）。STPDサイクルの中で，生徒は製品モデル開発に必要な情報を収集し，活用している。収集している情報は，センサやアクチュエータの特性，プログラミングに関する知識といった技術分野の教科知識，ユーザの症状や困りごと，筋肉の付き方や関節の仕組み，眼の仕組み，口腔内の構造，発声の仕組み，脳内の血液量の変化といった医療・介護分野の専門知識まで幅広い。調査した内容から，実際に関節を動かしたり，筋肉の動きを確認したりしながら，ユーザの本質的ニーズに迫る。そして，自分たちがもっている技術力であるシーズとマッチングさせ，解決策を見出し，夢中になって製品モデルを開発していく。

製品モデルの提案においては，生徒はプレゼンテーション資料を使い，デモンストレーションを行いながら，開発した製品モデルの魅力を伝えた。製品モデルの提案を聞く生徒は，トレードオフの関係にある複数の視点について，どのように折り合いを付けながら技術を最適化しているかについて評価した（**図6**）。

⑥社会の発展と技術

題材の最後は，専門家を招聘し，最先端の研究開発と本題材の学びの接続を図った。生徒は，研究者による筋電位センサと人工知能を使って舌の動きで操作できる電動椅子のデモンストレーションを見て，ニーズ先行型の問題解決，ニーズとシーズのマッチングの重要性をあらためて実感していた。また，実社会における研究開発が，自分たちが取り組んできた問題解決と似ていることを実感し，本教科の学びを価値付けた。

（3）実践における生徒の具体の姿

①技術レビュー学習における生徒の具体の姿

技術レビュー学習では，既存の技術開発・普及にあたって検討された技術と社会の相互作用を調査している。既存の製品開発の際に生まれた技術によるイノベーションは，それだけでは普及に至らず，法律改正，保険適用化などの企業努力があって初めて社会に受け入れられる。生徒は，技術に使われる科学，技術と社会，環境，経済との関わり，既存のデータを活用した普及予測等，教科等横断的な視点で調査した（**図7，図8**）。生徒が見出した製品開発において開発者が検討・配慮したであろう事項を，技術的課題解決の過程別にKJ法を用いてグルーピングを行った（**図9**）。

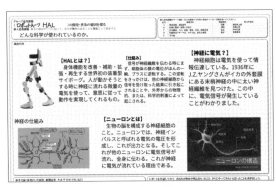

図7　理科を担当した生徒のレポート例

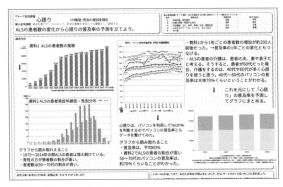

図8　数学を担当した生徒のレポート例

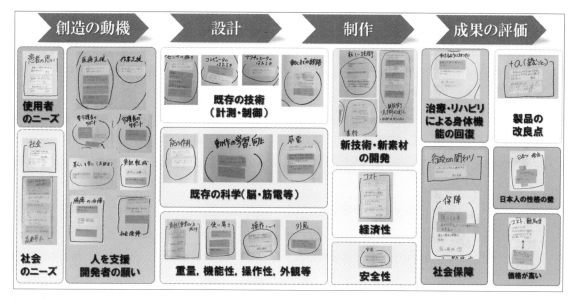

図9　生徒が見出した開発において検討・配慮する事項

　以下は技術レビュー学習を終えた生徒の「製品を開発する時に，開発者が検討・配慮した事項はどのようなことですか」という問いに対する記述例である。

> 　利用者が満足するかという視点で，使いやすさや体に害なく安全に使えるかを考えていると思います。また，開発者は価格を何度も検討していると思います。開発者の人たちは，質を向上させるために，何度も試行錯誤していきます。すると，価格も高くなってしまいます。価格と質をてんびんにかけ，調節しながら利用者に製品を届けています。

　また，以下は「これから開発者の立場で製品モデル開発に取り組む際に，活かしていきたいことはどのようなことですか」という問いに対する記述例である。

> 　今回調べた3つの製品も，開発者の視点だけでなく，利用者そして介護・補助する人，様々な立場の人を大切にしていました。開発者であれば「価格」，利用者であれば「安全性」，介護・補助する人であれば「正確性」など，今回調べた製品を参考に考えたいです。また，患者のデータを大切にしたいです。

　生徒の記述内容から，技術レビュー学習で取り上げた技術が，社会からの要求，安全性，経済的負担等の相反する要求に折り合いを付け，最適化されてきたことに気付いていること，これから始まる製品モデル開発において検討・配慮すべき点を捉えていることが推察される。

②製品モデルの試作・問題解決の試行（STPDサイクル）における生徒の具体の姿

　製品モデルの試作・問題解決の試行場面では，生徒は問題解決の大きな流れ（PDCAサイクル）の中で，プログラムの実行と同時に，製品モデルの動作をよく見ている。そして，チーム内で意見を出し合い，一人ひとりのアイディアを大切にしながら修正・改善するSTPDサイクルを繰り返し回し続けている。自分の取り組みに必要な身の回りのリソース，例えば教科書や参考書，インターネット，タブレット端末，先生や友達をうまく活用しながら，自分なりに学習を工夫して開発する姿が見られる。授業では，最初の3〜5分間で前時の開発を振り返り，製品モデルの開発作業と役割を確認しているが，授業時間内でも，頻繁にチー

ム内で情報を共有したり，取り組みを振り返って開発計画を修正している。

以下は，生徒開発記録シートの「開発プロセスの振り返りと改善点」の欄に記述した例である。

---

① タッチセンサを押す回数とジャイロセンサをメインに，様々なモデルを見ながら既習事項と繋げて考えられたが，一つひとつ解決していくようなプログラムになってしまったため，ごちゃごちゃしていた。ソフトを開発している人だけでなく，ハードを作っている人との連携も図っていきたい。

② 制御するところを分担し，使用する際の計測と実際の動かし方に分けて効率的に進められた。大まかなプログラミングは固まったので，ハードづくり班と相談し，どのセンサを使うのかなど決めていきたい。

③ 使う人のことを考え，安全のためのストッパーをつけたり，歯車と手の接触面をどうカバーするか考えたりすることができた。ハード，ソフトどちらもほぼ完成していたため，話し合いながら連携して細かいところをつめていけた。より滑らかで自然な動きを追求していきたい。

※同じ生徒が1時間目，2時間目，3時間目に記述した内容を①，②，③と記載。

記述から，ハードとソフトの一体化を図りながらシステムを開発しようとしていることが明らかであり，ニーズとシーズのマッチングを目指している生徒の姿が提供されている。また，どのように他者と協働して物事を前に進めることが合理的であるかを考えながら開発を進めていることが分かる。

③生徒たちが開発した製品モデル

あるグループは，不慮の事故等で身体機能が低下してしまったユーザを想定し，「リムーバブルハンド」という食事をサポートするための製品モデルを開発した（図10）。このグループは，ユーザの「一人では難しいが食事はとることができる（現実）」と「食事を楽しみたい（理想）」の差を解消するために，ジャイロセンサやタッチセンサとアタッチメント式のフォークやスプーンを組み合わせ，ユーザが自分の意思で口元まで運ぶことができるシステムを開発した。ユーザのニーズを

図10 生徒が開発した製品モデル例

踏まえて，一般家庭が購入できる価格に抑えようと使用センサの数を最小限に抑えた工夫点が発表された。

生徒は，ユーザの現状を捉えつつも，「楽しんでいただきたい」という思いを製品開発に繋げている。「お風呂に一人で入れないから，お風呂に入れるようにしてあげる」ではなく「お風呂を楽しめるようにしよう！」，「友達に手紙を出したいけど出せないから，書けるようにしてあげる」ではなく「他の方々とコミュニケーションを楽しめるようにしよう！」とユーザに寄り添って「理想」を意識することで，生徒の発想は広がる。動かない身体であったとしても，前を向いて生活しているユーザの「理想」を意識することで，生徒の柔らかい発想による素晴らしい製品モデルが開発された。

④社会で行われている研究開発と結び付けた生徒の具体の姿

題材の最後に，研究者による開発中の製品モデルのデモンストレーションを見た生徒は，これまでの製品モデル開発と実社会における研究開発を繋げて，以下のように発言した。

・使う人のことをよく考えて，一つひとつのものがつくられていることがわかりました。どのような人にも，生きているからこそ味わえる楽しみや喜びを味わわせてあげるという強い思いのもと，つくられていることを実感しました。私たちは，開発するうえで，生活の中で最低限のものをつくろうとするのが多かったんですけど，楽しみをつくってあげようとする視点が大切なことだなぁと思いました。

・ 身体が麻痺して動かないという人でも，舌は残りやすいということで，着眼点がすごいと思ったし，何よりその考えを実現できるのがすごいと思いました。ニーズとシーズを両方大切にしなければいけないとお話されていたので，自分の考えに自信をもつことができました。

　また，こうした学習を終えた生徒に，「技術分野で学んだこと」について記述させたところ，以下のような記述が見られた。

・ 技術は，「空を飛ぶ」などの奇想天外なことを実現可能にするためにあると思っていましたが，今までの研究成果をつなげてプログラムにしてという地道な作業で社会の問題を解決するツールなのだと思いました。「ニーズ」と「シーズ」のマッチングという言葉にあるように，一部の人が望むものではなく，多くの人々に利益が生まれるように技術開発されるべきだと思いました。また，開発するだけではなく，普及のためにどんな工夫をするのかを大切にするべきだと思いました。コスト面と利便性など，たくさんの視点から物事を見ることが良い結果につながると思いました。また，失敗のデータをいかに分析して，いかに次に生かすかは，技術だけではなく，人生でも大切にしたいと思いました。
・ 1年生の時には，ただの「ものづくり」としか考えていなかったが，授業を通して「つくる」だけではなく，「考える」工程がとても大切だとわかった。最も優先すべきことは何か，人々が必要としていることに応えられるかといった視点で進めていくと，とてもよい製品が完成したので，それらは就職しても続けていきたい。ITが進化する世界において，技術がすべての基盤となり，また人材を育てる大切なものだと思った。
・ 技術とは，製品をつくることだと思っていました。しかし，技術には，社会をよくしていくことができる力があると思います。ものをつくるとき，必要なのかどうかや，どんなものをつくるのかは，人それぞれ違ってくるだろうけれど，「困っている人，必要としている人のためになるように」というのは，共通しているのだろうと思います。これから，ロボットやAIが発展していくと思います。そんな時，ただすごい製品ではなくて，役に立つものが活躍していくだろうし，人とロボットが同じように生活していたらおもしろいなと思います。「何かをつくる」というのは大変なことが多いけど，人が幸せになるために努力しているというのは，世の中の役に立ちたいという気持ちがあるからだと思います。私は，技術を悪用するのではなく，人の役に立つことを考えてつくり，笑顔になれればいいと思います。
・ この3年間，技術をやってきて，これからの社会に一番必要とされそうな教科だなと思います。ものづくりではなく，誰かのため，将来のためなど大まかな目標から，先を見据えた開発が，学年があがるたびに強くなっていたと思うし，3年間共通していたものだと思います。必要とされていることに対し，技術を活かしたり，開発，折り合いを付けるということは，これからもっとそういうことが多くなっていくと思いました。実際に開発を重ねる中で，絶対に考える機会がなかったことや，何を優先するのか，多面的に考え「正しい答え」ではなく，ベストである納得できるものを制作し，親身なものであることが大切であると考えます。

(4) 考察

　本題材で，問題を発見，解決していく過程において，生徒は絶えずニーズの探究とシーズの探究を往還し，エンジニアリングのデザインプロセスを学んでいる。このプロセスが，医療・介護の問題解決の基盤となっていると言える。実社会における諸課題を技術（Technology）により解決していく開発者の思考は，文・理融合した教科等横断的な思考である。そして，「技術レビュー学習を終えた生徒の記述」からも，このような問題発見，解決の思考・方略を知る経験が生徒の製品モデル開発における探究的な「創る」学びを促進したことが推察される。生徒が開発した製品モデルやプレゼンテーション資料から，技術分野の教科知識の他に，文・理の教科知識や専門知識の活用が認められ，ユーザのニーズを満たすために，「知る」学びと「創る」学びを循環させながら製品モデルを開発してきたものと考えられる。

3 遠隔授業を通した豊かな学び 「南極・昭和基地の『今』が教室に」

（1）遠隔授業の実践

①実践期日及び対象

本実践は，2021年9月7日（火）日本時間14:00～14:50（昭和基地時間8:00～8:50）に本校1年生（男子69名，女子70名，計139名）を対象として行った。1学年は，A組，B組，C組，D組の4学級であり，1学級35名で編成されている。GIGAスクール特別講座は，Web会議システム接続会場1教室と動画配信サイト接続会場を4教室で，全学級139名の生徒を対象に，50分間の遠隔授業を行った。

②遠隔授業の学習環境と対応

本実践の教室環境，オンライン授業で活用したアプリを以下に示す（**図11**）。

ア 教室環境

本実践では，普通教室4学級と特別教室を使用した。各教室では，教師用PC1台，プロジェクタ1台，スクリーン1台を使用した。スクリーンには，教師用PCを投影し，音声が流れるようにした。参加している生徒は，1人1台タブレット端末を使用しているが，ハウリングを防ぐため，音声はミュートにして使用した。個人用のイヤフォンを準備することで，生徒用タブレット端末からの音声出力も可能となる。

イ オンライン授業で活用したアプリ

Web会議システム接続会場（特別教室）では，教師用PCにインストールされたWeb会議システムを活用して参加し，直接昭和基地とやりとりをした。動画配信サイト接続会場（普通教室）4学級では，動画配信サイトに接続された教師用PCを投影し，配信される映像を視聴した。南極観測隊員からのクイズには，生徒用タブレット端末でQRコードを読み取り，アンケート作成ソフトで回答した。事前調査学習を終えた生徒は，南極観測隊員への質問やメッセージをアンケート作成ソフトで送った。

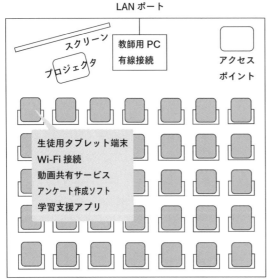

図11 教室環境

③遠隔授業の実践の概要

ア　事前学習

「GIGA スクール特別講座」の直前に１時間（50 分間）の事前学習の授業を行った。事前学習では，国立極地研究所の動画共有サービスの動画を視聴して昭和基地までの道のりや昭和基地の施設内を確認し，南極観測隊の生活を捉えた上で，事前に調査してきた内容の交流を行った。調査は，南極観測隊の「人」「仕事内容」，暮らしている「土地」についてグループ内で分担をして行った。生徒は，テーマごとにそれぞれ課題を設定して調査に取り組んだ（**表 2**）。調査内容の交流後は，生徒と南極との距離を近づけるため，「南極の氷」をグループごとに観察した。「南極の氷」は、南極地域観測隊が昭和基地周辺の氷山から割り取って日本に持ち帰ったもので，１～数万年前の雪が降り積もって固まったものである。中には当時の空気が閉じ込められているため気泡が観察でき、水で融かすとプチプチとした音（気泡の音）を聞くことができ，生徒からは歓声が沸いた。

表2　生徒の事前学習のテーマと課題例

テーマ	課題例
人	南極ではどのような生活をしているのだろうか 南極観測隊の人たちがもつ思いとは
仕事内容	南極で働く上で大切なことは何か 南極観測隊の人たちは，どのような仕事をしているのだろうか
土地	南極は人が住めるような環境であるのか

イ　事前学習指導過程

段階	学習活動
導入	1　学習内容を確認する。 　　(1)　極地研 NIPR の動画共有サービスの動画を視聴する。 　　　　【公式】#41 第 62 次南極地域観測隊昭和基地までの道のり（JARE62） 　　　　【公式】#42 昭和基地主要部の施設内紹介（JARE62） 　　(2)　(1),(2) で働く南極観測隊員の生き方から学ぶ 2 時間であることを確認する。 2　学習課題を確認する。 　　　　「人」「土地」「仕事内容」から南極観測隊員の生き方に迫る
展開	3　調査内容の交流の準備をする。 4　調査内容を交流する。 　　「人」「土地」「仕事内容」について調べてきたことを 1 人 3 分程度で発表する。 5　調査内容を全体で交流する。 6　南極の氷を観察する。
終結	7　振り返り 「事前学習・南極中継メモ」の「交流会から学んだこと」の欄に，本時の交流会から学んだことを入力する。

ウ　GIGA スクール特別講座

第 62 次南極地域観測隊の観測隊長兼夏隊長である橋田元氏が日本側で進行し，特別講座が始まった。橋田元氏は本校の卒業生でもあり，生徒は先輩の生き方に学ぶという姿勢をもって講座に臨んだ。昭和基地側では，越冬隊の皆さんがラジオゾンデによる高層気象観測を見せてくれたり，お湯花火や吐息の色，気象に関するクイズを出題してくれたりした。昭和基地の気象観測と地球環境との関わりについてもオゾンホール

の話で説明がされた。本校の Web 会議システム会場から生徒が越冬隊員とやりとりした記録を**表3**に示す。

表3　Web 会議システム接続による本校と昭和基地のやりとりの記録

越冬隊員：「今、私は外でお話していますが、何か気付きませんか？ そう、吐く息が白くならないんです。それはな 　　　　　ぜでしょう？」 　　　　　（アンケート作成ソフト） 　　　　　吐く息が白くならないのはなぜでしょう？ 　　　　　Ａ：気温が低すぎるから 　　　　　Ｂ：空気がきれいだから 　　　　　Ｃ：南極の空気には特別な気体が含まれているから 本校生徒：「僕たちはＢを選びました。理由としては，雲ができる時と同じような感じで，中に塵が無いとああいう 　　　　　白いのにはならないので，白くなるってことは何か塵があるということだから，南極の空気がきれいだか 　　　　　ら白くならないと思いました。」 越冬隊員：「息の中の水蒸気というのは、空気中のほこりなどが核になって小さい水滴をつくるため、雲のように白 　　　　　く見えます。しかし、南極の空気は大変きれいでほこりの数は日本の都市部の千分の一くらいと言われて 　　　　　います。南極は、ほこりが少ないので、吐く息が白くなりません。答えはＢでした。」

　南極や地球環境・気候変動に関する内容がメインではあったが，本講座を本校の「ヒューマン・セミナー」に位置付けることで，生徒たちは自然科学とは異なる切り口で学びを広げた。生徒は，越冬隊員からクイズが出題されるとすぐにアンケート作成ソフトに切り替えて回答し，スクリーンに映し出されるアンケート作成ソフトの回答状況を見ると，教室内で自然と対話が生まれていた。

図12　生徒のワークシート例

④生徒の姿

ア　生徒のワークシートの記入例

　事前学習と「GIGA スクール特別講座」では，生徒は1枚のワークシートに調査内容や感想をまとめた（**図12**）。

　ワークシートの左側は，事前に取り組んだ調査学習の内容をまとめたものである。ワークシートの右側は，「GIGA スクール特別講座」を受講しながらメモを取った内容と受講後の感想等が入力されている。ワークシートは学習支援アプリ上で作成，提出しているため，生徒にとっては学習履歴（スタディ・ログ）として蓄積することができる。

イ　生徒の感想例

　GIGA スクール特別講座を受講した生徒たちが，受講後に記述した感想の例を以下に示す。

　── 授業内容に対する感想 ──

- 南極観測隊の皆さんがどんなことをしているのか知らなかったけど，各専門の人々が様々な調査をしていることがわかった。南極が日本とは全然違う環境であることにも驚いたし，実際に南極の様子を見て，あの場所で仕事をし，日本や世界のことにつながっていることがとても素晴らしいことだと感じた。
- 南極では，科学的調査を通して自分たちの生活を守っていることを知って，とても責任重大な仕事だなと思いました。僕たちの生活と南極は密接に繋がっていることに一番驚いたので，もっと自分で詳しく調べて，これからの学習や生活に生かしていきたいです。
- 今まで南極観測隊員という方々がいるというのは知っていたけれど，世界の気象に大きく関わりがあるということを今日初めて知りました。南極での研究がこれからの未来を支えていくのだなと感じました。また，南極観測隊員の皆さんは自分自身の専門的な知識を活かして，仲間と協力している姿を見て，やはり大きな取り組みを成功させるにはお互いの協調性が大切なのだなと改めて感じました。

　── 遠隔授業に対する感想 ──

- 実際にライブ配信で話を聞いたり，クイズに答えたりすると，自分の考えとどう違うかなどがはっきりとわかり面白かったし，実際に観測しているところを見ることができてよかった。また，調べただけではわからなかったことなどを知ることができた。
- やっぱりいくら調べても直接聞く話にはかなわないなと思いました。直接質問したり質問に答えたりリアルタイムで見られてとても貴重な体験だなぁと思いました。
- 実際に南極に行っているかのような気持ちで楽しく様々なことを知ることができたのもタブレットがあるからこそできることなのだと感じた。タブレットをこのように活用できて様々な経験ができることは良いことだなと改めて感じた。

（2）考察

　ICT の活用によって，生徒は南極観測隊員の生活のイメージを効果的に膨らませたり，瞬時に大量の情報を共有したりして，学びを広げることができた。同時に，事前に郵送していただいた「南極の氷」に水を注いで音を聞いたり，実際に本物を観察したりすることで，遠隔授業の質が高まったものと推察される。南極観測隊員からクイズが出題されるたびに教室では生徒同士が自然と話し合い始める様子が見られた。現在，昭和基地で様々な活動に取り組んでいる各分野のプロフェッショナル集団である南極観測隊員の生の声は，生徒の心に響いたようである。

　本実践では，Web 会議システム，動画共有サービス，アンケート作成ソフト，学習支援アプリなど，多

様なアプリを活用して，遠隔授業を展開した。生徒の感想記述にもあるが，まるでその地に行っているかのような気持ちで，普段出会うことができない人と出会うことができるのが，遠隔授業の強みである。ICTを活用することで，新しい教育の場面を創ることができる。県内，国内だけではなく，接続環境が整ってさえいれば，どこからでもアクセスができ，様々な授業展開が考えられる。遠隔授業は，教育の質を飛躍的に向上させ，生徒の学びを豊かにする大きな可能性を秘めている。

4　おわりに

　本部で紹介した技術分野の実践は，医療機器メーカー，医療機器販売業者，大学等の研究者等，地域の力を借りて実践しており，遠隔授業の実践は，国立極地研究所等の関係機関と連携して実践を行っている。学校が社会と接点をもつことで，多様な人々と繋がり，生徒がこれまで考えたことがなかった新しい世界を広げ，学びを深めることができる。1人1台端末を活用した遠隔授業が可能となり，これまで以上に学校は社会と接点をもちやすくなった。未来の学びは，工夫次第で可能性は無限大である。

　医療・介護の問題を発見，解決していく題材では，生徒たちはニーズとシーズを探究し続け，文系・理系といった枠に捉われず様々な情報を収集し，活用しながら「知る」学びと「創る」学びを循環し続けた。今後，答えのない未知の課題を教科横断的に発見，解決していく学習活動がよりいっそう求められるのではないだろうか。生徒たちの製品モデルの開発は，エンジニアによる製品開発の疑似体験であるため，そううまくはいかない。行き詰まって悩む時間帯もあるが，仲間とともにアイディアを出し，調べる中で，明るい兆しが見えたとき，大きな歓声とともに何物にも代え難い感動を味わう。そして，自然とお互いを認め合う姿が見られる。子供たちがいつか日本や世界を救ったり，誰かを笑顔にしたりするようなイノベーションを起こすことを願う。

●研究主任
平澤 傑

第 **3** 部

Society 5.0 時代の「人間の強み」を育む学びの構想

1 新しい社会に求められるもの

（1）これから訪れる社会

人工知能（artificial intelligence：AI）は，世界のあらゆる産業を変容させると言われている。経済協力開発機構（OECD）の国際成人力調査（PIAAC）では，読解力，数的思考力，ICTを活用した問題解決力といった重要な情報処理スキルに関する成人の習熟度と，AIが代替可能な割合を分析している。これによると，既

表1　AIの代替可能なスキルの割合
（Elliott Stuart ” Computers and the Future of Skill Demand.”）

習熟度レベル	OECD加盟国の成人の割合	人工知能
レベル2以下	53%	該当
レベル3	36%	ほぼ該当
レベル4〜5	11%	非該当

にAIは50%以上の成人と同等の段階に達しており，続く36%の成人にも迫っている（**表1**）。

内閣府（2016）は，狩猟社会（Society 1.0），農耕社会（Society 2.0），工業社会（Society 3.0），情報社会（Society 4.0）に続く新たな社会として，Society 5.0を提唱した。Society 4.0では，人がインターネット空間にアクセスし，情報やデータを入手し分析を行ってきたが，Society 5.0では，ビッグデータを人工知能（AI）が解析し，その解析結果がロボットなどを通して人間にフィードバックされることで，これまでにはなかった高付加価値な情報，提案，サービスがもたらされることになると言われている。それに付随して，将来的に半数以上の仕事が自動化されることが予想されるなど，日本そして世界を取り巻く環境は大きな変化を遂げている。今後，人間にはIoT，ロボット，人工知能（AI），ビッグデータといった先端技術をあらゆる産業や社会生活に取り入れ，経済発展と社会的課題の解決を両立していくことが求められている。

このような中で学校教育に求められているのは，Society 5.0を生き抜く生徒の育成，そしてそのような人間中心の豊かな社会を創造する生徒の育成である。本校では，人間固有の資質・能力を本質的に捉え，AI等を使いこなしつつ資質・能力を発揮し，諸問題を解決したり新たな社会を創造したりする生徒を育成するための指導の在り方を模索することを目指した。

本校が育成を目指す資質・能力は，AIには代替できない人間特有のものであると考えられることから，生徒の表面的・行動的側面のみならず，生徒の内的・心理的な側面に働きかける実践を十分に検討しながら研究を進めることが重要と捉えてきた。そのためには，「どのような手法を用いて実践を行うか」だけではなく，「その手法を用いて生徒にどのような働きかけを行うか・どのように生徒の思考を促すか」までを見通して研究を進める必要がある。

（2）これまでの研究の課題

（1）のような社会的背景を踏まえ，一昨年度より研究主題を「Society 5.0を生き抜く『人間の強み』を育む学びの構想」と設定し追究してきた。前年度研究で課題となったのは次の内容である。

① 生徒の「人間の強み」を発揮するための資質・能力に，より直接的に関与する実践を検討すること（前年度研究の視点は「真正の学び」「教科の本質に迫る指導」「学びの自覚化」）。

② 教職員が目指すべき生徒像を具体的に捉えるとともに，「実践の効果」について指導目標に照らし合わせて適切に捉えながら研究を進めること。

③ Society 5.0では情報技術の利活用が不可欠であることから，情報・情報技術の利活用（特にICTの利活用）について深く検討し，生徒の学びに位置づけ資質・能力の育成を促進させること。

（3）本校生徒の実態

　本校生徒の多くは，知識・技能を習得することに熱心であり，それらが概ね身に付いていると考えられる。また，授業におけるグループワークやペア学習では，話合い活動がある程度成立しており，時間いっぱい意見交換する姿が見られる。加えて，規範意識も高く規則正しい生活習慣を確立させている生徒が多いと考えられる。

　一方，様々な問題を解決したり創造的な活動を行ったりするときに，新たな疑問・問題を生み出すこと，自分自身の問題として自律的に解決に向かうこと，失敗を恐れずに自分自身の力や集団の力で解決することについては課題が残る。また協働場面では，生徒が一通り意見を述べることはできるが，本質を追求するような議論を展開したり，出し合った意見をさらに質の高いものに昇華させたりする段階には至っていないものと考えられる。さらに日常生活では，自ら積極的にコミュニケーションを図る力，活動の意義や目的を捉えながら自ら行動する力にも大きな改善の余地があると考えられる。これらの課題は，Society 5.0を生き抜く人間の強みとして高めるべき資質・能力と整合していると言える。

2　新しい時代を切り拓くための「人間の強み」を発揮するための資質・能力とは？

（1）Society 5.0 で必要だと考えられる資質・能力

　Society 5.0を生き抜く「人間の強み」を一概に定義することはできない。本研究では，Society 5.0を生き抜く「人間の強み」を発揮するために必要な「資質・能力」を育成することを目的とした。「人間の強み」を発揮するためには，「理解」「判断」「論理」といった認知能力と「他者とつきあう力」「自分の感情を管理する能力」「目標を達成する能力」（OECD, 2015）といった非認知能力を含めた資質・能力を相互に関連させることが必要である。その中でも特に本校では，AIに代替できない人間の強みを発揮するための資質・能力として，**「思考力等」「協調性等」「主体性等」**を掲げ，その育成を図った（**図1**）。

思考力等	協調性等	主体性等
問題解決及び創造をするために，自分自身の既有の知識や概念，技能を関連付けながら思考する力	相手意識や思いやりをもちながら他者との対話や協働を行い，自分の考えを再構築したり，合意形成を図ったりする力	身の回りの事象から価値や問題を見出す感性と力。自己を認識しつつ，探究心や好奇心をもって最後まで問題と向き合う態度

図1　「人間の強み」を発揮するために育成を目指す資質・能力

（2）育成を目指す資質・能力について

①思考力等

　授業の中で，生徒がこれまで学習したことを道具箱から道具を選ぶように選択し，選んだ道具を自分のものとして自在に扱い，様々な問題や現実世界に当てはめて解決する姿がある。

　このように，Society 5.0において膨大なデータの蓄積をも

図2　授業における知識の転移場面

とに確率が高い答えを出すAIの思考過程とは違った，本質的な意味理解や問題解決，創造を伴う人間らしい思考力を育成することが求められる。この人間らしい思考力は，本質的に意味を捉えた概念や活用可能な技能などの道具を，新しい問題や状況の文脈に当てはめ（転移），目的をもちながら，個人の感性・直観なども働かせ問題解決や創造を行うものである（図2）。

②協調性等

生徒は，授業で直面する難しい問題を解決するために，他の生徒と考えやアイディアを共有し，より良い解を生み出そうとする。そこで磨かれた新たな解や，協働しながら磨くプロセスは，生徒が新たな問題を解決するための根拠や道標となる（図3）。

思考力を働かせて解決や創造を行う際，個人で完結させず，相手意識をもちながら対話や協働を通じて知識やアイディアを共有し，新しい解や納得解を生み出す力が必要となる。そ

図3　授業における議論場面

して，新しい社会を牽引する人材には，様々な制約の中で，バランスをとることや多くの人を巻き込み引っ張っていくリーダーシップが必要である。場面や状況，相手の様子に応じて自己を抑制したり主張したりしながら，適切にコミュニケーションを図る力を学校教育で高めていくことが重要である。そして，問題解決や創造活動を行うために，考えの再構築や合意形成を図る力が求められる。

③主体性等

問題に直面することは，困難との対峙でもある。それでも生徒は実生活や実社会から自ら問題を見出し，その難しさを感じながらも，目を輝かせながら試行錯誤し，解決し続けようとする（図4）。

直面する現実世界において価値や問題を見出し，解決しようとする態度や，新たな疑問や智を創造しようとする力は，意思や目的をもたずにアルゴリズムにより処理するAIとは異なる「人間の強み」である。このような力は，内発的な動

図4　授業における問題生成場面

機によって支えられ，かつレジリエンスや誠実さ，自制心など様々な非認知能力に支えられる力である。問題に対して自らの行動・思考過程を認識し責任をもって最後まで粘り強く対応することは，人間の仕事の中でさらにその重要性が増していくと考えられる。

本校では，「人間の強み」を発揮するための資質・能力に上記の三つを挙げ，育成を図った。これらの資質・能力は，将来的に半数以上の仕事が自動化されるなど，社会の在り方が劇的に変わっても，人間中心の世界で人間らしく豊かに生きるために大切な「人間の強み」を発揮するための力である。なお，学習指導要領では，育成を目指す資質・能力の三本柱として「知識・技能」「思考力・判断力・表現力等」「学びに向かう力，人間性等」を挙げているが，本研究における資質・能力は必ずしもどれかに対応するものではないことに留意する。例えば「協調性」は，その定義内容から「思考力・判断力・表現力等」と「学びに向かう力，人間性等」の両者に関連するなどである。

（3）三つの資質・能力に付随する力について

①情報・情報技術活用能力

情報・情報技術を効果的に活用する力は，新しい社会で必要不可欠な力であり，生徒が学習や生活さらに社会でも働かせることで，より「人間の強み」としての資質・能力を高め，発揮するために必要な力と捉える。学習指導要領（文部科学省，2017）では，情報活用能力を「学習の基盤となる資質・能力」と位置付け，「世の中の様々な事象を情報とその結び付きとして捉えて把握し，情報及び情報技術を適切かつ効果的に活用して，問題を発見・解決したり自分の考えを形成したりしてい

図5　授業における ICT 活用場面

くために必要な資質・能力」としている。本研究では，ICT を中心とした情報技術の活用に加え（**図5**），それらを用いるなどして得られた情報を適切に活用する力も含めた「情報・情報技術活用能力」の育成を目指した。

②文章や情報を正確に読み解く読解力

豊かな言語活動を行えることは，豊かな思考活動を行えることに直結する。人間の知的な営みは全て言語を媒介として行われているからである。思考を働かせ他者とコミュニケーションを図り，主体的に物事を解決・創造をする上で，文章や情報を正確に読み解く読解力や適切に情報を伝える言語力が基盤（土台）となっている。また，文章などにおける抽象的な情報からイメージや具体を想起したり，一つの情報を他の事に当てはめて考えたりするなど，人間固有の読解力についてはますます重要性が高まる。

なお，学習指導要領における「学習の基盤となる資質・能力」は，情報活用能力，言語能力，問題発見・解決能力であり，本研究では問題発見能力は「主体性等」，問題解決能力は「思考力等」に関連する。

3　資質・能力を効果的に育成するためのアプローチとは？

本研究「Society 5.0 を生き抜く『人間の強み』を育む学びの構想」は，生徒達に AI 技術の活用と共存が求められる新しい社会をたくましく生き抜き，人間の強みを発揮できるような資質・能力を育む学びの在り方を追究するものとし，次ページの**図6**のように全体をイメージし，実践を行った。

（1）本研究における主体的・対話的で深い学び

①本校で捉える資質・能力育成のための「主体的・対話的で深い学び」とは

本研究では，三つの資質・能力を育成するためのアプローチの中心として，主体的・対話的で深い学びからの授業改善を挙げる。生徒の資質・能力を育成する主体的・対話的で深い学びは，単にグループワークやペアワークなどの対話場面を授業に位置付けるだけでは実現しない。

生徒は，議論（口論）や合意形成といった仲間との

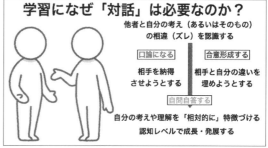

図7　学習における対話の意義（令和2年度校内研究会資料）

コミュニケーションの中で，生徒個々がもっている具体的な知識や経験，問題解決経験やスキルなどについて，仲間との微妙な差異を見出し，互いに説明し合ったり補い合ったりすることで少しずつ抽象化していく。同時に，他者との議論（口論）や合意形成をする際，

主張・抑制を中心とした自己のコントロール，自分の考えを精緻化すること，相手意識や積極性をもつことなど，あらゆる力が働く（**図7**）。つまり，対話の過程で思考力・協調性・主体性が磨かれる。本研究では問題解決等の学習過程において，**図8**の視点に基づく「主体的・対話的で深い学びによる授業改善」を図り，生徒の資質・能力の向上を図った。

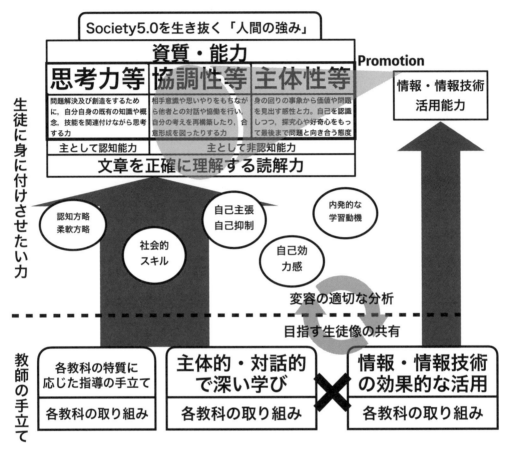

図6　Society 5.0 を生き抜く「人間の強み」を育む学びの構想　研究構想図

主体的な学び	対話的な学び	深い学び
・自ら解決したいと思える問題を自分の力で解決し，その過程と成果を自覚する学び ・生徒自身が自らの学びをコントロールできる学び	・他者への説明によって知識や技能が頭の中で構造化する学び ・他者からの多様な情報を比べたり，関連付けたりして処理し再構成する学び ・他者と新しい知を創造し，協力して課題解決する学び	・身に付けた知識や技能を活用したり，発揮したりして関連付ける学び ・体験したことと収集した情報や既有の知識とを関連させ，自分の考えとして整理し意味付けたり，それを自覚したり共有したりする学び

図8　本校で捉える主体的・対話的で深い学び

なお，これらは学習指導要領「主体的・対話的で深い学びの実現（「アクティブ・ラーニング」の視点からの授業改善）について」の内容も踏まえたものである。

②危惧される授業展開と，それを改善するための教師の関わり

　①に述べたような学びを実現するためには，教師の周到な準備と綿密なコーディネートが必要となる。この準備とコーディネートが適切になされない場合，図9のようなことが起こると危惧される。

・話合いの時間は確保されているが，教師の問題の解説によって進行する授業になってしまう。
・生徒に考えさせ話し合わせた後に，意見を収束させられずに，答えやモデルを提示する授業になってしまう。
・一定の時間を生徒に与え，生徒がやりたいことを放任的に行わせる形になってしまう。

図9　危惧される授業展開

　このような授業を改善するための具体的な教師の関わりは次の通りである。

【問題把握場面（導入）】

　生徒が自発的・能動的に学び始めるために，生徒自身が自ら問題をもつ状況を生み出すことが欠かせないため，導入場面で生徒が解決する必要性を強く感じる事象や状況・文脈を提示する。この際，これまでの生徒自身の考えとの「ずれ」や「隔たり」を感じさせたり，「憧れ」や「可能性」を感じさせたりすることが重要である。

【問題解決遂行場面（展開）】

　問題解決や対話を，「生徒自身の力」で行わせ，スキルや知識・概念を習得させるよう仕組む必要がある。秋田（2006）は，生徒の思考を促す対話の在り方を4段階に示しており，段階が上がるほど生徒の思考は活発化すると述べている（表2）。これに基づいて生徒の多様な意見を扱う際の教師の関わり方を職員間で共有した。教師による問題の解説の中に話合いが位置づけられた授業（教師主導），一定の時間を与え生徒がやりたいことを放任的に行わせる授業（教師によるコントロール不足）は，「生徒自身の力」で問題解決がなされていない状態にある。教師は適切にコーディネートするため，①「どのような意見が出るか」「どのような躓きに出会うか」「どのような議論になるか」を事前に想定すること，②生徒が授業の中で実際にどのような意見をもっているのかを的確に把握することが必要となる。

【問題収束場面（終結）】

　生徒に多様な考えをもたせることが目的のオープンエンドの授業とは違い，ほとんどの授業は，教えるべき内容や問題解決の終着点が存在する。授業時間の中で結論やねらいまでたどり着かせることは授業者の責務であり，生徒の多様な考えを生徒の力で収束させるために必要なのは，教師のコーディネート力に他ならない。授業の結論は，教師のまとめではなく生徒のまとめとなるよう授業を運営することが求められる。さらに生徒の力で問題解決を収束させるためには，授業者の言葉の中から余計な言葉を削ぎ落とし，発問を精選することも必要である。

【単元構想場面】

　生徒の力で問題解決を行わせるためには，単元指導計画に系統性・順次性をもたせることが必要である。

表2　思考を深める教室談話（T：Teacher, C：Children　図は秋田（2006）をもとに作成）

[段階1] T-C 談話		[段階2] T-C 談話	
教師が発問し，一人の生徒が答える。その回答の成否に焦点が当てられて，教師が説明や質問をし，授業を進める。	教師 ↑ 生徒	指名した生徒の答えの背景にある思考や解き方を教師が吟味して話す。教師の説明によって生徒は他の生徒の解き方を言葉で理解することはできるが自分の解き方と関連付けて考えるよりも受け入れる形になりやすい。	教師 ↓↑ 生徒
[段階3] C-T-C 談話		**[段階4] C-C 談話**	
生徒の発言を通してできるだけ多様な考え方を取り上げ，教師が整理し，生徒がそれらを吟味できるよう組織化していく。生徒は，自分の考え方や解決方法を再度理解し直したり，比較吟味したりすることができる。	教師 ↙↘ 生徒　生徒	生徒が自分の考えを正当化したり，相互に質問したり援助することによって授業が進められる。生徒は，他者から考えを取り込んだり，自分の考えを吟味評価したり，他者の思考を引き合いにしながらより深く理解し直していく。	教師 生徒⇄生徒

「教師が教えなければならない（生徒の力で見出せない）ことはしっかりと教える」「生徒の力で見出せることは教師からは与えない」を徹底するカリキュラムマネジメントを行い，教師が教えたことと生徒が自分の力で見出したこと（既習事項）を使って，新たに自分の力で問題を解決するといったような「順次性」をしっかりと吟味しながらカリキュラムを構成することが重要である。

　これらを踏まえながら，校内研等で年間を通して授業改善を図った。

（2）資質・能力を効果的に育むための「ICT の効果的な活用」と「主体的・対話的で深い学び」の関係

　情報・情報技術活用能力について，学習指導要領（文部科学省, 2017）では，言語能力と同様に「学習の

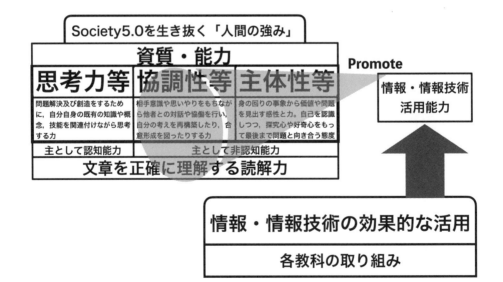

図10　情報・情報技術活用能力と資質・能力の関係

基盤となる資質・能力」と位置付けている。本研究では，資質・能力育成に関わって，改めて二つの力の位置付けを検討した。結果として読解力を「資質・能力の基盤（土台）」，情報・情報技術活用能力を「資質・能力育成の促進媒体」と位置付けた。思考力等・協調性・主体性の定義に基づくと，いずれも文章を正確に理解する読解力なしには成り立たない。一方，ICT などの情報技術や得られた情報を適切に活用する力は，高まれば高まるほど思考力・協調性・主体性が発揮されやすくなったり，これまでよりも育成のスピードが高まったりする促進媒体としての役割（**図10**）と捉える。このことは，「ICT を使うことそのもの」や「生徒が ICT を巧みに使える力」が，資質・能力の育成に効果を発揮するのではないことを意味している。資質・能力育成は主体的・対話的で深い学びの質に依存し，この学びに ICT を組み込むことが，資質・能力の育成効果を増幅させると考えられる。

　Puentedula（2010）は，ICT の活用には段階があることを提唱した。**図11** の ICT 利活用モデルのように，「アナログをデジタルに置き換える」という段階を超え，「デジタルを用いることでより教科の本質に迫り生徒の主体的・対話的で深い学びを促す」指導の在り方を検討し，実践を行うこととした。なお，授業者は，ICT を用いることにより生徒の学びの質が低下する可能性があることも視野に入れなければならない（この点については，本校理科「ICT 活用の有用感とコスト感に関する研究」において触れている）。以下に資質・能力を育成する情報・情報技術の効果的な活用について具体例を挙げる。

　まず一つ目は，生徒の思考を活発化させたり，教科等の見方・考え方を働かせたりする機能である。例えば，保健体育の授業ではタブレット端末のスロー再生機能を用いることで，自分自身の身体の使い方に関してより精細な分析が可能となり，良さや改善点を見出すことに繋がる。数学の授業では，図形に関する問題を解決するために，自分の考えをもった上で，動的数学ソフトウェア等を用いて，図形の形を自在に変えながら考察し規則性を見出すための新たな気づきを得る。理科の授業では，物体の運動をカメラで撮影し，ストロボ再生した動画に軌道を描き込み，運動の規則性をより詳細に考察することができる。

　二つ目は，生徒の協働を活発化させる機能である。例えば，英語の授業で記述した英文や英語のスピーチをペアで互いに聞いたり読んだりしながら表現の評価と改善を行うことである。ここで，学習支援アプリを用いることで，英文や英語での対話について，グループやペア，さらには学級や学年を越えて閲覧し，相互評価したりメタ認知したりできるようになり，協働の規模を拡げることができる。また，端末の中で記述したり作成したりした制作物を，どのような考え方で完成させたのかを全体で共有し，生徒の議論や合意形成をより活発化させることができる。

　三つ目は，生徒が自分の学習をモニタリング・コントロールし調整する働きである。教師が ICT を使う場面を限定し一斉に使わせる段階を越え，生徒自身が必要なタイミングや機能を場面選択し，自分の学習をより効率的に遂行する段階を目指す。例えば音楽の授業で，自分自身の音楽表現を録音・分析し，新たに表現の方法を変える使い方がある。美術の授業では，制作物をあらゆる方向から撮影し，より多角的に制作物の評価・改善を図るなどである。あるいは全教科において，これまでの「学習プリント」にあたるデータをタブレット端末に蓄積し，新たな問題解決の根拠としたり客観的に分析したりすることや，単元前後の自分の学びの成果を振り返り，何が分かるようになったかを俯瞰的に捉える。

　このように，GIGA スクール構想の展開により1人1台端末を活用した教育実践を通し，資質・能力を確実に育成することが求められている現在，ICT を用いた学びに置き換えることから，ICT を用いることで初めて実現できる学びを実現することに重点を置いた。

図11　Puentedula の SAMR モデル（ウェインら改訂，2020）

4　資質・能力を育成するための実践例

（1）主体的・対話的で深い学び

教師のコーディネートで主体的・対話的で深い学びを運営する（理科）

　理科では「教師の働きかけ 7 ルール」（**図12**）のもと，授業実践を重ねている。これは，生徒の既有知識や生活概念の把握といった「生徒理解」に始まり，学問の系統性を知ることや教材理解といった「内容知」，それらをどのように学ばせることが効果的かといった「方法知」の各観点から，協働的な学習を意図的に設定するものである。その具体的な授業の内容は以下の通りである。

　まず課題設定についてであるが，教師は個別の天気図を一人ひとりに配付し「皆さんは気象予報士です。今日一日の天気図をもとに明日一日の天気を予報しなさい。G.F.C Weather News 21 は『予報の正確性』と『予報の根拠』を第一にしている番組です。信頼性のある情報を発信しなさい。」という課題を提示している。この授業は，配付される天気図や予報する都市などの条件は異なっていても，既習事項（高気圧・低気圧間の風向，台風，四季の気圧配置，季節風，移動性高気圧，温帯低気圧等）や，理科の見方・考え方（時間的・空間的な視点，比較，関連付け等）を活用して天気を予想するという本質的な課題が同じであることで，生徒が個々の課題に責任をもって主体的に取り組むだけでなく，協働場面では本質的・概念的な対話の重要性に気付かせることができる（**図13**）。

次に解決過程である。それぞれ
の課題に個人で取り組ませた後,
グループで協働し解決を図った
（**図14**）。個人での解決及びグルー
プでの解決場面では, 教師は生徒
個々の考えを観察・把握し, その
後の全体議論のコーディネートに
生かす。この場面では, 教師は生
徒の思考を俯瞰して捉えがちだが,
「天気図の動き」「雲の動き」「気圧
の配置」など, 生徒個々がもって
いる考えの「根拠」を全てピック
アップしカテゴリー分けすること

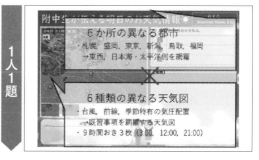

【教師の働きかけ7ルール】

生徒理解

生徒の考え・思考の理解

既有知識・生活概念の把握

自力・集団解決, 教師支援の見極め

授業者の言葉・発問の精選

内容知　　　　　　　　　　　　方法知

深い内容・教材の理解

協働集団の規模の見極め

低次から高次への組織化

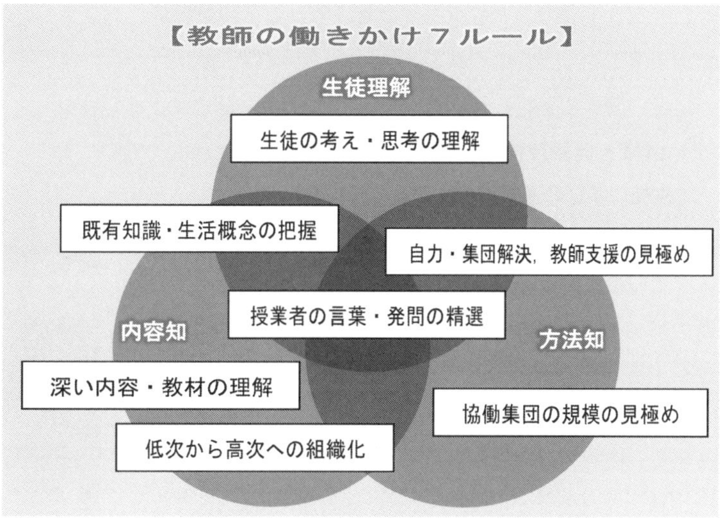

図12　教師の働きかけ7ルール

で適切なコーディネートが可能である。このとき, 生徒
の話合いを全て聞いて把握することは困難なため, 文字
として外化したものも同時に読み取ることを試みている。
タブレット端末への記述の場合, 生徒の考えの把握はよ
り容易となる。

最後に収束場面である（**図15**）。この場面では,
往々にして優れた生徒による発表や, 挙手を行った生徒
への指名に終始することがある。これでは「なぜその解
決に至ったか」の理由を生徒が理解しないまま他者の答
えを受け入れたり, 収束せずに教師が一方的にまとめた
りすることに繋がりがちである。この授業では, グルー
プでの協働後に解決過程を全体に発表させ, 教師が「こ
の解決方法に質問・意見はあるか」と意見を求めている。
その後, 出た質問や意見について「さらにこの質問につ
いて考えはあるか」や「この質問についてグループで考
えよう」と発問し, 解決の根拠となる概念・ねらいの概
念についてさらに深化を図っている。この際, 生徒に挙
手発言を求め, 全て自由に発言させているわけではなく,
個人解決・グループ解決の場面で, 概念の深化に必要な
考えを挙げていた生徒に意図的に発言させたり, 全体で
考える必要がある内容を取捨選択し議論を広げたりと,
綿密なコーディネートを行っている。最終的にこの授業
では, 教師は結論を伝えず, 生徒の力で獲得させたい概
念を見出し自分の言葉でまとめることができた。このよ

1人1題

図13　生徒に配付される36種類の課題

協働場面

図14　異なる天気図に意見し合う生徒達

発表場面

図15　スクリーンの前で天気予報を行う生徒

うに教師は生徒の自力解決を待つだけではなく，意図的に思考を促し黒子に徹し，生徒の力で収束するよう働きかけることが必要である。他にも，系統性・順次性をもたせた単元指導計画など，主体的・対話的で深い学びに関わる実践を行っている。各教科論を参考にされたい。

（2）情報・情報技術の効果的な活用

①生徒に学びの選択権を委ねる（外国語科）

外国語科では，単元ゴール「盛岡について予備知識のあるタイの中高生に向けて，自分たちだからこそ知っている盛岡についてCMで紹介しよう」の解決のために，1人1台端末を用いた英語によるCM動画作りに取り組ませた。CM作りを行う際，構成，端的さ，印象に残る表現，自然な発音，固有名詞の読み上げ方などの言語的側面，タイとの比較，文化背景への配慮などの内容的側面からブラッシュアップを図り，外国語科の見方・考え方を働かせるようにさせる。これまで，各自が作成したCMをペアで見合い，言語面・内容面から修正箇所を対面でアドバイスし，アドバイスを受けて即時にCM音声を再録音したり，画像や文字に修正を加えたりするなどの活動を行ってきた（図16）。外国語科では，さらに学習支援アプリを用いて，教師に提出した他の生徒のCM動画を自由に閲覧できるようにした（図17）。その中で，自分と同じ題材のCMや，自分が目標としている級友のCMなど，CM作りの新たな視点や，自分が向上させたい視点について必要に応じて取り込む活動を行っている。

図16　ペアによるCMのブラッシュアップ

図17　アップロードされた生徒の作品

また普段の学習では英語による対話を録音・録画し合い（図18），メタ認知を図っている。このとき，ペアによる相互評価だけでなく，学習支援アプリに提出された動画を自由に閲覧し，他のペアの対話を分析し自分のペアとの比較や良い点を取り入れるなどの活動に繋げている（図19）。どのペアのものを参考にするかは全て生徒に委ねられており，生徒が自己調整力を働かせながら，自分自身の向上のために活動を取捨選択している。

図18　対話の録音場面

図19　アップロードされた対話

②教科の見方・考え方を働かせ，思考を表現しやすくする（数学科・保健体育科）

　数学科の授業では，「**図20**の四角形AQPRは，△PBCがどんな三角形のときに長方形になるのか」の課題を解決する中で，平行四辺形になるための条件や図形の性質に着目し，平行四辺形と三角形の間の関係を論理的に考察する力を養うことを目的とした。これまで，このような課題を解決するために生徒はいろいろなパターンの図形を学習シート等に描いていた。ここで，問題解決途中で動的数学ソフトウェアを用いて図形の性質を分析して良いこととした。すると生徒は，まずソフトを使わずに考えた後，ソフトを用いて自分の考えを検証し，分析し始めた。「点Pを外部にとってもひし形になる。」「△PBCは正三角形でも良いのでは？」と条件を変えようとしたり（**図21**），予想段階で成り立たないとされた考えを考察しようとしたりした。その後，学習支援アプリ上で動的数学ソフトウェアの図形の画像を保存し，説明を加えながら学習シートを記述した（**図22**）。ソフト上で操作した図形を記録として残すことが可能なため，生徒は思考過程も保存することができる。このように，コミュニケーションツールとしてのICT活用意外にも追究を図った。なお，本授業におけるタブレット端末での記述は，タブレット端末付属のペンシルでの手書きとキーボードによる打ち込みの両方を選択できる。

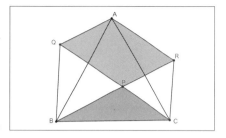

図20　課題に用いられた図

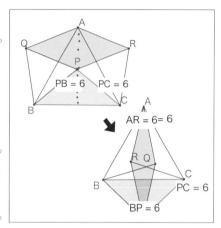

図21　図形を操作した様子

　保健体育科の授業では，これまでもタブレット端末等を用いて自分自身の運動をメタ認知し改善を図るという活動を行ってきた。それに加え，学習支援アプリや運動分析アプリを用いて，より保健体育科の見方・考え方を働かせる学習に迫っている。例えば，自分の動きを撮影してもらった動画を学習支援アプリにアップロードし，仲間の動きと自分の動きを比較して課題を見つけたり（**図23**），手本とする仲間の動きと自分の動きを重ね，細かい動きのタイミングの違いを自覚したりする（**図24**）などである。また，外国語科の実践と同じく，学習支援アプリにアップロードされた他者の運動にコメントを録音したり，単元前半の姿と後半の姿を比較したりし（**図25**），動きの変化を自覚する。

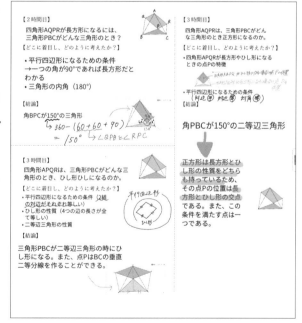

図22　生徒の学習シート　タブレット端末上

　これらの外国語科と保健体育科の取り組みは，各教科で掲げた資質・能力の中でも特に思考を促すもので

図23　自分と仲間の動きの比較画面

図24　動画を重ねて再生する様子

図25　動きの変容を比較している画面

ある。また**図11**のSAMRモデルの上位に位置すると考えられ，ICTを用いることで初めて実現する学びである。

③思考の整理や評価活動に用いる（全教科）

　本校で活用している学習支援アプリの中に，思考ツールがある。各教科等では，生徒の意見を構造化し思考を整理・深化するために，様々な思考ツールを活用している（**図26・図27**）。

　授業の中でどのような思考ツールを使うかについては，はじめは教師が指定したり促したりする段階から，問題解決に必要な思考ツールを生徒自身で選択する段階まで引き上げることを目指している。

　また，タブレット端末上の思考ツールの中には，単語や文章だけでなく生徒の学習ログなどのデータを貼り付けることが可能である。これを用いて，単元学習前後で問題に対する自分の考えを説明し，その変容の根拠となった学習活動のログを貼り付け，単元の学習を俯瞰して捉えることができるようにする（**図28**）。これにより生徒の自己調整を促すとともに，生徒が自分の考えを振り返り学習を自己分析する力などを見取り，「主体的に学習に取り組む態度」の評価に繋げることができる。

　また全教科で，学習支援アプリを用いた制作物及びパフォーマンス記録の提出を行い，教師用タブレット端末でいつでも閲覧したり評価したりできるようにしている（**図29**）。これにより，授業時間内で生徒のパフォーマンスを評価することが困難であったり，提出している期間生徒は記録を学習に活用できなかったりといった問題を解消している。また，添削したりコメントを付記したデータを生徒に返却したりすることも容易である。このように，情報・情報技術の効果的な活用を通して，アナログでもできる段階からデジタルだからこそできるICT活用を追究している。

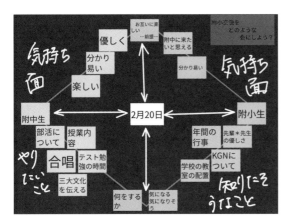

図26　授業で用いた思考ツール「ダイヤモンドシンキング」

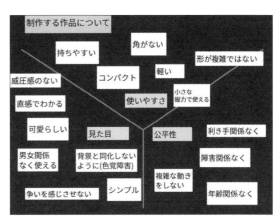

図27　授業で用いた思考ツール「Yチャート」

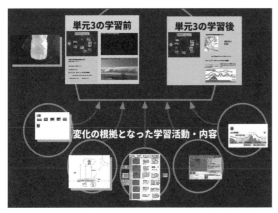

図28　思考ツールを用いた主体的に学習に取り組む態度の評価

図29　学習支援アプリ上の提出物

本校では，三大文化「合唱・清掃・広報」を掲げている。毎年，文化祭合唱コンクールに向けた生徒主体の取り組みが展開される。

第 **4** 部

各教科・領域等の研究

※執筆者名の前の◎は教科主任を表す。

第1章 国語

「ことばの力」を実感し，実生活に生かそうとする生徒の育成

教諭 ◎鈴木　駿，中村正成，三上潤也，岩手大学教育学部准教授　田中成行

第1節　教科論

1　国語科で育成を目指す資質・能力

　国語科として育成すべき資質・能力を「ことばの力」とする。国語科は，様々な事物・経験・思い・考え等をどのように「ことば」で表現するかという「ことば」を通じた理解や表現，そしてそこで用いられる「ことば」そのものを学習対象とする特質としている。そして，「ことばの力」は各教科等を貫く言語能力であり，同時に Society 5.0 を生き抜く上で必要となる言語能力でもある。「ことばの力」を育むことは，これからの時代を生きる生徒が豊かな言語生活を送る上で重要なことである。

　その「ことばの力」を，本校学校教育目標に照らし合わせながら，また学習指導要領の国語科の目標を参考に，以下の通り整理する。

2　国語科における研究の視点

（1）主体的・対話的で深い学び

　本校国語科では，これまでの研究でも「対話的な学び」の在り方について追究してきた。単に対他者だけではなく，「事」（テクストなどの対象）との対話や，「自」（自己）との対話も含めて「対話」と捉えており，このいずれが欠けていたとしても，対話は成立していないと考える。対話の形式には，ペア学習やグループ学習，ジグソー学習などが挙げられるが，自己と他者が単に関われば「対話的」であるということではない。

```
                        ┌─────────────────────────┐
                        │         思考力等          │
                        │ 各自がもつ知識や技能をもとにテクストを解釈 │
                        │ し，人との関わりの中で相手の立場を考えなが │
                        │ ら言語を通して表現する力。        │
                        └─────────────────────────┘

   ┌─────────────────────────┐      ┌─────────────────────────┐
   │         協調性等          │      │         主体性等          │
   │ 他者や社会と言葉を通じて関わりあいながら，│      │ 自分自身や社会生活の向上のためにテクストを │
   │ 言葉によって自分の考えを形成したり再構築 │      │ 価値付け，課題化して読もうとする力。   │
   │ したりする力。           │      └─────────────────────────┘
   └─────────────────────────┘
```

他者との対話の前にじっくりとテクストと向き合い対峙することで自分の考えを深めていくこと，その考えを他者と対話し，共通点や相違点を明確にし，自分や他者の考えを批判的に捉えながら改めてテクストと向き合い，新しい解釈や価値を創造していくことが「対話的な学び」となり，「深い学び」につながっていく。そしてそのような生徒がアクティブに思考し，自らの考えをさらに深めていくような場面を設定していかなければならない（図1）。

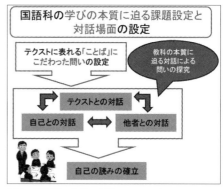

図1　国語科における対話のイメージ

　ただし，対話については，そこに生徒にとって追究してみたい，考えてみたいという課題意識や必要感がなければ，主体的であり深い学びには繋がらない。単元のデザインの段階で意図的に対話的活動の場面を設定することはもちろんだが，言葉による見方・考え方を働かせながら言葉の本質に迫ることができるような課題を設定することが肝要である。身に付けさせたい資質・能力に照らし合わせて，生徒にとって新たな発見や創造が生まれるように対話を位置付けるような単元をデザインし，指導に当たりたい。

（2）情報・情報技術の効果的な活用

　学習指導要領によれば，情報機器の活用について，「生徒がコンピュータや情報通信ネットワークを積極的に活用する機会を設けるなどして，指導の効果を高めるよう工夫すること」とあり，身に付けさせたい資質・能力をさらに育成するために，効果的に活用することが必要である。ただし，情報技術の活用が目的化しないよう，あくまでも学習のねらいに沿いながら，資質・能力を効果的に育成するという視点での運用が求められる。

　本校では，教育支援アプリを用いており，国語科でも必要に応じて活用してきた。主な活用場面としては，多くの資料をPDF化し一斉に生徒に配付する，また成果物を画像に収め提出させる，思考ツールを用いて自分の考えを整理するなどが挙げられる。資料の配付や成果物の提出については，従前のプリントによるものよりも効率性は高まっており，指導者側も生徒側もそれを実感している。本年から1人1台端末となり，より効果的な活用の仕方が求められるが，前述の（1）と関連させ，効率化だけに留まらない深い学びに繋がるような活用の在り方を模索する必要がある。例えば文書作成ソフトの編集のしやすさを活用し，推敲の前後を比べながら推敲の効果を検討したり，音声などを文字化して，自分のプレゼンの仕方を客観的に分析し，自分の表現に役立てたりするといった，ICTが活用されるからこそ生まれる学びの在り方について考えていきたい。

（3）教科横断的カリキュラムマネジメント

　生徒にどのような資質・能力を育てたいかを明確にしながら，日常生活や社会生活に密着した課題解決的な言語活動を意識していく必要がある。教科の学習が教室内で留まらず，社会や日常生活の様々な場面で結び付いていると生徒に実感させたい。

　これまでも本校国語科では日常生活に結び付いた言語活動を設定してきたが，国語科という教科単体に留まらず，他の教科や領域と関連付けて効果的に学習を進めていきたいと考える。他の教科主任と連携を取り，年間計画と照らし合わせながら単元配置を計画していく，いわゆるカリキュラムマネジメントの視点で単元構想を行っていきたい。他教科との関連を生徒に意識させることで，現在の学びが他の学習に生きていると

いうことを実感させていきたい。また，前述のように本校国語科では，「ことばの力」は各教科等を貫く言語能力であり，同時にSociety 5.0を生き抜く上で必要となる言語能力と捉えている。例えば，説明的文章における論理的な構成の仕方を捉えたり，文学的文章において感受性豊かに深く読んだりすることが，他の教科において思考する場面や課題追究の場面にも転移されるよう，コンピテンシーの育成を意識した単元作りを模索していく必要がある。

　本校の場合，総合的な学習の時間（ヒューマン・セミナー，以下H・S）が学校教育の大きな比重を占めている。H・Sを見ながら国語科において身に付けさせたい資質・能力と照らし合わせ，効果的に学習が進められるような工夫を行いたい。例えばH・Sにおいて講師の方から話を伺うという学習を行う際には，国語科において効果的な質問の仕方を学習するというような単元を計画する。または，校外学習の成果をレポート等にまとめるといった活動が考えられる。これらの学習活動は，国語科の単元をスキル面の育成を目的として行うものである。加えて，校外学習等で現地に赴く際に，その土地について深く理解するような文学を取り扱い，国語科として内容面で迫る学習活動も考えられる。国語科の学びと総合的な学習の時間の学びが双方向に作用するよう意識しながら学習計画を構築していきたい。

3　理論を導く実践例

（1）対話的な学びに誘う問いの設定（主体的・対話的で深い学び）

①単元名（2年「読むこと」）

漢詩の風景を味わおう（中心学習材：『漢詩』（『新編 新しい国語2』　東京書籍））

②単元で育む「ことばの力」

文章中に表れている言葉の意味を考えることで，自らの語感を磨き，表現に生かすことができる力

③単元の構想

　漢詩は限られた字数の中で情景や作者自身の心情などを表現することが求められるものであり，作者はその制限の中で実に多くの工夫を交えながら豊かに詠い上げている。しかし，実際私たち日本人には漢文や漢詩を日常の言語生活の文脈においたり，理解したりすることが難しい。そこで，今回の単元では対話を多く用いて起承転結を意識した構成や押韻など，より洗練された言語表現に着目し，内容の理解に繋げていく。対話的に学ぶということには，生徒同士の協働的な学びの他，テクストとの対話や指導者との対話，生徒自身との対話などが考えられる。これらを学習場面で効果的に用いることで生徒自身が主体的に学ぶことができるような単元のデザインを行った。

　また，対話的な学びをメタ認知させるために，授業の終末に振り返りを行うことにこだわらず，学習内容や指導目標に照らし合わせながら，適切な機会を設けて振り返りを行った。今回の単元では，はじめの問いから自然発生的に生まれる新たな問いを設けることを意識して1時間単位当たりの授業づくりを行った。その思考の過程における生徒の学びの変容や深まりが見られるように，言葉による見方・考え方をどう働かせたのかを振り返らせる。その際，誰のどんな発言によって自分の考えを構築したのかについて気付かせた。そして，終末では指導者が提示した新たな視点や手立てによって変容した自分の考えを書かせることを心掛けた。

　加えて，漢文は今日の日本の言語文化を語る上で欠かせない存在である。漢文や漢詩を学ぶことは我々日本人の言語文化の一端を知ることにも繋がるとともに，国語の本質にも迫る大切な言語文化の一つである。

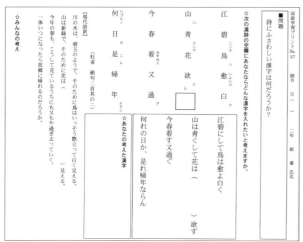

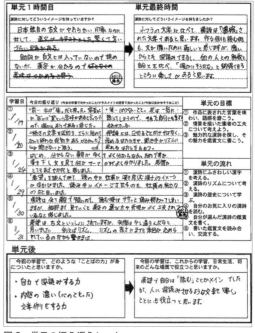

図2　対話的な学びに誘う問いを提示した学習シート

図3　単元の振り返りシート

今回は単元の中で中国文化と日本文化の関わりについても触れ，生徒に漢文を学ぶことの意義についても考えることが，教科の本質の学びにも繋がると考え，本単元を設定した。

④単元計画

上に記した単元で育む「ことばの力」を育成するために，以下のように学習計画を作成した。

【第1次】
・杜甫『絶句』の空欄に当てはまる漢字を考え，その効果を捉えることで，漢詩を読み深める。
・押韻の効果について考え，漢詩のリズムに親しむ。
【第2次】
・漢詩が日本の社会や文化に与えた影響について考える。
【第3次】
・自分で好きな漢詩を選び，単元の学習を通して得た視点などをもとに鑑賞を行う。
・鑑賞したことをもとに鑑賞文を書く。
・鑑賞文を全体で交流し，漢詩のもつ魅力について自分の考えをまとめる。

---

⑤単元の実際（1時間目）

展開の前半において，杜甫の『絶句』の承句「山青花欲燃（然）」の「燃」の部分が空欄になったものを生徒に提示し，空欄にふさわしい漢字は何かを考えさせた（**図2**）。その際，描かれている情景を想像させたり，他の言葉に着目させたり，他の行と比較させながら，これまでに学んできた言葉による見方・考え方を働かせて迫らせた。考えを形成していく過程において，指導者と生徒の対話的な学びの中で対比や詩の構成を意識しながら読む姿勢を養うとともに，どんな情景が描かれているのかを考えさせた。学級での共有を図った後に，他者との交流の中で気付いた新たな見方や考え方の違いに気付かせた（**図3**）。

展開の後半では，空欄になっている漢字は直接的に色を表現している漢字ではなく，「燃」という漢字であるということを確認した。これは，単なる赤色とは異なり，燃えるように鮮やかな赤色を表現するため，さらには後半の作者自身の虚しさとの対比をより鮮明に描くために作者が選んだ言葉である。なぜ「燃」という漢字を作者が使ったのか，その真意を考えさせることで筆者の表現の工夫に迫り，作者の言葉による見

```
T：空欄に当てはまる漢字は何でしょう？　どんな視点をもって考えてみればいいかな。
S1：「赤」だと思います。他に「碧」「白」「青」など，色を表す漢字が使われているからです。
T：対句的な表現に着目したんだね。対句的な表現に着目すると他にはどのような漢字が当てはまるかな。
S2：私は「紅」にしました。「赤」よりも，より深みが増す気がします。作者は緑も「碧」と表現しています。
T：他の視点で考えた人はいないかな？
S2：私は情景に着目して「鮮」だと思いました。色ばかりでは表現が単調でつまらないです。自然が生き生きしてい
　　る様子を表そうとしたのではないかと考えました。
T：なるほど，情景に着目するのも面白いね。どんな様子で咲いてたのだろう。
S2：実は，「光」という漢字も考えていました。
T：詩の後半部分に触れて考えた人が少ないようだけど，そういった視点で考えてみた人はいますか？
S3：「別」ではないかと思います。詩の後半では「帰」という言葉が使われているので，作者の心情は暗いのではな
　　いかと考えました。明るい表現は使わないと思います。
T：詩全体の構成と，作者の心情に着目するのは，以前の学習でも学んでいますね。
```

図4　問いを追究する対話場面の実際

```
T：杜甫が選んだ漢字は「燃」でした。どうして作者はこの漢字を使ったのでしょうか。
S1：別に「紅」でもいいんじゃない？
S2：でも，「燃」だと色彩を使わなくても花が盛んに咲いている情景が浮かぶよね。「紅」よりも分かりやすい。
S3：前半は明るい内容で，後半は暗い内容なのはどうしてかな？　「別」の方が流れが良い気がするけど。
S4：前半は盛り上げる役割をして，後半の作者の悲しさが際立つからじゃないかな。対比的な。
S1：なるほどね。情景と構成の二つに影響を与えるのか。作者の工夫，すごいね。
T：実は皆が気付いた工夫以外にも，作者にはとっておきの工夫があるんです。それは，次の時間に。
S2：気になる！　今知りたいです！
```

図5　新たな問いを追究する対話場面の実際

方・考え方を踏まえつつ，自分の考えとの比較をさせた。**図4・図5**は，実際の場面である。

　　最後に次時に繋がる内容の告知を行うことで，学習に対する意欲を喚起している。また実際の授業では正解を発表する場面の前に誰のどの発言によって考えが深まったり，変化したりしたことをまとめている。

(2)「書くこと」領域におけるプレゼンテーションソフトの活用（情報・情報技術の効果的な活用）

①単元名（2年「書くこと」）フォトストーリーで身の回りの生活を変えよう

（中心学習材：『小さな労働者』（ラッセル・フリードマン／千葉茂樹・訳）（新編新しい国語2東京書籍））

②単元で育む「ことばの力」

　　学校生活や社会生活から問題を取り上げ，伝えたいことを明らかにしながら表現の効果を考え，文章を組み立てることができる力

③単元の構想

　　学校生活には様々な課題点が存在する。その課題について読み手に課題意識を持たせるために，『小さな労働者』にある「フォトストーリー」の手法を用いて効果的に伝える「書くこと」領域の単元である。児童労働に対して立ち上がった写真家ルイス・ハインのフォトストーリーを分析すると，写真だけでは伝わらない具体的な事柄を，客観的に淡々と表現していることが分かる。これは「児童労働は悪だ」と直接的な意見をそのまま言葉にして表現するよりも，読み手の心に児童労働の残酷さやその問題を投げかけ，考えさせる

ような効果を生んでいる。文章を分析させ、自分の伝えたい意図がしっかり表現できるように言葉を吟味させながら作品を作らせることとした。

　作品作成に当たっては、プレゼンテーションソフトを用いることとした。その際、どのように推敲していったかを保存しながら、なぜ直したのか、また直したことによってどのような効果が生まれたかを分析させることで、学びの自覚化を図った。また、初稿と最終稿を読み比べることで、自分の表現の仕方が高まっていくことを実感させることをねらった。

④単元計画

【第1次】
・中心学習材を読み、ルイス・ハインの思いに触れる。
・ルイス・ハインのフォトストーリーを分析する。
【第2次】
・身の回りから課題を見つけ、写真を撮り、写真に合う文章を書く。
・初稿をペアやグループで読み合い、推敲して最終稿を作成する。
【第3次】
・完成した作品を読み合い、単元を振り返る。

⑤単元の実際

　生徒は環境問題や交通問題、いじめ問題など様々な社会問題を取り上げ、インターネットから写真を検索し、それにストーリーを書いていった。まず、プレゼンテーションソフトの1枚目のスライドに、写真とともに初稿の文章を書いた。これを2枚目のスライドにコピーし、推敲した部分を赤字で直し、ノートの部分にはなぜそのように推敲したのかを書いた。これを推敲の度に繰り返し、最後のスライドに完成形が来るようにした。これにより、推敲の軌跡を生徒が振り返ることができると同時に、生徒が学習のねらいに沿って意図をもって推敲しているかを見取ることができた。

　図6の作品を作った生徒は、ホッキョクグマが海面上昇により動けなくなっている写真を選択し、【初稿】を書いた。しかし、自分で見直したときに、「不便」という言葉だと、どのように不便なのか、ホッキョクグマの苦しい様子が伝わりづらいと考えたため、「移動せざるを得ない状況」という言葉に置き換え、ホッキョクグマが苦しい状況

【初稿】
北極では地球温暖化が進み、ホッキョクグマの居場所がなくなり、このホッキョクグマ達も不便な生活を送っている。

　メモ：「不便」だと、具体的な状況が頭に浮かびづらいので、「移動せざるを得ない状況」と書き、仕方ない感じをできるだけ表現した。

【第2稿】
北極では地球温暖化の影響で、色々な動物の居場所がなくなり、このホッキョクグマ達も、移動せざるを得ない状況になってしまっている。

　メモ：「ここは北極だ」と言い切る形で場所を短く伝えた。「親子」「ひたすら歩く」で読み手により状況を具体的に伝えるような表現にした。

【第3稿】
ここは北極だ。北極では地球温暖化の影響が大きく、色々な動物の居場所がなくなり、このホッキョクグマの親子も安全を確保できるまでひたすら歩く。

　メモ：ホッキョクグマの置かれた状況の苦しさをより伝えるために「歩かなければならない」と表現した。

【最終稿】
ここは北極だ。北極では地球温暖化の影響が大きく、色々な動物の居場所がなくなり、このホッキョクグマの親子も安全を確保できるまでこの不安定な道を歩かなければならない。

図6　生徒の原稿の変遷

に追い込まれている様子を伝えようとした。これをペアに伝えたところ、「移動しなければならないのは分かるが、よりホッキョクグマに寄った表現の方がよいのではないか」というアドバイスを受けた。これは、ルイス・ハインのフォトストーリーを分析したところ、一般論に終始せず、その写真に登場するもの自体の具体的な様子や背景を表現しているということへの気付きによるものである。これを受け、この生徒は「ホッキョクグマ達」から「ホッキョクグマの親子」、「移動せざるを得ない状況」から「安全を確保するま

でひたすら歩く」という表現に変え，より写真のホッキョクグマの置かれた厳しい状況を伝える表現に直した。なお，「ひたすら」という副詞の使い方も，ルイス・ハインのフォトストーリーに表れている副詞や副助詞を用いた表現の工夫の一つである。最終的にはこの生徒は「このホッキョクグマの親子も，安全を確保できるまでこの不安定な道を歩かなければならない」という文章を作成した。このように，ルイス・ハインのフォトストーリーの分析結果をよりどころにしながら作成した文章を推敲することで，より読み手の心に響く文章に近づけることができた。

（3）総合的な学習の時間の学びをより深めるための単元設定（教科横断的カリキュラムマネジメント）

①単元名（1年「読むこと」）

賢治にとっての「早池峰」〜地元の先輩の思いに触れて早池峰を登ろう〜（中心学習材：『山の晨明に関する童話風の構想』宮沢賢治）（補助学習材：『詩の心——発見の喜び』（新編新しい国語2　東京書籍））

②単元で育む「ことばの力」

詩中に用いられている様々な言葉や表現技法等に着目しながら，その表現の効果や作者の心情を根拠をもって捉えることができる力

③単元の構想

本校1学年のH・Sでは，「『地域と関わる』とはどのようなことか」を共通学習課題に，県内で地域での様々な課題に対してその改善に尽力されている方々のお話を伺いながら，自分が地域に対してどのように関わっていくべきかを追究していく学習を行った。地域課題に取り組む県人の一人として，本県を代表する山の一つである早池峰の景観を守るために，山頂にあるし尿の担ぎ下ろしと携帯トイレの普及活動を20年以上行っている「早池峰にゴミは似合わない実行委員会」代表の菅沼賢治氏の講演を5月に行った。講演を聞きながら，生徒は早池峰に対して強い関心をもち，菅沼氏の愛する早池峰とはどのような山なのだろう，是非登って体感したいという思いを募らせていた。これを受け，7月上旬に菅沼氏との早池峰登山を計画した。

早池峰は地域の人々にとって非常に大切な山であり，古くから信仰の対象になっている。また，文学的題材としても多く取り上げられ，特に地元の詩人である宮沢賢治は，早池峰に関わる詩をたくさん残している。その中でも中学生にとって比較的内容の捉えやすい『山の晨明に関する童話風の構想』という詩を読み，解釈していくことで，宮沢賢治の早池峰への思いに迫ることができると考えた。この詩は，賢治が1925年8月に早池峰に登った時の思いを書き表したものである。詩の前半は視覚や嗅覚で感じた早池峰にある様々なものを菓子で表現し，後半は「イーハトーボのこどもたち」に向けて，この早池峰に共に登ろうと呼びかけている。この詩から感じ取ることのできる，賢治の早池峰を愛し大切に思う気持ちは，現在早池峰の為に尽力されている菅沼氏と重なる部分もある。H・Sの共通学習課題に迫る上でも，是非早池峰に関する賢治作品に触れる価値があると考え，本単元を設定した。

④単元計画

H・Sとの関連を図った単元だが，あくまでも国語科としての学習であるため，本単元によって育成を目指す資質・能力についてはしっかりとおさえておく必要がある。前述の②を育成すべく，以下のように学習計画を設定した。

⑤単元の実際

第1次では，菅沼氏の講演を想起させながら，『山の晨明に関する童話風の構想』を提示し，これを読み深めていくことを確認した。案の定，初発の感想には「何を言いたいかが分からない」，「お菓子がたくさん

【第1次】
・『山の晨明に関する童話風の構想』と出会う。
【第2次】
・『雲』を読み，様々な言葉に着目して，その言葉が醸す作者の心情や全体の雰囲気を感じながら詩を読み深める。
・『虫』を読み，作者の境遇と作品との関係に着目して詩を読み深める。
・『土』『チューリップ』を読み，比喩表現の効果に着目して詩を読み深める。
【第3次】
・『山の晨明に関する童話風の構想』を，第2次をもとにして個人・グループで解釈する。
・『山の晨明に関する童話風の構想』についての解釈を全体で交流し，早池峰に対する賢治の思いをそれぞれまとめる。

出てくるのは分かるが，なぜだろう」といったものが多くあった。そこで，詩を読み深めるための視点を教科書にある詩を用いながら学習し，最終的に『山の晨明に関する童話風の構想』について考えていくことを確認した（**図7**）。

　第2次では，教科書に取り上げられている詩をもとにして，詩を読み深めるための視点を確認しながら学習を進めた。『雲』では，作者が物事を見て率直に思いを表現した言葉に着目すること，そして文末表現や呼びかけの言葉などが全体的に広々とゆったりとした雰囲気を醸しており，それが筆者の自由へのあこがれに繋がっていることをおさえた。『虫』では，作者の「涙を誘われる」という表現，そして作者の置かれた境遇と照らし合わせて考えることで，作者ならではの物事の捉え方や感じ方に迫ることができることをおさえた。『土』『チューリップ』では，比喩表現に着目させ，その比喩が何を表しているのかをおさえるとともに，その表現をすることでどのような様子が伝わり，作者のどのような思いが伝わるかを考えさせた（**図8**）。特に『山の晨明に関する童話風の構想』を読む上では比喩の効果を考えることが重要である。補助学習材として小学校で学習した『スイミー』を比喩に着目して読ませ，なぜそのような比喩を用いて表現しているかを考えさせた。このように，教科書にある詩や既習学習材を目的的に読ませることで，学習材をより主体的に読ませ，単元のゴールへ向かうための意欲を喚起することをねらった。

　第3次では，『山の晨明に関する童話風の構想』を

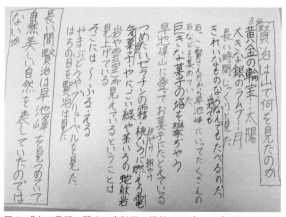

図7　『山の晨明に関する童話風の構想』をグループで読み深めた際のホワイトボード

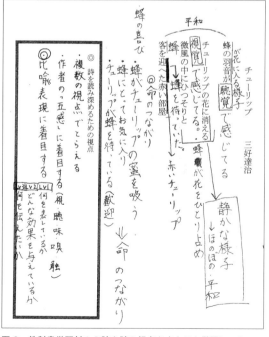

図8　教科書学習材から詩を読む視点をまとめた学習シート

第2次での学習をもとに解釈をした。生徒はお菓子にたとえられているものが山にあるものであると気付き始め、早池峰が賢治にとって魅力的な場所であることを感じることができた。また、それを「悪魔のように……食べるのだ」といった表現から、賢治が早池峰のあらゆるものをむさぼるように味わい楽しむ様子を想像していた。最終的に、この魅力的な早池峰をみんなで味わいながら共によじ登ろうという賢治の熱い思いを、全体交流を通しながら感じさせることができた。

第2節　具体的実践事例

第1項　国語科学習指導案

1　単元名

1分間スピーチ　～生き生きと伝えよう～

2　単元について

（1）生徒観

　入学後、詩と説明的文章、日本語の音声の特徴についての学習を行っている。詩の単元では群読を行い、詩の内容を踏まえた上で、いかに音声で表現するかについて学んでいる。そこでは、声の強弱やテンポ、詩のもっている独特のリズム感など、表現の工夫に着目しながら学習に取り組む生徒が多かった一方、実際に発表した際の動画を見た際には「自分たちが伝えたかったことが十分に伝わっていなかった」「自分を客観視することで足りない表現力に気付いたので、もっと向上させていきたい」と振り返った生徒が多くいた。また、説明的文章の学習では文章の構成を捉えながら要点をまとめ、要約する学習を行っている。これは、序論、本論、結論といった説明的文章の基本的な構成の理解や、文章の中心的な部分と付加的な部分を見分けながら、文章の内容を理解する力を養うことをねらいとしたものである。生徒は「話し上手になりたいか」という問いに対し95％が「なりたい」という思いをもちながらも、「人前で話すことが得意だ」と答えた生徒は26％に留まった。これは、生徒が話すことの力を身につけたい、上手に話ができるようになりたいとは思いながらも、どのように話せばよいのか迷いながらここまで生活してきたことの裏付けとなる。1学年では発信力の向上をねらって毎日の朝会で順番に1分間スピーチを行っているため、生徒はどんな題材をどのように発表するかを日常的に考えている。加えて、本校では総合的な学習の時間を「H・S（ヒューマン・セミナー）」と位置付け、生き方を考える学習を行っている。そこでは生徒が学んだ成果をプレゼンテーションで発表する機会が数多くあり、今回の単元で学んだことを発揮できるよう育成を図る。

（2）学習材観

　本節では1分間スピーチを題材に取り上げる。スピーチとは本当に共有したい情報や意見を発信し、それを聞き手に同意してもらったり、相手の行動変容を促したりすることが目的となる。そのためにはまず伝える相手への意識をもつことが前提となってくる。「相手がどう聞いているか」「相手にどのくらい伝わっているか」「相手にどのように理解されているのか」等、常に相手の側に立った姿勢が求められる。そのためには伝える内容や展開そのものが魅力的であることはもちろんのこと、話すことのスキルも重要な要素となっ

てくる。発話速度や発話明瞭度などの音声言語の工夫に加え，聴衆を引き付けるための視覚的なパフォーマンスなど，様々なスキルが求められる。今回の単元では生徒に理想とする話し手の姿を想像させながら，実際にそのスキルを活用させていきたい。しかし今回の単元だけではその理想とする姿の実現には至らないことが予想される。プレゼンテーションなど今後3年間の学習の見通しももたせた上でさらに主体的に学習に取り組むような仕掛けを展開していきたい。

（3）教科研究との関わり

①主体的・対話的で深い学び

生徒は1分間スピーチに対して，「もっと聞く人に興味をもって話を聞いてもらいたい」「自分の伝えたいことをもっと効果的に表現したい」という願いを持っている。また，スピーチが上達することは自分の将来の仕事においても有益であるという自覚をもっており，スピーチの取り組みに対する課題意識や必要感が強い。また，自分の話すことの能力に自信がない生徒が多く，他者から学んだり，自分自身で振り返ることで能力を高めたいという意欲をもっている。そこで，今回は生徒同士がスピーチをしている様子を収めた動画を自由に閲覧できる状態にし，適宜他の生徒のスピーチを見て学んだり，自由に議論したりすることができるようにする。加えて，今回はスピーチのスキルを生徒とともに考え，効果を考えながら表現させることで全員がその学習内容の習得を図る機会を設ける。「このスキルを用いると，聞き手の反応がこう変化した」「そのねらいであれば，そっちのスキルを用いるより，このスキルを使った方が効果的ではないか」と，高次の学習が可能になる。

②情報・情報技術の効果的な活用

1人1台端末の実現によって，これまでより話すことのメタ認知を簡単に行うことが可能になった。これまでは教師が生徒の話している様子をビデオに収め，それを見せたり，他の生徒と相互評価を行わせたりするなどのフィードバックの方法が主流であったが，これらは手間と時間，納得感の面で持続的・効果的な指導が難しかった。これからは生徒が自身の端末で自分の話している姿を撮影し，それをすぐに確認することができるようになる。今回の単元ではその利点を生かし，スピーチしている様子を撮影したものを客観的に分析させ，自分の表現に役立てさせる。

また，自分の考え方や伝え方をメタ認知するための知識や情報についても指導を行う。スピーチという自分の考えの発信の効果的な方法について考えさせ，それを他の学習場面においても活用させることで実生活に生かそうとする態度も養いたい。

③教科横断的カリキュラムマネジメント

発表のスキルは他教科でも基盤となるスキルである。余郷（1984）によると「生き生きと話す」ことを目指した「必然の場」として，学習活動の一部にあたる説明・発表の場，独立の位置を持つ説明・発表の場，研究発表会や意見発表会における説明・発表の場の三つを挙げている。各教科での自分の意見を発表や話し合い活動や，本校の総合的な学習の時間（ヒューマン・セミナー，H・S）におけるプレゼンテーションなど，様々な場面で国語科での学びを活用することが予想される。また，今後の見通しとして，話すことの学習においては英語科とのタイアップも考えられる。今回生徒が身につけたスピーチの表現を英語でも活用できるように取り組みを進めることが可能になる。言語を扱う教科が共通した表現の方法を一貫して指導することができれば，生徒の話す際の意識を向上させることができる。将来的には教師や学校全体の共通認識のもと指導を行うことで，より効果的に生徒の話すことの力を向上させていく。

3　単元の目標

【知識及び技能】

・原因と結果，意見と根拠など情報と情報との関係について理解することができる。（（2）ア）

【思考力，判断力，表現力等】

・目的や場面に応じて，日常生活の中から話題を決め，集めた材料を整理し，伝え合う内容を検討することができる。（A（1）ア）

・相手の反応を踏まえながら，自分の考えが分かりやすく伝わるように表現を工夫することができる。（A（1）ウ）

【主体的に学習に取り組む態度】

・言葉がもつ価値に気付くとともに，進んで読書をし，我が国の言語文化を大切にして，思いや考えを伝え合おうとする態度を養う。

4　単元計画

（1）本単元における言語活動

自分が伝えたい内容を1分間スピーチにまとめ，相手の反応を見ながら生き生きと話す。

（関連：【思考力・判断力・表現力等】（A（1）ウ））

（2）評価規準

知識・技能	思考・判断・表現	主体的に学習に取り組む態度
①　原因と結果，意見と根拠など情報と情報との関係について理解することができる。（（2）ア）	①　話すことにおいて，目的や場面に応じて，日常生活の中から話題を決め，集めた材料を整理し，伝え合う内容を検討している。（A（1）ア） ②　話すことにおいて，相手の反応を踏まえながら，自分の考えが分かりやすく伝わるように表現を工夫している。（A（1）ウ）	①　相手の反応を踏まえながら，自分の考えが分かりやすく伝わるように表現を工夫し，練習を重ねながら自己調整を図り，自分の伝えたいことを進んで伝えようとしている。

（3）指導と評価の計画（○形成的評価　●総括的評価）

次	時	学習活動	評価の観点 知技	評価の観点 思判表	評価の観点 態度	【評価方法】
一	1	(1) 単元の見通しをもつ。 (2) スピーチについて理解する。 (3) 学習モデルを分析し，スピーチに必要な力について考える。				（学習課題）「最高のスピーチとはどのようなスピーチか」について，スピーチへの理解をもとに自分の考えを持っている。【OPPシート】
二	2	(1) スピーチの題材を，マッピングを用いて決める。 (2) マッピングで広げたイメージをもとに，スピーチの構成を考える。			①	（学習課題）「スピーチの題材を決めよう」について，日常生活の中から話題を決め，その構成を主体的に考えている。【学習シート】
	3	(1) スピーチの題材についてグループで交流し，内容や構成，展開や表現の改善を図る。	①			（学習課題）「相手の興味を引くスピーチの題材とは」について，交流を通して深めている。【学習シート】

	4	(1) スピーチのスキルについて理解する。 (2) 理解したことをもとに練習を行う。 (3) スピーチの様子を撮影し，学習支援アプリで提出する。			①	（学習課題）「自分の話を生き生きと伝えるには」について，スピーチのスキルを活かして発表を行おうとする。【学習シート】
三 （本時）	5	(1) 自分のスピーチの様子を動画で見る。 (2) グループで互いのスピーチについて助言したり質問し合ったりする。 (3) スピーチの練習を行う。			②	（学習課題）「自分のスピーチはどうすればより良くなるだろうか」について，自分や他者の発表からスピーチを改善しようとしている。【学習シート】
	6	(1) 発表会を行う。 (2) 単元の振り返りを行う。			❷	（学習課題）「発表会をしよう」について，自分の伝えたいことを相手の反応を踏まえて発表しようとしている。【パフォーマンス】

5　本時について

（1）指導目標

　伝えたい内容を踏まえた上でお互いのスピーチについて高め合い，スピーチのスキルを効果的に使おうとする。

（2）評価規準

　【思考・判断・表現】

　②相手の反応を踏まえながら，自分の考えが分かりやすく伝わるように表現を工夫している。（A（1）ウ）

（3）授業の構想

　導入において，前時に撮影した自分のスピーチの様子を振り返る。自分の話している様子を客観的に振り返ることで，自分のねらいが達成されているかどうか，さらに工夫したりできることはないか考えさせるとともに，本時の学習に対する課題意識と必要感を持たせたい。展開では他の生徒のスピーチの様子をお互いに見合い，アドバイスを行う。その際には自分が何を伝えたいのか，そのためにどんな工夫を行おうとしたのかについて共有した後に行う。そのスピーチが相手に対してどのような影響をもたらしているのかなどについて，より客観的な視点で検討させ，改善を図らせたい。どのように表現をしたのか，スキルを多く用いているから良いという視点ではなく，あくまでもそのスキルが自分の表現においてどのように寄与しているのか，という視点で学習を進めたい。終結では話し合ったことを踏まえ，再度練習を行う。ペアで行い，互いに指摘し合ったことが改善されているか，もっとより良くすることはできないかを即時的にフィードバックし合い，次時に向けて主体的に練習を行わせたい。

（4）本時の展開

段階	学習内容及び学習活動・ 予想される生徒の反応等	時間 （分）	■指導上の留意点及び簿評価 ・指導上の留意点　○評価
導入	1. 前時までの学習を振り返る。 2. 学習課題を確認し，学習の見通しを持つ。	10 3	○「聞くこと」において，相手の反応を踏まえながら，自分の考えが分かりやすく伝わるように表現を工夫している。（A（1）ウ） ・これまでの学習と自分のスピーチの姿を振り返り，本時の学習への課題意識を持たせる。
	学習課題　　　自分のスピーチはどうすればより良くなるだろうか？		

展開	3. ペアでお互いの発表についてアドバイスをし合う。	20	・学習の様子を観察し，他の生徒の参考になりそうな話については学級で共有を行う。

> 【学習活動1と3において　予想される生徒の考え】
> ☆表情が豊かでスピーチの内容に合っていた。スピーチ前から明るい表情でいることは聞き手に安心感を与える。
> ☆声の強弱を明確にすることで，自分の伝えたいことが相手に分かってもらえた。
> ☆分かりづらい箇所で身振り手振りを使うことで，聞き手の興味を引き付けることができた。
> ★使おうと思っていたスキルを使うことだけに意識が向かい，相手意識に欠けた発表になってしまった。スキルはあくまでも伝えたい内容を効果的に伝えるもの。使えば良いというものではない。
> ★聞き手の目を見て発表することができなかったため，相手に注目して話を聞いてもらうことができなかった。大切なことを話すときには特にみんなに視線を送りたい。
> ★動作が話す内容と一致していなかった。話の内容を踏まえたジェスチャーを用いることで聞き手の理解を促したい。

	4. 全体での共有と，自分のスピーチで気を付けることを確認する。相手のどんな発言によって，自分のスピーチをどのように変えようと思ったか。	7	・交流の中で生徒の考えをピックアップし，一般化を図る。

> 【学習活動4において　予想される生徒の考え】
> ☆自分では間を問いの前に取った方が良いと思っていたが，Bさんから問いの後に間を取った方が考える時間もできて良いとアドバイスをもらった。間を取るタイミングを変えてみたい。
> ☆Aさんに「楽しさ」を伝えるスピーチなのに，笑顔が見られないと言ってもらった。笑顔で話し始めることで聞き手もその雰囲気を共有してくれるので，心がけたい。

終結	5. 話し合いを踏まえ，練習を行う。	10	・ペアで行い，改善が見られたか適宜確認させながら行う。
	6. 今後の学習の見通しをもつ。		・次時は発表会

第2項　生徒の姿と授業の考察

1　授業中の生徒の活動

導入　スピーチの課題の確認（5分）

　授業の導入において，前時の学習活動の振り返りを行った。二次の学習活動において生徒はスピーチの構成と内容について，またその内容を魅力的に伝えるための工夫について学習を行っている。また，前時にスピーチの練習を行い，その様子を撮影した。それを自己評価し（①自分の理想のスピーチとのずれはあるか，②スピーチのねらいや伝えたいことは明確か），共有を行った。その後，本時は自己評価だけでなく，相互評価によってスピーチの向上を図ること，ペアで練習をすることを確認した。

　振り返りの共有後，お互いのスピーチを視聴した。その後，気付いたことについて助言を行った。

> 導入での生徒－教師の対話
> S1：「日頃の勉強の際にもっとリラックスしてほしいことを伝えたかったけど，自分がフラフラしたり，ジェスチャーがなくて自分が見ていても興味がわかないスピーチでした。」
> T：「フラフラしていると聞き手にどういう印象を与えてしまうの？」
> S1：「恥ずかしがっているように見えて信憑性がない話に思えてしまいます。」

図9・図10　相手のスピーチをタブレット端末で視聴

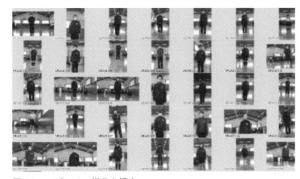

図11　スピーチの様子を提出

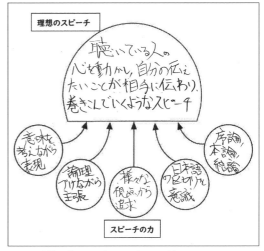

図12　生徒が考える理想のスピーチの例

展開1　ペアによるスピーチの相互評価（15分）

　スピーチの動画を見合い，相互評価し改善点を出し合う活動を行った。

生徒の発話

S2：「遠慮なくどうぞ。」

S1：「僕がまず気になっているのは後半にかけての間の取り方かな？　なんで
　　　間を入れたの？」

S2：「ここは内容のまとまりがなくて，どこで切れば良いのか分からなくなっ
　　　た間だ。」

S1：「じゃあそこは練習をすれば解決できるか。」

S1：「僕のスピーチはね，無表情で動きがなかったり視線が定まらない感じな
　　　んだけど。」

S2：「うん。なんかそのまんま流れている感じするよね。あえての間を入れたりするところがあると良いよね。私の
　　　課題でもあるんだけどさ。」

S1：「確かになあ。テンポが悪かったりするもんね。練習すればなんとかなるかな？」

T：「練習で解決できそうなところもあるのはその通りだね。ジェスチャーだったり間の取り方だったり具体的にどの
　　ような工夫ができそうか考えてごらん？」

S1：「最初に手を挙げる動作しか入れてないんだよね。他はずっと立ちっぱなし。」

S2：「たしかに。他に何かできそう？」

S1：「具体例を2つ挙げるから，指で示したりすると良いかな。」

T：「なるほどね。そうすれば話の構成がとらえやすくなるかもね。」

教師は，机間巡視で生徒の対話を聴き取り，やりとりの内容を把握した。その後，他の生徒の思考を拡げ
そうなペアのやりとりを学級全体に紹介させ，他の生徒が考えたり改善したりする手掛かりとさせた。ピッ
クアップした生徒の考えの例として，①表現の工夫（伝え方），②話の構成（内容），③タブレットを効果的
に活用した分析の仕方などがある。

展開2　全体での共有場面（15分）

　その後，練習前にアドバイスを受けてどのように自分のスピーチを改善していきたいのか，今後の見通し
を記述させた。それをお互いに練習前に発表し合い，練習の際に着目するべき視点として持たせた。

---

① 　**表現の工夫（伝え方）について深めているペア**

S1：「ジェスチャーを使っているのが1か所しかなくて少なかったです。（映像を早送りしながら）この後ずっと立
　　ちっぱなしで動きがなかったのが反省です。表情の変化もない。」

T：「具体的にはどんなことができそうだって話になったのかな？」

S1：「2つ話すことがあるのですが，『1つ目は』『2つ目は』とナンバリングができそうです。」

T：「S3君は今頷いているけど，今の発表を聞いて何を考えたの？」

S3：「自分のスピーチも固まってしまっていて，僕も動きを付けたいなと思いました。」（映像を早送りしながら）「本
　　当は問いかけをしたり，話している物のサイズについて話したりしているのですが，1分間を通して動きがほと
　　んどないので，S1が言っていたことが自分にも当てはまると思いました。」

---

② 　**話の構成（内容）について深めているペア**

S4：「本当は『視点を広げてください。』で話を終わろうと思ってたのですが，話の中で一番伝えたかったことが実は
　　話の途中にあって，ペアの人に伝わりませんでした…。」

T：「なるほど。そうすると問題点は2つありそうだね。スピーチの構成の序論・本論・結論の構成が上手くいってい
　　ない可能性と…。もう一つ，話し方の工夫で何かできそうなことはないかな？」

S4：「自分が話しているときにフラフラしているので，自分が一番伝えたいところでジェスチャーを入れたり，ボ
　　リュームを上げたりして，メリハリをつけたいです。」

---

③ **ICTを用いて効果的な助言を行っているペア**

S5：「目線が上下左右に泳いでいて，身振りが小さくかったです。」（映像に
　　書き込みながら）

T：「こういうスピーチだとどうしてダメ？　どういう印象を与える？」

S5：「どこを強調したいのか，何を伝えたいのかがいまいち伝わってきませ
　　ん。」

T：「そのアドバイスを受けてS6さんはどう思った？　自分的にはどういう
　　スピーチをしたいと思っていたの？」

S6：「好きなことを伝えたかったけど，視線が泳いでいて相手に楽しさが伝
　　わらないなと思いました。」

　T：「じゃあそこに気を付けながら話ができるようになると良いね。」

全体共有の後の生徒の対話

S4：「分かった，分かったよ。私はスピーチの最初で全体の印象を決めたいと思っ
　　ていたんだけど，それが伝わらなかったんだ。最初に結論を言って最後は提案
　　をしようとしてるけど，伝わらなかった。S7は最後の方に結論があると思って
　　聞いてたってこと？」

S7：「うん。だから僕の話も伝わらなかったのか。なるほど。」

S4：「じゃあ，S7 も話の構成に着目して話ができるようになれば良いのと，話し方の工夫で相手に分かってもらえるようにすれば良いってことなのかな。」

S7：「そうだね。」

S4：「どうやって内容変えるかな。」

終結　相互評価と全体共有を生かしての練習（10分）

改善の見通しについて発表・全体共有

S8：「私のスピーチは，伝えたいことをはっきりさせること，そのために話し方の工夫に気を付けて話したいと思います。間を空けたり，速さだったり，声の大きさだったり。」

S9：「そういうことか。僕は話しているとき，自分が話すだけじゃなくて相手に何かを問いかけたり，身振り手振りで少しでも自分の伝えたいことを相手に伝える，表現しながらスピーチするっていうことに気を付けたいな。あと，ちょっと内容が長かったから，短く，分かりやすく話すこともやりたいと思う。」

図13・図14　ペアでの練習の様子

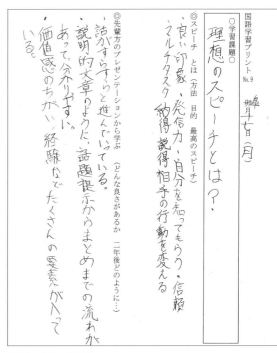

図15　生徒の記述例

本時の振り返り発表

S10：「前回までのスピーチは身振り手振りが少なかったり，考えた内容をただ読むだけのスピーチだったのですが，「自然な感じで話した方が良いよ」というアドバイスがあったので，そこをより意識していきたいと思いました。」

S11：「私は社交ダンスをみんなに知ってもらうということを目的にしてスピーチを行ったんですけど，話している内容が社交ダンスを知らない人には内容が伝わらないかなと思いました。なので『簡単にでも良いから社交ダンスの動きをやってみたらどうか。』と言われたので，そういったのも入れながら分かりやすいスピーチにしたいと思いました。」

2　考察

(1)「主体的・対話的で深い学び」の視点から

　学習前に実施したアンケートでは，「スピーチが上手になりたい」「スピーチの力は社会に出たときに必要な能力である」と考える生徒が多い一方で，「スピーチが苦手だ」と感じる生徒がほとんどであった。この実態を全体で確認しながら単元を導入することで，学習の必要感をもたせることに繋がったと考えられる。各時間の導入では，前時までに挙がった個々の課題を全体共有・明確化した。毎時間生徒一人ひとりに課題意識をもたせることに重点を置き，学習意欲の向上を図った。

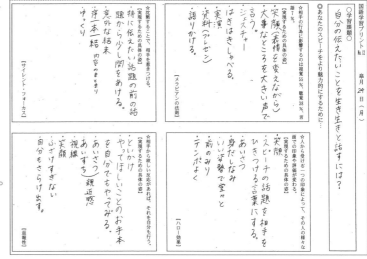

図16　生徒の授業プリント記述例

　スピーチの相互評価の場面では，個々の課題意識のもと，積極的に対話を行う生徒が多く見られた。これは，自分のスピーチの現状に満足していない（上達したいという思いを持っている）こと，具体的なスピーチのスキルやメタ認知的知識を前時までに学習していることが要因と考えられる。

　また，国語科におけるコミュニケーション能力に関する学習では，相手意識を持つということは欠かせない視点である。対話を通したブラッシュアップの中で，「私はこういう印象を受けたよ」のように，相手が捉えた印象が自分の捉えと異なることに気付くことができる。まさに，協調性などの人間固有の力が，人間との対話の中で磨かれるということを実感した。

(2)「情報・情報技術の効果的な活用」の視点から

　タブレット端末の導入によって，自分のスピーチを客観視することが可能になったのは大きな効果である。また，生徒同士の助言の際には，動画を巻き戻したり，一時停止させたりしながら具体的に指摘をし合う姿が見られた。これは，アウトプットしたものが残らない話し言葉を扱う単元では非常に有効な手立てである。何度も見返したり聞き返したり，文字起こしをしてみたりすることで見えてくる自分のスピーチの良さや課題について根拠を持って語ることにつながる。これまでは自分の感覚や他者からの評価でしか自分の姿を振り返ることができなかった。国語におけるICT活用の在り方の一つのモデルとなるのではないだろうか。また，練習ではタブレット端末の活用方法も生徒によって様々であった。構成の吟味のためにストップウォッチ機能を使って話す時間を測ったり，音声の工夫をしたい生徒は録音機能を使ったり，ジェスチャーなどの工夫をしたい生徒が動画撮影を行ったりと，自分の課題意識によって練習方法を自己調整しながら変えていくことも可能になってくる。

(3) 課題

　単元最終時間には学級全体での発表会を行った。発表後は相互評価を行い，各自スピーチの文字起こしを

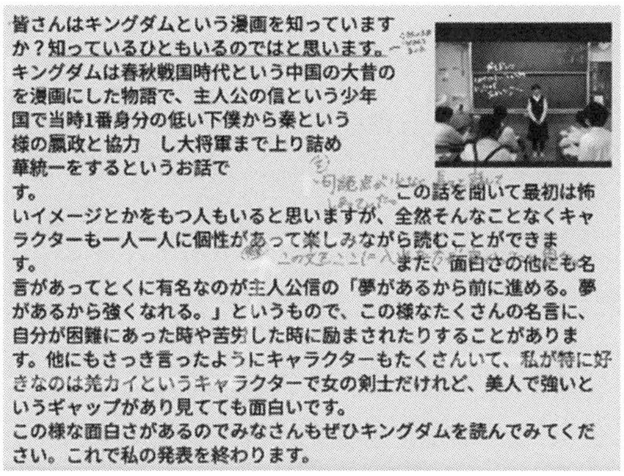

皆さんはキングダムという漫画を知っていますか？知っているひともいるのではと思います。キングダムは春秋戦国時代という中国の大昔のを漫画にした物語で、主人公の信という少年国で当時1番身長の低い下僕から秦という様の贏政と協力し大将軍まで上り詰め華統一をするというお話です。この話を聞いて最初は怖いイメージとかをもつ人もいると思いますが、全然そんなことなくキャラクターも一人一人に個性があって楽しみながら読むことができます。また、面白さの他にも名言があってとくに有名なのが主人公信の「夢があるから前に進める。夢があるから強くなれる。」というもので、この様なたくさんの名言に、自分が困難にあった時や苦労した時に励まされたりすることがあります。他にもさっき言ったようにキャラクターもたくさんいて、私が特に好きなのは羌カイというキャラクターで女の剣士だけれど、美人で強いというギャップがあり見てても面白い。この様な面白さがあるのでみなさんもぜひキングダムを読んでみてください。これで私の発表を終わります。

図17　スピーチの原稿・スピーチの様子①

図18　スピーチの原稿・スピーチの様子②

1分間スピーチの振り返り
・内容や構成は、自分的には、あまりまとまっているように感じられなかった。しかし、分かりやすさはあった。
・所々で笑い声が聞こえたが、自分的には、魅力はあまり無かったと思う。なぜなら、自分が一方的に話しているだけで、聞き手が答えるような問いかけが無かったから。
・話し方の工夫では、ジェスチャーを沢山つけて話していたり、分かりやすいように、『僕は皆さんに〜してほしいです』と言っていたから、比較的良かったと思う。

図19　振り返りの例①

自分のスピーチを見て、ジェスチャーだったり声の大きさの強弱、スピーチの内容の順序などは　良かったと思いました。ただ話そうと思っていた内容がとんでしまった部分や、逆に焦って、思ってもいないことまでも喋ってしまった部分もあったし、また時間については、指定時間よりも長引いてダラダラしてしまったところもあったと思うので気をつけたいです。そしてクラスメイトのコメントでは、詳しい説明から魅力や工夫が伝わったと言うものや、スピーチを聞いて読んでみたいと言う人もいて、目的も達成できたし結構良かったのではないかと思いました。

図20　振り返りの例②

図21　その後の1分間スピーチ

行わせた上で単元の振り返りを行った。実際の発表ではそれぞれの生徒がこれまでの学習を生かして発表を行うことができたが、振り返りでは単元の目標に到達できたと振り返る生徒もいた一方、自分が考えていたスピーチの理想にまだ到達していないと答えた生徒がいた。自分のスピーチを効果的に伝える工夫を考えることはできたが、実際に学級の前に立つとできなかったと答えたり、もっと工夫することができたのではないかと考えたりする生徒が大半だった。今回のスピーチの学習をきっかけに、日頃の授業での発表や総合的な学習の時間におけるプレゼンテーションなど、自分の考えを他者に発信していく機会を意図的に設け、今回の学習内容を生かそうとする意欲を喚起したい。

第3項　研究者から見た授業の成果・課題

本授業は、中学1年生が国語科の授業において、「自分が伝えたいこと」を1分間スピーチで伝え合う前半の実践であった。

生徒一人ひとりを大切にした個に応じた教育を実践することは、従来の教育の根本的な目標であった。そしてコロナ禍の中、急速な国際化や多様な価値観の理解と共有が必要とされる現代において、「個別最適な学び」のために、ICTがいかに有効に活用されるかが問われている。ここで気を付けなければならないことは、ICTの活用が目的になるのではなく、「個別最適な学び」という、個に応じた学びの実現のための一つの方策、ツールとして、いかに有効にICTが使われたかということである。

今回の実践も、タブレット端末を用いて、自らスピーチの練習をし、お互いのスピーチを視聴し合う中でICTは有効に活用されたと言えよう。ここで注目すべきことは、スピーチの振り返りの視聴等でタブレッ

トを有効に活用できたことと同時に，タブレット端末を使わぬ，国語科の活動としての「読む，書く，話す，聞く」の活動の大切さを授業者が，生徒と共に実践を通して確認し共有していることである。

　タブレット端末は有効であるが，タブレット端末を使わぬ「読む書く」活動の価値もあぶりだされたのである。つまり，わざわざタブレット端末という道具を使わなくてもできる活動がたくさんあることも，あらためて実感し合うことができたのである。

　さらに注目すべきことは，中学1年生の5月末という，中学生になりたてで，思春期でもあり，肉体的にも精神的にも個人差が激しく，学級の新しいクラスメイトとどのように心通わすかに日々悩むことの多いこの時期に実践したこと。そしてそういう時期に，個性豊かな生徒一人ひとりを，日々の生活の中でよく理解し，またお互いに理解し合える機会を設けて，互いを認め合い尊重し合える雰囲気を育て，信頼し合い，安心して表現し合える学級づくりを進め，授業者と生徒たちによって，この「1分間スピーチ」の活動そのものが，さらなる互いの理解を深め信頼を深める場となっていたことである。新しいクラスメイトとして，自分のことをもっと知ってほしい，理解してほしい，そして相手のことをもっと知りたい，理解したいという，「自分ごと」としての深い動機付けのもとに，「理想のスピーチ」を追究する学び合いの実践が進められたのである。

　思春期の今，お互いの信頼がなければ，タブレット端末を使って自分の未熟な姿や言動を伝え合うことに抵抗を感じ，のびのびと表現し合い自分をさらけ出して試行錯誤し合うことは難しいのである。本時のタブレット端末を使った豊かで前向きな活動は，今までの生徒と授業者とによる誠実な日々の対話と学び合いの積み重ねの成果と言えよう。

　その信頼関係の前提のもとに，ペアでの学習と学級での共有を繰り返しながらのフィードバックが実践された。「遠慮なくどうぞ」とタブレット端末によってお互いのスピーチの様子を視聴しながら，互いに率直な意見，アドバイスを伝え合っていた。そして，スピーチをしているときの視線や手足の動作，声の強弱高低メリハリ等を繰り返し確認し合うことができた。

　今回の授業の特徴で新たな意義ある実践は，言語活動の中でも「スピーチ」という純粋に話す言葉の活動を原点に立ち返ってもう一度見つめ直し，大切にしたことである。つまりスピーチ原稿に頼らず，まずパフォーマンスとして話すことばの力を発揮して話してみることに重点を置いた活動であったということである。従来の「私の主張」の弁論大会等では，まず主張の原稿が先に書かれることが多い。それゆえ，スピーチのための原稿と言っても，まず読まれる文章であることが多く，実際にスピーチとなったときには，原稿を読み上げる形になり，本来のスピーチとは違うものとなることが多く見られたのである。それに対して，今回の授業では，まず実際にクラスメイトに「伝えたいこと」を，原稿に頼らずに話してみて，タブレット端末で視聴して相互評価し，改善してゆくところに新たな試みとしての価値があったと言えよう。

　そして，それがより良く実践できたのは，生徒と授業者の，一人ひとりを大切にして認め合う日々の実践の積み重ねによる信頼関係が育まれていたからと言えよう。

　その信頼関係があるからこそ，実際の公開授業においても丁寧に机間巡視をしつつ，ペア活動の中から最も意見が対立し悩んでいるペアを選んで声をかけ，皆の前で堂々と悩みを発表し，聴いている生徒たちも「自分ごと」として真剣に受け止め共有して，お互いの意見を深めることができたと言えよう。

　その後のスピーチ内容を文字化し，表現や構成等の推敲や以前の文の推敲箇所の比較など，タブレット端末を有効に活用する実践が続けられた。

ICT の活用が第一の目標ではない，ICT も有効な国語表現活動の手段の一つとして，安心して表現し合える信頼関係に裏打ちされた授業者と生徒によって授業で活用されたことが，今回の研究授業の成果であったと言えよう。

　今後は，タブレットを使わない ICT の活用以外の，文字を書くノートや板書の活用等，有機的な国語の表現活動の具体的な棲み分けと共存が追究されることを期待したい。

（岩手大学教育学部准教授　田中成行）

第**2**章　社会

問題発見力を高め，
社会参画の意識をもつ生徒の育成

教諭　◎藤村和弘，中村功佑，岩手大学教育学部教授　今野日出晴

第1節　教科論

1　社会科で育成を目指す資質・能力

　現代は，あらゆるものを取り巻く環境がめまぐるしく変化し，将来の予測が困難な VUCA の時代と言われている。その中で求められるのは，妥当と思われる答えが得られるまで自分の答えを批判的に見て改善を図り続ける姿勢や，多様性を受け入れ，他者と協働して答えを導き出す営みだと考える。

　そのような時代にあって社会科が育成に寄与しうる人間の強みは，「問題発見力」と「資料をもとに多面的・多角的に考察し，答えが一つではない問題について，お互いの意見をすり合わせて納得解を見つけること」であると捉えている。社会科の実践の中で，以下の資質・能力を育成し，人間の強みが発揮されるようにしたい。

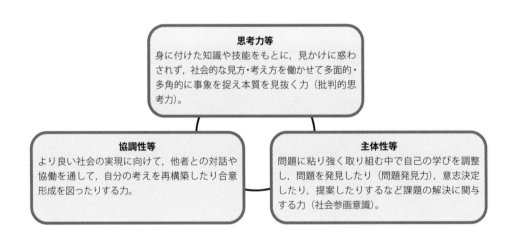

2　社会科における研究の視点

（1）主体的・対話的で深い学び

　主体的・対話的で深い学びについて，社会科の研究の視点を整理したものが**図1**の「批判的思考を位置

付けた主体的・対話的で深い学び」である。
「主体的・対話的で深い学び」について，
中学校学習指導要領解説　総則編（2017,
以下「総則」）に「特に『深い学び』の視
点に関して，各教科等の学びの深まりの鍵
となるのが『見方・考え方』」とあり，澤
井（2018）は「深い学びを考えることで主
体的・対話的な学びに方向性が生まれる，
深い学びには教師のゴール設計が必要」と
指摘している。

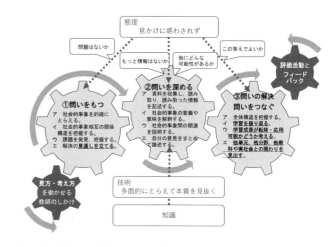

図1　批判的思考を位置付けた主体的・対話的で深い学び

　さらに「見方・考え方」について澤井
（2020）は「子供自身が働かせる見方・考
え方の方向付けをするのは教師であり，その具体的な方法は課題（問い）の設定になる」として，教師の役
割に言及している。さらに「子供自らが『社会を見る目』を働かせるための仕掛けの一つが『問い』」であ
り，「問いが子供から生まれるようにする仕掛けが『資料』」であること，さらに「これまでの教材研究は教
材を通して子供が何を考え理解するかという Answer 研究であったが，これからは子供の頭の働きである
Question の研究が大切になる」と指摘し，「問い」の重要性を強調している。

　昨年度，単元の学習の中で生徒個々が発見した問題について，それを解決する時間を単元の中に保障した。
図1 中①→②→③と段階を踏んで学習を終わらせるのではなく，①→②→③→①'→②' →……というよう
にスパイラルに学びを繋いでいくのである。生徒はこれまでよりも「問題はないか」という意識を持って主
体的に学習に関わるようになり，この学習を繰り返す中で問題発見力を高めていく。さらに単元の途中に
「学習改善に繋げる評価」（生徒の相互評価や教師によるフィードバック）を行うことでもまた，スパイラル
な学びを生み出せると考える。その中で生徒の思考力等や主体性等の資質・能力を育成していきたい。

（2）情報・情報技術の効果的な活用

　実社会では，必要な情報を自ら収集したり，複数の情報から新たな意味を見出したりする等，情報を効果
的に活用する力が求められる。しかし本校生徒は，どの学年も共通して「複数の資料を読み取り判断する思
考力を問う問題」への正答率が低いことが分かっている（令和2年度標準学力調査）。学習の過程に意図的
に情報を活用する場面を位置付け，社会的な見方・考え方を働かせて読み取ったり解釈したりすることで思
考力等を育んでいきたい。

　情報技術の効果的な活用については，昨年度から学習支援アプリを用いて学習過程をポートフォリオする
取り組みを進めてきた。学習の過程を振り返ることが容易になったことで，自分自身の学習の成果を実感し
たり，相互評価を通して考えを修正したりすることで主体性等の向上に繋げていく。

（3）教科等横断的な学習の推進

　各教科の学習には，それぞれの内容を分かりやすく効率的に学べるという利点がある一方で，現実社会に
見られる課題と必ずしも一致しないという難点もある。つまり現実社会で見られる課題を検討する際には，
一つの教科で学習した内容のみで解決できることは稀で，複数の教科の視点が必要とされるということであ
る。この点について「総則」（2017）には，「生徒や学校，地域の実態を適切に把握し，教育の目的や目標の

実現に必要な教育の内容等を教科等横断的な視点で組み立てていくこと」と示されており，その重要性が語られている。社会科は本来，教科横断的な側面をもち合わせた教科であることを認識しながらも，意図的な教科横断的な学習を行うことで，資質・能力の育成に寄与したい。

3 理論を導く実践例

(1)「問い」を「もち，深め，繋ぐ」学習（主体的・対話的で深い学び，情報・情報技術の効果的な活用）

①単元名

世界の諸地域　アジア州（1年地理的分野）

②単元の目標

・アジア州に暮らす人々の生活をもとにアジア州の地域的特色を大観して理解を深め，諸資料から地理に関する様々な情報を効果的に調べ，まとめる技能を身に付けるようにする。（知識及び技能）
・アジア州で見られる都市問題の要因や影響を，地域内の結び付きなどに着目して多面的・多角的に考察し，表現する。（思考力・判断力・表現力等）
・アジア州について，よりよい社会の実現を視野に，そこで見られる課題を主体的に追究しようとする態度を養う。（学びに向かう力，人間性等）

③授業の実際

中項目「世界の諸地域」の学習は，日本から距離的に遠い州から近い州へと展開するよう計画した。そのためアジア州の学習は，他の5つの州の学習を経ての実践となっている。本小単元の学習計画を**図2**に示す。

※評定に用いる評価（●），学習改善に繋げる評価（○）

時	おもな学習活動	評価の観点			批判的思考を位置付けた学びとの関連
		知	思	態	
1	・小単元の学習課題「アジア州の経済が大きく成長したのはなぜか？」について生活経験から予想を立て，ワークシートに記入する。		○	○	①ウ　課題を発見・把握する ①エ　解決の見通しを立てる
	・アジア州の自然環境の特色を理解する。	○			②イ　社会的事象の意義や意味を解釈する
2	・アジア州の農業・文化と経済発展について理解する。	○			
3・4	・中国，韓国，東南アジア，南アジア，中央アジア，西アジアの「追究班」に分かれて調べ，その内容をクラゲチャートにまとめる。	○			**②ア　資料を収集し，読み取り，読み取った情報を記述する**
5・6	・「生活班」に戻り，クラゲチャートをもとに共通点や相逢点に着目して交流することで，単元の学習課題を解決する。		○		**③ア　全体構造を把握する**
7	・疑問点を挙げたり，発表の仕方や資料の内容について，その改善点を話し合う。		○	○	①ウ´　課題を発見・把握する
8	・「生活班」から出された疑問点について，「追究班」で協力して調べ，その内容をまとめる。	○			**②ア´　資料を収集し，読み取り，読み取った情報を記述する**
9	・「追究班」でまとめた内容をプレゼンする。 ・振り返りを行う。		●	○	**③ア´　全体構造を把握する** **イ　学習を振り返る**

図2　単元計画と批判的思考力を位置付けた学びとの関わり

【問いをもつ学習活動】

　小単元第1時の導入で,「各国のGDP割合の推移」の資料を提示し,アジア州の割合が増えていくことを読み取らせ,小単元の学習課題「アジア州の経済が大きく成長しているのはなぜか？」を設定した。生徒たちの予想には「人口が多いこと」や「面積が広いこと」が多く挙げられたが,さらに「実質経済成長率の推移」の資料を提示すると,フィリピンやインドネシア,マレーシアなどの国の成長率も高いことが分かり,「他にも何か理由があるのではないか」と問題意識を醸成することができた。

【問いを深める学習活動】

　第1時の後半〜2時でアジア州の自然環境や農業,文化について大観する学習を行い,第3,4時は「生活班」の中で中国,韓国,東南アジア,南アジア,中央アジア,西アジアの各担当を決め,同じ地域を調べる「追究班」を組織して調べ学習を行った。それを学習支援アプリでクラゲチャート（図3）にまとめて「追究班」で交流することで,自分一人の力では調べきれなかった内容や説明が難しい内容についても協働的に解決することができた。なお,作成物が全て学習支援アプリに記録されていることで,教

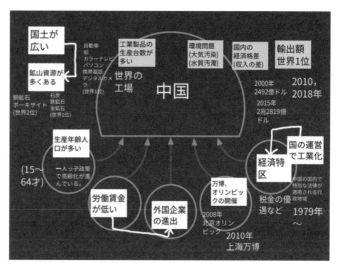

図3　生徒個々が「追究班」の活動で作成したまとめ

師は生徒個々のまとめ方について,随時フィードバックを行うことができた。フィードバックの具体例としては,その国や地域が発展した理由や経済発展の影響を一つの側面からしか検討していないまとめに対して,教科書に記載がある別の側面に着目させるような声掛けや記述を行ったことが挙げられる。

【問いを繋ぐ学習活動】

　第5,6時は,前時までに「追究班」でまとめた内容を「生活班」に持ち帰り,説明を行った。各地域の経済が成長している原因には,外国の資金や技術が入っていることや地域の資源を生かしているという共通点があることを知った。また,経済成長の影響として貧富の差の拡大や都市と農村部との経済格差,環境問題の発生などの課題にも共通点があることを知った（図4）。

　また,説明を聞いて疑問点があった場合には,その都度質問すること

国・地域	経済成長の背景	経済成長によって生じた影響 （○…よくなった点,▲…課題点）
中国	工業化が進む 輸出量世界一	○外国からも企業が来る ○「世界の工場」「世界の市場」とよばれる ▲経済格差,環境問題
韓国	半導体の技術力が高い アイドルで経済成長 eスポーツ　GDP	○さいばん経済効果 ○1520億（推定）
東南アジア	プランテーション ASEAN（この東南アジア10ヶ国） 二期作（米）	○経済成長 ○他のアジアと交流 ▲人口流出　▲アジア内での格差
南アジア	インド　自動車 数学 アメリカがインドにコールセンター	○24時間対応
中央アジア	天然ガスなど鉱山資源／遊牧	○人口が増加
西アジア	農業がさかん 石油60%が西アジア	○経済をまわす　○観光

図4　「生活班」での交流で作成したまとめ

国・地域	解決できなかったこと，新たな疑問　　　　　　D組
中　国	・中国が発展したことで，どういう影響が出たのか？ ・環境問題が大きくなっているにも関わらず，自分たちの利益を優先するのはなぜか？ ・一人っ子政策をしたのに，なぜ人口が減っていないのか？
韓　国	・潜在成長率とは何か？ ・なぜ急に韓国でスマホが発展したのか？ ・韓国の経済成長には，どんな課題があるか？
東南 アジア	・ASEANには，どんなメリットがあるのか？ ・東南アジアでは工業化によってどんな都市問題がおこり，それをどう解消しようとしているのか？ ・東南アジアの経済発展に，日本はどう関わっているのか？
南 アジア	・教育水準が高いこととICTの発達には，どんなつながりがあるのか？ ・インダス川流域では，どんな農業が発展しているのか？ ・なぜソフトウェアが発展したのか？ ・なぜこんなに頭が良くなったのか？ ・なぜ繊維工業が発展したのか？ ・なぜインドでは人口が急激に増えたのか？
中央・ 西アジア	・石油が出ない国は，どのように経済を発展させてきたのか？ ・各国の人口と，その増加率はどれくらいか？ ・なぜ資源はたくさんあるのに，機械類などが発展しないのか？

図5　第7時に整理した「新たな疑問」

とし，各班で活発な質疑が行われた。明確な回答が得られなかった質問を第7時に整理し，次時からの展開に繋げた（図5〜図7）。

　第8時には再び「追究班」を組織し，各「生活班」から出された新たな疑問について調べたりまとめたりする活動を行い（図8），その結果を第9時に学級全体にプレゼンした。プレゼンを行う際には生徒個々，または「追究班」で協力してタブレット端末を操作し，作成した資料について説明した（図9）。

図6　アジア州の各地域について質疑応答している場面①

図7　アジア州の各地域について質疑応答している場面②

図8　グループで協働して調べたりまとめたりしている場面

図9　タブレット端末を操作して説明する場面

（2）資質・能力の教科等横断（情報・情報技術の効果的な活用，教科等横断的な学習の推進）

　歴史的分野の学習の目標として，中学校学習指導要領解説社会編では，「知識及び技能」に関わるねらいとして，「我が国の歴史の大きな流れを，世界の歴史を背景に，各時代の特色を踏まえて理解する」と示し

ている。これを受け，各中項目のイ（イ）には，各時代を「大観して，時代の特色を多面的・多角的に考察し，表現」する学習が明示されている。「大観」とは，「我が国の歴史と関連する世界の歴史を背景に，政治の展開，産業の発達，社会の様子，文化の特色など他の時代との共通点や相違点に着目して各時代の特色を明らかにした上で，我が国の歴史を大きく捉える」ことであり，歴史的な見方・考え方（時期や年代，推移，比較，相互の関連や現在との繋がりなど）を働かせながら，多面的・多角的に考察したり，選択・判断したりする力，思考・判断したことを説明したり，それらをもとに議論したりする力を養うこと（思考力，判断力，表現力等に関わるねらい）が目標として示されている。今回，歴史的分野の学習のまとめの学習として，各時代（古代・中世・近世・近代1・近代2・現代）の特色を大観する学習を通して，我が国の歴史の大きな流れをつかませることをねらって実践した。

①単元名
歴史的分野のまとめ（3年歴史的分野）

②単元の目標
・各時代の日本を大観することを通して，各時代の特色についての理解を深め，諸資料からその情報を効果的に調べ，まとめる技能を身に付けるようにする。（知識及び技能）
・各時代の日本を大観することを通して，各時代の特色を多面的・多角的に考察したり，公正に判断したり，思考・判断したことを説明したりする。（思考力・判断力・表現力等）
・他者との対話など異なる視点からの考えを聴き合ったり，歴史的事象に関心をもち，問題を発見したり，考察したり，解決策を考えたりする態度を養う。（学びに向かう力，人間性等）

③授業の実際
単元を貫く学習課題として，「これから歴史を勉強する中学生のために，歴史解説動画を作ろう」と設定した。この解決に向けて，目標設定や役割分担，学習の見通しなどを生徒自身に決めさせていった。まとめ方は，タブレット端末を使用することで，協働的かつインタラクティブ（相互に作用する，対話的）な学びが実現できるのではないかと考え，動画処理ソフトを使って動画を作成させた（「情報・情報技術の効果的な活用」の視点）。

先に述べた通り，生徒が生きていくVUCAの時代は社会がより複雑化し，一人の力で物事を成すことができる社会ではないといわれている。そうした社会をたくましく生きていくためにも，協働的な学習場面を意図的に設定することで，人間の強みを育むことに繋げていくことが大切だと考える。

また，学習の過程では国語科や外国語科，総合的な学習の時間の「見方・考え方」が働くように単元の中にその学習を入れ込んだり（図10），明示的に指導したりした（「教科等横断的な学習の推進」の視点）。

歴史的な見方・考え方を働かせる手立てについては，各時代の特色を捉える視点として，政治の展開や産業の発展，社会の様子，外国との関係，文化の特色の5点に着目し（見方），他の時代との共通点や相違点，推移や繋がりなど（考え方）を考えていくように指導した（図11）。

単元の終盤には，一人一人が考えた各時代の特色を持ち寄り，それをもとに4人グループでその時代の特色を表す5分間の動画を作成させた。近代2をまとめたグループは，この時代を「国際協調の風潮が高まり，新たな国のしくみが整ってきた時代」とまとめた（図12）。この構想の実現に向けて，役割分担をグループごとに行い，それぞれの良さを生かしながら動画作成に取り組むようにフィードバックしていった。また，自身の学習の様子を最後に振り返ることができるように個人目標を設定させた。

時	・学習課題　・学習内容　◆指導の留意点　◎働かせたい見方・考え方	評価の観点			見取りの視点【評価方法】
		知技	思判表	態度	
単元の学習課題　　これから歴史を勉強する中学生のために，歴史解説動画をつくろう					
1	各時代の特色をまとめよう ・単元全体の学習の流れを確認する。 ・時代を古代，中世，近世，近代①（明治），近代②（大正・昭和），現代に区分（6つ）し，それぞれの時代の特色をまとめる。		○	○	・各時代の日本を大観して，時代の特色を多面的・多角的に考察しているか。【学習シート】
2	◎時系列（時期，年代），推移（展開，変化，継続），比較（類似，差異，特色），繋がり（背景，原因，結果，影響）などに関わる視点に着目して捉え，比較したり関連させたりして社会的事象を捉える。→働かせるための手立て ◆4人グループで担当する時代を一つ決める。 ・「Study Design Sheet」の内容を確認し，グループで構想を練る。		●	○	
授業外	◆構想を膨らませる①（2日間）				
3	動画作成に向けての準備をしよう ・動画作成に向けた「Study Design Sheet」を作成する。歴史的な見方・考え方をどのように働かせたか明示させる。 ◆準備段階では，シナリオを作る人，発表に必要なものを準備する人（模造紙や画用紙等），また，撮影段階では，撮影する人，説明する人など多様な役割分担が考えられる。「Study Design Sheet」に基づき，協働的かつインタラクティブな学びになるよう支援，フィードバックしていく。なお，準備段階，撮影段階それぞれの場面で，必ず一人一役を担うように指導する。		○	○	
授業外	◆構想を膨らませる②（2日間）				・各時代の日本を大観して，時代の特色を多面的・多角的に考察しているか。 ・主体的に追究しているか。
総合	動画編集ソフトを使ってみよう ・「Study Design Sheet」に個人目標を立てる。 ◆3時間目にチームで決めた目標や役割分担等に基づき，自分の役割を果たすために，何を，どのよう頑張ればよいか具体的に記述させ，7時間目に単元全体の学習を振り返られるようにする。				
国語	相手に伝わりやすい発表にするためにはどうすれば良いか考えよう ・「Study Design Sheet」に基づいて，国語科的な視点から準備，練習を進める。 ◆「言語による見方・考え方」（国語を使って内容や事柄を適切に表現する等）から，フィードバックしていく。				
4	動画を撮影する準備をしよう ・「Study Design Sheet」に基づいて準備，練習を進める。 ◆体育館で撮影の準備や，動画編集ソフトの使い方を再度確認させる。		○	○	
5	動画を撮影しよう ・「Study Design Sheet」に基づいて練習，撮影を進める。 ◆相互評価を共有し，改善点が「社会的な見方・考え方」からの視点のものか，「言語による見方・考え方」の視点のものか分類，整理した上で修正させる。		○	○	
6	動画を編集しよう ◆撮影が完了したグループから，編集させていく。必要に応じて撮り直しさせる。		○	○	
7	完成した動画をみんなで視聴しよう ・相互評価（生徒，担任，授業者） ◆担任は教科等横断的な視点（スキル面）から，授業者は社会科的な視点（内容面）から評価する。生徒はスキル面，内容面の両面から。 ・自己評価（3時間目に「Study Design Sheet」に記入した個人目標に対しての振り返りと次に頑張りたいこと。）			●	・主体的に追究しているか。【Study Design Sheet】【成果物】

図10　単元計画と批判的思考力を位置付けた学びとの関わり　※評定に用いる評価（●），学習改善に繋げる評価（○）

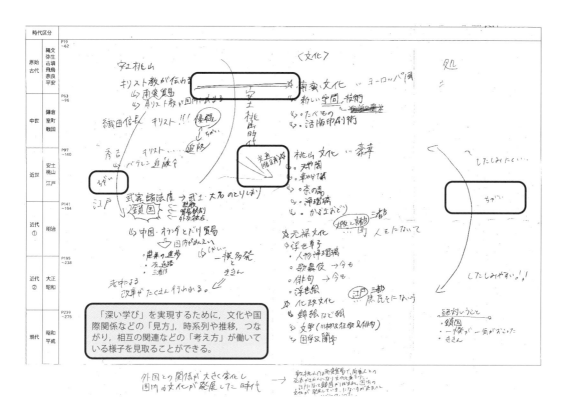

図11　歴史的な見方・考え方を働かせながらまとめた各時代の特色

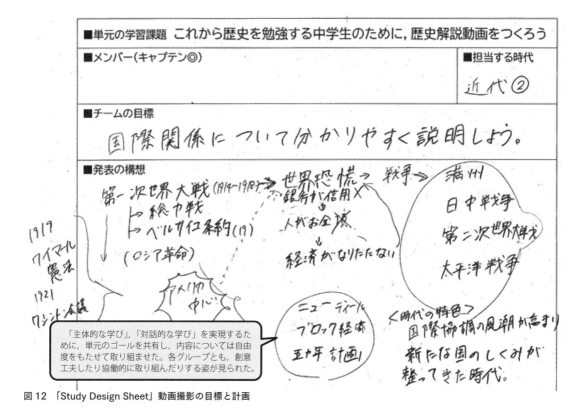

図12　「Study Design Sheet」動画撮影の目標と計画

第2節　具体的実践事例

第1項　社会科学習指導案

1　単元名

第2部第2章　世界と比べた日本の地域的特色
　　　第4章　身近な地域の調査

2　単元について

（1）生徒観

　事前調査（**図13**）から，「ハザードマップの名前と内容を知っている」生徒は学年の70％で，「名前は聞いたことがある」生徒と合わせると99％に上り，1年生の時点でハザードマップが広く認知されていることが分かった。しかし「自分の家の周りは災害が起こる地域ではない」（20％），「自分の家の周りで災害が起こるか分からない」（41％）と答えている生徒たちの居住地には，盛岡駅西口や向中野地区，仙北町など盛岡市の防災マップ上で大規模な洪水災害が想定されている地域が含まれており，その理解が十分ではないことが推察された。東日本大震災から10年が経過し，生徒の中にはその記憶が全くない生徒も見られる。本単元では防災をテーマに身近な地域の調査を進めることで，調査の手法や地形図の読み取り方を身に付けさせるとともに，生徒の安全に関する資質・能力を育成していく。

（2）教材観

　近年頻発する大規模な自然災害は日本及び世界各地に甚大な被害を与えていることから，生徒の安全に関する資質・能力を育成することは，我々にとって急務の課題と言える。そのことは学習指導要領において小中学校ともに防災に関する記述が充実したことや，高等学校で地理総合が必履修科目となったことからも明らかである。本単元は中学校学習指導要領の地理的分野C「日本の様々な地域」を構成する小単元「（1）地域調査の手法」と「（2）日本の地域的特色と地域区分」の一部を取り扱う。**図14**は本単元の小中学校との繋がり（縦の繋がり）と，中学校における教科横断的な繋がり（横の繋がり）を示しており，これらの繋がりを意識して授

「ハザードマップ」を知っていますか

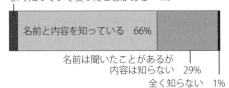

よく知っていて使ったことがある　4％

名前と内容を知っている　66％

名前は聞いたことがあるが
内容は知らない　29％
全く知らない　1％

あなたの家の周りは、災害がおこる地域ですか

はい　39％　　いいえ　20％　　分からない　41％

図13　事前調査（N = 137）

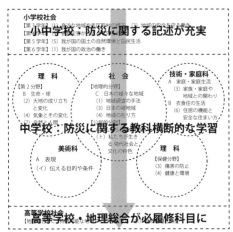

図14　安全に関する資質・能力の繋がり

業を構想していく。

　また，本単元では地理的な見方・考え方の中でも特に「位置や分布（○○はどこに位置しているか）」，「その場所の特徴（そこはどのような場所なのか）」，「自然環境との関わり（そこで生活することは，周りの環境からどんな影響を受けているのか）」を働かせて課題を解決させたい。

（3）教科研究との関わり

研究の視点 1　主体的・対話的で深い学び

　頻発する自然災害の中から，歴史的に盛岡市に大きな被害をもたらしてきた洪水にスポットを当てる。学習を進める中で，多くの生徒の生活圏である市内 2 か所からの避難計画を立てさせるという課題を設定することで，生徒が主体的に学習に向かうことをねらった（「見方・考え方を働かせる教師のしかけ」）。単元の学習の過程には，日本の自然環境や自然災害について理解する時間や，地形図の読み取りに関する知識・技能を習得する時間を設定し，そこで身に付けた知識や技能を用いて課題の解決が行われるようにする。

　また，単元の学習の中に生徒による相互評価や教師からのフィードバックの場面を位置付け，生徒がいったん解決した（と思っている）課題について他者との協働を行いながら再び検討させることで，より良い答えに昇華するとともに，概念の構造化が図られるようにする（「評価活動とフィードバック」）。

研究の視点 2　情報・情報技術の効果的な活用

　本単元では情報技術の効果的な活用を目指す。学習支援アプリを用いて生徒間の情報のやり取りをスムーズに行うことに加え，野外調査で得た情報や画像をタブレット端末に記録したり，地形図の読み取りを効果的に進めるために国土地理院のウェブサイトを利用したりするなど，内容面でも活用していく。

研究の視点 3　教科等横断的な学習の推進

　安全に関する資質・能力の育成については，理科，家庭科，保健体育科と教科横断的な学習を進めることができる。例えば理科で火山や地震発生のメカニズムや気象の変化について学ぶことや，家庭科で安全な住空間の整え方を学ぶこと，保健体育で傷害の防止について学ぶことは，本単元との親和性が非常に高いといえる。また，美術科では 2 年生後期に防災ピクトグラムをデザインする学習が計画されており，そこにも本単元での学習が生きると考えている。

3　単元計画

（1）単元の目標

知識及び技能	・日本や国内地域に関する各種の主題図や資料の読み取りを通して地域区分をする技能を身に付けるとともに，日本の自然環境に関する特色を理解する。 ・地形図や主題図の読図，目的や用途に適した地図の作成などの地理的技能を身に付けるとともに，観察や野外調査，文献調査を行う際の視点や方法，地理的なまとめ方の基礎を理解する。
思考力，判断力，表現力等	・日本の自然環境について，それぞれの地域区分を，地域の共通点や差異，分布などに着目して多面的・多角的に考察し，表現する。 ・地域調査において，対象となる場所の特徴などに着目して，適切な調査，まとめとなるように調査の手法やその結果を多面的・多角的に考察し，表現する。
学びに向かう力，人間性等	・防災に関する課題に粘り強く取り組む中で，自己の学びを調整し，問題を発見したり（問題発見力），意志決定したり，提案したりする。

（2）評価規準

知識・技能	思考・判断・表現	主体的に学習に取り組む態度
知① 日本の地形や気候の特色，海洋に囲まれた日本の国土の特色，自然災害と防災への取り組みなどをもとに日本の自然環境に関する特色を理解している。 技① 日本や国内地域に関する各種の主題図や資料をもとに，地域区分をする技能を身に付けている。 知② 観察や野外調査，文献調査を行う際の視点や方法，地理的なまとめ方の基礎を理解している。 技② 地形図や主題図の読図，目的や用途に適した地図の作成などの地理的技能を身に付けている。	思① 日本の自然環境について，それぞれの地域区分を，地域の共通点や差異，分布などに着目して多面的・多角的に考察し，表現している。 思② 地域調査において，対象となる場所の特徴などに着目して，適切な調査，まとめとなるように，調査の手法やその結果を多面的・多角的に考察し，表現している。	態① 地域調査の手法について，よりよい社会の実現を視野に，防災に関する課題に粘り強く取り組む中で，自己の学びを調整し，問題を発見したり，意志決定したり，提案したりしている。

（3）指導の計画　評定に用いる評価（●），学習改善に繋げる評価（○）

時	学習課題・学習内容	知技	思判表	態度	評価方法
1	**自然災害から身を守るには，どのようなことが大切なのか？** ・近年日本で起こった自然災害に関わる画像と，日本全国の災害伝承碑の位置を示した地図を見て，学習課題を設定する。 ・生徒の予想を生かしながら，今後の授業の見通し（日本の自然環境の理解，自然災害の理解とその備え，地形の特徴と地形図の読み取り）を立てる。		①	①	自分なりの予想や疑問を持てているかを評価する。（単元のワークシートの記述内容）
2	**日本の地形には，どんな特色があるか？** ・日本とその周辺で1日に発生する地震の回数を示した資料や，日本全国にある水害に関わる災害伝承碑を提示し，学習課題を設定する。 ・学習を通して，日本列島周辺にはプレートの境界が集中していて大地の動きが活発なことや，川や海岸の特徴を理解する。	①			学習課題に対して適切なキーワードを用いてまとめているかを評価する。（ワークシートの記述内容）
3	**なぜ，日本各地の気候に違いができるのか？** ・盛岡市や日本各地の雨温図から，学習課題を設定する。 ・学習を通して，季節風と日本を取り囲む海，山地の影響があることを理解する。	①			学習課題に対して適切なキーワードを用いてまとめているかを評価する。（ワークシートの記述内容）
4	**津波から避難する際に大切なことは何か？** ・東日本大震災後に大槌町で行われた岩手大学による調査結果を取り上げ，学習課題を設定する。 ・学習を通して，災害への対応には自助・共助・公助の視点があり，特に自助の視点が大切であることを理解する。	①			学習課題に対して適切なキーワードを用いてまとめているかを評価する。（ワークシートの記述内容）
5 6	**地形図を読み取り，行動計画に役立てよう。** ・空中写真と地形図を比較することで，空中写真では読み取れない要素があることに気付き，学習課題を設定する。 ・地理院地図Vectorや今昔マップを利用することで，縮尺，地図記号，等高線等，新旧の地図の比較等，地形図の使い方に関わる知識・技能を身に付ける。	フィードバック ❷			地形図の使い方に関わる知識・技能を適切に用いているかを評価する。（作成した地形図の内容）
7	**洪水から自分の家族を守るために大切なことは何か？** ・第6時までの学習内容を振り返り，日本の自然環境の特色について多面的・多角的な視点でまとめる。 ・動画（2016年12月放送 FNN重大ニュースさよなら JAPAN OLD）の視聴と，防災意識に関するアンケートの集計結果から，学習課題を設定する。		① ②		思①学習課題に対して適切なキーワードを用いてまとめているかを評価する。（単元のワークシートの記述内容） 思②調査の見通しを持てているかを評価する。（調査計画の記述）

	・A，Bのグループに分け，盛岡市の防災マップをもとに調査計画を立てる。			
	・野外調査や家族への聞き取り調査を行う。 ・調査結果を学習支援アプリで集約する。			
8	**洪水から自分の家族を守るために大切なことは何か？** ・①土地の高さ，②距離，③昔の土地利用をもとに④野外調査で確認した道のりの安全性等を根拠に，A，B地点からの行動計画（【行動計画Ⅰ】）を作成する。 ・教師のフィードバックをもとに【行動計画Ⅰ】を見直す。		②	複数の視点から避難場所やルートを特定できているかを評価する。（『行動計画Ⅰ』の内容）
9 本時	**洪水から自分の家族を守るために大切なことは何か？** ・前時までに作成した【行動計画Ⅰ】について，友達の発表やグループ交流を通して計画を立て直す。 ・全体発表を通して概念形成を図る。 ・教師のフィードバックをもとに【行動計画Ⅱ】を見直す。		② フィードバック	複数の視点から避難場所やルートを特定できているかを評価する。（『行動計画Ⅱ』の内容）
10	自然災害から身を守るには，どのようなことが大切なのか？ ・【行動計画Ⅱ】を完成させる。これまでの学習の中で生まれた疑問点について整理し，時間内に解決できそうなものについては，その解決を図る。	❷ フィードバック	❶	単元のワークシート中『終わりの考え』の記載内容

4 本時について

(1) 本時の目標

地域調査において，対象となる場所の特徴などに着目して，適切な調査，まとめとなるように調査の手法やその結果を多面的・多角的に考察し，表現する。

(2) 評価規準

洪水から身を守るための行動計画を，居住地の特徴や目的地までの距離と時間，土地の高さ，野外調査の結果などに着目して考察し，表現している。【思考・判断・表現】

(3) 指導構想

本時は，盛岡市で想定される大規模な洪水被害から自分の家族を守るための行動計画について，見直しを図る時間である。検討を進める市内2地点については，実際に大規模な洪水被害が想定されている場所であることと，生徒の生活圏を考慮して設定した（本校の学区は市内に留まらないが，市内中心部であれば通学や通塾等で訪れやすい）。行動計画を作る際に生徒たちとは次の条件を確認する。

①生徒たちは各地点に住んでいて，自分が家に残された家族をリードして避難すること。

②平成28年に本県を直撃した台風10号クラスの台風が盛岡市に上陸し，「高齢者等避難」や「避難指示」が出される状態であること。

生徒たちが作成した行動計画について，根拠が薄いものに対しては事前に教師からフィードバックを行い，修正した計画が手元にあるようにする。

最終的に答えが一つに絞られるような課題ではないが，結論を出すための根拠を大切にし，その根拠を見出すために，これまでの学習で身に付けた地理的な知識・技能を発揮することと，野外調査の成果を用いることをねらう。

（4）本時の展開

段階	学習内容及び学習活動 ・予想される生徒の反応等	指導上の留意点及び評価 ・指導の留意点　○評価
導入 3	1　盛岡市内 A，B の 2 地点での洪水から自分の家族を守るための避難行動を，地形図の読み取りに関わる知識・技能や野外調査の成果を生かして考えていくことを確認する。	・行動計画は，結論と根拠が分かりやすいように思考ツールにまとめさせておく。

洪水から自分の家族を守るために大切なことは何か？
～ A（B）地点からの行動計画から考える～

段階	学習内容及び学習活動 ・予想される生徒の反応等	指導上の留意点及び評価 ・指導の留意点　○評価
展開 40	2　ある生徒が作った行動計画から，行動計画作成の視点を明らかにする（6 分）。 　　自分の家族が安全に避難するための視点 ①目的地までの高低差 ②目的地まで，あるいは川からの距離 ③昔の土地利用から心配される危険 ④実際歩いて見て感じたこと　　✕　・避難時の天候や町の状況 　　　　　　　　　　　　　　　　　　・他のルートや目的地の検討 　　　　　　　　　　　　　　　　　　・自分の家族について 3　視点をもとに，個人で行動計画を見直す（10 分）。 A 地点：盛岡駅前（盛岡駅前郵便局付近） ・【目的地】マリオス（指定緊急避難場所） 　【根拠】①高さ：A 地点（標高 124m）→目的地（標高 123m） 　　　　　②距離：地下通路を避け，徒歩で 20 分（約 800m） 　　　　　③昔の土地利用：河川の流路→荒地（1930 年代）→車両基地（1970 年代） 　　　　　④調査から：盛岡駅からマリオスへは階段を上って 2 階通路で移動したいが，階段が狭く，大勢の人が一気に避難すると混雑する可能性がある B 地点：開運橋通（盛岡大通郵便局付近） ・【目的地】岩手城跡公園（指定緊急避難場所） 　【根拠】①高さ：B 地点（標高 123m）→目的地（標高 142.9m） 　　　　　②距離：菜園を真っすぐ徒歩で 15 分（約 700m） 　　　　　③昔の土地利用：城跡公園（史跡）（1906 年～） 　　　　　④調査から：信号の数が多く，足止めを食う可能性がある。城跡公園で高台に上るまでかなりの距離と傾斜 4　グループで，お互いの行動計画の妥当性について検討する（10 分）。 5　行動計画を見直し，再考する点を明らかにする（6 分）。 6　立て直した行動計画を発表する（2 分× 4 人＝ 8 分）。	・あらかじめ取り上げる行動計画を選んでおく。 ・生徒の言葉を拾い，板書する。 ・避難する際の状況を想起させるために，「大雨への警戒レベル」，「1 時間あたり 50 mmの雨」の画像を見せる。 ・作成されると思われる他の目的地として A 地点からはアイーナと城西中（ともに指定避難所），B 地点からは仁王小と河北小（ともに指定避難所）が考えられる。また，洪水の指定避難所ではないが，両地点から距離的に近い桜城小を選択する生徒も複数名いると考えられる。 ・提案される他のルートとして A 地点からは駅を迂回するルート，B 地点からは大通りを通るルートや中央通りを迂回するルートが考えられる。 ・できるだけ異なる行動計画を立てているメンバーでグループを編成しておく。 ○『行動計画 II』の記載内容 ・学習支援アプリで集約し，学習の深まりが見られた生徒を取り上げて発表させる。
終結 7	7　まとめを記入し，発表する。	

生徒の記入例）　＊授業の中で見つけたキーワードを使ってまとめる

　洪水から身を守るためには，「いつ避難するか」の判断を間違えないように，事前に「目的地までの高さ」や「距離」，「昔の土地の使われ方」，「実際に観察して得た情報」などの様々な視点から「当日の具体的な状況を想定して」目的地やルートを決めておくことが大切だと思いました。いざという時にしっかり動けるように，日頃から学習で身に付けた視点を大切にしていきたいです。

第2項　生徒の姿と授業の考察

1　授業中の生徒の活動

導入　行動計画を再考するための視点を明確にし，見通しを持つ

　中単元の学習課題「洪水から自分の家族を守るために大切なことは何か？」について，生徒は地形図の読み取りや野外調査を通し，自分の考えを「行動計画Ⅰ」（クラゲチャート）にまとめた。以下に，実際に生徒が作成した行動計画の一部を示す。

A地点（盛岡駅前郵便局付近）からの行動計画	B地点（盛岡大通郵便局付近）からの行動計画
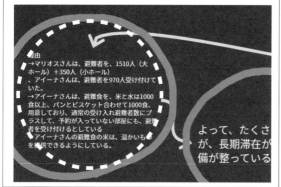	
S1の行動計画：野外調査の際に信号やマンホールの数，地下道の有無などを確認するとともに施設の方にインタビューを行い，根拠としている。	S2の行動計画：地形図の読み取りから計測した距離と，実際に歩いてみた時間や近隣の様子を根拠に，目的地まで最短距離で移動する計画。
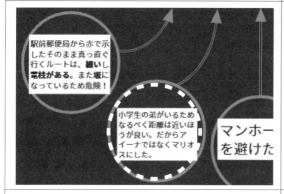	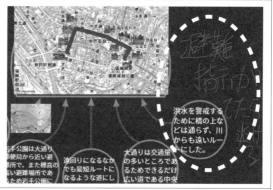
S3の行動計画：野外調査の結果と共に，一緒に行動する可能性のある小学生の弟への配慮が記載されている。	S4の行動計画：「避難指示が出たら逃げる」と記載があるように，避難する時機について検討している。

　「行動計画Ⅰ」を再考する時間として位置付けた本時は，授業の冒頭で他学級の生徒が作成した行動計画を示し，生徒の気付きを教師が繋ぎ，まとめることで，行動計画を再考する視点を明確にした。

> **行動計画を再考する視点を明確化する場面**
> T：これはA地点からの行動計画です（図15）。この人は，何を根拠にして行動しようとしていますか。
> S5：「弟と一緒だから」と書いてあることから，自分の家族の状況を行動の根拠にしていると思います。
> S6：「マンホールが多い」とあることから，実際に歩いて調査してみた結果を根拠にしていると思います。
> S7：「歩いて5分」という具体的な時間も書かれています。

S8：地図が色分けされているので「高さ」も分かります。

T：目的地までの高低差については，事前に国土地理院 Web で地形図の読み取りを行いましたね。

T：では，逆に，この行動計画に不足していると思われる根拠はありませんか。

S9：「アイーナに行く」とありますが，私は 2 つの施設を比べてみて，マリオスの方が避難するのに都合が良いと思いました。

T：なるほど。そうすると，比較の視点が必要だということですね。

S4：スタートとゴールの写真しかないので，途中に道しるべとなるようなものを載せておくとパニックになっても安心できると思います。

T：なるほど。実際に動く状況をもっと想像すると大切なものが見えてきますね。では，これらの視点を掛け合わせて，「いつ」，「どこへ」避難するかを検討していきましょう。

図15　他学級の生徒が作成した行動計画

展開1　グループで行動計画の妥当性について検討する

個人で行動計画を修正した後，グループでその妥当性を検討した（**図16**）。なお，活発な議論を促すため，事前に作成した「行動計画 I」をもとに，同じグループの中に A 地点からの行動計画を立てた生徒と B 地点からの行動計画を立てた生徒がいるようにした。さらに，できるだけ異なる目的地やルートを設定している生徒が混在するようにした。

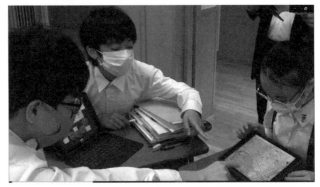

図16　行動計画の妥当性を検討する生徒

グループでの話合いの様子から，避難時の天候や町の様子についての想像が不十分な発言が散見されたので，避難時の様子について話合いが行われているグループを取り上げ，全体に広げた。

グループ活動での話し合い内容を取り上げ共有する場面

T：皆さん，話し合いを少し止めます。先ほどそちらの 2 つのグループで横断歩道や地下道の話題が出ていましたが，それはなぜですか。

S10：水は低い方に行くので地下道を通るのは危ないと思ったんですけど，交通量の多い駅前で横断歩道のない所を渡るのも危険だから，少し遠回りになるけど横断歩道を通った方が良いのではないかと思いました。

S3：僕のグループでは，地下道に入った結果，水に流されるなどの被害にあう可能性があると思ったので，別のルートを検討した方が良いという話をしていました。

T：なるほど。避難時の天候や町の様子について，具体的に想像してみたということですね。実際どのような状況で行動することになるのかを，この映像を見て確認しましょう。（「1 時間当たり 50 ㎜の雨」の映像を視聴する）

T：このような状況の中，皆さんは行動するということですね。では，再度グループでの話し合いを続けてください。

展開2　再びグループで行動計画の妥当性について検討する

A地点からの行動計画について話し合うグループ	B地点からの行動計画について話し合うグループ
S13：いつ避難するの？ S6：僕の家は高齢者がいるから，警戒レベル 3（高齢者避難）が出たら逃げないと。 S14：私の家は警戒レベル 4 でいいかな。	S3：僕は城跡公園に最短距離で避難するルートにしたよ。公園の入り口まではおよそ 600 m で，歩いてみたらそれほど時間がかからなかったから。 S4：僕も目的地は同じですが，迂回していくルートを選びました。

S13：私のルートだと信号がたくさんある。

S6：こっちは2か所。

S14：私は1か所。地下道は通らない方が良いと思うけど，遠回りになるなあ。

S15：信号が全くないルートはないよ。（ストリートビューを見ながら）ほら，ここにもある。

S13：このルートだと信号は少ないけど，高架下を通るよね。大雨の中だけど，車は走っているよね？

S14：そうだね。何で？

S13：この下を通ると水が滝のように降ってくることもあるのかなと思って。

S6：確かに。可能性はあるかもね。そうすると，駅の構内を通る方が良いのかな。

S15：駅の中はたくさんの人であふれかえっている可能性があるんじゃない？

S14：そうするとかえって時間がかかる可能性も考えられるか。

遠回りにはなりますが，標高が高く，川から離れるルートだからです。

S12：岩手公園は高さはあるけど，雨風をしのげる建物がなくて心配じゃない？

S3：確かに。では岩手公園はあくまでも一時避難所のような場所として考えたらいいんじゃない。

S4：そのことについては，この迂回路だと途中に複数の選択肢があって，状況によっては行き先を変更できるというメリットもあります。

S2：一時避難をした後は，どこに避難するの？

S4：仁王小学校とかになるかな。

S3：あらためて地図を見ると，仁王小学校に行くとしても，やっぱりいったん近くの岩手公園に避難して，その後あらためて移動する方が距離的にもあまり変わらないし，ルートが単純で良いと思うよ。

S12：激しい雨風の中移動することを考えると，ルートが単純なのはいいね。

展開3　グループでの検討を生かして行動計画を修正する

グループでの検討を経て，行動計画に修正を加えた。「行動計画Ⅱ」の一部を以下に示す。

A地点（盛岡駅前郵便局付近）からの行動計画	B地点（盛岡大通郵便局付近）からの行動計画
	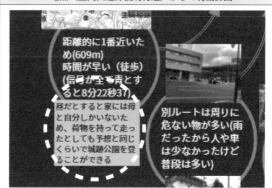
S1の行動計画：いつ避難するかということについての記載が加わった。他に，避難場所について，複数の場所を比較する記載が加わった。	S2の行動計画：家族の状況を考えた記載が加わった。他に，一時避難する場所と，家族と待ち合わせる場所の記載も加わった。

終結　本時のまとめを行う

以下に生徒の記述の一部を示す。

S13　どちらも，誰と逃げるのかによって大きく逃げる経路とかも変わると思った。また，マンホールや地下道などであった時に雨の量とかを考えて通る通らないを決めた方がいいと思った。雨や浸水の時はこういう逃げ道だったけれど，地震や土砂崩れの時に逃げ道，避難経路についても調べていきたい。

S16　避難経路が複数あった方が気持ちの面でも楽になる。また，早く避難するルートと，体が不自由だったり高齢者が逃げるルートを確認しておいた方が良い。また，そのルートにした理由がたくさんある方が安全性も高まると思う。

2 考察

（1）主体的・対話的で深い学びについて

○市内2か所からの避難計画を立てるという課題を設定した（「見方・考え方を働かせる教師のしかけ」）ことは，生徒たちが意欲的に市内で取材を行ったり，仲間との討論を通したりして，新たな考えに気付くことに繋がった。

○単元の中に計画的に評価活動とフィードバックを位置付けたことにより，生徒がいったん解決した（と思っている）課題について，級友や教師からの指摘を受けて再度考え直し，より良い考えに昇華することに繋がった（**表1**）。

表1　行動計画の評価 (n = 32)

	A地点	B地点
A	10	7
B	5	7
C	2	1

（2）情報・情報技術の効果的な活用について

地形図の読み取りによって得られる情報である目的地までの距離（あるいは川からの距離）や高低差については，多くの生徒が既に調べ，行動の根拠としていた。また，個人の時間を使って行った野外調査についても，タブレット端末に写真や映像を記録し，行動の根拠にしていた。その一方，導入で確認したように，自分の家族の状況や他のルートや施設との比較，避難時の天候や町の様子を考えた行動については検討の余地があり，行動計画の修正が行われた。生徒は国土地理院のウェブサイトで距離や高低差を調べたり，地図アプリのストリートビューでルートを確かめたりして修正を行った（**図17**）。

図17　行動計画を修正する生徒

○学習を効果的に進めるためにアプリケーションを使ったり，市内を取材する際にカメラやビデオ機能を使ったり，情報機器が有効に働いた。また，容易にフィードバックが行える点でも情報機器の利用が効果的だった。

▲目標に照らし合わせて情報技術を用いることが大切だと感じる一方で，まず使ってみることから見えてくるものもあると感じる。生徒と共に学び，使っていく姿勢を持ちたい。

（3）育成を目指す資質・能力について

○本実践では，生徒の安全に関する資質・能力の育成を目指した。身近な地域における具体的な災害を取り上げることで，生徒は意欲的に地理的な見方・考え方を働かせて問題解決に取り組んだ。その結果，これまで見ていた日常を「災害を意識して」見ることもできるようになったと感じる。

▲安全に関する資質・能力を育成するために，他教科との連携は欠かせないと感じた。例えば家庭科で非常時の住生活や，保健体育で疾病の防止について学ぶことで，避難時の装備がもっと具体的に想像できると思う。

第3項　研究者から見た授業の成果・課題

見えていないものを見えるようにする

（1）社会を認識するということ

　社会を認識するということは，どういうことなのであろうか。様々な応答の仕方があり得るだろうが，ここでは，里見実にしたがって，「社会を読む」「社会を解読する」営みとして考えてみたい。里見は，河川工事者の川を「読む」力を例に挙げる。河川工事者が川を見る場合，本来の河底とともに，大雨によって水量が変わった場合に洪水になるかもしれないという意識で，氾濫した場合の水路も想像して見ている（日常の道路が激流の水路となる）。里見は，こうした川を「読む」力は，河川工事業者だけでなく，私たち自身が「集団の知恵」としてもたなければ，迫り来る危険に対処できないと，既に，1982年に主張していた。続けて，社会認識も同様で，現に見えているものを媒介にしながら，その背後にあるものを読みとり，見えていないものを見えるようにしなければならないというのである（「見えないものを見る力」『ひと』1982年7月号，『学校を非学校化する』太郎次郎社，1994年所収）。

（2）本実践の意義

　里見の指摘を補助線として，藤村教諭の実践を考えてみる。まず，本実践によって，生徒は，日常の安全な道路が，地下道が，大雨によって洪水になったら，いかに危険なものに変貌するのかということを，実際の野外調査や映像ではっきりと理解することができる。そこに，第一の意義がある。つまり，通常は見えていないものが，見えるようになったのである。本時に至るまでに，「自然災害から身を守るためには，どのようなことが大切なのか」を課題にして，生徒は，居住地の特徴，避難目的地までの距離や時間，土地の高さなど，実地調査を行い，地図やハザードマップ，写真など，タブレット端末を巧みに操作し「行動計画」を作成していく。そして，「1時間当たり50 mmの雨」で変貌した街の映像を視聴し，お互いの「行動計画」を参照しながら，グループで話し合うことで，普段は安全な地下道が危険なものと認識し，アンダーパスやマンホールには近づかない方が良いという認識に変わっていく。さらに重要なことは，それが，「個人の知恵」にとどまらず，「集団の知恵」になっていったことであろう。そのことが，第二の意義である。タブレット端末で作成した「行動計画」が瞬時に全体のものになり，個々への指摘がすぐにフィードバックされて個人のものとなる。「集団の知恵」に練り合っていくなかで，学習のまとめでは，自分の居る場所から避難所までの最短の距離や時間という視点だけでなく，避難経路の安全性，標高，倒壊物の有無，交通量など，様々な視点が全体のものとなり，「いろんな視点で考えることができて，危険な状況でもパニックにならない」という自信に繋がっていった。

　本実践は，まさに，日常の風景では見えないものを，見えるようにしたのであり，そのことに，タブレット端末や学習支援アプリなど，情報通信技術や機器はきわめて有効に機能したように思える。タブレット端末には，強い領域とそうではない領域が想定されるが，今回の実践では，見えないものを見えるようにするために，イメージを喚起するという点でその強みを発揮した。特に，生徒は，情報通信機器を巧みに操り，活き活きと楽しみながら集中していた。ある種の「未来の教室」としての先導的な実践と評価することができる。

（3）本実践の課題

　AB2つの地点から，適切な避難所へ行くためのルートで最も正しいものはどれなのか，正解は何か，示

すべきではないか，という議論がありうるかもしれない。しかし，この場合は，そう考えない方が良いし，そこに収斂させない方が良い。この実践で，本来力点を置くべきなのは，結果としての避難経路の正しさではなく，それを導くための条件の難しさ，状況の複雑さというところではないだろうか。今いる場所はどこなのか，誰と一緒なのか（弟なのか，友人なのか，祖母なのかなど），そして，大雨の警戒段階はどうなっていくのかなどなど，考えなければならない条件がたくさんある。例えば，大型デパートのKを挙げた生徒もいたが，避難所になってはいなくとも，それが状況によっては「正しい」場合もありうる。長期間滞在する場合には避難所が良くても，総務省の資料にもあったが，避難所にこだわらないで知人宅でもよいということに関わってくる。また，いつ避難するのかということでは，まだ，警戒段階がそれほどでなければ，地下道も選択肢の一つになりえるだろう。しかし，地下道が危ないという結果だけがすり込まれてしまえば，学んだことが逆に行動を拘束してしまうということにもなりかねない。防災において，避難ルートを考える際に重要なことは，条件の難しさと，その条件が刻一刻と変わっていくということであろう。つまり，条件が可変的で変動的な中で，何を優先して判断するのか，優先条件を如何に適切に判断していくのか，その柔軟な判断の在り方，それが，どの程度，全体のものになっていったのだろうか。学習のまとめででも，そこに力点をおいて，意味付けていくことが必要だったのではないだろうか。

また，この実践での生徒の評価をどのようにするのか，これは，おそらく，これから深められていく問題であろう。生徒たちは，タブレット端末，その中の様々なアプリ，それらをたいへん巧みに操作し，自分の「行動計画」を鮮やかに表現していた。これらの活動や作品をどのように評価していくのか，むろん，ポートフォリオのようなものは当然想定しえるが，しかし，私たちは，生徒の学習活動，野外調査，作品，ICT活用能力などなど，それらを総体として評価する軸をどれほどもちえているのか。これまでの学力試験として測ってきた学習評価とどのように組み合わせていくのか，あるいは，情報機器を活用した後にも定着している学力とは何なのか，何よりも，この実践で地理的な見方・考え方はどのように育成されたのか等，おそらく，先駆的な実践であるがゆえに，課題もまた，新たな視点を伴って提起されてくる。

（4）見えていないものを見えるようにする

今回の実践は，日常の風景と，非日常（洪水）の風景という対比で，見えないものを見えるようにしている。次に，社会認識というところに問題を引き戻して考えてみたい。以前に，小学校社会科でのスーパーマーケットの実践を対象にしてそのことを検討したことがある（「教育実践の可能性を考える」『岩手大学文化論叢』第10輯，2021年）。そこで取り上げた佐藤章浩（徳島県小学校）の実践は，スーパーマーケットの「品揃えや衛生，安売りなどの具体的な工夫」を提示して，お店で働く人への感謝というところで，終わりにするようなものではなく，「原価」や「利潤」などの経済概念を理解することに向けて，発問し，学習を組んでいくものであった。この実践を，「スーパーマーケットの安売りの工夫や条件という，目に見える日常の世界を解き明かすことで，『原価』や『利潤』という目にみえない科学の世界へとわたらせるもの」と意味づけたのであった。そして，科学の世界で獲得した経済概念が自分のものになっていれば，今度は安易に，「販売者の経営戦略に飛びつかない」（賢い消費者）というように，日常の世界がまた異なって見えてくるように，社会認識は深化してくる。

社会科の授業は，社会を認識するための方法と内容を常に念頭に置きながら作り上げていきたい。

（岩手大学教育学部教授　今野日出晴）

第3章 数学

数学的に考え，自ら学びを築く生徒の育成

教諭 ◎稲垣道子，浅倉 祥，工藤真以
岩手大学教育学部教授 中村好則，准教授 佐藤寿仁

第1節 教科論

1 数学科で育成を目指す資質・能力

数学科では，育成を目指す人間の強みを「事象を数学的に捉え，より創造的に考察しようとすること」と捉えている。以下に示す資質・能力を数学の学習を通して高めていくことで，人間の強みを発揮できる生徒の育成を目指す。

思考力等
問題解決及び創造をするために，既習事項を用いて物事を論理的に考えたり，よりよい解決方法を追究したりすることができる力。

協調性等
他者の考えに耳を傾け，自分の考えと比較・検討することで，より多面的に物事を捉えようとする力。相手意識をもって根拠を明確に説明しようとする力。

主体性等
事象を数理的に捉え，数学の価値や問題を見出そうとする態度。数学のよさを実感して粘り強くかつ自らの学習を調整しながら考えようとする態度。

2 数学科における研究の視点

（1）主体的・対話的で深い学び

他者の考えに触れる機会を増やしたり，協働的に思考する場面を単位時間内に設定したりすることで，より多面的に物事を捉え，よりよい解決方法を追究する力を高めたい。そのためには，生徒が自分の考えをもって授業に臨むこと，数学的活動を通して見方・考え方を広げていくこと，数学的に説明することが必要となる。それらの活動の中に，「協働的に思考する場面」を意図的に設定することで，資質・能力の育成を目指す。

また，単元や単位時間の導入や単元計画を工夫し，単元計画の中に事象を数学化したり数学の価値を見出そうとしたりする場面を意図的に位置付ける。単元を貫く課題を設定したり，教科等横断の視点を入れたり

するなど，カリキュラムを工夫してデザインしていく。

（2）情報・情報技術の効果的な活用

　これまでも，数学科ではICT（学習支援アプリや関数アプリ・統合統計ソフトなど）を活用し，授業を行ってきた。これからは1人1台端末となるため，より効果的にICTを活用することが求められる。例えば，ICTを用いて技能の習得を効率よく行い，生み出した時間を用いて思考力を高める課題に取り組むことが考えられる。また，情報技術を効果的に活用することで，物事を論理的に考え，よりよい解決方法を追究することができる力を高められると考える。

　また，既習事項を活用し，学びを繋げることで新たな問いを生み出し，学びを深めることが数学科として大切にしていきたい力である。既習事項の活用を自覚化させることで，自らの学びを調整する力を高めていくこともできると考える。

（3）評価計画の作成

　評価場面を明確化するために，単元計画を作成する。特に，レポート課題を用いて評価する場面ではルーブリックを活用する。また，レポートを共有する場面を設け，他者の考えと比較・検討することで，多面的によりよい解決方法を追究させる。また，それらの考察を通して，より高次の学習へ向かうことができ，数学のよさを実感して粘り強く考える生徒の育成を目指す。

3　理論を導く実践例

（1）「課題解決のために単元を通して考え続ける生徒」の育成（主体的・対話的で深い学び，評価計画の作成）

①単元名

3年　相似な図形

時	学習課題・学習内容　◆指導の留意点	知技	思判表	態度	見取りの視点【評価方法】
1	線分を3等分する方法を考えよう ・コンパスや定規を用いて，線分を3等分する方法を考える。 ◆単元の学習の流れを提示する。			②	課題に対して粘り強く考えているか。【行動観察・ノートへの記述】
2	相似な図形をかいてみよう ・相似な図形の性質について考える。 ・小学校の学習を土台として，相似の中心を決め，相似の位置にある図形をかく。 ・相似の位置にある図形の辺や角の関係を見出す。 ◆本時は定規の目盛りを使ったり，平行線についても小学校の方法でかいたりしてもよいこととし，相似な図形をかくために必要な要素をおさえる時間とする。	①②			平面図形の相似の意味を理解しているか。また，図形が相似であることを記号を用いて表すことができるか。【行動観察・ノートへの記述】
3	相似な図形の辺の長さを求めよう ・相似比から，相似な図形の辺の長さの求め方を考える。 ・比の性質について考える。 ◆対応比と形状比について簡単に触れる。	②			平面図形の相似の意味を理解しているか。【行動観察・ノートへの記述】
4	三角形が相似になる条件を考えよう ・三角形の合同条件と対比させながら，三角形の相似条件を考える。 ◆相似な図形をかいたときにどのような性質を使っていたかを思い出しながら，三角形が相似になる条件を考えさせる。		①		図形の性質を論理的に確かめているか。【行動観察】

5	相似な図形を見出し，証明しよう ・三角形の相似条件を用いて，2つの三角形が相似であることを証明する。 ◆方針を丁寧に立て，根拠を明らかにして証明する。	①		図形の性質を論理的に確かめているか。 【行動観察・ノートへの記述】
6	直接には測定できない長さを，相似を利用して求めよう ・縮図を利用して，実際には測定できない長さを，相似比を利用して求める。 ◆なぜ，相似比を用いることができるのか，根拠を明らかにする。	②	①	具体的な場面で相似を利用しようとしているか。 学習したことを生活に生かそうとしているか。 【行動観察】
7	線分を3等分する方法を考えよう ・相似な図形の1時間目に考えた「線分を3等分する方法」をもう一度考える。 ・相似な図形を利用することで，線分を3等分できる理由を，根拠をもって説明することができることに気付く。 ・評価問題として線分の5等分について考える。 ◆相似な図形の学習を通して，同じ課題に対しての変容を生徒自身が感じられるようにする。	❶	❷	三角形の相似条件などをもとにして図形の基本的な性質を論理的に確かめているか。 相似な図形の性質を活用した問題解決の過程を振り返って評価・改善しようとしているか。 【行動観察・ノートへの記述】

図1　1節　相似な図形の単元計画

②単元の構想（単元・評価計画）

　これまで，単位時間をより充実させることや活用の時間に既習事項をどのように生かしていくかということについての視点で授業づくりをすることが多かった。しかし，自分が何かを学んだり考えたりするときに，見通しをもつことが大切であることを実感する場面が多くあり，生徒にとっても見通しをもって学習するというのは必要なことなのではないかと考えるようになった。そこで，相似な図形の1節を7時間構成とし，その中で，学習のまとまりのはじめと終わりに同じ課題を与えることで，課題を解決するためには何が分かればよいのかを考え続けることや既習事項の活用を自覚させることをねらい，単元を構想した。学習のまとまりのはじめと終わりに同じ課題に取り組ませるためには，2～6時間目の学習を7時間目にどのように繋げるかが重要となる。学習している事柄がどのように次の学習に繋がっていくかということを生徒自身に実感させながら単元を進めていくことを意識した。

③授業の概要

【1時間目の生徒の記述例】

　1時間目は線分を3等分する方法（**図2**）を自由に考えさせた。既習である基本の作図を用いて考えようと取り組んでいた。本学級の生徒は，線分の垂直二等分線から二等辺三角形を作って考える生徒が多かったが，課題解決まで到達しなかった。この単元を通して，この課題を解決していくことを確認した。

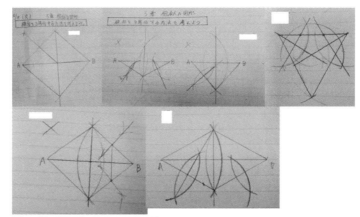

図2　単元導入時の生徒の思考の例

図3　7時間目の生徒の学びの様子

【7時間目の授業の構想】

　本時は，単元の学習を通し，「線分を3等分する」という意味を相似な図形を見出すという視点から考えることによって，1時間目では見出すことができなかった方法を考えたり，根拠

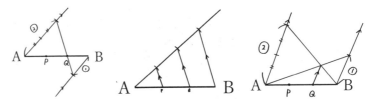

図4　7時間目の生徒の思考の例

をもって説明することができたりすることをねらった。

　授業では，はじめに相似な図形の学習（2時間目から6時間目）で扱った図形を示し，相似な図形の導入時の課題を想起させた。「3等分する」ということは「1：2に内分する点を見つければいい」ということに気付かせ，相似な図形を利用して考えていくことができるという視点を与え，本時の見通しをもたせた。生徒は，これまでの学習を生かし，相似比が1：2になる相似な三角形を考えればいいことに気付き，これまで扱ってきた図形を振り返りながら図を

図5　相似を利用して用紙を三つ折りした例

描いている生徒が多かった（**図4**）。個人で思考した後，グループで協働する場面を設けた。自分の図を示しながら，何が根拠になって線分を3等分しているのかということを数学的に説明する活動の中で，他者の考えに耳を傾け，自分の考えと比較・検討する姿も多く見られた。また，自分の考えの根拠となる事柄について，相手意識をもって説明しようという姿もあり，協調性等を育むことができたと考える。導入時はやみくもに図を描いていた生徒が，相似な図形を学習したことにより，どのような図を作れば内分点を見つけることができ，3等分に繋げていけるのかということを考えて取り組むことができた。授業の終わりに，単元の学びを通して，直観で捉えていた事柄について根拠を明確にして示したり，自分の考えの変容を実感させたりする中で，数学的な推論により論理的に考察し表現する力の必要性を考えさせた。そして最後に，単元の導入で扱ったA4用紙を三つ折りする話題（**図5**）に触れ，これまでの学びを生かして実際に3等分に折ることができることを実感させた。

④生徒の変容

【振り返りシートの記述】

　振り返りシートの生徒の記述をみると，1時間目に与えられた課題に対し，「よくわからなかった」と記述している。相似の学習を進めていく過程で，1時間目に与えられた課題を考え続けること，既習事項を用いて論理的に考えていくことで，1時間目には解決できなかった課題を3時間目の段階で解決できるように

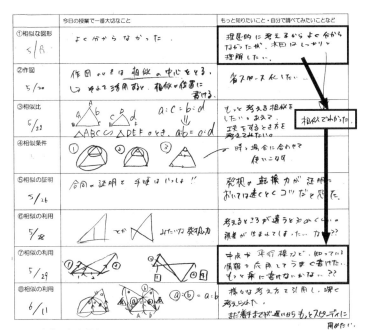

図6　生徒の振り返りシート

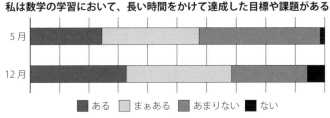

図7　アンケートの結果

なっている姿が見える（**図6**）。さらに、学習を深めていくことで、多面的な見方が加わり、よりよい解決方法を追求しようとする姿が窺え、思考力等が高まっていることを見取ることができた。学習のまとまりにおける課題設定、その後の授業展開を工夫することで、思考力等を高めるための手立てを講じていくことが可能であるということが分かった。

【アンケートの結果から】

　学習の繋がりを意識し、単位時間の授業の繋がりを実感できるように単元計画を立てたことで、数学の価値を見出そうとする生徒が増えた。また、一つの課題に対して、時間をかけて解決を図ったことで、粘り強く考え続けることができた生徒が多くいた（**図7**）。前述したように、課題設定を工夫することによって、思考力等や主体性等の資質・能力を育むことができると考える。

(2)「習得した知識を主体的に活用しようとする生徒」の育成（主体的・対話的で深い学び、評価計画の作成）

①単元名

1年　平面図形

②実践内容

　学習のまとまりのはじめの授業で、到達課題を提示する。生徒と小単元の学習の目標を共有することで、習得した知識の活用場面を意図的に作りたい。すぐには解決できない課題を持たせることで、主体的に学習に取り組む態度を育みたいと考えた。

③授業の概要

【学習のまとまり】

　第1学年　第5章　平面図形　第2節　基本の作図　（『新しい数学』東京書籍）

【小単元の計画】

第1時	最終到達課題として、作図を用いて解決できるようになりたい問題を生徒と共有する
第2時〜第6時	基本の作図の根拠や手順を確認する

第7時	到達課題に全員で取り組む
第8時	評価問題に取り組む ※評価問題については到達課題とは形式の違う問題を出題し，本質的な理解を問う

【到達課題について】

　今回は右記の4題を到達課題として提示した（**図8**）。①は垂線の作図や角の二等分線，②は垂直二等分線の性質，③は角の二等分線の性質を用いることで解決することができる。④については，正三角形や垂線，角の二等分線の作図によって解決することができる。①～③については，日常事象との関連を意識したが，生徒にとっては必要感が感じられない場面設定だったため，場面設定については吟味する必要があると感じた。

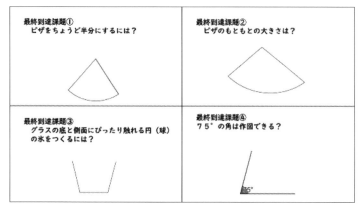

図8　生徒に提示した最終到達課題

【2時間目以降について】

　2時間目以降は，基本の作図について教科書に沿って授業を行った。授業の終末に到達課題で解決できるようになったものがないかを毎時間確認した。このような手立てを講じることで，作図の手順を覚えることが目的とならず，基本的な作図に関する知識及び技能を生徒が用いることで問題解決をし，思考力，判断力，表現力等を育成することができたと

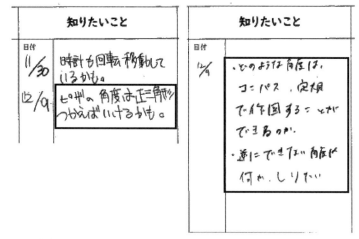

図9　生徒の振り返りシート

考える。また，長期にわたって解決の糸口の見えない問題にも，諦めず粘り強く考える姿勢や，問題解決に向け意欲的に取り組む姿勢など主体的に学習に取り組む態度も見取ることができたと考える（**図9**）。

【評価問題について】

　図10の問題を評価問題の1題として出題した。到達課題と形式は違う問題ではあるが，多くの生徒が意欲的に問題に取り組む姿が見られた。また，やみくもに作図するのではなく，それぞれの作図の意味を考えながら問題解決を図ろうとする姿が見られた。これは，作図の手順を習得させることに終始するのではなく，作図によって得られることや，根拠について考える場面を意図的に設定した成果であると考えられる。しかし，問題解決の根拠や手順を説明する場面が少なかったため，説明の記述は不十分な生徒が多くいた。根拠を明確にしながら問題解決を図ると同時に，それを論理的に表現する機会を作る必要性を感じた。また，到達課題と評価問題の関連性，妥当性についてもさらに吟味が必要であると感じた。

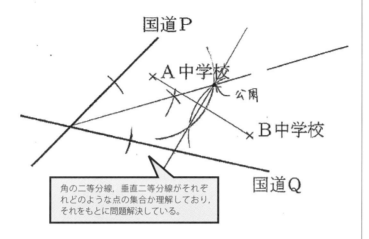

1 下の図は，ある町の地図です。来年この町に公園ができることになりました。その場所は，PとQの2つの国道から等しい距離にあり，さらに，A中学校とB中学校からも等しい距離にあるそうです。公園の場所はどのようにすれば求められますか。下の図に公園の場所を作図し，その方法を説明しなさい。

国道P

×A中学校

公園

×B中学校

国道Q

角の二等分線，垂直二等分線がそれぞれのような点の集合か理解しており，それをもとに問題解決している。

説明

国道Pと国道Qから等しい距離にあるということが分かっている。2つの国道すなわち，2線から等しい距離にある点を見つけるためには，角の二等分線をひけばよい。角の二等分線は，2線からの距離が等しい点の集まりなので，角の二等分線を引く。また，A中学校とB中学校からの距離が等しいということも分かっている。2つの中学校すなわち，点から等しい距離前の点を見つけるには，2点から距離が等しい点の集まりである垂直二等分線をひくとよい。角の二等分線と，垂直二等分線が重なった場所が，公園の場所だ。

図10　生徒の解答例

（3）「自ら必要な情報を取捨選択・活用できる生徒」の育成（主体的・対話的で深い学び，情報・情報技術の効果的な活用）

①単元名

1年　資料の分析と活用

②単元の構想

【単元計画】

　単元を通し，データを選択し，最適な処理の方法を考え，結果を批判的に考察する情報活用能力を身に付けさせたいと考えた。インターネット上の生のデータを使って授業を展開し，日常の生活との繋がりを深めるとともに，多様なデータを収集できるようにすることで，生徒の主体性の向上を図った。また，PCを積極的に

図11　生徒の学び合いの様子

活用し，度数分布表やヒストグラム
の作成や，代表値を求めることなど
のデータの処理に時間をかけず，分
布の傾向を捉え説明すること，デー
タの妥当性や分析結果を批判的に考
察する力などの思考力を高めたいと
考えた（図12）。さらに，一連の学
習を他者と協働して行わせることで，
協調性も高めていきたいと考えた。

③授業の概要

【本時の流れ】

　「盛岡の温暖化について発信する
ためには，どのようなデータを載せ
るとよいだろうか」という課題に対
し，個人でどのようなデータを収集
すればよいかを考え，グループで交
流した。その後，実際にデータを収
集，整理した。本時は，収集する
データの吟味と，整理の仕方を重視
し，分析や検討は次時以降に行い，
レポートとしてまとめた（図13）。

【情報・情報機器の活用について】

　単元を通して，気象庁のサイトで
公開されている気象データから，自
分たちの調査の目的に合ったものを
選択し収集した。学習のために準備
されたデータではなく，実際のデー
タを用いることで生徒の主体的に取
り組む姿が見られたのではないかと
考える。データの整理には，階級の
幅が容易に変えられること，度数分
布表やヒストグラムを並置できるこ
と，代表値を表示できることから，
教科書付属の統合統計ソフトを用い
た。階級の幅や初期値を変えること
で視覚的に得られる印象が異なるこ
とを実感しながら，より効果的な資

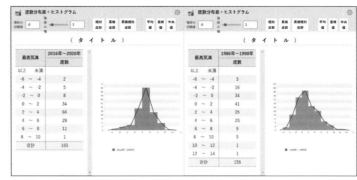

図12　統合統計ソフトを使用して生徒が作成したヒストグラム

3. 調査結果

（図13 生徒の学習シートの記述例　手書き）

☆最高気温（1986～1990…① 2016～2020…②）
・度数が最も多い階級…①　0度以上2度未満
　　　　　　　　　　　②　2度以上4度未満

・平均値，最頻値，中央値，それぞれ
　①の方が値が小さい（気温が低い）。

・①は気温の高低差が大きい。
　（度数折れ線が複雑）　　　　②の方が
　　　　　　　　　　　　　　グラフは右より
・②は気温の高低差が小さい。
　（度数折れ線が①に比べ単純）

☆最低気温
・度数が最も多い階級…①-6度以上-4度未満
　　　　　　　　　　　②-4度以上-2度未満

・平均値，中央値，最頻値，それぞれ
　①の方が値が小さい（気温が低い）。　②の方が
　　　　　　　　　　　　　　　　　　グラフは右より
・①は気温の高低差が大きい。

・②は気温の高低差が小さい。

図13　生徒の学習シートの記述例

4. 考察

　私は盛岡が温暖化していると考える。理由は、今回
最高気温と最低気温どちらも調べてみたが、1986～1990年
より2016～2020年、どの代表値、度数が多い階級も上昇して
いたからだ。また、寒い日が明らかに減っていたのでこう考えた。

5. 感想

　今回調べてみて複数のデータや階級の幅、初期値など
色々工夫する事により、細かく分析ができた。
　他の班の調べるデータや値などを変えると温暖化している
していない意見も違っていて、とてもおもしろかった。

図14　生徒の学習シートの記述例

料の整理の仕方を考える姿が見られた。さらに，度数分布表やヒストグラムが容易に作成できたことで，その後の分布の分析に時間をかけることができた。また，個人の作業に終始するのではなく，グループ交流を行うため，使用できるPCの台数を制限して行った。その結果，グループ内での交流が活発に行われ，内容の深まりも見られた。1人1台端末となった際にも，交流を充実させたいときには，使用台数の制限は有効な手立てであると感じた。

【生徒のレポート】

自分の収集したデータを分析し，自分なりの考察をしっかりと記述できている生徒が多かった。また，今回集めたデータだけでは何とも言えないこと，代表値だけでなく階級の幅や初期値などの要素にも着目すべきことがあることや，折れ線グラフの方が適しているのではないかという，多面的な見方や考え方を引き出すことができた。単元の学習後，調査の計画のレポート課題（**図 15**）でも，気候に関わるさらに深いテーマはもちろん，様々なテーマが挙げられ，統計的な学習に対する関心の高まりが見られた。

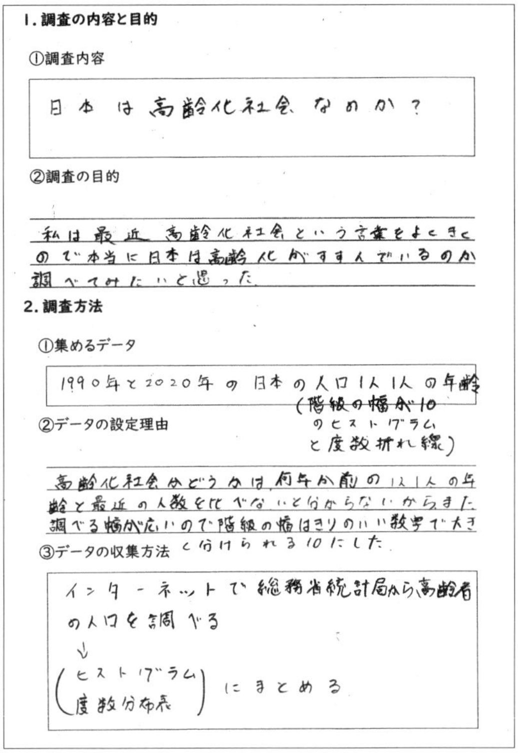
1. 調査の内容と目的
①調査内容
日本は高齢化社会なのか？
②調査の目的
私は最近高齢化社会という言葉をよくきくので本当に日本は高齢化がすすんでいるのか調べてみたいと思った
2. 調査方法
①集めるデータ
1990年と2020年の日本の人口1人1人の年齢（階級の幅が10のヒストグラムと度数折れ線）
②データの設定理由
高齢化社会かどうかは，何年か前の1人1人の年齢と最近の人数を比べないと分からないから。また調べる幅が広いので階級の幅はきりのいい数字で大きく分けられる10にした
③データの収集方法
インターネットで総務省統計局から高齢者の人口を調べる
↓
（ヒストグラム 度数分布表）にまとめる

図 15　生徒の学習シートの記述例

第 2 節　具体的実践事例

第 1 項　数学科学習指導案

1　単元名

第 6 章　確率　　第 2 節　確率による説明

2　単元について

(1) 生徒観

本学年の生徒に行った事前調査で，数学の学習に対する生徒の意識は以下の通りである。

・数学の学習を通して身に付けた力が役立っていると思う。	肯定的回答・・・98%	否定的回答・・・ 2%
・数学の学習を通して身に付けた力は，将来役に立つと思う。	肯定的回答・・・96%	否定的回答・・・ 4%
・単元の内容によって数学への興味が変わってくる。	変わる・・・71%	変わらない・・・29%
・数学の学習に困難を感じても，やる気を失わない。	失わない・・・64%	失う・・・36%

数学の有益性や，学習することの意義については多くの生徒が理解していると言える。その一方で，内容

面のみで数学の学習を捉えている生徒が多く，単元ごとに得意不得意や興味関心の差があると言える。「数学的な見方・考え方を働かせ，数学的に考える資質・能力」を高めていくことで，分野や単元に捉われず，既習事項を活用したり，日常生活や新たな問題に活用したりする力を育成していくことが大切であると考える。本単元では，日常生活への結び付けを大切にし，学習したことを日常に生かす姿勢を育んでいきたい。あわせて，「条件を変えてみたらどうなるか」と自ら問題を見出してそれを解決することは，数学を通して育みたい力である。自然と疑問が生み出されるような発問や授業の展開を工夫して伸ばしていきたい。また，難易度の高い問題や，解決に時間や手間がかかる問題に直面した時に，意欲が下がってしまう生徒が一定数いることも分かる。粘り強く問題に取り組む姿勢や，多面的に問題を捉える姿勢を育むだけでなく，単元を通しての数学的な見方の広がりや深まりを実感させたい。単純な知識の積み重ねだけでなく，数学的な考え方が豊かになっていくことで，様々な問題を解決することができるようになることに気づかせ，主体的に学ぶ態度を育みたい。

（2）教材観

　本単元は，第2学年のデータの活用の内容である。「中学校学習指導要領（平成29年告示）解説　数学編」において，第2学年の目標には「複数の集団のデータの分布に着目し，その傾向を比較して読み取り批判的に考察して判断したり，不確定な事象の起こりやすさについて考察したりする力を養う」と記されている。この領域の学習では，不確定な事象についてデータに基づいて判断するため，目的に応じてデータを収集して分析し，その傾向を読み取って判断することが有効であること，よりよい解決や結論を見出すにあたって，データに基づいた判断や主張を批判的に考察することが有用であることなどを指導していく。

　第1学年では，多数回の試行によって得られる確率（以下，「統計的確率」）を学習した。第2学年の確率の学習では，その学習を受けて，場合の数をもとにして得られる確率（以下，「数学的確率」）を学習する。日常生活や社会における不確定な事象は，数学の考察の対象であり，その起こりやすさを数値で表現し把握するなど，不確定な事象の起こりやすさの傾向を読み取って予測や判断をしたり，表現したりすることができるようにしていく。その際，数学的確率を利用して問題解決をするには，事象が同様に確からしいということを確かめる必要があることを大切にして指導していく。また，自分の予測や判断について根拠を明らかにして説明する力も養っていく。日常生活や社会において自らもった問いをきっかけにして，数学的に問題を設定しその解決の方策を探り，答えを求めるという，目的をもった活動を行う中で，予測や判断を他者と議論し，評価・改善することを通し，よりよい解決策や結論を導き出せるようにしたい。

（3）教科研究との関わり

①主体的・対話的で深い学び

　単元の導入で，多数回の試行によって起こりやすさを考えた問題と同様の問題を，単元の終末にも扱うことで，単元を通して学習したことを使い，導入時とは違う考察の仕方ができるようになったことを確認し，数学的な見方・考え方が豊かになったことを実感させたい。同時に，なぜ導入時とは異なる問題解決の過程を遂行したのか，そのような解決過程を踏める理由は何なのかを意識させる。それらを通して，事象の同様に確からしいことに着目すると，場合の数をもとに確率を考えられ，それを根拠として起こりやすさを説明できるようになったという，学びの自覚化を図りたい。また，単元を通して，統計的確率と，数学的確率を比較する場面を設け，確率の本来の意味理解も深めていきたい。

　本単元は，日常生活や社会の事象と結び付けやすい単元である。その特性を生かし，事象を数理的に捉え

数学の問題を見出す機会を多くしたい。日常生活や身近な場面を取り上げることや，直観的な予想と異なる結論が導き出される問題を扱うことで，生徒自身が数学を活用して問題解決しようとする姿を促していきたい。また，自分の判断や結論を他者に説明する活動を取り入れることで，各自の説明を他者のものと比較し，不十分な点を指摘し合うなどして，なぜ「同様に確からしい」と言えるのか，問題解決の過程で大切なことは何かを，数学の用語を用いて説明できるようにするなど，協働的に表現を洗練していきたい。さらに，生徒の疑問にしたがって，「条件を変えても同様のことが言えるのか」を考えるなど，自ら学びを築く力を育みたい。

②情報・情報活用技術の効果的な活用

　問題の見通しをもったり，予想をする場面で生徒の予想をアンケート集計ソフトを用いて収集し，視覚的に提示することで，考えを共有し問題解決の意欲を高める。実験の場面では，表計算ソフトを用いて結果の集計やグラフ化を行うことで時間を短縮し，結果を考察したり考えを交流したりする時間の確保を図る。また，生徒の考えや思考の様相や過程，説明の根拠となる事柄を共有するなど，考えの変化を捉える場面や，多様な考え方を共有する場面で有効に活用したい。習熟の場面では，各自の進度に合わせて学習が進められるように事前に学習プリントを配信するなどし，基本的な知識・技能の習得のために活用する。

③評価計画の作成

　評価場面を明確化するために，単元計画を作成する。総括的な評価の場面を意識した授業展開を考え，その中で，生徒の学びや成長を適切に評価し，授業改善を図る。本単元は，日常生活や社会との結び付きが多いので，日常生活に結び付けようとしたり，日常生活の事象を数理的に捉えようとしているか等，学んだことを日常に生かそうとする態度を養う。また，単元の導入と終末で同様の問題を扱うことで，単元を通して学んだことや自らの変容を自覚する場面や，自ら学習を調整できる場面を位置付ける。そして，その学びを受けて，さらに自ら疑問をもち，自律的に説明しようとしたり，まとめようとしたりする態度を養っていけるように単元構想を考えた。

3　単元の目標

・多数回の試行によって得られる確率と関連付けて，場合の数をもとにして得られる確率の必要性と意味を理解し，簡単な場合について確率を求める技能を身に付ける。　　　　　　　　　　　　　　　　【知識及び技能】

・同様に確からしいことに着目し，場合の数をもとにして得られる確率の求め方を考察し表現したり，確率を用いて不確定な事象を捉え考察し表現することができる。　　　　　　　　　【思考力・判断力・表現力等】

・場合の数をもとにして得られる確率のよさを実感して粘り強く考え，不確定な事象の起こりやすさについて学んだことを生活や学習に生かそうとしたり，確率を活用した問題解決の過程を振り返って評価・改善しようする態度を身に付ける。　　　　　　　　　　　　　　　　　　　　　　　【学びに向かう力，人間性等】

4 単元計画

(1) 評価規準

知識・技能	思考・判断・表現	主体的に学習に取り組む態度
①多数回の試行によって得られる確率と関連付けて，場合の数をもとにして得られる確率の必要性と意味を理解している。 ②場合の数をもとにして確率を求めるためには，どの事柄が起こることも同様に確からしいといえることが必要であり，それらを正確に数え上げる必要があることを理解している。 ③樹形図や，二次元表等を用いて起こりうる場合を数え上げ，簡単な場合について確率を求めることができる。	①同様に確からしいことに着目し，場合の数をもとにして得られる確率の求め方を考察し表現することができる。 ②確率を用いて不確定な事象を捉え，考察し表現することができる。	①不確定な事象の起こりやすさについて学んだことを生活や学習に生かそうとしている。 ②確率を活用して最後まで諦めずに考え，問題解決の過程を振り返って検討したり，多面的に捉えようとしたりしている。

(2) 指導と評価の計画（○形成的評価　●総括的評価）

時	学習課題 ・学習内容 ◆指導の留意点	知技	思判表	態度	見取りの視点【評価方法】
1	くじを先にひく？あとにひく？ ・3人で順番に，3枚のうち1枚が当たりのくじをひくとき，順番によって当たりやすさに違いがあるのかを予想し，実験を行い検証する。 ・実験を行わなくても，確率を求めることができないかを考えていくことを確認する。	①		①	多数回の試行により確率を求める方法を理解した上で，実験によらない求め方を考えようとしているか。 【記述内容・行動観察】
2	実験をしなくても確率は求められないか考えよう ・さいころを1つ投げるとき，1の目が出る確率について，実験をもとに求めた確率と，場合の数をもとに求めた確率が近づくことを確認する。 ・場合の数をもとに確率を求めるためには，起こりうる事象が偏りなく，同程度期待できるという条件が必要であることを確認する。 ◆多数回の試行によって得られる確率と，場合の数をもとにして得られる確率に近づくことを再度確認する。	❶	①		場合の数をもとに確率を求めるためには，どの事柄が起こることも「同様に確からしい」という条件が必要であることを理解しているか。 【記述内容・行動観察】
3	同様に確からしいか判断し，起こりうる場合を数え上げよう ・起こりうる場合を数え上げ，同様に確からしいかどうかを判断する。 ◆起こりうる場合をもれなく，重複なく数え上げることと，それらが「同様に確からしい」かどうかが大切であることに気付かせる。	②			どの事柄が起こりうる場合も「同様に確からしい」ことを確かめ，その場合をもれなく重複なく数え上げ，確率を求めることができているか。 【記述内容・行動観察】
4	いろいろな確率を求めよう ・起こりうる場合の組み合わせを考えたり，表を用いて整理したりして，確率を求める。 ◆組み合わせの場合は，順序は関係なく，樹形図で消すことができるものがあることを確認する。 ◆樹形図だけでなく，表を用いて整理することでも，起こりうる場合を数え上げることができることを確認し，問題に応じて適切に使えるように指導する。	③	②		様々な問題において，正確に確率を求め，それを用いて問題を考察し表現することができているか。 【記述内容・行動観察】
5	起こらない場合の確率を求めよう ・余事象の確率の求め方を考える。 ◆ある事柄が起こらない確率の求め方とともに，「少なくとも」という表現の意味を確認する。	③	①		「ある事柄が起こらない」場合や確率について理解しているか。 【記述内容・行動観察】

6	基本の問題 ・確率を求める基本的な問題を解く。	❷ ❸			確率の基本的な知識や技能を身に付け，場合の数をもとにする確率の求め方を表現することができるか。　【テスト】
7	何が当たりやすいか考えよう ・日常の事象を確率の考えを使って説明する。 ◆直観的な結論と，数学的に考えた結論が違う場合もあることを経験させ，数学的に考える必要性や良さを実感させる。		②	①	確率を用いて不確定な事象を捉え，考察し表現しているか。 【記述内容・行動観察】
8 本時	くじを先にひく？あとにひく？ ・第1時と同様の問題に再び取り組む。 ・自分の判断や考えを求めた確率を根拠にしながら説明をする。 ◆事象の「同様に確からしい」ということに着目すると，導入時と異なる問題解決ができるようになったことを実感させ，数学的な見方・考え方の深まりを実感させる。 ◆確率を求める技能だけでなく，求める過程や結果をもとに自分の考えや判断を根拠をはっきりさせて表現できる力を育む。			❷	「同様に確からしい」ことに着目することで，数学的な見方・考え方が深まっていることを自覚し，自分の考えや判断を根拠を明らかにしながら説明しようとしているか。 【記述内容・行動観察】
9	章の問題・確認テスト ・単元のまとめの問題に取り組む。	❷ ❸	❶ ❷		確率の知識や技能を身に付け，それらを用いて問題解決をしたり，自分の考えを表現することができるか。　【テスト】

5　本時について

(1) 主題

　身の回りの事象の起こりやすさを，確率を用いて考え，説明することができる。

(2) 本時の目標

　◇不確定な事象の「同様に確からしい」ことを捉え，場合の数をもとに確率を求められることに着目し，

　◇日常生活の問題を数理的に捉え，確率を用いて説明する活動を通して，

　◇自らの学びを振り返り，不確定な事象の起こりやすさの考察の仕方を評価・改善することができる。

【主体的に学習に取り組む態度】

(3) 授業の構想

　本単元の導入時に，同様の問題に取り組んでいる。その際には，多数回の実験をもとに起こりやすさを考えた。本時では，ここまで単元を通して学んできたことを生かし，場合の数をもとにして起こりやすさを判断，表現させたい。その際に，なぜ，導入時とは異なる問題解決の方法を見通したのか，どういう考えをもとにその見通しを持ったのかを意識させたい。その中で，「同様に確からしい」と言えることを適切に捉えられているか，起こりうる場合を樹形図や二次元の表を用いて，落ちなく数え上げ書き出すことができているか，統計的確率との関連性を捉えているかなど，既習事項を意図的意識的に活用させることで，数学的な見方・考え方が豊かになったことを実感させる。そして，自らの考え方や判断を他者に説明したり，他者の説明を聞き自らの説明の方法を振り返ったりする中で，確率をもとに判断する重要性や，自分の考えを他者に伝えたり，表現したりする力を育みたいと考える。

　自己の学びを振り返らせることにより，獲得した知識やその本質的な意味を再確認させるだけでなく，数学的な見方や考え方が豊かになったことにより，問題解決の手段や問題へのアプローチの仕方が増えたことを実感させたい。その中で，自らの学びを調整し，よりよい問題解決の手段を選択したり，最適解を導き出したりする力を育みたい。

（4）本時の展開

段階	学習内容及び学習活動 ・予想される生徒の反応等	時間	指導上の留意点及び評価 ・指導上の留意点　○評価
導入	1. 学習課題を把握する 　くじをひく順番は当たりやすさに関係するのか？ 【問題】 5本のうち2本の当たりくじが入っているくじがある。A, Bの2人が順に1本ずつくじをひくとき，どちらの方が当たる確率が大きいか。 　⇒Aの当たる確率は2/5，Aが当たりをひいたときBが当たる確率は1/4，AがはずれをひいたときのBが当たる確率は1/2である。どちらの方が当たりやすいのか。 2. 予想する 　どちらが当たりやすいかを予想する。	5	・アンケートを行うことで，自分の予想を確実にもたせると同時に，他者の考えにも触れさせる。 ・全体とのやり取りの中で，日常の問題を数学化していく。 アンケート作成ソフトでアンケートを取る。
展開	3. 個人で，問題に取り組む（5分） 　樹形図までは全体で確認し，そこからどのように求められるかを考える。 ・樹形図をもとに確率を求め，ひく順番は当たりやすさに影響しないことを説明する。 4. 全体で交流する（10分） 　生徒が表現したものをスクリーンに映して共有する。 ・確率の値から当たりやすさに違いがないことが言える。 ・最初に考えた，場合分けでは考えられないことを共有する。 5. 「同様に確からしい」と言えるかどうか考える。（5分） 【グループ】 ・当たりはずれを1本ずつ区別しない樹形図が正しいと言えるか考える。 6. 導入の問題に再び取り組む（10分） 【問題】 3人で順に3枚のうち1枚当たりのくじをひくとき，ひく順番は当たりやすさに関係するのか。 　導入時に実験により考えた問題を，場合の数をもとに解決する。 7. 数学的な見方の広がりを自覚する（5分） 【個人】 ・第1時と本時では何が違うのか。これまでにどのような知識を獲得したか。どんなことが大切かを考える。 ・他の人の意見を読みながら自分の学びを再認識する。 　予想される生徒の反応 ・実験ではなく計算で確率を求められるようになった。 ・樹形図や表を使って確率を求められるようになった。 ⇒なぜ，そのように考えられるようになったのか，どのようなことに着目し問題を見られるようになったのか。 ・不確定な事象について「同様に確からしいこと」に着目すると，樹形図等を用いて起こりうる場合をもれなく数え上げれば，実験によらずに確率を考えられるようになった。 8. これまでの学びを振り返る（5分） ・考えたことを発表する。 ⇒不確定な事象をどのように見られるようになったか，どのようなことに気を付けるか。1年生からの学びの繋がりを再確認する。	40	・樹形図は配付する。 ・ただ，確率の値を求めるだけでなく，どのようにして求めたのか，その結果から何がいえるのかを説明できるようにさせる。 ・樹形図を使い，場合分けした考え方で，比べることは現時点ではできないことを確認する。 ・当たり，はずれのみで描いた樹形図では，なぜ確率を求められないかを考えさせる。 ・「同様に確からしい」ということについて再確認する。 ・練習問題として，導入の問題を扱う。導入時には，実験をして問題解決を図ったが，今は場合の数をもとに確率を求め，問題解決ができるようになったことを確認する。 ・第1時の実験の結果や導いた結論を表示し振り返る。 ・学習支援アプリで表計算ソフトのファイルを共有し，そこに直接入力させ全員の考えが見られるようにする。 ・場合の数をもとに確率を求める場合には，事象の同様に確からしいことに着目する必要があること，起こりうる場合を全て書き上げるときにも，同様に確からしいかどうかに注意する必要があることを確認する。 ○確率を活用して最後まで諦めずに考え，問題解決の過程を振り返って検討したり，多面的に捉えようとしたりしている。 【主体的に学習に取り組む態度】
終結	9. 学びを振り返る（5分） 　振り返りシートに記入する。 【振り返りに記述させたいこと】 ・はじめはたくさん実験をしないと確率を求めることはできなかったけど，「同様に確からしい」ことが言えれば，場合の数をもとに確率を求めることができる。 ・場合の数をもとに確率を求めるためには，事象が同様に確からしいことかどうかを確認する必要がある。	5	○確率を活用して最後まで諦めずに考え，問題解決の過程を振り返って検討したり，多面的に捉えようとしたりしている。 【主体的に学習に取り組む態度】

第2項　生徒の姿と授業の考察

1　単元の導入場面

単元の導入では，「3枚のうち1枚の当たりが入っているくじがあります。このくじを3人が順番にひき，当たりかはずれかを同時に確認します。何番目にひくと当たりやすいでしょうか。」という問題について考えた。問題解決の方法を問うと「実験すればよい」という考えが出た。そこで，1年時の学習を振り返り，実験により問題解決するという過程を全体で確認して実際に実験を行った。試行回数が少なかったこともあり，全ての確率が一つの値に収束しなかった（**図17**）。問題解決をした後，既習事項の統計的確率をもとに「実験せずに起こりやすさを考えることはできないのか。」という問いを投げかけ，単元の内容に繋いだ。以下はそのときのやり取りである。

図16　導入場面の実験

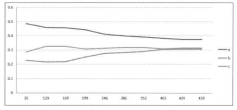

図17　実験結果をグラフで表示

単元導入時の生徒の対話
T　：「実験結果からどのようなことが言えますか。」
S1：「だいたい回数や相対度数は同じだった。」
S2：「1番目の人が当たった回数がすごく多かった。」
S3：「結局，運によると思う。」
S4：「2番目が当たるのが少なかった。」
S5：「自分たちのグループは2番目が多かった。」
T　：「それぞれ違うけれど，どのように考えれば良いのでしょう。」
S6：「回数が多い方が信頼性があると思う。」
S7：「回数が一番多かったグループは，1番目にひいた人が当たっている回数が多い。」
T　：「学級全体のデータを集約するとこうなります。」
S7：「学級全体のデータでも，1番目が当たっている回数が多いから，1番目の人が当たりやすいと言える。」

S8：「今回は1番目の人が一番高かったが，だんだんとグラフも下がっているから，もっと実験回数を多くすれば，全て同じ値に近づくと思う。」
S9：「くじの枚数が3枚で，当たりが1枚だからこの結果でもおかしくないと思うけど，例えばくじが100枚で当たりが1枚だったら，絶対確率は違くなると思う。」
T　：「今回の皆さんの実験の結果では，1番目の人が当たりやすいと考えることができそうですが，確率を求めるときには，いつもたくさん実験をしないと求められないのでしょうか？100枚のくじでも同じように実験しますか？」
S10：「実験しなくても分かるものもある。」
T　：「どのようなときに実験によらずに確率を求めることができるのか。そしてその求め方を学習していきましょう。」

その後の授業で，「同様に確からしい」ことを定義し，それを意識して事象を捉えることの必要性を確認した。

2　授業中の生徒の活動

導入　課題の把握

本時の導入場面では，「5枚のうち2枚の当たりくじが入っているくじがある。A，Bの2人がこの順に1枚ずつくじをひくとき，どちらの方が当たりやすいか」という問題を投げかけた。多くの生徒がつまずきそうな部分を全体で共有してから，どちらの方が当たりやすいのかを予想させた（**図18**）。以下は，その後のやり取りである（**図19**～**図22**）。

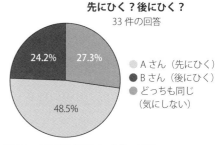

先にひく？後にひく？
33件の回答

27.3%
24.2%
48.5%

● Aさん（先にひく）
● Bさん（後にひく）
● どっちも同じ（気にしない）

図18　本時導入場面での生徒の予想
（アンケートソフトで回答を求めた）

課題解決場面での生徒の対話	
T ：「当たりやすさはどうやって考えられる？」 S1：「確率を求めればよい。」 T ：「では，先にひく人の確率は？」 S2：「2/5＝0.4。」 T ：「そうですね。では，後にひく人の確率は？」 S3：「最初の人の結果によって違う。」 S4：「最初の人が当たりをひくと，残りのくじの本数は4本で 　　そのうち当たりが1本だから後の人は1/4＝0.25。」 S3：「最初の人がはずれをひくと，残りのくじの本数は4本で 　　当たりが2本あるから2/4＝0.5。」	T ：「では結局どちらが当たりやすいといえるのでしょう？」 S5：「あとの人は38％くらいで，最初の人は40％ぐらいだと 　　思うから最初の人の方。」 S6：「私も，平均が微妙に最初の人の方が高いかなって考え 　　た。」 S7：「うーん」 S5：「差が2.5％でしょ。2.5％って意外と大きいから。」 S7：「うーん」 T ：「今日は，このくじのひく順番と当たりやすさについて考 　　えていきましょう。」

単元導入場面とは異なり数学的確率をもとに問題解決を図っていた。しかし，後にひく人の確率は，先にひく人が当たりを引いた場合とはずれをひいた場合によって変わり，先にひく人の確率と比べられないと迷っている生徒が多くいた。そこで，起こりうる場合が，同様に確からしいということが言えれば，樹形図や表を用いて起こり得る場合を全て数え上げることで確率を求めることができたことを全体で確認した。その後，数字のみの不完全な樹形図を配付し，それを活用して問題解決をするように指示をした。これは，本時は問題解決の方法の議論のみでなく，同様に確からしいことに着目する重要性やその捉えの確認と，単元を通しての振り返りまでを行いたいと考えており，その時間確保のためである。樹形図を用いて確率を明らかにし，問題解決した後，当たりはずれの区別のみで描いた樹形図を提示し，同様に確からしいことを正しく捉え，事象を考えることができているかを確認した。当たりはずれの

図19　対話の様子

図20　タブレット内の授業プリント記入の様子

みではなく，くじ1本1本を区別しなければ起こりやすさに偏りがあること，先ほど求めた確率と異なってしまうこと等が生徒から出てきた。

その後，単元導入場面と全く同じ問題を練習問題として提示した。生徒は当然のように数学的確率を用いて問題を解き始めた。多くの生徒

図21　板書

図22　全体共有の様子

が樹形図（図23）を描き，数学的確率を用いて問題解決することができていた。しかし，同様に確からしいことに着目しているかを記述からは確認できなかった。そのため，導入場面でも同じ問題を解決していること，そのときには実験を行ったことを想起させ，導入時と今で，なぜ異なる問題解決の過程を取ることができるようになったのかを記述させた。記述は，共有した表計算ソフトの1つのシートに全員が一斉に行い，一人ひとりが記述したものが1つのシートに反映されるようにした（図24〜図26）。こうすることで，記述途中にも他者の考えを見ることができ，自分の考えと比較しながら，振り返りが可能となる。

図23　生徒のタブレット端末記述例

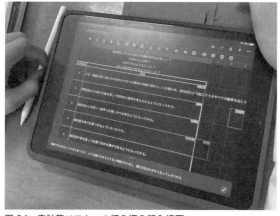

図24　表計算ソフトへの振り返り記入場面　　　　図25　全員の記入内容を閲覧する様子

確率を求める際に、その場合が起こる確率は同様に確からしいかという視点で考え、実験しなくても計算でもとめることができるようになったから。	計算や樹形図などの簡単に答えを求められる方法がわかったから	同様に確からしいことがわかったうえで、その実験の場合を樹形図や表にまとめられるようになったから	同様に確からしいということがわかったため、実際に実験しなくても計算や樹形図、表で求められるということがわかったから。	同様に確からしいとわかったから
樹形図や表で計算できるようになったから。	実験ばかりに頼ると「偶然」1回目に引いた人が当たりやすかったり、「偶然」2番目に引いた人が、連続して当たったりと偶然が続いてしまうことが多くなってしまうから、式を使うことによってその偶然も何回もやればこの数字に近づいていくというのがはっきりとわかるから。	実験には、時間と労力が必要なので、短い時間でできる計算で出した。1時間目と違って、樹形図や、同様に確からしいなど新たな知識が得られたから。	初めは樹形図や表などのツールで全ての通りを見つける事が難しかったから。	まず、問題を解く前にその求め方で全ての確率が同様に確からしいか確かめ、樹形図などで起こりうるすべての確率を出して、そのうちどれくらいの確率で何が起こるのかなど、きちんと手順を理解して問題を解けるようになったから
樹形図や表を使って計算で求める事ができるようになったから。	図などを使い問題を解けるようになったからだ、同様に確からしいということがわかった	1時間目と今で, なぜ違う問題解決の仕方をした？できるようになった？	1時間目の時は、・どのようにして確率を求めるのか ・実際に実験しなくてもできる方法があるのかわからなかったが、今は・同様に確からしい ・樹形図などを使った計算での確率の求め方などがわかったから。	樹形図などの表や分数を使って数学的に確率を考えられるようになったから。
実験を重ねてその事柄が本当に同様に確からしいかを考え計算で求められるようになった。	実験で求めるという方法もありだが時間がかかるし、運に左右されるが、計算なら樹形図などを使って早く正確に求めることができるから。		確率は同様に確からしいという事が分かったから。	樹形図などを使って素早く計算したり出来るようになったから。
1時間目では実験が効率が悪いとわかっても計算をするときに、条件（同様に確からしいなど）を考えずに解いていたため、答えがずれたりしていた。いまでは答えを求めることを目的にするのではなく、樹形図などを書いた途中の式を意識できるようになった。	同様に確からしいということを樹形図を使い表すことができるようになったのと、計算で求める方法が		実際に実験で確かめる以外の方法を、授業を通して学び、数学的に場合を考えられるようになった.物事が起こる確率は同様に確からしければ計算で求められると分かったため.	実験では、果てしない回数をやらなければ、答えを出すことはできないが、計算だと、実験をたくさんやったときの値をすぐに出すことができるから
一時間目に比べて樹形図や計算などを使って確率を簡単に出すことができるから	どれが起こる確率も全て同様に確からしいことをわかって、樹形図や、表を活用して考えることができるようになったから。	同様に確からしいという事がわかったことで、実験をしなくても樹形図などを使うことで、求められるとわかったから。	全ての通りが起こりうることは、同様に確からしいということを正確に求めることができるようになったから。また、確率を客観的に見ることができるようになった。	確率を求める時に樹形図や表を使えばいいとわかったから。
同様に確からしい事を樹形図などで求めれるから	組み合わせの考え方や同様に確からしいことを理解して考えられるようになったから。	実験しなくても、どの結果が起こることも同様に確からしいと言える上で樹形図や表を用いて計算することができるようになったから。	同様に確からしいということを知り、また、樹形図などを活用して考えられるようになったから。	

図26　生徒が同時に記入した表計算ソフトの振り返りシート

このように自ら学びを振り返り，他者の学びと比較することで，数学的な見方，考え方の深まりを実感できるようにした。授業の終末には，同様に確からしいことに着目して，不確定な事象を捉えることで，問題解決の手段を決定していくことなど，統計的確率の必要性も確認しながら，統計的確率と数学的確率を用いる際に，同様に確からしいことに着目することの重要性など，2年間の確率の学習の振り返りを行った。

3　考察

　単元の導入場面では，当然ながら，1学年で学習した統計的確率を頼りに問題解決をしていた。数学的確率を学習した後も，起こりやすさを考える際の手立てを生徒に選択をさせたが，前半は実験をして確かめるといった統計的確率を用いて問題解決をしようとする姿が見られた。しかし，学習が進むにつれ，徐々に実験ではなく場合の数をもとに確率を求めるようになった。また，数学的確率で悩んだ場合には，実験をしてみるというような，統計的確率と数学的確率を往還する思考も見られた。その一方，同様に確からしいことを仮定することなく，無意識的に数学的確率を用いて問題解決をしようとする姿が多く見られるようになった。これは，単元の流れから，数学的確率を求めればよいと，暗黙の了解のように捉えてしまうことが原因と考えられる。そのため，終末場面の授業で，導入場面と同内容の問題を扱うことは，無意識的に同様に確からしいことを仮定して事象を捉えている生徒の思考過程を顕在化させることができ，自らの学びを振り返り，生徒の数学的な見方・考え方の深まりを実感させるために有効な手立てであると考えられる。実際，終末場面に行った「導入場面との考えの違い」の記述を大別すると以下のようになった。

・同様に確からしいことを捉え，数学的確率を求められるようになった生徒…13名
・同様に確からしいことには着目しているが，その捉えが曖昧な生徒…9名
・樹形図などの利用や計算方法の習得について述べた生徒…9名
・その他…1名

　同様に確からしいことに着目する重要性については，ある程度意識させることができた。一方で，その確かな捉えまでには至っていないことや，未だ理解の不十分な生徒もいることが分かる。また，同様に確からしいことに着目することの重要性は理解しても，同様に確からしいことを仮定して事象を考察することができなかったため，正しく問題解決できない生徒がいることも分かった。

　単元を通しての振り返りにおいても，同様に確から

日付	振り返り
2	全体の何通りのうちの何通りかの前に，全ての場合で同様に確からしいのかを確認する必要があることを初めて知った。小学生の時に習った，割合でつけた力を使ってその全体の何通りのうちの何通りなのかを考えることができた。ペットボトルのキャップを投げて実験した時も，できるだけ回数を多くすることで相対度数がある数値に近づいたから，そのことも使って実験できた。
3	確率を求めるときは，同様に確からしいかを確かめてから計算する必要があることを知った。コインの出方は3通りかと最初は思っていたけど実験を通して表，裏と裏，表を区別する必要があるのではないかと考えた。実験で全部で何通りかがわかるのではなく，表を使うと良いと思う。
4	表を使って，何通りの場合が考えられるかは調べることができたけど，Rさんの樹形図を使って調べるという方法が1年生で習ったことを使っていて良いと思った。表がわかりやすい場合もあるけど，樹形図がわかりやすい場合もあるので使い分けていきたい。
5	確率を求める時には，順番が関係あるときとない時を問題文で判断する必要があると知った。順番が関係ある時とない時では全然全ての通りが違ったため，樹形図を用いて正確に数える必要があると思った。
6	Aさんの，表を書いて条件に当てはまるところに丸をつけて何通りかを考える方法が小学生の時にやったことを思い出し活かせるなと思った。表に丸をつけていった時に，規則性が見えての規則性を問題を解くときにも使えると思うのでとても良い方法だと思う
7	ポテトの数とジュースの数，ハズレが出る数が違うためポテト1やポテト2のように区別する必要があることがわかった。サイコロでくじを再現して，ペアとやった時とクラス全体の相対度数では多く回数をこなしたクラスの方が計算でだした確率に近いということが言える。ただ，クラスの方も少し誤差があった。これはさらに回数を増やしていけばどんどん近づいていくと考えられる。これらの考え方は，今まで実験をして相対度数を見てきたことから言えることだ。
8	初めて引いた方が当たりやすいようなイメージを持っていたけど，改めてちゃんと樹形図を使って調べてみると意外にも同じ割合だったことが驚いた。Kさんが，誰が当たったのかを樹形図にわかりやすく書いていてとても参考になった。樹形図の横に丸を書くことで，誰が見ても分かりやすくしているのではないかと感じた。
9	単元のまとめの問題やプリントをとく上で，樹形図や表といったツールを用いて全ての通りを調べることができた。階段の問題を「勝ち」「負け」で考えるところを「グー」「チョキ」「パー」で考えてしまいわからなくなってしまった。 やはり最初から最後まで確率を求めるためには同様に確からしいことが大切だということが言えると思う。

図27　単元振り返りシートの記述例

しいことの捉えの変化がみられる。第2時，第3時の振り返りから，同様に確からしいという考え方が出た直後は意識して事象を見ていることが分かる。しかし，その後の振り返りにおいては，樹形図の書き方や，表の活用の仕方などの記述が多くなり，徐々に同様に確からしいことに着目する意識が薄れていっていることが読み取れる。しかし，終末場面で導入場面と同じ問題を扱い，同様に確からしいことを仮定して事象を捉えている生徒の思考過程を顕在化することで，その重要性を再認識させることができたことが，最後の一文から読み取ることができる。このように，単元の導入場面と終末場面で同様の問題を扱うことは，生徒の数学的な見方や考え方の深まりを実感させる上で有効な手立てであると感じた。教師側が，導入と終末の場面で生徒をどのように変容させたいかのイメージを明確に持ち，単元計画を立てて授業を進めることで，単元を通して一貫性のある指導になるという点でも有用性を感じた。また，終末の場面の授業で，単元や領域において，振り返りを総括的に行うことは，生徒の学びを意識化させる上で有効であると感じた。1時間の中に総括的な振り返りの時間を確保できたのは，ICT の活用による作業時間の短縮や，共有の効率化のおかげである。また，学級全員の考えをリアルタイムで共有しながら，学びの振り返りをするということは，従前の授業では考えられないことであり，ICT の効果が発揮された場面であると考える。このように，1人1台端末は個々の学びの保証だけではなく，協働的な学びにも活用することが可能であり，様々な場面で活用できると考えている。

　一方で，同様に確からしいという重要な見方について，表面的な理解に留まり重要性を理解していない生徒が未だにいることが課題として挙げられる。また今回は，確率の概念や自らの学びや成長を実感させることを重点として授業を展開したのだが，知識・技能の習得については課題が残った。樹形図の活用の仕方や読み方，同様に確からしいことを意識して事象を捉えることなど，様々なことが生徒にとって問題解決のハードルとなっていることを感じた。今後さらに授業の展開や単元の計画を検討していかなければならないと考える。

第3項　研究者から見た授業の成果・課題

その1　数学指導における ICT を活用した「個別最適な学び」と「協働的な学び」

　本論では，共同研究者として，附属中学校の研究の柱の一つでもある「情報と情報技術の活用」について，数学指導における「個別最適な学び」と「協働的な学び」の在り方を視点として述べます。

　2021年1月に中央教育審議会から「『令和の日本型学校教育』の構築を目指して〜全ての子供たちの可能性を引き出す，個別最適な学びと，協働的な学びの実現〜（答申）」が公表されました（中央教育審議会2021）。その中では，「全ての子供たちの可能性を引き出し，個別最適な学びと協働的な学びを実現するためには，ICT は必要不可欠であること」と「これまでの実践と ICT とを最適に組み合わせることで，様々な課題を解決し，教育の質の向上に繋げていくこと」が述べられています。さらに，GIGA スクール構想の実現に向けて各学校への生徒1人1台端末と高速大容量ネットワークの整備の動きも加速し，2021年4月から9月にかけて多くの学校でその環境が整いました。数学指導においても，ICT を有効に活用し，「個別最適な学び」と「協働的な学び」を実現し，教育の質を向上することが求められています。しかし，実際には，数学指導において ICT はあまり活用が進んでいるとは言えない状況にあります。例えば，OECD（経済協力開発機構）の生徒の学習到達度調査（PISA 2018）においては，「数学の授業で1週間のうち，教室の授業で

デジタル機器を使う時間」は，他の参加国に比べ最も低く，「週に30分未満」と「週に30分以上1時間未満」「週に1時間以上」とそれぞれ答えた生徒を合わせても，その割合はわずか7.8%で，国語（14.0%）や理科（19.0%）と比べても低いのが現状のようです（国立教育政策研究所2019）。しかし，一方では2021年より実施されている中学校学習指導要領において「各領域の指導に当たっては，必要に応じ，そろばんや電卓，コンピュータ，情報通信ネットワークなどの情報手段を適切に活用し，学習の効果を高めること（文部科学省2018, p.167）」とあり（下線は筆者，以下同様），数学指導では，必要に応じて適切にICTを活用することが求められています。つまり，数学指導では，ICT活用の必要性（何のために必要なのかという目的的側面）と適切性（どのように使うかという方法的側面）を十分に吟味することが必要です。

　附属中学校でも，4月より生徒1人1台のタブレットが配備され，数学指導においても，その活用が始まっています。今回紹介されている中学校第2学年「確率」の授業でも，アンケート作成ソフトや学習支援アプリが活用されていました。数学指導においても，本格的にICTの活用の方法を検討していかなればいけないと考えています。

　今回の授業を，研究の柱の一つでもある「情報と情報技術の活用」を視点として，振り返ってみましょう。まず，情報手段の目的的側面から見ると，二つの目的がありました。一つ目の目的は考える時間の確保，二つ目の目的は生徒の考え方の視覚化・共有化です。

　一つ目の目的は，考える時間を確保するために，アンケート作成ソフトでアンケート（何番目にひくくじが当たりやすいか）を取り，即座に結果をグラフで提示したり，課題のプリントを学習支援アプリで配布し回収したりするなどで，情報手段を有効に活用していました。一つ目の活用の目的である考える時間の確保に繋がっていたと思います。

　二つ目の目的は，生徒の考え方の視覚化と共有化です。この目的も，アンケート作成ソフトと学習支援アプリで達成されていました。しかし，生徒の考え方の視覚化と共有化が数学指導の目標ではなかったはずです。視覚化や共有化は，①第1時（確率の単元の導入，実験的確率）と本時（数学的確率）の自分の考え方を比較し，どのように考えが変わったかを自分で知ることや，②本時において，自分の考え方と他の生徒の考え方と比較し，自分と他の生徒の考え方の相違を知ることで，自分の考え方をより深めることが目標であったと思います。そのために，情報手段を活用できたのかを考える必要があります。だとすれば，学習支援アプリで視覚化し共有化したクラス全員の考えを，同じ点や違う点などに着目して観点を決め，共有したデータを色別するなどして，いろいろな考えを統合することや，それぞれの考え方のよさを考えることなどの学習活動を行う必要があったのではないかと考えます。そのための時間の確保でもあったと思います。

　学習支援アプリには，生徒への一斉配信，生徒からの一斉回収，情報の一斉提示・比較提示などの機能があります。これらの機能を活用して，生徒の数学的な見方や考え方，アイディアなどの生徒の思考を，①視覚化し，それらを②共有化し，③比較する活動が行われます。実践では③比較する活動で終わっている授業が多くあります。比較した後に，④分類・整理し，さらに⑤統合・発展することが重要です。授業支援システムの機能により，①情報の視覚化，②共有化，③比較，④分類・整理，⑤統合・発展がより主体的・対話的に行うことができます。例えば，算数・数学の授業では，問題解決型の授業がよく行われます。問題解決型の授業は，課題提示，個別解決，グループやクラス全体での練り上げ，まとめへと進みます。課題提示の場面では，本時の課題を教室前のプロジェクタや電子黒板に提示し，生徒の課題への動機付けを高めるように工夫しながら説明するとともに全生徒に課題が書いてあるワークシートを配信します（課題の視覚化・共

有化）。個別解決の場面では，各生徒が課題に個別に取り組み，ワークシートに自分の考え方や解法，解答，図や表，グラフなどを書き込みます（思考過程の視覚化）。練り上げの場面では，個別に書き込んだワークシートを教師に一斉回収の機能を使い提出します。提出されたワークシートをもとに，グループやクラス全体で共有し，観点を決めて比較し，分類・整理を行います。まとめの段階では，整理・分類の結果をもとに統合・発展を図ります。大切なことは，視覚化や共有化が目的なのではなく，最終的には統合・発展することが目的となります。新しい中学校学習指導要領の数学科の目標の（2）では，「数学を活用して事象を論理的に考察する力，数量や図形などの性質を見出し統合的・発展的に考察する力，数学的な表現を用いて事象を簡潔・明瞭・的確に表現する力を養う（文部科学省 2018, p.20）」ことが述べられており，統合と発展は数学科における重要な指導目標の一つです。さらに，学習指導要領解説では「数量や図形などの性質を見出し統合的・発展的に考察する力は，主に，数学の事象から問題を見出し，数学的な推論などによって問題を解決し，解決の過程や結果を振り返って統合的・発展的に考察する過程を遂行することを通して養われていく（文部科学省 2018, p.27）」ことが述べられており，解決の過程や結果を振り返るために，視覚化や共有化，比較，分類・整理が必要であり，そのために情報技術を活用します。

　今回の実践には，紹介されていませんでしたが，附属中学校では，AI ドリルを活用した指導も行われています。AI ドリルは，各生徒の習熟度やつまずきに応じて，AI が判断し各生徒に応じて最適な問題を提示してくれます。生徒が取り組んだ問題，問題数，正誤，解答時間や，問題や単元ごとに取り組んだ生徒数，正答者数，生徒の誤答などの学習履歴が蓄積されます。AI ドリルは，家庭学習はもちろんのこと，朝学習，授業の導入場面や演習問題としても活用が可能です。生徒が演習として多くの問題を解き正答率を上げるために活用するだけでは，プリントによる演習と大きな差はありません。AI ドリルの活用で重要なことは，蓄積した学習履歴を活用することです。生徒は，自分の学習履歴を参照し，自分のつまずきの状況を把握し，自分の学習内容や学習方法を改善し，最適な学びを自ら構築していくことができるように指導していくことが大切です。一方，教師は生徒の学習履歴や，問題や単元の正答率やつまずきの具体などを参照して，授業の内容や方法を工夫していくことが重要になってきます。

　AI ドリルを活用して「個別最適な学び」を実現し，その学びを通して知識・技能や思考力・表現力・判断力等を養い，今度は授業支援システムを活用して「協働的な学び」を実現し，「個別最適な学び」で培った知識・技能や思考力・表現力・判断力等を使い，数学科の目標でもある統合的・発展的に考察する力を養うことが大切です。さらには，「協働的な学び」で育成した統合的・発展的に考察する力を使って，AI ドリルでより発展した問題にチャレンジすることができます。このように，「個別最適な学び」と「協働的な学び」は，決して独立した学びではなく，それらは互いの学びを補完する学び，あるいは連携する学びと言えます。このような学びの連携を構築するために，授業支援システムや AI ドリル，学習履歴などの「情報と情報技術の活用」が重要と言えます。　　　　　　　　　　　　　（岩手大学教育学部教授　中村好則）

その2　学びにおける問題発見・解決の過程を重視し，数学で考える資質・能力の育成

　附属中学校数学科では，学校の研究主題を受け，「数学的に考え，自ら学びを築く生徒の育成」及び数学科の主題「数学的に考え，自ら学びを築く生徒の育成」に沿って，実践研究として進めてきた。その視点として挙げられている三つのうち，二つのことについて以下取り上げ，公開研究授業を振り返り，成果を示すこととする。

（1）研究の視点1「主体的・対話的で深い学び」を振り返る

　公開された授業は，第2学年D領域「データの活用」における確率の学習であった。授業者は，確率を単に計算するものとした数学的な処理だけでなく，問題解決する際に必要となる事象の判断について重視し授業実践に取り組んだ。このことについて，二つの観点から省察することで公開授業，教科研究に込めた研究を紐解いていく。

①深い学びについての捉え

　数学の学習における"深い学び"とは何か，ということについて研究として具体で迫っている。深い学びとは，教科内容の難しさを追求することのみを指すのではなく，数学的な見方・考え方の豊かさを指すものと考えられる。公開授業では，生徒がくじをひく順番と当たりやすさの関係に生徒が着目し，数学的確率を用いて説明し判断するということに主眼を置いた授業が展開された。これは単に確率の値を計算することのみに留まらず，事象について数学的に説明することを重視し，それを相互の数学的コミュニケーションとして表現や取り込みとの連続性で問題解決することを，数学での学びとして位置付けている。不確定な事象を数理的に捉え，客観的な根拠や指標について数学を用いて考え判断し，それを他者とのコミュニケーションの中で共有することは，この混沌した社会情勢における今後の人間の生き方にとって大変重要なものになると考える。

②事象の本質へ迫る様相

　本授業では，「同様に確からしい」という不確定な事象への見方と数学のモデル化について指導法を検討することに取り組んでいる。「同様に確からしい」とは，どの事象についても同程度に起こると見ることを指し，不確定な事象における根元事象を見る際に前提となるものである。授業者は，生徒が安易にこの言葉を乱用し，数学的確率を用いて問題解決する際の仮定付けることの脆弱さに着目し，確率の単元を通じて意図的に「同様に確からしい」ということに向き合うことを設定している。第1学年では，多数回の試行による確率について学び，生徒はある事象の起こりやすさについて実際に実験をし，その結果を相対度数としてまとめ事象を判断することを経験した。この学習と第2学年での数学的確率において，実験を重視するものとしないものについてどのように向き合っていけばよいかも授業を通して考える場面を設定した。このことにより，「同様に確からしい」ということが，不確定な事象を捉える上での仮定付けであることに気付き，生徒の理解の深化に繋がったのだといえる。

（2）研究の視点2「評価計画の作成」を振り返る

　先述した"深い学び"の捉えは，指導者自身の理解に留まることなく，学習者の学びの浸透でも見取ることができるのは，単元での指導計画，及び学習評価の密接な関わりを指導計画として具体化したことにある。

③数学的に説明することへの意図

　本時のような問題解決の際に，確率を用いて事象を判断したことについて表現することの重視は自明であるように思えるが，本時では評価の観点としての「思考・判断・表現」としての評価としては扱われていない。授業では，くじをひく2人の当たりやすさを示す確率について，生徒が数学的に説明しており，板書（**図28**）としても残されている。生徒個々の活動をもとに集団で協働的に練り上げられた説明であるものの，授業者は，

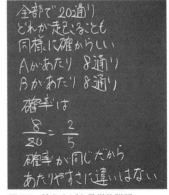

図28　練り上げた数学的説明

「思考・判断・表現」でなく「主体的に学習に取り組む態度」として学習評価を計画しようとしていることが評価計画から読み取ることができる。このことは、「数学への態度」を重視していると考えられる。不確定な事象において、確率を用いて判断し説明するといった本時の学びの深まりを、学習者の問題解決への向き合い方として評価することで、問題解決への取り組み自体を重視し、評価することで、結果的に生徒の表現する力の育成にも繋げているのである。

（3）本質的な理解を促すための指導計画の実行

　本時の特徴として、確率を用いて不確定な事象を判断するだけでなく、その思考過程で用いる同様に確からしいことの本質的な理解について取り上げていることが挙げられる。このことは、先に述べたように深い学びの部分であると言える。本実践において、同様に確からしいということへの本質的な理解、それを生徒自らの獲得に主眼をおいた実践であったことについて提案性がある。

図29　振り返りでの問い

　さらに同様に確からしいということについて、学習者が問題解決の過程の吟味、確認するといった場面設定（**図29**）をすることで、その理解がいっそう確かなものになることが期待される。授業の終末場面においては、これまでの学習の振り返りとして、不確定な事象への捉え方を確認し数学への見方を言語化すること（**図30**）で、確率を考える際の同様に確からしいことを仮定として考えることにより、数学的確率への定式化といった数学的なモデルを立ち上げることのよさについて実感を伴って生徒は確認できた。今後の未知のことに対して生徒が自ら乗り越えるための方略の獲得にも繋がったと言える。

図30　言語化された方略

（岩手大学教育学部准教授　佐藤寿仁）

第4章 理科

主体的に科学的探究に取り組む
生徒の育成と評価

教諭　◎佐々木聡也，小原翔太，平澤　傑
岩手大学教育学部教授　菊地洋一，准教授　久坂哲也

第1節　教科論

1　理科で育成を目指す資質・能力

　総論に示されるように，本校ではAIに代替できない『人間の強み』を発揮するために，「思考力等」，「協調性等」，「主体性等」の三つの視点から，育成を目指す資質・能力を設定している。本校理科では，研究主題の文言に含まれる『主体的に科学的探究に取り組む力』を人間の強みとしている。以下に研究主題に含まれる「主体的」と「科学的探究」の捉えについて述べる。

(1)「主体的」に取り組む生徒とは

　これまでの授業では，関心や意欲，言い換えれば積極的な行動があるかどうかを評価してきた。**図1**の主体的な学習スペクトラム（溝上，2020）では，その状態を（Ⅰ）課題依存型の主体的学習と定義している。（Ⅰ）のような状態，例えば教師が授業の導入場面で事象を見せ，生徒が「調べたい」と思ったり，展開場面で「実験したい」と思ったりすることは，もちろん大切な要素ではあるが，育成すべき「主体的」な姿として十分であるとは言えない。これからの理科教育で目指すべきは，（Ⅱ）自己調整型の主体的学習であり，生徒自身が興味・関心をもてるものだけではなく，もてないものまで含めて，学習目標や学習方略，メタ認知等を用いて自己調整を行い，課題に進んで取り組む姿を示している。本校理科では，この状態を「主体的」であると定義し，**表2**（113ページ）「主体的に学習に取り組む態度」の評価指標を作成し，生徒の具体的な姿を示している。

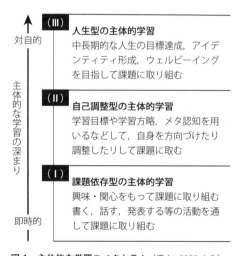

図1　主体的な学習スペクトラム（溝上，2020より）

(2)「科学的探究」に取り組む生徒とは

　図2の学習過程のイメージで示される「仮説の設定」，「検証計画の立案」，「考察・推論」の場面で働く「推論（いくつかの前提から，ある結論を導き出す思考過程）」には，演繹法などの分析的推論や，帰納法や

表1　推論の種類と説明
(『アブダクション 仮説の発見取論理』より図化)

演繹 (induction)	真なる前提から必然的に真なる結論が導かれる推論
帰納 (deduction)	限られた経験に基づいて一般的言明を行う推論
アブダクション (abduction)	優れた発見的機能を有するが可謬性（かびゅうせい）の高い推論

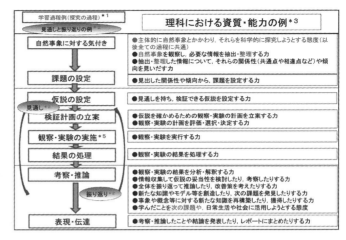

図2　資質・能力を育むために重視すべき学習過程のイメージ（学習指導要領より抜粋）

アブダクションなどの拡張的推論があり，AIはこれらの推論，特にも拡張的推論が苦手だと言われている。教師が前述したような推論の特性を理解し，それらを取り入れた探究の授業を理科の各分野の特性や授業の構成に応じて意図的に設定することで，生徒が多面的に推論する力を身に付け，科学的探究の学習方略の一つとして，自覚的随意的に使いこなすことができると考える。このような生徒の姿を「科学的探究」に取り組む生徒と定義し，次に示す授業のコーディネートを行っている。

　以上（1），（2）の定義をもとに，『主体的に科学的探究に取り組む力』を発揮するための資質・能力を，「思考力等」「協調性等」「主体性等」の三つの視点から以下に示す。

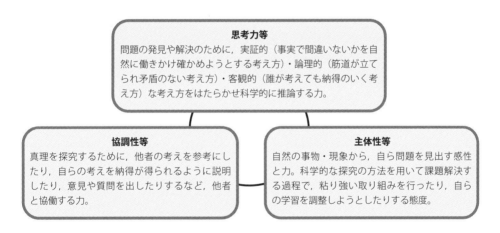

2　理科における研究の視点

（1）主体的・対話的で深い学びを促す「コーディネート」

　先述した資質・能力は，主体的・対話的で深い学びがあって育成されるものであるが，学習課題と協働的な場面を設定し，生徒に話し合わせるだけでは，主体的・対話的で深い学びにはならない。生徒の既有知識や生活概念の把握といった「生徒理解」に始まり，学問の系統性を知ることや教材理解といった「内容知」，それらをどのように学ばせることが効果的かといった「方法知」の各観点から，生徒の学びを意図的に設計する必要がある。本校理科では**図3**「教師の働きかけ7ルール」を設定し，これらを単元構想や授業作りの

土台とすることが，理科の授業を主体的・対話的で深い学びにし，延いては生徒の思考力・協調性・主体性を高めることに寄与すると考え，実践を行ってきた。

（2）「ICT」の効果的な活用

ICT機器は各教科における，生徒の資質・能力を育成するための道具であり，巧みに使いこなすことが目的ではない。どのような方法，どのような場面でICTを使うことが，理科の見方・考え方を働かせたり，資質・能力を育成したりすることに寄与するかを吟味することは重要であるという観点から，実践を行ってきた。

図4はSAMRモデルと呼ばれる，ICT等のテクノロジーが授業に与える影響の大きさを示したモデルである。Substitution（代替）やAugmentation（増強）のようなEnhancement（強化）としての使い方から，Modification（変容）やRedefinition（再定義）のようなTransformation（変換）に移行するほど与える影響力が大きく，ICTの活用として有用であることを示している。また，一つの授業の中でも，生徒が端末の使用に対して抱く「有効性の認知」や「コスト感」は場面によって異なることが分かっていることからも（久坂・佐々木・平澤, 2020），ICTを「どのように使うか」を考える必要性は明らかである。

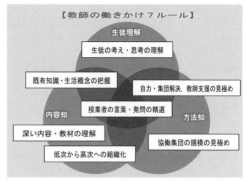

図3　教師の働きかけ7ルール

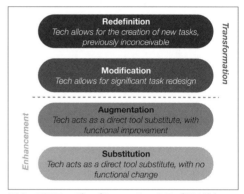

図4　SAMRモデル（Puentedura,R.R.（2010））

（3）「主体的に学習に取り組む態度」の育成と評価

令和3年度から本格的に実施となる三観点の評価において，「主体的に学習に取り組む態度」の評価に注目が集まる。児童生徒の学習評価に関するワーキンググループ（文部科学省2018）のヒアリングにおいて，態度面を「教師の主観」によって見取られる懸念について述べられている。これに対し2020年，本校理科において平澤・久坂（2021）は，「粘り強さ（23項目）」と「自己調整（30項目）」の二側面について評価指標を作成した。この尺度は，全校生徒397名を対象に53項目について5件法で質問紙調査を行い，得られた結果について，統計分析（因子分析や相関分析など）によって信頼性と妥当性を検討し作成されたものであり，生徒の活動や記述から，客観性のある見取りを可能にしたものである。本校理科では，評価場面（形成的評価・総括的評価ともに）において，この尺度を主体的に学習に取り組む態度の指標として用いて，授業中の科学的探究に向かう態度やノートの記述などを見取っている。またこの指標は，複数の理科教員の「同一目標」となるものである。資質・能力の育成といった比較的抽象度の高い目標の共有に留まらず，具体的な生徒の姿を共有することは，学習内容の系統性のみならず，学び方の系統性を意識することや，学年をまたいだカリキュラムマネジメントの視点から見ても重要であると考える。

表2の評価指標は，前述した「粘り強さ（23項目）」と「自己調整（30項目）」をブラッシュアップ（相関係数から各項目をグルーピング，その中で内容を最も反映しているであろう項目を抽出し明示）し，各10項目に整理し直したものである。

表2 「粘り強さ」と「自己調整」を見取る評価指標

理科学習における「粘り強さ」の評価指標

1　理科の授業で，難しいと感じることがあっても投げ出さず，問題や課題と向き合っている。
2　話合いでは，よりよい考え方を求めて深く考えようとしている。
3　答えが分からないとき，友達や先生にすぐに答えを聞かず，自分の力で答えを出そうとしている。
4　実験で結果が出た後でも，もっと他の調べ方がなかったか考えようとしている。
5　授業で友達や先生の話を聴くときは，最後までしっかりと聴くようにしている。
6　答えや考えが思い浮かばないとき，自分なりに分かるところまで表現し考えようとしている。
7　考察の場面で，複数の考え方が現れたとき，どの考え方がより適切かを判断するようにしている。
8　実験が上手くいかなかったとき，その理由を明らかにし，正しい結果が得られるように努力している。
9　単元を通して解決したいことや身に付けたい力を意識し，授業に臨むことができる。
10　友達と協力しながら，自分達が分からないことを解決しようとしている。

理科学習における「自己調整」の評価指標

1　課題に対して予想を立てるときは，習ったことや生活経験をもとに考えようとしている。
2　最初はあまり興味がもてない課題でも，それを解決しようと取り組むことができる。
3　理科の学習中に自分が分からないことは何かを考えるようにしている。
4　授業の内容が分からないときは，自分で調べたり他者に助けを求めたりする。
5　観察や実験で結果が出た後でも，他の調べ方がなかったか考える。
6　実験するときは，後で考察したり振り返ったりするために気付いたことを記録しようとしている。
7　理科の授業後に，今回学んだことに対して新たな疑問点などを見つけるようにしている。
8　授業で分かったことを再度自分の言葉でまとめるようにしている。
9　授業前と授業後で，自分の考えがどのように変わったか考えるようにしている。
10　学習の仕方について友達と確認したり共有したりするようにしている。

3　理論を導く実践例

(1) 主体的・対話的で深い学びを促す，授業の「コーディネート」（主体的・対話的で深い学び）

①実践の概要

・単　　　元：第2分野「(4) 気象とその変化」，「(ウ) 日本の気象」
・指導計画：11時間（詳細は表3）

表3　授業実践の単元計画

時数	内容	■学習課題　・学習内容等
1・2	暖気と寒気，前線	■暖気団と寒気団がぶつかると何が起こるか ・密度の異なる液体を衝突させたときの様子から，異なる性質をもつ気体が衝突すると「前線」ができることを知る。 ・衝突の仕方の違い（勢いの違い）で，前線の種類が異なることを知る。
3・4		■温暖前線，寒冷前線が通過すると，どのような気象の変化が起こるか ・前線通過前後で，天気，気温・湿度，風向等がどのように変化するかを予測し，データを見て検証する。
5	海陸風・季節風	■海辺に建つ工場の煙は，晴れた日の正午，どの方向に流れるか ・陸と海の比熱の違いによる風向の変化「海陸風」について，高気圧・低気圧間の風向をもとに考える。
6		■夏と冬で，太平洋側と日本海側の降水量が逆になるのはなぜか ・社会で学習している「季節風」について，前時の海陸風の原理，高気圧・低気圧間の風向，を統合させ考えさせる。
7・8	気圧配置	■日本の春夏秋冬の特徴的な天気は，何によってもたらされているか ・「春の天気は長続きしない」等の四季折々の特徴的な気候の変化が，春夏秋冬の気圧配置に起因することを知る。 ・春夏秋冬の特徴的な気圧配置について考える。

9	天気予報	■皆さんは気象予報士です。今日一日の天気図をもとに，明日一日の天気を予報しなさい。G.F.C Weather News 21 は『予報の正確性』と『予報の根拠』を第一にしている番組です，信頼性のある情報を発信しなさい ・天気図から読み取れることを，既習事項（高気圧・低気圧間の風向，台風，四季の気圧配置，季節風，移動性高気圧，温帯低気圧等）をもとに考える。 ・「予想」して終わらず，「予報」として他者に向けて発信するために，気象現象を生活と結び付けて伝える。
10・11	気象災害	■私たちが暮らす盛岡では，どのような気象災害が起こりうるか。過去のデータや土地の特徴をもとに防災についてプレゼンしなさい ・気象による恩恵と災害について知る。 ・地域的な特色（気候・地形）から，過去の災害について調べ学習を行い，盛岡に住む人間として防災意識を高める。

② 1人1台端末を生かした"1人1題"の課題解決型授業

　本実践はICT（1人1台端末）を活用し，個別の天気図を生徒一人ひとりに配付し"1人1題"の課題解決型授業の効果を検証したものである。この実践の目的は，ただ異なる課題を自力で解くことではない。配付される天気図や予報する都市などの条件は異なっていても，既習事項（高気圧・低気圧間の風向，台風，四季の気圧配置，季節風，移動性高気圧，温帯低気圧等）や，理科の見方・考え方（時間的・空間的な視点，比較，関連付け等）を働かせて天気を予想するという

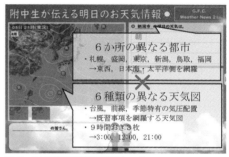

図5　36種類の個別の課題シート

本質的な課題が同じであることで，本質的・概念的な対話が行われるのではないかという仮説のもと実践した授業である。

　個人で予想を立てた後の協働場面においては，教師が発言した生徒に対しヒントを出したり，望ましい答えに誘導（これをコーディネートと勘違いしてはいけない）したりせず，生徒同士に予想や根拠に対する質問・意見を求めた。さらに，出された質問・意見についても，「この質問・意見について考えはあるか」，「この質問・意見についてグループでさらに考えよう」と問い返しをし，解決の根拠となる概念・ねらいの概念について深化を図った。この際も，概念の深化に必要な考えを挙げていた生徒に意図的に発言させたり，全体で考える必要がある内容を取捨選択し議論を広げたりと，綿密な見取りを行っている。最終的にこの授業では，教師は結論を伝えず，生徒の力で獲得させたい概念を見出し自分の言葉でまとめさせた。このように，教師にとって理想的な方向に誘導したり，逆に生徒の自力解決を待つだけになったりせず，意図的に思考を促し黒子に徹し，生徒の力で収束するようなコーディネートが必要である。

③生徒の様子

　協働場面において生徒は，「この天気図の気圧配置だったら，台風は大陸側に抜けると思う。僕の天気図では，太平洋高気圧が張り出していないから，日本列島に上陸すると思うけど……」と，天気図や予報する都市は異なっていても，台風の進路を決める要因を根拠にした本質的な議論が行われていた。図6，図7は，生徒に授業で使用した学習シートの一部である。授業の協働場面を通した，生徒の変容や深化が記録されている。学習シートAでは，前線を伴った温帯低気圧

図6　学習シートA

の移動速度について助言をもらった生徒が，天気が変化する時間を6時間修正している。また，天気に加えて，高気圧周辺の風向を根拠に，昼頃の風向を加筆している。学習シートBでは，九州付近に見られる台風の進路を大きく変更している。これは，台風の進路決定に高気圧の存在が大きく関係していることを指摘されたためである。生徒の活動の様子や学習シートから，生徒が持っている課題（天気図）が異なっているからこそ，活用される既習事項や，気象に関わる概念が生徒を繋ぎ，深い部分での対話が生まれたことが分かった。

図7　学習シートB

これまで主流だった，学習プリントの配付やノート中心の学習形態では，準備の手間やコストの大きさから実現が難しかった，1人1題の課題解決型の授業が，ICT機器を効果的に活用することで簡単に行えることを改めて感じた。

　表4に，本時の振り返りとして，授業を行った教師の目線と，活動を行った生徒の姿から見えた，本実践の成果と今後の検討課題についてまとめた。

表4　実践の成果と課題（注意点）

教師の目線から

〇成果
・ICT（1人1台端末）によって質的，量的に充実した資料を用いた授業が可能であり，その準備が容易である。
・ICTを用いたことで，議論，発表，検証の方法が充実し，個々の理科の見方・考え方を多面的に働かせることが可能であり，それらを評価に活用できる。
・ICTによって生徒の一人ひとりの考えを把握しやすくなり，授業のコーディネートの視点からも非常に効果的である。

●課題
・それぞれの課題の難易度の調整と，課題を与える生徒を意図的に選択すること（本実践ではランダムに課題配付）。
・1人1題を目的化しないこと。生徒の実態や学習状況によって，共通課題の方が良い場合もあることを理解しておく。

生徒の目線から

〇成果
・既習の知識，概念の理解を根底とした，予想の結果のみに終始しない，本質的な議論の場の設定としてふさわしい。
・学習課題に対する切実感，課題解決に向かう主体性を喚起させることができる。

●課題
・一つの教材を深く分析する時間を確保するのが難しく，浅い読み取りで終わってしまう可能性もある。
・自他の課題に対する課題意識，理解度の差。自分の課題と"同じように"他者の課題に真剣になるのは難しい。

(2)「ICT」の効果的な活用〜「有効性の認知」と「コスト感」から〜（情報・情報技術の効果的な活用）

①実践の概要

・単　　元：第2分野「（2）大地の成り立ちと変化」，「ア　火山と地震」
・指導計画：4時間（詳細は表5）【場面A〜L】は，ICTの活用場面の分類であり，「有効性の認知」と「コスト感」についての質問項目（表6）に対応している。

表5　授業実践の単元計画

時数	■学習課題　・学習内容等	授業中のICTの活用場面
1	■火山とはどのような山か ・火山の成り立ち，火山噴出物の内容 ・火山の分類とその視点	・火山カードと分類表のデータを受け取る【場面A】 ・楯状火山，成層火山，溶岩ドームに分類する【場面I】 ・スクリーンに投影した，分類の根拠を発表する【場面K・B】

2	■火山噴出物（火山灰）を観察すると，何が分かるか ・火山灰の色と含まれる鉱物の観察 ・マグマの粘り気と含まれる鉱物の関係	・鉱物標本の画像と表のデータを受け取る【場面A】 ・鉱物をタブレット端末で撮影し，表に分類しまとめる【場面E】 ・鉱物を特定した視点を表に記入し，提出する【場面G・B】
3	■火山付近では，どのような岩石が採取できるか ・火成岩（火山岩・深成岩）の観察 ・ハイポ（チオ硫酸ナトリウム）凝固の実験 ・結晶の大きさと，結晶のでき方	・2種類の火成岩と岩石カード（斑状組織と等粒状組織）のデータを受け取り，火山岩・深成岩を予想する【場面I】 ・ハイポの凝固実験の様子を記録・共有する【場面C・D】 ・実験の結果から考察を行い，発表する【場面K・J・B】
4	■岩手山の火山活動に備え，私達にできることは何か ・岩手付近の火山の確認 ・火山活動の恩恵と災害 ・岩手山ハザードマップから見る防災	・岩手山ハザードマップ，火山活動の防災に関わるHPのデータから，盛岡市を含む岩手山近郊の防災情報を確認する【場面A・F】 ・①自宅での防災，②外出先での防災，の二つの視点から防災に関する自分の考えをプレゼンテーションする【場面H・L】

②「有効性の認知」と「コスト感」

「有効性の認知」とは，ある方略を使用することに対して「役立つ」や「効果的である」と認知することであり，「コスト感」とは，ある方略を使用することに対して「大変」や「面倒」と認知することである。先行研究の知見では，ある学習方略に対する有効性の認知がコスト感を上回ったとき，その使用頻度が高くなり，逆にコスト感が有効性の認知を上回ったとき，その使用頻度が低くなる（佐藤，1998）ことが述べられている。本実践では，理科の授業における様々なICT活用場面を，「有効性の認知」と「コスト感」の関係から調査し，ICTの効果的な活用方法について考察する。

③調査方法

・質問紙：4時間の授業終了後に回答。
・教示内容：A〜Lのそれぞれの場面において，次の二つの質問はどれくらいあてはまりますか？

> 1）タブレット端末を使うことは役立つと思う【有効性の認知】
> 2）タブレット端末を使うことは面倒だと思う【コスト感】

・回答方法：7件法，「1：全くあてはまらない」〜「7：よくあてはまる」

④調査結果

【「有効性の認知」が比較的高かった場面】

表6の最も値が低いI, Jの項目であっても，「6.04」と最大値の「7」に近い事から，天井効果が見られる。各項目の数値を相対的に見て判断すると，D, E, Kの三つの場面の数値が高いことが分かる。これら三つの場面の共通項は『タブレット端末がなければ実現が難しい場面』，『タブレット端末を用いて記録や保存をすることによって，後から何度も見返して詳細に観察したり，失敗の原因を追求したりすることが可能（とても有効）』という点である。

【「コスト感」が比較的高かった場面】

表6の最も値が高いHの項目であっても，「2.90」と中間の「4」を下回っていることから，床効果が見られる。各項目の数値を相対的に見て判断すると，H, I, Jの3つの場面の数値が高いことが分かる。これら3つの場面の共通項は，『新たに出会った課題や事象に対して既有知識や既習内容，生活経験などと関係付けながら自分の考えを整理したりまとめたりといった内的な認知処理を伴う場面』という点である。

表6 「有効性の認知」と「コスト感」

		授業中の場面	有効性の認知	コスト感
一斉	A	先生から各種資料をもらう場面	6.31	1.93
	B	先生に自分のカードやノートの写真などを提出する場面	6.21	2.19
	C	実験の方法や手順を確認する場面	6.20	1.92
個別	D	実験のようすを動画として記録する場面	6.58	2.30
	E	観察したようすを写真として記録する場面	6.51	2.54
	F	インターネットなどを活用して調べる場面	6.49	2.13
	G	観察したようすに書き込んだり，整理したりする場面	6.27	2.28
	H	自分の考えをまとめる場面	6.15	2.90
	I	自分の考えを整理する場面	6.04	2.58
	J	実験の結果から考察をする場面	6.04	2.55
協働	K	友達の考えをみんなで共有する場面	6.54	1.91
	L	自分の考えを班の人に発表する場面	6.43	2.07

⑤自由記述

○ポジティブな感想
・写真やウェブのページに直接書き込めるというのが一番よかった。
・観察のときに，記録するのが簡単で，共有もしやすかった。スライドにすることにより，考えを発表するときやりやすかった。
・実際の写真を用いることで，書く手間が省けたり，よりリアルなものを保存したりできるなど，便利なことがとても多かった。
・タブレットを使うことで，自分の考えが明確に分かったり，自分だけでなく「提出」の部分からクラス全員の考えが見えたりして，たくさんの視点から考えられる。
●ネガティブな感想
・用語や大切な考え方は板書したほうが覚えやすいと思った。
・タブレットだと，余白が少なく，細かいことが書きにくかったり，思ったことを一回書いて整理したりするのが難しかった。
・学んだことは，常に見返せる（復習できる）ようにしたいので，やはりノートみたいな学習の整理方法は必要だと思う。
・先生がちらっと言った話をメモするときにも，ノートに書いたほうがいいと思った。

⑥考察

　各項目の数値の高低や自由記述から読みとれることを**図8**の情報処理モデルを用いて説明すると，1人1台端末は，学習場面によって有効である場合と，あまり有効でない場面があることが考えられる。特に，問題把握や課題提示等の「入力情報」を認知する場面や，まとめの交流や発表といった「出力情報」を表出する場面では有効であり，展開場面で予想を立てたり，考察を行ったりする「内的な認知処理」を伴う場面では，あまり有効ではないことが考えられる。

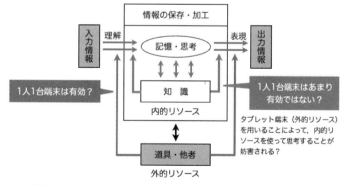

図8　情報処理モデル
（市川, 2004 を参考に久坂, 2020 が作成）

　例えば，炭酸水素ナトリウムの熱分解の授業であれば，試験管に発生した液体や試験管に残った個体の様子，塩化コバルト紙の色の変化を写真に記録することは端末を用いることが圧倒的に有効，そこから $NaHCO_3$ が何の固体，液体，気体に分解したのか，自分でモデルを書いたり，化学反応式を作ったりしな

がら考察する場面では，紙とペンが有効，その考察を他者と共有したり，全体で交流したりする場面では端末を用いることが有効，というようなイメージである。しかしこれらのデータは，生徒が端末を利用し始めてから間もない時期のものであることから，単に“タッチペンよりもペンの方が書きやすい”，“タイピングスピードが遅いので，紙とペンの方がいい”というツールへの不慣れが影響している可能性も多分にある。今後も実践を重ねていき，データの解釈の精度を高める必要がある。

(3) 主体的に学習に取り組む態度の評価　〜粘り強さ・自己調整の視点から〜

①実践の概要

・単　　　元：第2分野「(2) 大地の成り立ちと変化」,「ア　火山と地震」
・指導計画：4時間（詳細は**表7**）

表7　授業実践の単元計画

時数	■学習課題　・学習内容等	主体的に学習に取り組む態度
1	■地震は，どのような仕組みで発生するのだろうか。 ・内陸型地震が発生する仕組みについて仮説を立て，モデル実験で検証する。	【粘】単元を通して解決したいことや身に付けたい力を意識し，励むことができる。
2	■地震のゆれは，日本列島をどのように伝わっていくのだろうか。 ・同心円状に伝わることから，岩石中を一定の速さで伝わることを知る。	
3	■なぜ地震は先に細かく小さなゆれ，後から大きなゆれと伝わり，時間差があるのだろうか。 ・伝わり方に違いがある理由を予想し，波に着目させ実験方法を考える。 ・バネやタブレット端末のアプリを用いて，モデル実験を行い検証する。	【調】予想を立てるとき，今までの学習や生活経験をもとに考えようとしている。 【粘】難しい課題に直面したとき，投げ出さず最後まで取り組もうとしている。
4	■平成7年に起きた兵庫県南部地震と同じ規模の地震が宮城県で起きた場合，盛岡ではどのくらいのゆれを何秒後に感じるだろうか。 ・初期微動継続時間に着目し，距離とのゆれの到着時刻が比例することから盛岡にゆれが伝わる時刻を推定する。	
5	■地震によって，大地はどのように変化するのだろうか。 ・液状化現象が起きる原理を予想し，モデル実験を行い検証する。	
6	■どのようにして津波は発生するのだろうか。また，地震災害から身を守るには，どう行動したらよいだろうか。 ・津波の発生の仕組みを考え，波浪との違いを説明する。 ・ハザードマップを用いて，旅行先での地震災害の危険について考え，回避するための行動についてまとめ発表する。	【調】今回分かったことがこれからの日常生活にどのように活用できるか考え，相手に伝わるようにまとめている。

②「粘り強さ」と「自己調整」を見取る評価指標

「粘り強さ（23項目）」と「自己調整（30項目）」を見取る評価指標（各10項目に絞る前段階）を，1学年「大地の変化」の学習内容に照らし合わせ，粘り強さの尺度から5項目，自己調整の尺度から7項目を抽出した。計12項目の指標に基づいて，生徒の「主体的に学習に取り組む態度」を指導し評価する。評価にあたっては，単位時間のみで評価するのではなく，単元のまとまりの中で評価することが重要であり，生徒の活動を観察したり，記述等を見取ったりする中で評価を蓄積していく。さらに，「理科の授業では，何をどのように見取るか」，言い換えると「理科の授業では，どのような力を身に付けてほしいか」という目標と評価方法については，生徒と共有することが重要であると考えており，評価指標の内容を日常的に指導した

り，生徒にフィードバックしたりしている。また生徒の主体的に学習に取り組む態度を，どのように見取るかを述べる前に，そもそもどのように表出させるかを考えなくてはならない。生徒の主体的に学習に取り組む態度を表出させるため，授業内容そのものが学習意欲を喚起するものであることはもちろん，探究活動に「適度な自由度（解決方法が一つではない）」や「適度な難易度（トライアンドエラーが可能）」が設定されていることが重要である。これらの視点から授業及び単元を構成した。

③大地の変化における「主体的に学習に取り組む態度」の評価基準の設定

　大地の単元は，長大な時間と地球レベルでの広大な空間のスケールにおいて考えることが求められる。また，モデルを用いた再現実験や複数の資料から読み取るなどを通して科学的に思考・表現する単元である。このような大地の単元では，化学分野や物理分野とは異なる，地学分野特有の「主体的に学習に取り組む態度」が表出すると考える。そのために「粘り強さ」と「自己調整」の二側面から**表8**の姿が表出すると仮定し，大地の単元における「主体的に学習に取り組む態度」の評価指標とした。

表8　大地の単元における「主体的に学習に取り組む態度」の評価指標

「粘り強さ」の評価指標	「自己調整」の評価指標
4. 解決に時間がかかる問題でも，最後まで向き合っている。	1. 課題に対して予想を立てるときは，習ったことや生活経験をもとに考えようとしている。
5. 話合いでは，よりよい考え方を求めて深く考えるようにしている。	6. 学習内容や身の回りの現象に対して，自ら疑問や問題を見つけようとしている。
9. 難しい課題に直面したとき，投げ出さず最後まで取り組もうとしている。	9. 観察や実験をするときは，自分が立てた予想と比べながら取り組んでいる。
14. 友達や先生に説明するときは，理科の用語を正しく使うようにしている。	15. 実験するときは，後で考察したり振り返ったりするために気付いたことを記録しようとしている。
21. 単元を通して解決したいことや身に付けたい力を意識し，励むことができる。	18. 理科の授業で分かったことが，日常生活やこれからの学習にどのように活用できるか考えるようにしている。
	21. 授業で分かったことを再度自分の言葉でまとめるようにしている。
	30. 理科の学習を通して，どのような力が身に付いたか振り返るようにしている。

④主体的に学習に取り組む態度の見取り

　「動き続ける大地」の第3校時の学習において，初期微動と主要動の時間差に着目し，その原因を探求する学習を行った。予想場面で「粘り強さ」及び「自己調整」の側面について，ノートの記述より見取った。**図9**では，他単元のノートの学習を想起し，既習事項を根拠とすることで予想を立てることができており，**表8**「自己調整1.」に合致する。**図10**では，2種類の波の発生原因について試行錯誤を繰り返し，動

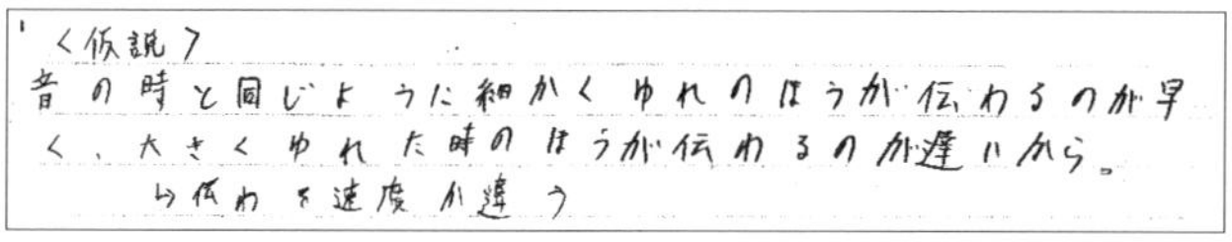

図9　予想の記述

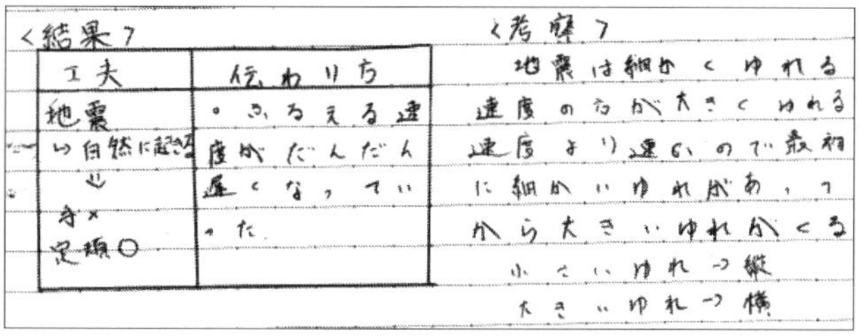

図10　実験中の工夫及び考察の記述

画撮影を行うことで課題解決に向かっている様子がうかがえ，**表8**「粘り強さ9.」の姿が見られる。このように，授業構想の段階で，育成したい主体的に学習に取り組む態度を明確にし，それらが表出するような学習課題や活動場面を設定し，客観的な指標で見取るという一連の流れが大切であると考える。

第2節　具体的実践事例

第1項　理科学習指導案

1　単元名

化学変化とイオン

2　単元について

（1）生徒観

　本単元の学習内容に関わって，小学校では，第6学年で「水溶液の性質」について学習している。また，中学校では，第1学年で「(2) 身の回りの物質」，第2学年で「(4) 化学変化と原子・分子」について学習している。特に，科学的な事物・現象を粒子の振る舞いとして捉える「粒子概念」については，校種をまたいだシートの活用，中学第1学年から第3学年への系統性を踏まえた指導を行ってきた（**図11**）。

マクロ	【小学校】 ・石灰水が二酸化炭素に反応して，白く濁る。 ・二酸化炭素が水に溶けた炭酸水も，石灰水を白く濁らせる。
物質 原子 分子 結合	【中学校第2学年】 ・石灰水（水酸化カルシウム水溶液）と二酸化炭素が化学反応して，炭酸カルシウムと水ができる。 ・化学反応式で表すと「Ca(OH)₂+CO₂ → CaCO₃+H₂O」。
イオン 電子 ミクロ	【中学校第3学年】 ・石灰水は水酸化カルシウムが電離している水溶液のことで，水溶液中にカルシウムイオンと水酸化物イオンが生じている。また，二酸化炭素が水に溶けると，水素イオンと炭酸イオンが生じる。 ・イオンを用いた式で表すと「Ca(OH)₂ → Ca²⁺+2OH⁻」，「CO₂+H₂O → 2H⁺+CO₃²⁻」。 ・中和反応によって「Ca²⁺+CO₃²⁻→ CaCO₃」，「2OH⁻+2H⁺ → 2H₂O」。 ・CaCO₃は水にほとんど溶けない塩であるため，沈殿する。

図11　マクロとミクロを繋ぐイメージ（石灰水が白く濁る現象を例として）

例えば「石灰水が白く濁る」という現象は，二酸化炭素特定の方法として小学校で学習するが，中2では化学反応として，中3では電離や中和の反応として扱う。このようなミクロとマクロを繋ぎ，同じ現象を別の視点から繰り返し扱うことで，多くの生徒が科学的な事物・現象を，マクロとミクロを往還しながら捉えることができるようになってきた。

　生徒は，科学的な探究活動全般においては，与えられた条件下で規則性を見出したり，真理に迫ったりする活動を得意とする一方，自ら規則性を見出すための条件制御を行ったり，真理に迫るために，認知バイアスにとらわれず反証（その仮定的事実や証拠が真実でないことを立証すること）を含めた実験計画を立案したりすることに関してまだ課題が残る（**表9**）。1人1台端末の実現により，分野を問わず様々な

表9　確証バイアスに関する調査

ウェイソン選択課題

A, K, 4, 7 が見えている状態である。このとき，「片面が母音ならば，そのカードのもう一方の面は偶数でなければならない」というルールが成立しているかどうかを調べたい。どのカードをめくる必要があるか。

問1　めくるカードは何？	議論前	議論後
A	32	34（正）
K	7	3（誤）
4	28	5（誤）
7	14	32（正）

問2　めくるカードは何枚？	議論前	議論後
1枚	4	2（誤）
2枚	20	29（正）
3枚	7	2（誤）
4枚	4	2（誤）

情報が入手しやすくなっている昨今，情報収集のスキルが求められることは言うまでもない。ここで，偏った情報収集（自分の仮説を立証するための情報だけを収集する等）は，物事を科学的に見ることを妨げ，盲信・誤信を助長してしまう。そこで理科の授業においても，反証の視点を盛り込んだ授業を設定し，生徒の科学的な探究活動の精度を高める必要があると考えている。

（2）教材観

本単元「化学変化と電池」においては，電解質水溶液と２種類の金属などを用いて電池を作る実験を行い，電極に接続した外部の回路に電流が流れることを見出させるとともに，電極における変化にイオンが関係していることを理解させることがねらいである。

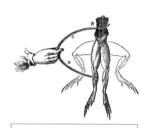

リチウムイオン電池や水素電池など，次世代のエネルギーを支える蓄電技術として昨今も話題の「電池」であるが，その歴史は古い。1780年，ガルヴァーニがカエルの足の神経に２種類の金属を触れさせると電流が流れ，足の筋肉が痙攣するのを発見し，これを「動物電気」によるものと考えた（**図12**）。20年後の1800年，ボルタが銅と亜鉛を電解液となる希硫酸や食塩水などに入れると，銅から亜鉛に電気が流れることを発見し（ボルタ電池），電池を物理現象として証明した。そこから，ダニエル電池，鉛蓄電池，乾電池と進化を遂げ，現在に至る。

> ガルヴァーニは銅と亜鉛などの二種類の金属でカエルの脚を挟むと，カエルの脚が痙攣することを発見し，これは動物が体内に「動物電気」というものを持っているためだと考えた。

図12　ガルヴァーニの実験

電池の条件「電解質水溶液と二種類の金属」や，電池の強さに関わる要素「金属板の組み合わせ（イオン化傾向の差）」，「電解質内のイオンの濃度（電離度）」を，既習事項である「水溶液とイオン」，「酸，アルカリとイオン」と結び付けながら，また，ガルヴァーニやボルタをはじめとする科学者達が直面した苦悩や発見を追体験しながら，探究的に電池について考えさせたい。

（3）教科研究との関わり

研究の視点①　授業中における教師の「コーディネート」

「Society 5.0を生き抜く人間の強み」である思考力・主体性・協調性は，生徒に"話し合わせるだけ"では育成されず，教師が生徒の協働的な学習を"コーディネート"する働きかけが非常に重要である。本単元においても，**図13**のように「生徒理解」，「内容知」，「方法知」の大きな三つの視点から，単元計画の意図的配列，章を貫く問いの設定，授業内における工夫（協働的な学びの場面作り，そのマネジメント）などを行っていく。教師主導ではなく，かといって生徒任せの放任ではなく，生徒主導を促す細やかな手立てを意図的に講じていく。

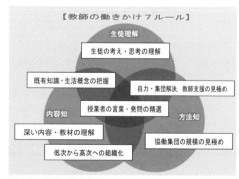

図13　教師の働きかけ７ルール

研究の視点②　「ICT」の効果的な活用

図14はSAMRモデルと呼ばれる，ICT等のテクノロジーが授業に与える影響の大きさを示したモデルである。S（代替）やA（増強）のような「強化」としての使い方から，M（変容）やR（再定義）のような「変換」に移行する程，与える影響力が大きく，ICTの活用として有用であることを示している。また，一

つの授業の中でも，生徒が端末の使用に対して抱く「有効性の認知」や「コスト感」は場面によって異なることが分かっている。ICTを巧みに使いこなすことを目指すのではなく，生徒の資質・能力の向上に寄与する活用方法，生徒の学びを効果的にサポートする活用場面を検討し，効果的に使用していく。

研究の視点③　「主体的に学習に取り組む態度」の育成と評価

本校理科では，評価場面（形成的評価・総括的評価共に）において，**表2**（113ページ）を主体的に学習に取り組む態度の指標として用いて，授業中の生徒が科学的探究に向かう態度やノートの記述などを見取っている。本単元では，内容の特性から，**表10**の下線部のような「粘り強さ」，「自己調整」の具体的な姿が表出されることが考えられる。各授業で，主体的に学習に取り組む態度の一端として現れる具体的な姿をイメージし，それをどのように表出させていくか，どのように見取るかの手立てを講じていく。

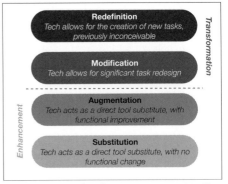

図14　SAMRモデル（Puentedura,R.R., 2010）

表10　「主体的に学習に取り組む態度」を見取るための「粘り強さ」と「自己調整」の評価指標
（下線部は，本単元で特に表出しやすいと考える生徒の姿）

理科学習における「粘り強さ」の評価指標	理科学習における「自己調整」の評価指標
1　理科の授業で，難しいと感じることがあっても投げ出さず，問題や課題と向き合っている。	1　課題に対して予想を立てるときは，習ったことや生活経験をもとに考えようとしている。
2　話合いでは，より良い考え方を求めて深く考えようとしている。	2　最初はあまり興味がもてない課題でも，それを解決しようと取り組むことができる。
3　答えが分からないとき，友達や先生にすぐに答えを聞かず，自分の力で答えを出そうとしている。	3　理科の学習中に自分が分からないことは何かを考えるようにしている。
4　実験で結果が出た後でも，もっと他の調べ方がなかったか考えようとしている。	4　授業の内容が分からないときは，自分で調べたり他者に助けを求めたりする。
5　授業で友達や先生の話を聴くときには，最後までしっかりと聴くようにしている。	5　観察や実験で結果が出た後でも，他の調べ方がなかったか考える。
6　答えや考えが思い浮かばないとき，自分なりに分かるところまで表現し考えようとしている。	6　実験するときは，後で考察したり振り返ったりするために気付いたことを記録しようとしている。
7　考察の検証で，複数の考え方が現れたとき，どの考え方がより適切かを判断するようにしている。	7　理科の授業後に，今回学んだことに対して新たな疑問点などを見つけるようにしている。
8　実験がうまくいかなかったとき，その理由を明らかにし，正しい結果が得られるように努力している。	8　授業で分かったことを再度自分の言葉でまとめるようにしている。
9　単元を通して解決したいことや身に付けたい力を意識し，授業に臨むことができる。	9　授業前と授業後，自分の考えがどのように変わったか考えるようにしている。
10　友達と協力しながら，自分達が分からないことを解決しようとしている。	10　学習の仕方について友達と確認したり共有したりするようにしている。

3　単元計画

（1）単元の目標

①電池について，粒子（原子・分子・イオン・電子）や，結合（共有・イオン・金属）の特徴と関連付けながら理解するとともに，科学的に探究するために必要な観察，実験などに関する基本操作や記録などを行うことができる。

②電池の原理を明らかにするために，見通しをもって解決する方法を立案して観察，実験などを行い，その

結果を分析して解釈し、規則性や関係性を見出して表現するなど、科学的に探究することができる。

③化学変化と電池に関する事物・現象に自ら問題を見出したり、それらを解決するために、見通しをもち振り返りを行いながら、学習過程をメタ認知したりするなど、科学的に探究することができる。

（2）評価基準

知識・技能	思考・判断・表現	主体的に学習に取り組む態度
電池について、粒子（原子・分子・イオン・電子）や、結合（共有・イオン・金属）の特徴と関連付けながら理解するとともに、科学的に探究するために必要な観察、実験などに関する基本操作や記録などを行っている。	電池の原理を明らかにするために、見通しをもって解決する方法を立案して観察、実験などを行い、その結果を分析して解釈し、規則性や関係性を見出して表現するなど、科学的に探究している。	化学変化と電池に関する事物・現象に自ら問題を見出したり、それらを解決するために、見通しをもち振り返りを行いながら、学習過程をメタ認知したりするなど、科学的に探究しようとしている。

（3）指導の計画（第3章　化学変化と電池　8時間）※表の〇は形成的評価、●は総括的評価を示す。

時	■学習課題　・学習内容	知技	思判表	態度	・評価方法
	【本時の学習（第3章1時間目）に関わる、第1・2章の既習事項】 ・イオン化傾向：「NaCl水溶液を電気分解した時、陰極から水素が発生したのはなぜか」という問いからイオン化傾向を学習。イオンになりやすさは物質ごとに異なり、順位付けできることを学んでいる。 ・電離度：「同じ濃度の水溶液の、pHが異なるのはなぜか」という問いから、塩酸と酢酸のH^+濃度の違いが、物質の電離のしやすさに起因していること、それを電離度と呼ぶことを学んでいる。 以上の2点は、電池の原理、電池の強さ、電流の向きに関わる重要な概念である。第3章「化学変化と電池」全体を、本単元の既習事項を効果的に発揮した探究活動の場と位置付けられると判断し、先に学んでいる。				
1 本時	■『動物電池説』：動物は電流を流そうとする力をもっている。この説の真偽を確かめ、そのように判断した根拠を報告しなさい。 ・電池の条件（電解質水溶液と二種類の金属）について知る ・反証実験の必要性を知る。・電池の学習について見通しをもつ。			●	・態：尺度にそった記述・授業態度の見取り。
2	■金属板の組み合わせと電流には、どのような関係があるか。 ・金属板と電流の大きさ、電流の向きの関係について調べる。		●	〇	・思：条件制御の見取り。 ・態：尺度にそった記述・授業態度の見取り。
3	■電解質水溶液の種類と電流には、どのような関係があるか。 ・電解質水溶液の種類と電流の大きさの関係について調べる。		●	〇	
4 5	■ボルタ電池の改良には、どのような方法があるか。 ・ボルタ電池の電圧低下の原因から、ダニエル電池の利点について知る	●			・知：ノートの記述内容。電池の正しい理解と改善の提案があるか。
6	■乾電池の中身も、電解質水溶液と二種類の金属板か。 ・マンガン乾電池を分解し、乾電池の仕組みと歴史を知る。	●			・知：観察・記録の内容。
7 8	■身の回りにある様々な電池について、その仕組みと特徴、用途等をまとめ、プレゼンしなさい。 ・一次電池、二次電池の違いや、身の回りの様々な電池について、ジグソー学習を通して理解を深め、エネルギーについて考える。		●	●	・思：プレゼン資料。既習概念を現代の電池に結び付けて考えているか。 ・態：尺度にそった見取り。

4　本時について

（1）指導目標

「動物電池説」の真偽を検証するための方法を、特に反証の視点を大切に立案し、その実験結果を分析・解釈する活動を通して、電池の条件「電解質水溶液と二種類の金属板が必要である」ことを見出す。

（2）評価規準

自らの考えを立証するために見通しをもった計画立案を行ったり、探究過程を他者と協働して改善したり

するなど，科学的に探究しようとしている。また，明らかになったことだけでなく，実験で得られた気づきをこれからの学習に繋げようとしている。【主体的に学習に取り組む態度】

（3）授業構想

　本時は，「動物電池説」を反証することを通して，電池の条件（電解質水溶液と２種類の金属）を見出すだけでなく，生徒に「電池の強さを決める要因は何か（イオン化傾向・電離度）」，「電流の向きを決める要因は何か（イオン化傾向）」といった，今後第３章を通して学んでいく上で大切になる"疑問"や"気付き"を与え，第３章の学習の見通しを持たせる意図がある。それは同時に，章を学ぶ目的となり，主体的に学習に取り組む態度の育成に繋がると考える。章の学びを繋ぎ，章の見通しを持たせる１時間を目指す。

　導入では，教師が鶏肉に亜鉛版と銅板を触れさせると，回路に電流が流れることを根拠とした「動物電池説：動物は電流を流そうとする力をもっている」を示すことからスタートする。ガルヴァーニが提唱した「動物電気」の模擬実験である。この「動物電気」に反論したボルタが，その後ボルタ電池を発明したように，本時の「動物電池説」を反証する過程で得られる発見には大きな価値があると考える。

　展開では，「動物電池説」を反証するための実験の計画を立案したり，観察・実験から得られた結果を分析・解釈したり，考察を練り上げたりする活動を，ICTを効果的に用いて協働的に行わせる。考察場面では，「動物電電池説」を棄却するとともに「電解質水溶液と二種類の金属があれば，接続した外部の回路に電流が流れる」や「同じ種類の金属では，電流が流れない」等の電池の基礎的概念を見出し，「金属の種類によって，流れる電流の大きさが異なる。イオン化傾向が原因か？」，「水溶液の種類によって，流れる電流の大きさが異なる。電離度が原因か？」等，今後の学習で明らかにしていく"疑問"や"気付き"も共有したい。

　終結では，ガルヴァーニとボルタの論争について，電池発明の歴史と共に紹介する。本時自分達が行った探究活動は，200年以上前の科学者達の追体験であることを知り，学びの価値を再認識させたい。

実験道具	【演示実験で使用】・鶏肉　・銅板，亜鉛板　・導線，電流計
	【生徒実験用準備物】・鶏肉，牛肉（生・乾燥），ホタテ（生・乾燥）・銅板，亜鉛版，鉄板，アルミニウム板２枚
	・導線，電流計　・塩酸，食塩水，水酸化ナトリウム水溶液，炭酸水素ナトリウム水溶液　等　電解質水溶液
	・砂糖水，エタノール　等非電解質水溶液　・精製水

（4）本時の展開

段階	学習内容及び学習活動・予想される生徒の反応等	指導上の留意点及び評価 ・指導の留意点　○評価
導入 8	1.　問題を発見する。 →鶏肉と銅板・亜鉛板による鶏肉電池。「動物電池説」について知る。 　・レモン電池は見たことがある。・鶏肉電池は初めて知った。 　・この説はもっともらしいが，疑わしい…。 2.　課題を把握する。	・ガルヴァーニの「動物電気」の模擬実験。電流が流れたことは事実であるが，この「説」は正しいのか，科学的に確かめようとする姿勢を喚起させる。
展開 37	『動物電池説』：動物は"電流を流そうとする力"をもっている。 この説の真偽を確かめ，そのように判断した根拠を示しなさい。 3.　予想を行う。 →動物電池説に対する真偽の予想（真 or 偽 or どちらとも言えない）とその理由を交流する。	・「何かが怪しい…」と考える生徒の視点「なぜ銅板と亜鉛版？」，「鶏肉じゃなくて，物質が原因では？」等を引き出し，計画立案に繋げる。

<table>
<tr>
<td>展開
37</td>
<td>
4. 検証実験の計画立案を行う。
→フローチャートを用いて，実験結果と説の真偽の関係を示す。

【実験計画の例】「　」は主な実験の視点
「動　物」：事例を集めるため，他の動物でも試す必要がある。
→電流が流れない動物があれば，動物電池説は偽である。
「水溶液」：鶏肉ではなく，鶏肉内の物質（電解質）が原因ではないか。
→鶏肉ではなく，電解質水溶液でも電流が流れれば，動物電池説は偽である。
「金属板」亜鉛版と銅板以外の組み合わせではどうか。同じ金属では。
→金属を変えて，電流が流れないものがあれば，動物電池説は偽である。

5. 検証実験を行う。
→実験結果は随時，オンラインホワイトボードアプリに記入し，全体で共有する。

「動　物」・鶏肉以外の動物（牛肉，ホタテ）でも電流が流れた。
・体液だけでも電流が流れた。　・乾燥肉は流れなかった。
「水溶液」・電解質水溶液は全て流れた。非電解質水溶液は全て流れなかった。
・電解質水溶液の種類によって，電流の大きさに差が見られた。
「金属板」・同じ金属板（銅と銅）では電流が流れない。
・異なる金属板であれば，全て電流が流れた。
・電流の向きは，金属板の組み合わせによって決まっていた。
・金属板の組み合わせによって，流れる電流の大きさが異なった。

6. 結果を分析・解釈し，考察を行う。
【考察の例】
実験の結果から，「動物電池説」は偽であると考える。電流は，電解質水溶液と，2 種類の金属板があれば生じる。最初の実験で電流が流れたのは，銅板と亜鉛板に加え，鶏肉の体液が電解質水溶液の役割を果たしたからであると考えられる。
実験を行っていて，金属板の組み合わせや電解質水溶液の種類によって，電流の大きさに差が生じたことに気づいた。その原因として金属板の「イオン化傾向」や電解質水溶液の「電離度」が関係していると考えたが，はっきりとした規則性までは見出せなかった。今後明らかにしたい。
</td>
<td>
○実験の目的を明確にする。特に，実験の結果がどのようであれば「動物電池説」が真 or 偽なのか，明確にする。【ノート記述】

・「動物」，「水溶液」，「金属板」に着目した生徒同士でグループを再編成し，実験を行う。
・実験結果はオンラインホワイトボードアプリを用いてクラス全体で共有し，課題解決に迫る。
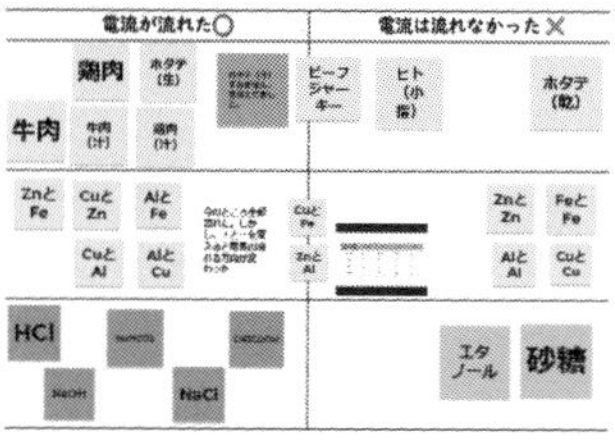

○課題に対する考察に加え，検証をしていて「気付いたこと」や「明らかにできなかったこと」等も記述する。【ノート記述】
</td>
</tr>
<tr>
<td>終結
5</td>
<td>
7. ガルヴァーニとボルタの論争について知る。
→今回の説は実際にガルヴァーニが提唱した「動物電気」をもとにした説であるということ，本時の皆のようにボルタがそれを反証し，電池の基礎的概念が発見されたことを知る。

8. まとめと新たな疑問を記入する。
</td>
<td>・授業の記録（ノート or デジタルノート）を学習支援アプリで提出させる。</td>
</tr>
<tr>
<td></td>
<td colspan="2">電解質水溶液と二種類の金属板があれば電流を生じさせることができ，これが電池の原理となっている。「動物電池説」はこの条件を満たしていたが，動物自体に電流を流そうとする力があるわけではない。金属板の組み合わせや電解質水溶液の種類によって，電流の大きさに差が生じた。その原因として金属板の「イオン化傾向」や電解質水溶液の「電離度」が関係していると考えたが，規則性までは見出せなかった。今後明らかにしたい。また，乾電池にも液体が入っているのか，疑問に思った。</td>
</tr>
</table>

第2項　生徒の姿と授業の考察

1　授業中の生徒の活動

展開1 【実験の計画立案場面における，教師の「コーディネート」（研究の視点①）】

「動物電池説」の反証に向けた実験の計画立案場面では，生徒は多様な視点・方法で課題解決に迫ろうと考えていた。教師は，それらの意見を把握し，全体で共有・整理した。生徒の考えを把握するときには，**表11**の五つの視点に基づいて見取り，コーディネートに繋げた。反証の考え方を三つのカテゴリーに分類し（**表12**），方法については教師が準備した複数の物質や薬品から選択して行うようにした。特に反証の三つの視点を共有する場面においては，生徒がもつ個別の考えを吸い上げ，それらを整理しながら体系化した一つの探究活動に昇華した上で実験に入れるよう，**表13**に示す流れでコーディネートを行った。

表11　コーディネートの種類と目的

授業における教師のコーディネートの種類と目的
①「机間巡視」による生徒の考えの把握 →ノート記述や提出データから，生徒の考えを把握し，議論の骨組みをイメージする。
②「意図的指名」による思考の整理，構造化・体系化 →①の見取りを元に行う。生徒の探究活動の大枠と具体を捉えさせる。
③「問い返し」による思考の深化，展開 →既習と未習，事実と意見，根拠の有無等を明確にし，生徒の意見・考えを洗練させる。
④「多様な意見の収集」による多面的思考の促進 →多様な視点や実験方法，根拠等を取り上げ，比較し，関係性を考えさせる。
⑤「生徒同士の議論」による概念形成 →「教師‐生徒」から「生徒‐生徒」へ。質問・意見を出し合い，考えを練り上げる。

表12　実験の計画立案例（生徒の記述から）

視点1「肉の種類を変える」	視点2「水溶液を用いる」	視点3「金属板を変える」
【実験方法とその理由】 ・鶏肉でしか実験を行っていないのに「動物電池説」と言えるか？ →別の動物の肉で試す。全ての動物で流れれば「真」，流れない動物があれば「偽」。 →動物が電池なら，銅板と亜鉛板もいらないので，動物に直接導線を繋いでみる。流れたら「真」，流れなかったら「偽」。	【実験方法】 ・水で洗ったら再び電流が流れた。 →鶏肉を挟まずにビーカーに溶液を入れただけの状態で銅・亜鉛の板を水溶液につけ，電流が流れるかどうか。	【実験計画】 ・銅板・亜鉛板が怪しい。 →銅板・亜鉛板の組み合わせを変えて，電流が流れるかを調べる。 →どの金属の組み合わせでも，電流が流れた場合は，動物電池説は正しいと言える。

表 13　実験の計画立案場面における生徒の発話

場面	発話プロトコル（T：教師，S：生徒）※下線は表 11 の①〜⑤に対応。
実験の計画立案	T ：「②S1 さんはどんな実験をして，確かめたいですか？(指名)」 S1：「私は，動物の肉が本当に電流を流そうとする力があるのかが気になったので，別の動物の肉を用いて実験したらどうかなと思いました。」 T ：「④同じように考えた人はいるかな。別の動物の肉を用いればいいと考えた人？(挙手を求める)」， 　　「S2 さん，③どうして別の肉を用いたらこの真偽が分かるの？(指名)」 S2：「先生は鶏肉でしか実験を行っていなかったので，様々な肉を使うことで，本当に動物が電流を流そうとする力があるのかを確かめられるんじゃないかと思いました。」 T ：「言い方を変えれば，③どうなれはこの説が真で，どうなれば偽って言える？」 S2：「別の肉を用いたときも，全ての肉が電流を流したら真と言えるし，流さないものがあったら偽と言えると思います。」 T ：「別の視点の人もいました。②④S3 さんは違ったところに着目していましたね。(指名)」 S3：「動物ではない，例えば水とかを亜鉛板と銅板で挟み，電流が流れるかを確かめたいと思いました。」 T ：「③どうして，動物ではないものに着目したの？」 S3：「動物だから流すのか，そうでないものでも流すのか，を確かめようと思いました。」 T ：「なるほど，動物ではないものね。②④S4 さんも似たような考えでしたね。(指名)」 S4：「僕は，鶏肉を水で洗っても再び電流が流れたという結果に違和感を覚えたので，鶏肉を挟まずに，ビーカーに水を入れただけの状態で実験したいと思いました。」

展開 2 【実験，結果の分析，考察場面における，「ICT」の効果的な活用（研究の視点②）】

　表 12 のように，生徒が考えた実験方法が多岐にわたり，各班が独自の視点で観察・実験を行う形となることが危惧された。そこで本時では，共同作業に適したデジタルホワイトボードを活用した。生徒は実験の最中，**図 15** のようにリアルタイムで結果をカードでボード上に貼り付けた。これを生徒のタブレット端末及び全体スクリーンに常時表示し，他の実験方法を共有できるようにした。**表 14** は，自分の班だけでなく他の班の実験結果から総合的に考察した記述例である。

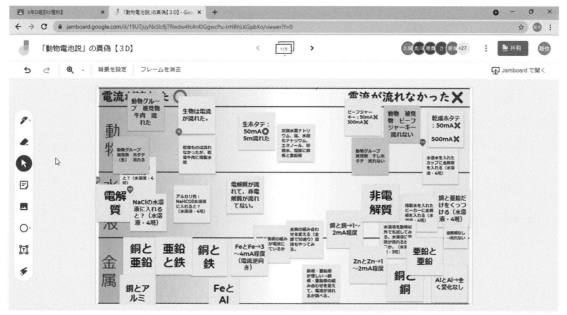

図 15　リアルタイムで共有される結果

表14　考察の記述例

考察1	考察2	考察3
・鶏肉だけを繋いだ結果，電流は流れない。つまり鶏肉自体に電流を流す力はない。しかし金属板で鶏肉を挟むことによって電流が流れた。だから動物が電流を流す力をもっていないことがわかった。 ・水分→乾燥したものも精製水で濡らすと電流が流れる→乾燥したものにも添加物が含まれており，それが水に溶けて電離した？それが電解質 ・金属板→鶏肉単体では電流は流れなかったから	1に対して…電流が流れた方は水分がある（濡れている）肉。電流が流れない方は水分がない（乾いている）肉。このことから，水分が関係していると考えられる。 2に対して…他班の結果から，異なる金属板の時は電流が流れた。金属板同士の時，同じ金属板の時は電流が流れなかった。このことから異なる金属板かどうかが関係していると考えられる。 3に対して…他班の結果から，HCl, NaHCO$_3$水溶液は電流が流れた。H$_2$O（水道水，精製水）は電流が流れなかった。このことから水溶液が電解質か非電解質かが関係していると考えられる。	◎動物：生は流れた。乾燥は流れなかった。→水分が関係しているのでは？ ◎金属板：おんなじ金属だと流れない，流れない金属があった（反例），中に何も挟まないと流れない→金属板が関係している？ ◎水溶液：電解質は流れた，非電解質は流れなかった→肉の体液に何か関係しているのでは？

表15　実験・結果の分析・考察場面における生徒の発話

場面	発話プロトコル（T：教師, S：生徒）※下線は図15をもとに発言している生徒の言葉。
実験・結果の分析・考察	T ：「ここは金属板を変えて実験を行っているグループですね。金属板の組み合わせが多いので，共有画面を見て他の班が行っていない実験をするとよいかもしれないね。」 S1：「（共有画面を見て）鉄とアルミがまだだから，その実験をしよう。」 （中略） S2：「（共有画面を見て）うわぁ，ほとんど流れてないな…。」 T ：「何かここから規則性が見出せそうですか？」 S3：「はい，見出せそうです。」 S2：「動物はこうで，金属はこうという共通点が，見た感じ分かります。」 T ：「そうですか，ではそれらを整理して考察に入りましょう。」 （中略） 図17　共有画面を見ながら実験 T ：「実験結果全体を見て，考察を発表できる人いますか？（挙手を求める）S4さん。（指名）」 S4：「私は水溶液グループだったんですけど，電解質水溶液は（銅板と亜鉛板を入れると）電流が流れるという（全体の）結果から，鶏肉の体液…鶏肉の体液も電解質水溶液と言えるので，異なる金属板と電解質水溶液があれば電流は流れるんじゃないかと考えました。」 T ：「今，水溶液グループからの考察だったけど，他のグループから考察発表できる？（挙手を求める）S5さん（挙手）。あなたは動物グループでしたね。」 S5：「はい，動物グループなんですけど結果を全体的に見て…（中略）…金属板の実験では，異なる金属板のとき，電流が流れる。この三つから，電解質が含まれる水溶液中で，異なる金属板があった時に，電流が流れているんじゃないかと考えました。」

2　考察

①【実験の計画立案場面における，教師の「コーディネート」（研究の視点①）】に関わって

　本校理科では，既有知識や生活概念の把握等の「生徒理解」，学問の系統性や教材理解等の「内容知」，どのように学ばせることが効果的かといった「方法知」の各観点から，生徒の学びを意図的に設計することの総体として「コーディネート」という言葉を用いている。本項では特に，授業の中で行われるコーディネート，生徒の思考を整理し構造化する為の意見の取り上げ方や扱い方について論じる。

　生徒の主体的・対話的で深い学びは，単に生徒に話し合わせたり，挙手した生徒を指名し続けたりするだけで達成されるものではない。生徒の思考を机間巡視やICTの共有機能を用いて把握し，それらを意図的，

有機的に繋ぎ合わせ，生徒がもつ個別の知識を構造化・体系化しながら，課題解決の道筋を作り上げることが必要である。本時の計画立案場面では，**表13**のような流れで，生徒の発言から観察・実験に向けたフローチャートを作ることができた。本時は時間の都合で省略した**表11**⑤「生徒同士の議論」が行えたならば，より広く深い学びに近づく授業展開になったと考える。考察の記述を見ると，**表14**のように全体の実験結果から考察を書いている生徒がいる一方で，自身のグループが行った実験結果のみ（三つの視点のうちの一つ）を根拠として考察を書いている生徒も見られた。**表11**⑤の時間が保障できていれば，より多くの生徒が自身のグループで得られた実験結果と同様に，クラス全体で得られたデータに対しても質の高い分析・解釈を行うことができたのではないかと考える。

② 【実験，結果の分析，考察場面における，「ICT」の効果的な活用（研究の視点②）】に関わって

ICT機器は生徒の資質・能力を育成するための道具であり，巧みに使いこなすことが目的ではない。どのような方法，場面でICTを使うことが，理科の見方・考え方を働かせたり，資質・能力を育成したりすることに寄与するかという観点から，実践を行ってきた。

理科におけるICTの効果的な活用方法として，これまでも様々な実践を行い，記録，発信，共有等の良さを実感してきた。また，そのような実践報告を数多く参考にしてきた。しかし，本時のようにデジタルホワイトボードを用いて実験データを即時的に共有し，それに応じて必要な実験を，必要な量，行うというような実践はまだ少ないように思う。このような活用方法は，「事物・現象を質的・量的な関係で捉え，比較したり関係付けたりする」といった理科の見方・考え方を，観察・実験の最中に終始働かせることに繋がり，本時においても課題解決に効果的に働いていたと感じる。単元を通してこのデジタルホワイトボードは，複数の方法・結果を共有する実験ではもちろん，他にも独立変数が多く必要なデータの種類が多い実験や，信頼性・妥当性を担保するためにデータの量を増やしたい実験等，様々な場面で活躍した。

最後に，生徒がICTを用いて行っている，授業の記録の仕方について述べる。各授業は1枚のシート（**図16**左：デジタルノート）にまとめられ，それらをさらに大きなシート（**図16**右：デジタルポートフォリオ）に貼り付ける形で蓄積している。ベン図やクラゲチャート等の思考ツール，矢印や記号等を用いて，それぞれの授業の繋がりや構造，得られた学びをメタ認知しながら，生徒一人ひとりが章や単元の学習をまとめている。

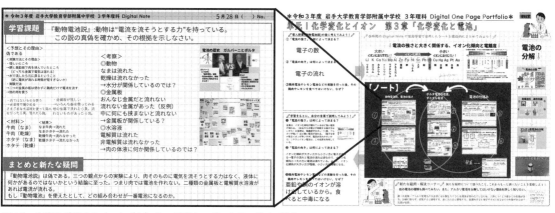

図16　生徒のデジタルノート（左）と，デジタルポートフォリオ（右）

③ 【「動物電池説」の「反証」を電池学習の導入として取り入れた単元構想】に関わって

　本時は，単に実験を通して電池の条件（電解質水溶液と二種類の金属）を見出すのではなく，①間違った説である「動物電池説」を反証することを通して電池の条件を見出すことや，②本時の学習を通して生まれた気づきや疑問を，章の学習の見通しとするといった大きく二つの目的があった。

ア　目的の設定とその背景

　①の設定理由の背景として，情報活用能力（デバイスを操作する能力に加え，情報を収集する能力，取捨選択する能力を含んでいる）を高める重要性が挙げられる。人は誰しも，確証バイアスやチェリーピッキングといった，都合の良い証拠ばかりを無意識的に集めてしまい，反証（仮定的事実や証拠が真実でないことを立証すること）する証拠を無視したり集めようとしなかったりする傾向がある。反証を盛り込んだ授業の設定は，上のような状態からの脱却を促し，科学的探究の質的向上に寄与すると考えた。

　②の設定の背景には，カリキュラムマネジメントの一環として行っている「章を貫く問いの設定」がある。例えば本時の授業で生まれる「各実験で流れる電流の大きさが異なったが，電池の強さを決める要因は何か」，「金属板の組み合わせによって電流の向きが変わったが，それらを決める要因は何か」といった気付きや疑問は，この章で学ぶイオン化傾向や電離度と電池の関係に大きく関わる部分である。これから行われる授業の必要感，学ぶ目的や主体性を喚起させる上で，重要な役割を果たすものと考えた。

イ　生徒の意識調査（アンケート）から

　①について，**図17**は「実験計画を立案する際に特に意識した項目はどれか（複数回答可）」として，普段の授業と本時の授業についての回答を比較したものである。普段の項目に対し，本時が上回っているものは「信頼性」，「条件制御」，「反証」であるが，特にも「反証」の項目の回答が増加している。しかしながら，増加したとはいえ他の項目と比較すると値が小さいことも事実である。この結果から，普段行っている授業の多くが，仮説を立証するパターンであるため，そもそも生徒の中に反証の視点が根付いていないことが予想できる。反証の考え方を取り入れた授業を，単元や学年をまたいで継続的に設定していく必要があると言える。

　②について，**図18**は「『動物電池説』の授業は，『化学変化と電池』を学習する上で，導入授業として効果的（章の学習を見通したり，章の学習の中で解決したりするような疑問が盛り込まれている等）であった

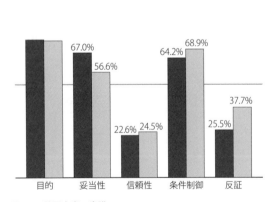

図17　計画立案の意識

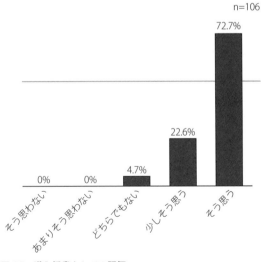

n=106

図18　導入授業としての評価

か」という質問に対する回答をまとめたものである。これについて，生徒は高い評価を示した。自由記述においても「電流の流れる理由などがボルタ電池やダニエル電池と共通していて，伏線として機能していたと思う」，「単元の各授業が終わる度に，導入の授業との繋がりが分かり，スッキリしたから」，「導入授業が解決した後に，でもどうしてそうなるのかが気になったので，その後の学習も興味を持てたと思ったから」等の記述が多く，②の目的に対して本時の取り組みは効果的であったと言える。

第3項　研究者から見た授業の成果・課題

理科の本質と重要性

　これからの教育の具体を構築する上で，コンテンツとコンピテンシーの効果的な融合が重要なポイントとなる。そのためには教科・領域の特徴や本質を見極め，それを生かした能力育成を念頭に深い学びの実現に向けた具体的な検討が必要になる。理科について少し考える。

　「理科」は，我々が生存する自然を対象とする教科である。内容教科としてこれまでに人類が蓄積してきた自然に関する知を伝達する必要がある。ところで自然は人類が創り上げたものではないので，自然に関する蓄積された知はまさに人類の探究のたまものである。自然は実際にそこにあり我々はそれに働きかけることができる。したがって理科は根っからの探究の教科であり，実証的な探究の方法とその果実となる知識が一体となって教育の具体を形成している教科である。

　また，人類が自然の中で生かされていることを思えば，本来は，理科は本能的にでも学ばなければならない教科である。身近な自然に目を向け，愛着をもったり，畏敬の念を抱いたり，脅威を感じその対処を考えたり，興味関心疑問をもったり，活用を発想したりなどは，とても人間的なことである。さらに，例えば地球温暖化問題に代表されるように人類の活動が自然の姿に影響を与える問題は，人類の切実な課題として捉えなければならない。

　理科は以上のような本質や特徴を有している重い教科である。今更ながらにこのようなことを書いたのは，教育の転換期にあたって理科の根本を確認することが重要と思ったからである。また，種々の調査に表れるように理科の重要性が生徒に十分に伝わっていないことは，理科の最大の課題の一つではないかと思ったからである。今後さらに理科の重要性が増すということを先生方もあらためて確認するべきだと思ったからである。

　以下に，少し教育の具体に近づけて理科の特徴と今後の期待を挙げてみる。

　①上に「自然に関する知を伝達する必要がある」と簡単に書いたが，理科で扱う知識は，自然の姿に表れる（あるいは潜んでいる）共通性と多様性が良く整理されており，知識が体系化されている。教師はこの知識の構造を強く意識して，長短の授業計画を考えたい。学習者がそれぞれの場面において学習している知識を，知識ネットワークの中でどのように位置付けることができるかが，ポイントとなる。既習知識の活用や知識の関係性の理解も含め，学力に応じた自分なりの知識ネットワークの構成力を伸ばしたい。そのことが自然に関する確かな理解を深めることになる。またこの過程で自然の仕組みを感じることが，純粋な学ぶ楽しみを醸成する。

　さらに，これらのことは事象の複雑さの整理や単純化して考える力，物事の全体像や本質を見極める力，物事の関係性を見出す力等の汎用的な能力の育成にも繋がるものと期待したい。理科の知識体系はその訓練

に向いている。

　②理科では実物で実験観察を行う場面が豊富で，理論負荷性に留意しながらも実証的に授業を構成することができる。そのため従前からアクティブ・ラーニングの形態を取る対話的な授業が多く行われてきた。一連の探究の過程をしっかりと踏む授業は理科の得意とするところである。ここで，なぜ，どのような実験を行うのか，その結果の意味することは何かなど，実験観察の意図や意味をしっかりと理解しているかがポイントになる。例えば，生徒が主体的に実験立案に向き合うことが，探究の過程の全体把握に繋がるよい訓練となる。岩手大学教育学部附属中学校では，近年，生徒による実験立案に力を入れてきた。主体的に探究の過程を構成する力は，汎用的に求められる能力でもあり，その育成が期待される。

　③理科は実証的な探究の方法とその果実となる知識が一体となって教育の具体を形成していると前述した。その過程で論理的な思考力の育成が期待される。これは基本的には上記①②のマッチングによることである。また扱う事象の系統性，客観性，再現性，実証性の高さなどが後押ししている。

　教育場面では蓄積した知識を再構成した上で演繹的思考を促している場合も多いが，もともとの科学の発見の歴史のように探究の過程では帰納的思考も重要である。理科は，授業展開に応じて演繹的思考と帰納的思考や仮説形成などの思考が柔軟に引き出される。附属中学校では，授業中に生徒がどの思考論理で考えたかを意識化させる試みを行っている。これは論理的思考力を伸ばす上で大変効果的な試みと評価できる。

　④理科を学習することは重要である。気象，地震，エネルギー，ウイルスなどから種々の物質に至るまで，理科で扱う事象が以前にも増して生きるための知識となってきている。STEAM教育の基盤教科としても重要性が高い。上記①〜③の能力育成の観点でも重要である。引き続き，生徒が自然に目を向け学習の意義を強く感じる授業開発に期待したい。

　附属中学校から提案された授業は，これらの要素を多く含んでいる。この授業は，3年「化学変化とイオン」単元の電池学習の導入場面である。電池は，今でも実生活に欠かせないものであるが今後さらに重要性（車のEV化，自然エネルギーの平滑化など）が増す装置である。イオン学習の応用的内容で，やや難度の高い学習内容ではあるが，生徒の興味関心を引き付けた授業を構成したい。電池（化学電池）とは化学反応から電気エネルギーを取り出す装置のことである。はじめは「そんなことができるのか？」「何か不思議な感じがする」という印象を持つ生徒も多いであろう。そこで，まずは2種類の金属版（電極）と電解質水溶液の組み合わせで構成する基本的な電池について，主体的に探究しながら電気エネルギーを取り出すことができるという実感をもたせたい。その後，見通しをもって各要素の学習ができればよい。

　提案授業には，三つの特徴がある。いずれも授業者の発案による。一つ目は，「動物電池」をめぐる化学史上の論争（ガルヴァーニとボルタ）を授業で再現したことである。前述のように理科は人類の探究の歴史を背負っているので，場合によってはその再現を授業に持ち込むことができる。本時はこの導入で生徒の興味をしっかり掴んでいた。二つ目は，上記の論争により反証の重要性を取り入れたことである。通常の授業では，ある事実を見出すために用意されたストレートなストーリーで実験を含めた授業が展開される場合が多い。しかし物事の真偽には反証が重要である。このことを生徒に伝えることは探究学習の中でも意義深い。三つ目は，この授業を電池学習の冒頭で行ったことである。生徒は反証の立場に立ち，電池になる条件について主体的にそれぞれの視点を持ち探究活動を行った。その結果，この一時間で，生徒が電池に対して興味と実感を持ち，クラス全体で電池を構成する要素が浮き彫りになり，電池学習の次時以降の学習課題を明確にすることに成功している。

探究の過程を生徒主体で進める姿には，これまでの少しずつの積み重ねの成果を感じた。この授業が成り立つのは，しっかりとした単元計画（生徒の思考を支える知識の確保を含む）と普段の教育活動が活きているためである。今後も①の視点での中長期的な学習計画と④に留意しながら②③の探究活動をどのように組み込んでいくかを吟味し，コンテンツとコンピテンシーが効果的に融合する授業開発を期待したい。

（岩手大学教育学部教授　菊地洋一）

これからの中学校理科で大切にしたいこと

　これからの中学校理科授業で大切にしたいことは，主に次の三つではないだろうか。

　一つ目は，「資質・能力の確実な育成」である。平成29年告示の中学校学習指導要領では，育成を目指す資質・能力が三つの柱で整理され，それに沿った形で各教科の目標が定められた。中学校理科の目標について要約・整理すると，(1) 自然の事物・現象についての理解や科学的に探究するための技能，(2) 科学的に探究する力，(3) 科学的に探究しようとする態度である。つまり，科学的に探究するための知識・技能，思考力・判断力・表現力，主体的に取り組む態度を一体的に育んでいくことが示されている。そのためには，学習者が理科の見方・考え方を働かせて観察や実験といった探究活動に取り組むことができる環境を整えるとともに，教師は「主体的・対話的で深い学び」の視点から授業改善を図ることが必要である。また，指導と評価の一体化の実現を目指し，一単元や一授業の中で生徒に育成したい資質・能力（＝指導目標）を明確にしながら指導し，その到達状況について信頼性や妥当性が担保された学習評価によって子どもの変化や成長を客観的に見取っていかなければならない。

　二つ目は，「『科学的』に対する意識の強化」である。小・中学校学習指導要領において「問題を科学的に解決する」とは，自然の事物・現象についての問題を，実証性，再現性，客観性などといった条件を検討する手続きを重視しながら解決していくことと説明しているが，ここでは「資質・能力を育むために重視する探究の過程のイメージ（中学校学習指導要領解説理科編，9ページ）」（文部科学省，2018）に記載されている理科における資質・能力を基盤に論考する。例えば，探究の過程である「仮説の設定」場面では育成する資質・能力の例として「検証できる仮説を設定する力」，「考察・推論」場面では「仮説の妥当性を検討したり，考察したりする力」などが挙げられているが，検証できる仮説が科学的な仮説であり，仮説の妥当性を検討する力が科学的に考察する力となるのではないだろうか。ここで大切なことは，これらの資質・能力を支える知識は何かについて一段階掘り下げて検討することである。つまり，どのような仮説であれば検証可能なのかといった知識や，どのような結果が得られれば仮説の妥当性が得られたと判断できるのかといった知識を習得し，それに基づき思考を巡らせ深めることが科学的な探究と言えるのではないだろうか。このような知識は，一般的にメタ認知的知識と呼ばれ，メタ認知的活動とともにメタ認知を構成する重要な要素の一つである。

　三つ目は，「直接体験の重視とICTの有効活用」である。GIGAスクール構想により1人1台学習用端末と高速インターネット環境が整備された今，本来，子どもたちが直接観察や実験すべき内容が動画の視聴やアプリでの擬似体験を以て代替されてしまうということはあってはならない。ICTは観察，実験の代替ではなく，探究活動のいっそうの充実を図る道具として位置付け，活用する場面を適切に選択しながら教師の丁寧な指導のもとで効果的に活用していくことが重要である。

以上を踏まえた上で，本学部附属中学校の令和3年度理科研究主題と授業実践について論じる。

　まず，理科研究主題である「主体的に科学的探究に取り組む生徒の育成と評価」についてである。これは主として資質・能力の「学びに向かう力，人間性等」や観点別学習状況評価の「主体的に学習に取り組む態度」に対応するものである。その指導と評価の一体化の実現を図るためには，主体的に科学的探究に取り組む生徒の姿の具体像を明らかにする必要がある。国立教育政策研究所（2019）が公表した『学習評価の在り方ハンドブック（小・中学校編）』において，主体的に学習に取り組む態度は，粘り強い取組を行おうとする側面と自らの学習を調整しようとする側面，という二つの側面から評価することが示された。そこで，中学校の理科学習において主体的に学習に取り組む態度とは具体的にどのような姿なのかを明らかにするために，3名の理科教師の協力のもと二つの側面について行動レベルで具現化して評価指標を作成した。得られた項目について全校生徒397名を対象に質問紙調査を行い，統計処理に基づく信頼性や妥当性の検討を行った結果，粘り強さについては22項目，自己調整については29項目に整理された（平澤・久坂，2021）。ただ，全ての項目を毎時間の授業の中で見取ることは非現実的であり，評価のための評価に陥ってしまう危険性がある。そのため，学習内容の領域や単元の特徴及び系統性の視点から学習指導要領の中項目等ある程度のまとまりにおいて，計51項目の評価指標の中で特にどの項目を意識的に育んでいくかを明確にしながら指導と評価を行うことにした。このように，態度的側面は主に行動傾向を意味するため，教師の観察による結果を調査項目に落として測定・評価することは，有意義で妥当性が高い方法であるとされている（櫻井，2020）。先に紹介した『学習評価の在り方ハンドブック』においても学習評価の信頼性や妥当性を高める工夫として，評価規準や評価方法について事前に教師同士で検討するなどして明確にすることと述べられている。したがって，まだ具体像が定まっていないといった学校があれば，ぜひ検討を行っていただきたい（項目作成の手続きや内容の詳細は平澤・久坂（2021）を参照）。

　次に，授業実践についてである。令和3年度公開授業では第3学年理科「化学変化とイオン」の授業を公開した。授業構想について授業者と事前相談を行う中で，理科教育学の学問領域に縛られず，関連領域の知見も取り入れることによって「科学的」に対する生徒の意識を高める授業を展開できるのではないかと考えた。具体的に本時では，科学史における解剖学者ガルヴァーニと物理学者ボルタの動物電気に関する論争を生徒に追体験させることによって，問題を見出す力や仮説を形成・評価する力を培うことをねらった。また，本時の前までに足場がけ的な指導も行った。科学哲学では推論が演繹的推論，帰納的推論，アブダクションの三つに分類されていることから，これを直接的に教えることによって，自らの思考がどのような推論に基づくものかをメタ認知できるよう促した。さらに，論理学や心理学における確証バイアスについても触れ，科学的に結論を導出するためには反証も大切であることなどを伝えた。このように，科学的探究におけるメタ認知的知識を集め，それを明示的に指導することによって「科学的」に探究することの意味や手続きを理解させるとともに，メタ認知を働かせながら自らの探究活動を自己調整できる力の育成を目指し，日々学部と附属学校で連携しながら教育と研究に取り組んでいる。

（岩手大学教育学部准教授　久坂哲也）

第5章 音楽

心を動かし，音楽と向き合う生徒の育成

教諭　◎赤沼周子，岩手大学教育学部教授　川口明子

第1節　教科論

1　音楽科で育成を目指す資質・能力

音や音楽について何かを感じ取る，思いや意図を乗せて音楽表現することは，音や音楽によるコミュニケーションである。音楽に対する感性は，私たち人間の誰もが潜在させており，充実した音や音楽によるコミュニケーションを重ねていくことで，さらに豊かなものとなっていくのではないだろうか。生涯を通じて生きて働く感性や音楽に親しんでいく態度を育てることを念頭に，本校音楽科の実践の中で，以下の資質・能力を育成し，人間の強みが発揮されるようにしたい。

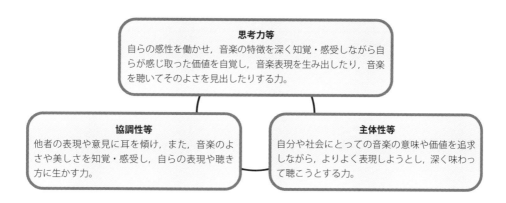

思考力等
自らの感性を働かせ，音楽の特徴を深く知覚・感受しながら自らが感じ取った価値を自覚し，音楽表現を生み出したり，音楽を聴いてそのよさを見出したりする力。

協調性等
他者の表現や意見に耳を傾け，また，音楽のよさや美しさを知覚・感受し，自らの表現や聴き方に生かす力。

主体性等
自分や社会にとっての音楽の意味や価値を追求しながら，よりよく表現しようとし，深く味わって聴こうとする力。

2　音楽科における研究の視点

（1）主体的・対話的で深い学び

音楽を趣味とする生徒が多数いるように，本来，生徒が好む音楽と授業で向き合う音楽は別物ではないことが望ましいと考えられる。どちらの音楽も，音楽を形作っている要素で曲想が構成されている点では同じである。つまり，音楽的な見方・考え方を働かせ，音楽の授業で学んだことが，生徒の音楽観を広げ，音楽性の育成に繋がる，または表現技能の向上に寄与することが起こりうる。生徒の意識を学びに向け，学習内容が生徒の音楽趣味にも結び付き，学習活動で音楽的な見方・考え方を働かせた音楽経験を積み重ね，理解

や実感を経験することで主体的な学びが具現化されるものと考える。

　また，音楽科での対話とは，音や音楽を通した①生徒同士の対話，②生徒と教師との対話の他，③音や音楽による対話等と考える。音や音楽による様々な対話の場面を設定することで，音楽科の本質を大切にした対話的な学びに繋がるのではないだろうか。音楽的な見方・考え方を働かせて個，協働で音や音楽に向き合い，自分にとっての音楽の価値意識を再確認することで音楽の味わいをいっそう深め，音楽に対する感性を高め合える授業展開を検討し，三つの資質・能力の育成に繋げていきたい。

（2）情報・情報技術の効果的な活用

　音楽科におけるICTの活用の効果として，個やグループの音楽表現を録音・録画することで，試行錯誤を繰り返した表現活動を新たに行うことができることや，言語活動による意見の交流から，タブレットを用いることで視覚での交流に転換できることが考えられる。また鑑賞分野では，一斉に曲を鑑賞する場面から，個人やグループで聴きたい，確認したい場面の鑑賞に焦点化することができ，これまでより主体的に学習に臨むことができる。

　音楽科では以前から拡大楽譜の提示，音響設備，自分たちの表現を客観的に捉えるために録画し鑑賞する，その他鑑賞教材の映像鑑賞など，様々な場面でICTを活用してきた。それらを今後も取り入れながら，指導者がICTの特徴や学習効果の可能性を主体的に理解して使っていくことが大切である。そして，さらに効果的な活用法を模索し，自己のイメージや感情について，音楽を形づくっている要素とその働きという視点と結び付けて捉えることによって，より音楽的な見方・考え方を働かせる活動に繋げていきたい。

（3）生活と接続する学び

　音楽は，どの時代の，どの民族においても生活文化と繋がりをもつもので，民族の音楽を理解することは，まさに民族の文化の総合的な理解に繋がるのではないだろうか。音楽科の学習では，教科書に掲載されている曲から，生徒が日頃の生活の中で耳にする音楽までが題材となりうる。これらの題材を音楽文化として捉えて活動を展開することで，文化的背景や歴史的背景を知ることや，過去の音楽と今現在の生活の中にある音楽とを結び付けて音楽の価値について考えることが可能になると考えられる。

　また，本研究では，特に我が国の伝統音楽と自分との関わりを築いていけるような教材の精選を図りたいと考える。「興味がない」「難しい」と生徒は敬遠しがちだが，授業で学習したことが，これからの自分たちの生活の中で生きてくるという実感をもてるように指導の改善を図ることが大切だと考える。我が国の伝統音楽は，鑑賞するだけでなく，唱歌（口唱歌とも）を用いて表現を体験することにより，どういう特徴として表現され，また，それを表現する技法はどのようなものなのかを整理することができる。また，「序・破・急」や「間」などの日本音楽の特徴を知覚・感受することで，日本ならではの風土や色彩感等を感じ取れるだろう。そのような体験を繰り返すことで，日本と他国の音楽文化の比較から，様々な音楽文化の理解をさらに深められると考える。

3　理論を導く実践例

（1）他者からの多様な情報を比べたり，関連付けたりして処理し再構成する（3学年）
　（主体的・対話的で深い学び，生活と接続する学び）
　①題材名
　鑑賞領域3学年「交響詩『わが祖国』よりブルタバ」

②指導構想

　交響詩「わが祖国」の鑑賞では，チェコの豊かな自然や街並みがオーケストラで表現された音楽を，音楽を形づくっている要素を軸に鑑賞を進めることが多い。しかしながら，民族主義の時代に作曲されたこの曲は，作曲者の思いと当時の民衆の願いが共感を呼び，今日まで第二のチェコ国歌と呼ばれるほど親しまれていることをほとんどの生徒は知らない。「有名なテーマの部分にチェコ民謡"Kočka leze dírou"が用いられている」という，教科書だけでは読み取ることができない内容を紹介し，あらためて曲に浸ることで，音や音楽そのものを重視した活動と，音楽の社会的・文化的・歴史的背景の視点も持つ活動の双方から曲に浸る活動にしたいと考えた。そこで，新たな視点を与えて再度鑑賞し，自分や社会にとっての音楽の意味や価値を考える場面の設定を目的に実践を行った。その際，自分なりに考えた音楽の価値の変容が分かる指導の検討と，

図1　鑑賞時使用した写真の例

他者との対話及び再度音楽を聴き確かめ合う音楽との対話の場面確保に留意し，授業の最後に「ブルタバが今もなおチェコ国民に愛されているのはなぜだろうか。」という題材を貫くテーマでレポートを作成した。

③実践内容

第1時	「ブルタバ」をチェコの街並み・自然の写真を見ながら聴き，曲がチェコ国民に愛されている理由について考える
第2時	「ブルタバ」を標題ごとに聴き，音楽の諸要素と関連付けながら，自分が感じ取った雰囲気や曲想を交流する
第3時	鑑賞をもとに，根拠をもってレポートを作成する

<u>第1時</u>

　チェコの街並み・自然の写真（**図1・図2**）を見ながら鑑賞し，鑑賞曲ブルタバがチェコ国民に愛されている理由について記述する。

○**第1時　生徒の記述**

①この曲は，チェコの自然をオーケストラで表現する標題音楽である。国民が愛する豊かで美しい自然を描写した曲だから，今もなお国民に愛されているのだと思う。
②チェコの人々に親しまれる，チェコを代表する川が音楽で描かれているので，曲そのものも国民に愛されているのだと思う。
③2つの水源や月夜の水の妖精の踊りなど，各楽器の特徴を生かして豊かな自然を音楽で表現している。

　第1時の鑑賞では，音色や教科書に記載されている場面に触れて記述する生徒が多かった。そこで，第2時では，場面ごとに分けて鑑賞し，知覚・感受の部分を深める対話を心がけた。

図2　鑑賞時使用した写真の例

第2時

　音楽が表す様子や場面・情景を感じ取り，音楽を形づくっている諸要素との関連を理解する。教師から示す，曲の様子等を表す内容に基づき，生徒は主体的に音楽を，これまで習得した見方・考え方を働かせて聴くことになる。漫然と音楽を聴くのではなく，注意しながら聴くことで主体的に音や音楽に触れる場面を設定する。そして，感じ取った様子等とそれらをもたらしている諸要素との関係を共有し，それに基づき生徒個々人が思いを交換（対話）し尊重し合う場面を設けて曲を味わう。交流を行うことにより新たな視点を得て，再度音と音楽に触れ，自己のイメージとの確認を行った。

○場面ごとに鑑賞する際の教師のコーディネートの様子（発話プロトコル分析）

T：今から水の流れを表している場面を聴きます。どんな情景が想像できるか，よく聴いてみましょう。（鑑賞） S1：なんか水が湧き出るような音がします。 S2：少ない水量で流れているような感じがします。 T：なるほど。水の流れについてはいろいろ聴こえた人がいるようですね。少ない水量，湧き出るということは，川のどんな部分を表現していますか？ S3：源流？ T：そうですね。川の源流が表現されている部分です。<u>他に気付いたことはありますか？</u> S4：最初はフルートだけでしたが，のちにクラリネットの音が混ざり，メロディのうねりが聴こえてきます。 T：なるほど。違う楽器で源流が表現されている。ここからどんな川の源流がイメージできますか？ S5：水量が増えた？	S6：いろいろな方向から水が動いている。 S7：使われている楽器が2種類だったので，水源が二つあることだと思います。 S8：メロディのうねりという言葉から，水はまっすぐに流れないので，2つの水源から湧き出た水が少しずつ合流し，斜面を流れていく様子だと思います。 T：いろいろなイメージが出てきましたね。<u>楽器や旋律の動きからのイメージの他に，気付いたことがある人はいますか？</u> S9：知っているメインテーマに入る前に，弦楽器が入り，音量も大きくなってきています。これは，川幅も広がったような気がします。 T：なるほど。強弱という視点からのイメージも出てきましたね。<u>この川がどのような流れで，どのように表現されているか，さらに聴いてみましょう。</u>

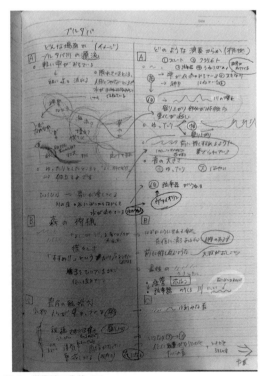

図3　鑑賞時の生徒メモ

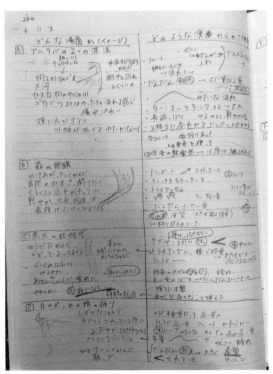

図4　鑑賞時の生徒メモ

指導者がコーディネートする形で生徒の発言を引き出した。他者が発する考えを聴き，新たな発見や賛同の意見，自分の考えをノートに書いていく様子がみられた。個人での鑑賞に比べ，生徒は，他者の意見を聴くことによりさらに自己のイメージを膨らませていた。ノートには，曲を聴いてのイメージとその根拠を関連付けながら記述していた。

○生徒のノート記述の例

> 冒頭がどうしても湧き出る水の音に聴こえなかった。しかし，他の人のイメージや根拠を聴いていくと，「ああ！ そういうことか。」と分かった気がする。確かに，冒頭の旋律は水がうねりながら流れていく様子が想像できた。また，弦楽器の音？で水が跳ねる音が聴こえてきたように思う。楽器でいろいろ表現できるってすごいと思った。
> メインテーマはゆったり流れている様子は想像できた。しかし，発言を聞いて，冒頭のような旋律のうねりも実は演奏されていることに気付くことができた。遠目で川を見ると，ゆったり流れているように見える。しかし，水は塊で動くのではなく，様々な動きをしている。旋律のうねりからそれが想像できた。
> それぞれの楽器が特徴をつかんで演奏されていて，想像しやすくなった。

指導者のコーディネートの際，様々なイメージがあることを尊重し，正解を導き出すのではなく，生徒の知覚・感受を広げられるようにすることを心がけた。

第3時

○新たな視点を与える際の教師のコーディネートの様子（発話プロトコル分析）

T：ここで新しい情報を皆さんにお伝えします。この曲は，コチカレゼディーロウというチェコの民謡がテーマ部分に使用されています。聴いてみましょう。（鑑賞） S13：これは何語の曲ですか？ T：チェコ語です。スメタナはあえてこの民謡をテーマ部分に使用しました。この曲は，子どもから大人まで，チェコの人々は誰でも歌える曲だと言われています。前半と後半でテーマが登場しますが，それぞれどのような演奏でしたか？	S14：最初は短調で切ない感じがします。 S15：ラストはクライマックスだからかな？ 明るい感じがしました。 T：解説される中に，これはスメタナからのメッセージという方もいます。また，あえてチェコ民謡を用いたことに意味があるという方もいます。 どんなメッセージが隠されているのか，考えながら再度聴いてみましょう。

【音や音楽による対話】

まとめの鑑賞として，再度曲と向き合う。鑑賞では，社会的・文化的・歴史的背景などとの対話もあり，音や音楽そのものでの対話もある。音や音楽に触れ，知覚・聴取を行った内容と，自己のイメージ，他者の意見を聴いて鑑賞を行う。自分の考えた内容の相違や整合性について確認し，新たな発見がないか，注意深く鑑賞し，自分や社会にとっての音楽の価値について考える場面として位置付けた。

○生徒の記述（①～③は第1時で記載した生徒と同じ）

> ①ただ美しい旋律で自然を表現する音楽であり，チェコ国民も共感し，国民性を表すところから愛されている楽曲と思っていた。しかし，今回の鑑賞の授業を通し，音楽は娯楽ではなく，当時の人々の心の支えになり，生活に根付いていたのだと実感した。冒頭の源流の場面に比べて，後半は楽器が増え，豊かな響きで曲が進行することから，一人ひとりの願いが集結し，やがて多くの人の願いになったのではないかと想像する。河川の流れを軸として，調や楽器を変化させていくことにより，作曲者のスメタナは，曲を通してチェコ独立の希望の光を差し込んだと私は考えた。また，音楽は聴いた人たちの感情や行動を変化させ，時にはこれからの人生までをも変えるという大きな力があると考える。

> ②チェコ民謡 "コチカレゼディーロウ" の歌詞を調べると，「雨が降ったら濡れるが，やがて晴れるでしょう。」とあった。当時支配していたオーストリア帝国はドイツ語圏であり，このチェコ語による民謡の意味を知らない。そこで，作曲者からの「圧制はいつか終わる。そして我々の手で自由をつかみ取るんだ」というメッセージ的な内容が込められた音楽で人々を励まし，勇気づけ

たのではないかと考えた。チェコの自然描写をした音楽に作曲者からのメッセージが込められているからこそ，長く人々に愛される楽曲になったのだと思う。

③今日の授業では，再度「ブルタバ」を聴いた。チェコ民謡がメインテーマに使用されていることを知り，再度曲を聴いてみると，自然を描いたもののほかに作曲者の願いが込められているように感じた。チェコ民謡は前半は短調で切ないメロディとして展開される。これは当時，他国の支配下に置かれていたチェコ国民の辛さを表しているのではないかと思った。そのメロディが後半では長調に変化し，止まることのない川の流れを時の流れとして表現し，やがて他国の支配から抜け出すのだという希望を表す表現に聴こえた。チェコ国民しか知らない歌詞の民謡を用いたことで，国民の意識を代弁した曲というかたちで人々に愛されているのだと思う。

　授業後の生徒の考えを見ると，曲と向き合い，多様な考えと共に鑑賞を進めることにより，音楽の価値について深めることができた記述が多い。しかし，教師からの資料提示を慎重に行わないと，偏った価値観を植え付ける危険性があることも明らかとなった。

（2）アイディアを共有し，試行錯誤する（1学年）

（主体的・対話的で深い学び，情報・情報技術の効果的な活用）

①題材名

創作分野1学年「動機を生かしたリズムに旋律を付けよう」

②指導構想

　音楽的ルールに沿って創作を行う中で，「形式（動機・反復・変化)」の学習と旋律作り，音色選びを同じ題材で行えないかと考えた。1年生でのリズム創作は物の名前や話す言葉などのリズムを用いて行うことが多い。今回は，音符と休符の長さ，拍子について確認し，四分音符・八分音符・四分休符・八分休符を使用して4小節の簡単なリズムを創作した。その後，反復・変化の技法を用いてリズムを8小節に発展させた。また，タブレット端末の音楽制作アプリを使用し，意図をもってリズムに合った音色を選び，旋律を作り，互いに発表し合うところまでを取り上げた。

③実践内容

第1時	・音符と休符の長さ，拍子について確認する。
	・四分音符・八分音符・四部休符・八分休符のみを使って，4小節のリズムを創作する。
	・創作したリズムを手でたたき，学級35人でリレーする。
第2時	・第1時のリズムをもとに，「動機」を設定する。
	・「動機」の反復，変化について学び，8小節のリズム創作をする。
第3時	・第2時までのリズム創作が，どのようなイメージを持つか考える。
	・自分のイメージに合う音色をアプリで探し，旋律を作り，交流する。

④ ICT の効果的な活用

　新型コロナ感染症拡大に伴い，楽器を共用して旋律の創作・確認をすることが難しいことから，タブレット端末の音楽制作アプリを使い，旋律づくりを行うこととした。このアプリでは音色を選択でき，録音・保存機能もあるため，自分の作品を客観的に振り返りやすく，客観的な視点からさらにイメージを膨らませ，様々な音色で作品を演奏・視聴することも可能となる。また，互いに創作した作品を交流することも容易となる。

　タブレット端末の使用は，生徒の演奏技能が不十分な場合でも，演奏したい・創りたいという思いを喚起させ，技能の壁を乗り越えやすいという利点を持つ。また，五線譜の読み書きは多くの生徒にとってハードルが高いことではあるが，そのような生徒も音楽を創る喜びを体験することができるツールである。

　本来は形に残らない音楽を保存し，一度作成した自分の作品を聴き，修正を加えることや，他者と交流す

ることで自分のイメージに合う旋律へと練り上げる活動が可能なことから，楽器と試行錯誤のためのツールとしてタブレット端末を使用する。

⑤授業での生徒の反応

　創作を予告したときは，生徒はどちらかと言うと後ろ向きの反応を示した。よって第1時では，小学校の既習事項を確認することから始め，苦手意識を軽減させるように努めた。自分たちで創作したリズムを手拍子リレーしていく様子は楽しそうで

図5・図6　生徒創作時の様子

あり，事後の振り返りでも，「同じ条件で創作したのに，全く異なるリズムばかりで楽しかった。次は音をつけてみたい。」と音符と休符の組み合わせの多様さに気付き，創作に意欲的な意見が多かった。

　第2時から，「動機」「反復」「変化」を学び，リズム創作をスモールステップで進めたことにより，創作に対する抵抗感はほぼない状態で進めることができた。リズム創作が終わった生徒は旋律づくりに入ったが，第2時ではアルトリコーダーしか楽器がなく，多様な音で試行錯誤することができなかった。

　第3時でタブレット端末を使用し，旋律作り，音色探しを行った（**図5・図6**）。授業中盤で創作した作品を交流する時，「どんなイメージで創作したのか。音色を選んだ理由について聞いてみよう。」「最後，終わった感じにするために工夫したことは何か？」という視点で互いに工夫点を挙げながら交流し，再度創作を行った（**図7**）。

　授業の振り返りでは，「最後の音を下げると終わった感じがする。」「華やかに終わるためには，最後の下げた音を1オクターブ上げてもうまくできた。」と試行錯誤の結果を記入する生徒がいた（**図8**）。自分のイメージがうまく表せずに困っていた生徒も，交流を行ったことで解決策を自分なりに見出し，旋律を完成させることができた。また，調性をある程度理解している生徒は，「主音を最後に持ってくると，どう展開させても終わった感じになる。」と記入していた。

　「リズムだけだと，終わった感じ，続く感じは表現しづらかったが，音を付けると曲として成立させることができた。」「リコーダーと違い，タブレットを使うと様々な音で確認することができ，自分のリズムに合わせていろいろ試すことができた。」「友だちの創作を聴くと，明るい元気な行進曲風だったり，軽やかな踊りのような曲になっていたりと，いろいろな旋律が存在して，同じ条件の創作なのに面白い。家でも別の音色で創作にチャレンジしてみたい。」という記述があった。創作は，自己のイメージの具現化を追求すれば，いくらでもブラッシュアップでき，タブレット端末の使用により創作意欲を喚起することもできるため，生徒は粘り強く考え続けることができるが，限られた授業時数の中で創作を行うためには，対話により他者からの学びを得ることや，試行錯誤していく生徒の学習の調整力が重要であるということを確認できた。

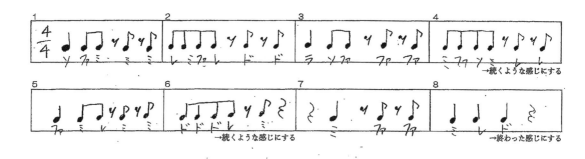

【学習のまとめ】様々なルールの中、自分で作った曲はどんな仕上がりになりましたか？

1〜4小節目や5〜6小節目など、所々でひいているとつながりはあるものの、6小節目から7小節目に行くときたつながっていないように聞こえてしまったので、そこを直せれば良かったと思いました。8小節目はリズムを段々おそくしたり、音をだんだん大げたりして終わった感じにする事ができたと思います。

図7　生徒創作時の記述1

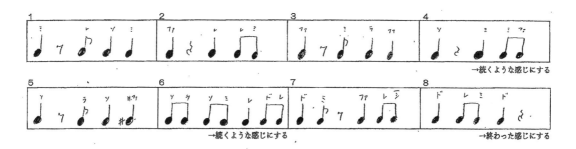

【学習のまとめ】様々なルールの中、自分で作った曲はどんな仕上がりになりましたか？

最後の音は、下がるとおわった感じになりました。音程を少しかえ、音色をフルートにしました。6小節目のところは8分音符がたくさんあって難しいけれども、最後にしっかりとつながるように作曲することができました。全体的に8分休符と8分音符が目立ち4分休符が少ると少なかったけれども、自分らしい作曲ができたので、とても嬉しかったです。

図8　生徒創作時の記述2

【学習のまとめ】様々なルールの中、自分で作った曲はどんな仕上がりになりましたか？

華やかな仕上がりになった。明るい音できれいにできたのでうれしかった。また、様々な音でためすことができて楽しかった。今日は明るめだが、短調にしたらどうなるのか気になるので、機会があればやってみたい。

図9　生徒創作時の記述3

第4部　各教科・領域等の研究

第2節　具体的実践事例

第1項　音楽科学習指導案

1　題材名

雅楽の音楽の特徴と，その特徴から生まれる音楽の多様性を理解して，雅楽のよさや美しさを味わおう。

　教材：雅楽　平調「越天楽」－管絃－

2　題材について

（1）生徒観

　本校の生徒は，音楽の学習に高い関心・意欲をもって取り組んでいる。2年生は，1年時の鑑賞の授業において，知覚したことと感受したこととの関わりをもとに音楽の特徴を捉え，学級で共有する際に他者の意見を聴き，再度音楽と向き合った時に実感できると記述した生徒が多い。このことから，個や協働により音楽的な見方・考え方を働かせながら鑑賞している生徒が多いと考えられる。

　生徒は既習内容として，日本の伝統音楽の一つ「越天楽今様」を学習しており，昔から受け継がれてきた音楽があることは理解している。しかし，「日本の伝統音楽はどんな音楽だと思いますか？」というアンケートに，「難しい音楽」「曲がゆっくりで眠くなる」「言葉が分からない」と答える生徒が多かった。このことから，伝統音楽の学習はしているものの，伝統音楽のもつよさや美しさを述べたり，文化・歴史的背景と関わらせながら伝統音楽を感じたりするまでには深められていないと考えられる。

　我が国の伝統音楽や郷土の音楽を取り上げることは，日本の伝統音楽にあらためて向き合い，そのよさや美しさに気付くことができ，日本だけでなく様々な国の音楽文化を理解する態度の育成に繋がっていくと考える。目指す姿は，我が国の伝統音楽を珍しい音楽としてではなく，自分たちの生活に密着した魅力ある音楽として愛着をもって捉えるようになることであり，将来的には我が国の伝統音楽に自分なりの価値を見出し，自国の文化に対する見方を作っていく姿である。今回，雅楽を取り上げることでそのきっかけとし，我が国の伝統音楽への理解，愛着をもつ姿勢を育みたい。

（2）題材観

　本題材は，中学校学習指導要領〈第2学年及び第3学年〉B鑑賞の（1）ア（ア），（イ），（ウ），イ（ア），（イ），（ウ）を指導のねらいとし，〔共通事項〕との関連を図りながら指導を進めていく。

　日本の伝統音楽である「雅楽」は，約1,300年もの歴史をもち，主に平安貴族の雅な宮廷楽として発達し，神社・仏閣でも伝承されてきた。また，日本最古のオーケストラともいわれ，管絃「越天楽」では，篳篥・竜笛・笙の吹物，琵琶・楽箏の弾物，鉦鼓・大太鼓・鞨鼓の打物が使用されている。旋律楽器の篳篥は人の声に近いとも言われ，「越天楽今様」を小学生の時に学習したことと結び付けながら聴くことで，生徒が合奏の中の主旋律に気付けるように指導したい。また，楽器の音色に気付くことで，重なり合っている他の楽器の音色も味わえるようになり，それぞれの和楽器の特徴にも気付くことができるようになると考えられる。また，唱歌（口唱歌とも）を歌ったり，実際に代用楽器での演奏を取り入れたりすることで，雅楽特有

の音の構造に気付くことができ，旋律やそれぞれの和楽器の特徴を聴き取ることで，雅楽に対する理解を深めることができると考える。

音や音楽そのものの他に，音楽の社会的・文化的・歴史的背景からも日本の伝統音楽に焦点を当て，生徒による唱歌及び代用演奏体験と鑑賞をリンクさせることで，音楽の構造や伝統音楽の特徴を意識した聴取に繋げていきたい。

（3）教科研究との関わり（指導観）

研究主題「Society 5.0を生き抜く『人間の強み』を育む学びの構想」のもとに音楽科の教科研究主題を「心を動かし，音楽と向き合う生徒の育成」と設定し，以下の三つの資質・能力の育成に向けて研究を進める。

【思考力等】自らの感性を働かせ，音楽の特徴を深く知覚・感受しながら自らが感じ取った価値を自覚し，音楽表現を生み出したり，音楽を聴いてそのよさを見出したりする力。

【協調性等】他者の表現や意見に耳を傾け，また，音楽のよさや美しさを知覚・感受し，自らの表現や聴き方に生かす力。

【主体性等】自分や社会にとっての音楽の意味や価値を追求しながら，よりよく表現しようとし，深く味わって聴こうとする力。

研究の視点①　主体的・対話的で深い学び

本題材では，鑑賞だけではなく，唱歌を用いて小グループによる代用楽器での演奏を行う。協働して演奏することにより，雅楽特有のテンポ感や息の合わせ方，旋律の動き等に気付き，「越天楽」の鑑賞を行う際に各楽器特有の旋律やリズム，テクスチュアの知覚・感受が深まると考えられる。唱歌には，リズムや旋律や音色，そしてそれを表現するための奏法，奏法のための身体の使い方といった音楽表現の全てが包含されており，唱歌を歌うことで，その音楽的な特徴を最初に丸ごとつかんでから音楽の習得に向かうことができる。また，知覚・感受したことを交流し合うことで，自分の考えがより明確になることや，他者の考えから，多様な視点を得て，価値の再構築が行われることにより，音楽を深く味わうことができる。そこで，日本の伝統音楽の特徴である音や音楽に対する美意識や，文化的・歴史的背景を認識させ，生徒同士の対話や，音や音楽による対話を通し，雅楽の特徴を体感させたい。

研究の視点②　情報・情報活用技術の効果的な活用

本題材では，唱歌を記譜した楽譜を拡大でスクリーンに映し出すことにより，唱歌の一斉指導を行う。また，唱歌のDVD教材を参考に，それを手本にして模倣することで，本来の唱歌の形に近づけたい。第三時では，グループでの練習時の様子をタブレット端末で録画し，今後，歌舞伎や能，狂言，文楽などとの比較ができるよう，振り返るためのツールとする。また，本時は学習支援アプリを使用し，生徒の考えや思考の様子を共有する場面で効果的に活用したい。

研究の視点③　生活とつながる学び

我が国の伝統音楽をより魅力ある音楽として捉え，愛着をもって接することができるように，本題材では，実際に篳篥の唱歌や打物を代用楽器（バスドラム・締太鼓・当たり鉦）で表現することで，「本物の演奏に近づくように真似る」という疑似体験を取り入れる。そのことから，西洋音楽とは異なる日本の伝統音楽のよさや面白さをより実感を伴って理解できると考える。また，地域の祭りである「さんさ踊り」でも唱歌が用いられていることを紹介し，唱歌を身近なものとして捉えさせたい。さらに鑑賞時では，知覚・感受したことを交流し，協働的に考えていくことを通して，個人の知覚・感受を確かなものにしていきたい。

3　題材計画

(1) 題材の目標

・雅楽の曲想と雅楽の音楽の構造との関わりについて理解する。

・雅楽の音色，旋律，テクスチュアを知覚し，それらの働きが生み出す特質や雰囲気を感受しながら，知覚したことと感受したこととの関わりについて考えるとともに，曲や演奏に対する評価とその根拠について考え，音楽のよさや美しさを味わって聴く。

・雅楽の音楽の特徴とその背景となる文化や歴史に関心をもち，音楽活動を楽しみながら主体的・協働的に表現及び鑑賞の学習活動に取り組む。

(2) 評価規準

知識・技能	思考・判断・表現	主体的に学習に取り組む態度
知 雅楽の曲想と雅楽の音楽の構造との関わりについて理解している。	思 雅楽の音色，旋律，テクスチュアを知覚し，それらの働きが生み出す特質や雰囲気を感受しながら，知覚したこととの関わりについて考えるとともに，曲や演奏に対する評価とその根拠について考え，音楽のよさや美しさを味わって聴いている。	態 雅楽の音楽の特徴と，その背景となる文化や歴史に関心をもち，音楽活動を楽しみながら主体的・協働的に鑑賞の学習活動に取り組もうとしている。

(3) 指導と評価の計画（○形成的評価　●総括的評価）

時	◇学習課題　・学習活動	関連する評価の観点			見取りの視点【評価方法】
		知技	思判表	態度	
1	◇雅楽のよさや美しさを探ろう。 ・雅楽　歴史と楽器について学習する ・「越天楽」を鑑賞する	○		┊	雅楽の歴史・楽器について理解し，曲の全体像をつかんでいる。 【記述内容・行動観察】
2	◇篳篥の唱歌を歌い，その特徴を知ろう。 ・雅楽の伝承方法について知る ・特性を感じ取りながら唱歌を身体で丸ごと体験する ・「さんさ踊り」の太鼓にも唱歌が用いられていることを知る	○		┊	篳篥の唱歌を歌い，その特徴を理解している。 【記述内容・行動観察】
3	◇「越天楽」の一節を表現し，雅楽の雰囲気を味わおう。 ・篳篥の唱歌と打物の動きを確認する。 ・「越天楽」冒頭部分を代用楽器で表現する	●	○	┊	篳篥の唱歌に合わせながら打物を表現し，楽器の重なりの特徴を捉えている。 【記述内容・行動観察】
4本時	◇「越天楽」の一節を体験しながら，雅楽のよさや美しさを味わおう。 ・「越天楽」冒頭部分を代用楽器で発表する ・「越天楽」を鑑賞する		●	▼	各々の演奏を振り返り，雅楽の曲想と音楽の構造との関わりを手掛かりにし，曲の特徴や魅力を見付けている。 【記述内容・行動観察】

4　本時について

(1) 本時の目標（ねらい）

　雅楽の音色，旋律，テクスチュアを知覚し，それらの働きが生み出す特質や雰囲気を感受しながら，知覚したことと感受したこととの関わりについて考えるとともに，曲や演奏に対する評価とその根拠について考え，音楽のよさや美しさを味わって聴く。

(2) 評価規準

　雅楽の音色，旋律，テクスチュアを知覚し，それらの働きが生み出す特質や雰囲気を感受しながら，知覚

したことと感受したこととの関わりについて考えるとともに，曲や演奏に対する評価とその根拠について考え，音楽のよさや美しさを味わって聴いている。

（3）授業構想

生徒は，1年時の器楽「箏」において，日本の伝統音楽の楽譜は西洋の五線譜とは異なる独特のものであり，唱歌を伝承してきたことを学習し，実際に箏の唱歌も歌った。今回，唱歌を記譜した楽譜も示すが，楽譜が苦手な生徒には唱歌で真似ることで楽器演奏への抵抗感を緩和し，身体で音楽を覚える経験にすることができる。

唱歌はもともと身体で学ぶ口頭伝承を基本とするものであり，唱歌を取り入れることで，音楽を身体で丸ごと模倣して体感するという唱歌最大の魅力と意義が存在することになると考える。そして代用楽器であっても，実際に演奏することで，各楽器の音色の多様さに加え，入りが「ずれている」のではなく「合わせている」という雅楽最大の特徴を体感させたい。

また，鑑賞を通して雅楽の「よさや美しさ」を味わうことを目標としているが，聴き馴染みのない音楽に対して，違和感を覚える生徒もいる可能性が考えられる。その際にはグループでの交流時に，「どんなところに」違和感を覚え，普段好んで聴いている音楽とどんなところが異なるのかを考えさせることで，雅楽に対する理解を深めていきたい。

（4）本時の展開

段階	学習内容及び学習活動・予想される生徒の反応等	指導上の留意点及び評価 ・指導の留意点　○評価
導入 5	1.「越天楽」の一節における篳篥の唱歌，打物の表現を確認する ・代表のグループが演奏する	・他のグループは全員で篳篥の唱歌を歌う
	「越天楽」の一節を体験しながら，雅楽のよさや美しさを味わおう。	
	2.「越天楽」を鑑賞する① ・「聴くこと」に集中し，メモは最小限とする 3. 自分が感じた「よさ・美しさ」についてグループで交流する 対話の視点：どんなところが「よさ・美しさ」と思ったか ・楽器の重なり方　　　・楽器が増えて迫力が増す ・各楽器の音色　　　・「間」の存在　　など 互いの意見を出し合い，メモをとりながら交流する	・CDでの鑑賞とする ・メモ程度の記入は可能とする ・他の人と意見を交流し，各々が感じたよさや美しさを知る。交流した内容を4.の鑑賞の視点とする
展開 40	4.「越天楽」を鑑賞する② ・「聴く」ことに集中する 対話の視点：3.で出された内容が「よさ・美しさ」だと実感できたか 5. 再度グループで交流する ・3.の内容を確認しての意見交流 6.「越天楽」を鑑賞し，よさや美しさを味わう 対話の視点：越天楽のよさや美しさは何だろうか ・代用楽器による演奏から気付いた雅楽の楽器の重なり方 ・雅楽の拍感について ・唱歌が演奏にもたらす効果 ・各楽器の音色 ・それぞれ聴き取った内容から得られた雰囲気　　など	・CDでの鑑賞とする ・交流した内容の確認を含め，再度曲と向き合う ・メモ程度の記入は可能とする ・新たな発見がないか，他の意見について，自分はどう感じたかなど交流する ○学習プリントへ記入 ・これまで学習した内容を踏まえ，雅楽の魅力について音楽の特徴や背景などと関連付けながら記入している ・学習支援アプリで集約し，共有する

	7.振り返り	・振り返りを記入し，プリントを提出する
終結5	・雅楽の学習を通して学んだことをプリントに記入し，発表する。 【記述させたいこと】 ・西洋の音楽とは異なり，一つひとつの楽器が重なっていくように旋律が演奏されている。 ・打物を体験してみて，「ずらして演奏している」よりは，微妙なタイミングで重なって聴こえるようにあえて「合わせている」と感じた。 ・ずれているのが自然な感じがする。それを利用してあえてためて音を出しているところがあり，余韻を感じることができる。 ・音楽には貴族の豪華な暮らしなど，その時代背景が反映されていると感じた。など	

第2項　生徒の姿と授業の考察

1　第1時〜第3時までの学習

　本来であれば，2〜3時間の題材計画であるが，唱歌（口唱歌とも）と代用楽器での演奏を取り入れることを考慮し，4時間の計画とした。第1時は「平調　越天楽」の概要をつかみ，使用されている楽器や音色，歴史を学んだ。第2時に篳篥の唱歌を学級全員で歌い，雅楽の雰囲気を体感した。また，盛岡市の伝統芸能である「さんさ踊り」の太鼓も唱歌で伝承されているものであり，身近なところにも唱歌があることを知った。第3時では，篳篥の唱歌に合わせて，打物の冒頭部分を代用楽器で演奏した（鞨鼓：締太鼓，太鼓：バスドラム，鉦鼓：当り鉦）（**図10**）。篳篥の唱歌，代用楽器で打物の冒頭部分演奏を行うことにより，本時の授業で楽器の音色や重なりを細部まで鑑賞できるようにすることを考慮し学習した。生徒からは，「微妙な速度の変化や音色の変化があった。」「篳篥の唱歌に合わせて打物を演奏することで，

図10　唱歌の様子，打物の試奏

周りの演奏をよく聴いていないと打物の演奏ができないことが分かった。」「体験してみて，打物が他の楽器の音をよく聴いて合わせているのが理解できた。」等の感想が寄せられた。こうした雅楽特有の音色や重なり方の体感を踏まえ，本時の学習に繋げた。

2　授業中の生徒の活動

（1）「平調　越天楽」冒頭部分の鑑賞後（1回目）

　雅楽のよさ，美しさとは何だと思うか。課題把握の後，まずは越天楽の冒頭をCDで3分間ほど鑑賞し，その中から自分が考えたことを交流した（**図11**）。その際，自分の考えをメモし，交流時の根拠として用いた。授業者は，音楽の見方・考え方が生かされているか，机間巡視しながらメモの確認を行った。

生徒の対話

グループ1

S1：「心臓にくる」

S2：「ずれが気になる」

S1：「なんか音痴な人が歌っているみたい。」

T ：「どんなところが音痴って思ったの？」

S3：「音が高すぎるところ？」

S1：「そうそう。なんかそんな気がする。」

S4：「だからか。声が裏返っている感じもする。」

S1：「確かに。」

グループ2

S5：「一つひとつの楽器の音色が…。」

S6：「個性が強いけど，まとまっているよね。」

S5：「そう！ それ。」

S7：「でもさ，全員の自己主張も強い気がする。」

S6：「うんうん。バラバラに聴こえるようで，綺麗に重なって
　　　聞こえるんだよね。」

グループ3

S8：「古典でやった，かぐや姫が月に帰るときのBGMみたい
　　　な感じがする。」

S9：「出てきた時代が一緒だよね。」

S10：「音がきっちり切り替わるという感じはしない。楽器がず
　　　れて入っているから，音がずっと鳴っている。」

図11　グループ交流の様子

ワークシートの記述

A 評価に値する記述＜知覚と感受が関わり合っているもの＞

一定の速度ではなく，曲の中での伸び縮みがある。音もなめらかに変化し，ゆっくり時間が流
れるよう，平安時代特有の雰囲気にも思う。音量が大きくなると，華やかな感じがする。

B 評価に値する記述①

西洋音楽よりもだんだん神秘的な雰囲気になっていく。楽器の音色が独特だから？　オーケス
トラみたいにいろいろな音が重なって，和の雰囲気がする。

B 評価に値する記述②

打楽器が実は一定のテンポで演奏されているため，管楽器や弦楽器をしっかりと支えている。
消えるように音が止まるのも，わびさびの感じがして，日本っぽい。中国や朝鮮から入ってき
たはずなのに，日本？　楽箏の音がそう思わせる？

C 評価に値する記述　＜知覚のみの記述＞

速度はゆっくり。ゆっくり音が流れる感じがする。全体的に音が高い印象。徐々に音が大きく
なっていく。最後は小さい。

　約3分間の鑑賞後，互いの意見に対して，言葉を変えて確認，共有することがグループで行われていた。
必然性のある交流となり，生徒は根拠をもって考えをまとめていた。各グループでどのような意見が出たか，
数名に発言してもらい，「いろいろな楽器が入るため，豪華な感じがする。」「今の音楽と異なり，音色が不
思議で重たい感じがする。」など，いくつかの意見を確認した。他グループの意見も参考に，さらに「よ
さ・美しさ」を確かめるための約3分間の鑑賞を再度行い，2回目のグループ交流を行った。

(2)「平調　越天楽」一部分の鑑賞後（2回目）

生徒の対話

グループ4

S11：「テンポアップしていくところに篳篥が入って音量も大き
　　　くなり，一体感が生まれている気がする。」

S12：「それぞれの場面で，打楽器から管楽器，弦楽器とすべて
　　　が重なることでより良くなっていると思う。」

S13：「それぞれ鳴っている楽器の音の大きさも違うけれど，小
　　　さい音の楽器でも存在感がある。」

T ：「なぜ小さい音でも存在感があると感じたの？」

S14：「一つひとつの音がしっかり聴こえるよね。」

グループ5

S8：「かぐや姫が帰るときのサァ〜って広がっていくような感
　　　じ。何て言えばいいのかな…。」

S10：「かぐや姫用に作られた曲になっちゃう。」

S9：「一度イメージもつと，そう聴こえちゃうね。」

S10：「BGMだったのかな…。でも楽器の音が和を感じるよね。
　　　だから古典の世界に聴こえちゃうんだろうね。」

ワークシートの記述

A 評価に値する記述〈知覚と感受が関わり合っているもの〉

音は消えるけれど，残り香のように振動は居続ける。まるで波のよう。音の重なり方が綺麗で，ミルフィーユのように重なっていく。素材そのものの音に聴こえるのに，不思議で神秘的。

B 評価に値する記述①

中盤で琵琶の音が入り，3つ目の音のときに他の楽器が入ってくるから，楽器に縦の繋がりがあるように感じる。楽器ごとに入ってくるタイミングは違うけれど，一体感があるのはそのため。

B 評価に値する記述②

吹物の音がかすれているところに味がある。曲の山場に入りを煽る打物のリズム。吹物，弾物，打物の一体感。洋楽にはない間（ま）がそこに存在している。

C 評価に値する記述〈知覚のみの記述〉

似た旋律が繰り返されている。いつも聴いている音楽とは違う。

　グループ交流で机間巡視を行い，適宜教師も問いかけをし，音楽価値の再構築を行った。2回目の鑑賞後再度各自の考えを確認した。「リズムが波のように迫ってくる。」「西洋の音楽にはない間がある。」「箏など，楽器そのものの音が和を感じさせる。」など，1回目よりも注意深く聴いている様子が窺えた。その後，3回目の鑑賞では約8分間，「平調　越天楽」を全て鑑賞し，雅楽の「よさ・美しさ」について根拠を持って記述を行った。

(3)「平調　越天楽」全体の鑑賞後（3回目）

　記述内容：雅楽「越天楽」のよさや美しさは何だろうか。根拠も明らかにして記述しよう。

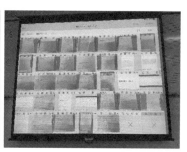

図12　ノート記述の提出場面

生徒の記入後，プリントを撮影して学習支援アプリに送信し，発表時に視覚的に共有できるよう配慮を行った。指名された生徒の原稿をアップにし，教室内の生徒はスクリーンの原稿を見つつ，発言者の内容に耳を傾けた。この場面では，視線の指示を行わず，聴覚からの確認として発言者を見る生徒，スクリーンを見て視覚による情報収集を行う等，様々な反応が見られた（**図12**）。

本時の振り返り（生徒の記述抜粋）

S15：今まで何となく神社などで聴いていた雅楽に使用されている楽器や，唱歌の歌い方を知って，さらに日本の文化を身近に感じることができた。これまで学んできた曲は西洋のものが多く，西洋のよさを見つける場面が多かったけれど，日本の曲をこうやって学ぶ機会があって，自分の国の曲にもあるよさに触れることができた。

S16：音楽にはその時代背景が反映されているんだなと実感しました。雅楽は貴族の豪華な暮らしが反映されているように思います。そして，それぞれのよさというものがあって，今の時代まで続いてきたのだと思います。雅楽は穏やかな感じと，終わりがスッと区切りのよい終わり方で，日本人の心そのものだと感じました。私たちは今まで受け継がれてきた雅楽を絶やさず，これからも守っていくことが大切だと思いました。

---

3 考察

成果

　本時において，我が国の音楽は珍しい音楽ではなく生活に密着した魅力ある音楽であるという認識をもたせることをねらいとした。実際に箏篳の唱歌，代用楽器による打物の試奏により，多くの生徒が各楽器の音の重なりを聴き取ることができていた。そして，各楽器の音色，旋律の重なりから感じ取ったものを，グループの交流で深め合い，さらに鑑賞することで，雅楽に対する理解を深める活動ができた。音楽をただ「聞く」のではなく，どの部分に注目して「聴く」のかを意識することにより，深く音楽を味わうことができたと考える。また，小グループで話し合ったことから，多様な視点を得て音楽的価値の再構築を行っていた。

　第1時の段階では，「日本の伝統音楽はよくわからない」「難しい」という意見が大半を占めていた。しかし，本時の振り返りでは，7割近くの生徒が「1,300年もの時を経てもなお演奏されている神聖な音楽」「各々の楽器の音色を純粋に味わうことができる」「素朴にこそ価値がある」等の意見を述べていた。個人での聴取に加え，唱歌の模倣，代用楽器での演奏，協働的に意見を交流し合うことにより，「平調　越天楽」に対する音楽的価値が変わったものと考える。

主体的・対話的で深い学びについて

　授業で得た知識を使って，一人ひとりが根拠をもって記入を行っていた。そして，唱歌や打物を体験したことにより，明確な視点をもってグループ学習に臨み，互いの意見に対して言葉を変えて確認，共有することができていた。交流の形態が教師対生徒ではなく，生徒同士で生徒自身の言葉で交流が行われ，知覚・感受した内容が確かめられ，鑑賞を進めていく過程で根拠をもって自分の考えを再構築できていたと考える。また，交流を行うことで，文化の多様性に生徒自らが気付き，音楽的な視野や価値観を広げることに繋がった。

情報技術の効果的な活用について

　今回，生徒各々が考える雅楽のよさ・美しさの共有場面で学習支援アプリを活用した。前述の通り，視覚的にも発言内容を確認でき，ユニバーサルデザインの立場に立って行うことができたと考える。また，音楽科において，タブレット端末の導入は，1人1台，音を確認できるアプリが導入されていること，また録音

機能が付いていることにより，歌唱や創作の試行錯誤も行いやすくなる利点がある。これまで共有楽器での学習では，試行錯誤やその変容の様子を記録していくことが困難であったが，コロナ禍では個人専用の機器を使用することができ，学習内容の事前・事後の比較もしやすくなったと考える。

また，「資料の共有」として，学習プリントだけでなく，録音された音源で自己の表現活動を確認しやすい状況を構築することで，創作や歌唱，器楽の試行錯誤を記録し，自分の変容や成長を感じることができるツールとして活用が期待される。

授業の改善点について

まず，最後のまとめを深めるための発問の工夫が必要であった。例えば，「現代に受け継がれているのはなぜか。」「海外の人に対し，日本人である我々がどう発信するか。」等の学習の前と後で自分の変容を感じられる問いを投げかけた方がより深い学びになったと考えられる。さらに，生徒の思考を促すため，伝統音楽の魅力を体感し，日本音楽の捉えの変容を感じられる問いを生徒に投げかけていきたい。そして音楽的な視野を広げることにより，多様な音楽の共通点・相違点を比較しつつ，実生活と密接に関わってくる音楽をより深く味わい，学びの深まりに繋げていきたい。

第3項　研究者から見た授業の成果・課題

1　唱歌を用いた雅楽の授業実践の意義

音楽科では，日本の伝統音楽である雅楽を題材とする実践研究を行った。その研究の意義について，以下の3点から考察を述べる。

(1) 唱歌（口唱歌とも）について

唱歌とは，箏の「コロリン」や太鼓の「テレック天」のように楽器の音や奏法などを口で唱えることで，和楽器では伝承法として伝統的に用いられてきた。平成29年告示の中学校音楽科学習指導要領でも，和楽器の学習に際して「適宜，口唱歌を用いる」ように示されている（文部科学省 2018：113）。

音楽を伝える方法には，身体で学ぶ口頭性 orality（演奏実践）と，書かれたもの（文字，数字，五線など）による書記性 literacy（楽譜的役割）の二つがあるが，唱歌はその両方を兼ね備えた「口で唱えられる楽譜」とも言え，優れた役割を果たすことができる（徳丸 1991：74，薦田 2019：3）。雅楽には，古くから記録のための楽譜も存在したが，伝承においては唱歌が用いられてきた。宮内庁楽部の稽古でも「まず唱歌を覚えてから，その後はじめて楽器を持つ」という方法が取られてきたことからも，唱歌の重要性が窺える。

本研究では，こうした唱歌の特性を生かし，「平調　越天楽」の鑑賞において，主旋律となる篳篥と打物（鞨鼓，太鼓，鉦鼓）の唱歌を代用楽器での体験も踏まえて取り入れることとした。その際，日本音楽の教育と研究をつなぐ会編著（2019）『唱歌で学ぶ日本音楽（DVD付き）』を教材として使用した。この教材は，雅楽の他，能，箏曲，長唄，祭囃子の5種の音楽が唱歌を中心にDVDを視聴しながら学べるように構成されており，学校現場での唱歌の活用に大いに寄与できる内容と評価できるものである。

(2) 唱歌と代用楽器を用いた体験学習〜からだでわかる

従来の雅楽の鑑賞授業は，CDやDVDで見聴きして，「何となく雅楽ってこんな感じ」というレベルの理解で終わる傾向が強かった。そこで，今回，篳篥の唱歌を歌いつつ，さらに打物も代用楽器ではあるが身体

で自ら体験することで，雅楽の音楽的特徴や構造の魅力が「からだでわかる」ところまで深められる授業を目指した。その際，視覚的にも音楽構造を把握できるように，唱歌を記譜した伝統的な縦譜（授業では篳篥と打物の部分を使用（**図13**））も用いたが，あえて五線譜化した楽譜は使わなかった。五線譜に翻訳した楽譜をはじめから見てしまうと，西洋音楽の物差しで感じ取ってしまうデメリットがあるので，雅楽に限らず伝統音楽の授業ではこの点に十分に気を付けた授業展開をする必要がある。

その結果，例えば，鞨鼓の段々雨だれのように速くなる「来」と右手で1回打つ「正」の手の動きや，「図・百」と拍を感じながらゆったり腕を動かして打つ太鼓の一連の動きに，リズムや間を感じ取る音

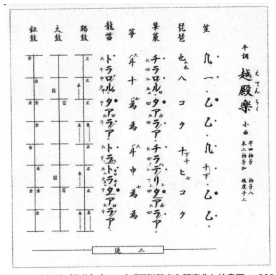

図13　芝祐靖（監修）（2006）『図説雅楽入門事典』柏書房, p.208

楽的な理解がなされた様子が見て取れた。さらに，雅楽の打物は，お互いを聴き合って，太鼓が「百」と打ってから鉦鼓が「金金」と打つので，「ドウ・チチン」とわざとぴったりさせない「合わせ」方をする。西洋音楽の物差しで聴くとタイミングが「ずれ」ているように聞こえるが，そうやって「合わせ」ているのが，雅楽独特の美意識である。こうした東西の音楽の様式の違いも，代用楽器による体験から感じ取ることができ，その後のCD鑑賞で，さらにしっかりと構造を感じ取って聴く学習の深まりが見られた。

次の生徒からの感想に，それが如実に表れている。「はじめはゆっくりすぎて飽きた。しかし，今の速いテンポの音楽と違ってゆっくりだからずれて入るのがよく聞こえる。長くても飽きない」「西洋音楽みたいに完璧でないところがよい。テンポも一定でないし，音程もピタッとはまってないけど，繰り返しでも奏者の一人ひとりの感覚に存在感がある」，「雅楽はバラバラでずれて入ったとしても，ゆるやかにお互いを引き立て合って，自己主張しすぎずに，おだやかに心すましている和の文化」等。

（3）伝統と現代〜音楽文化と生活・社会との繋がり

どんな音楽文化も，音・音楽そのもの（音響テクスト）の魅力と，その音楽を取り巻く文化的・社会的・歴史的背景（コンテクスト）の両面から捉えることが大切だ（徳丸 2008：301-327，川口・猶原 2012：15）。

また，伝統は「昔から変えずに守るもの」という「静態」として捉えられてきたが，近年では，時代と共に変化しつつ受け継がれる「動態」として捉えようとする傾向が強くなってきている（川口・猶原 2012，16）。

上記の二つの学問的な潮流を受け，現行の学習指導要領でも，音・音楽そのものを「共通事項」の諸要素から読み解くだけでなく，文化や社会，生活との繋がりもいっそう重視されてきている（文部科学省 2018：11-12）。

本研究でも，こうした視点，特に「生活との繋がり」を重視したが，今回の実践ではその面がまだまだ不十分であった。今後に向けて，以下のような手立てや知識を用いて，さらなる授業改善を計っていきたい。

・雅楽は神社・仏閣でも演奏されている。例えば神式の結婚式での生演奏など，身近な場での雅楽を探してみよう。

・雅楽の新作曲も作られているし，小説やマンガの『陰陽師』にも雅楽師が登場する。

・雅楽を語源とする日常用語はたくさんある。例：打ち合わせ，千秋楽，ずんどう等。

・雅楽の調べ学習をし，壁新聞にまとめる。（伝統音楽の優れたネット配信や情報も活用）

　こうした改善により，「古くて敷居の高い音楽」「何だか遠い存在」と感じていた雅楽が，現代の生徒の身近な生活と繋がる生きた音楽文化として，親しまれることを望みたい。

（岩手大学教育学部教授　川口明子）

第6章 美術

美のある日常を具現する
生徒の主体的な学びの構想

教諭 ◎佐々木倫生，岩手大学教育学部教授 溝口昭彦

第1節 教科論

1 美術科で育成を目指す資質・能力

美術科では，「自分の思いや気持ちを表出させ，その思いを形として具現化していくこと」を目標に，育成する資質・能力を以下の三つとしている。美術科における人間の強みとは，知的好奇心から題材に触れ合い，アート思考で自由に創造する力や情意，情動等の自分の思いに対して心証として表すことなどが挙げられる。そして，対話を通じながら使用する人の気持ちを考えることや，作品から作者の意図を感じ取ること自体が人間にしかできない強みであると考える。

思考力等
・形や色彩，材料，光などの性質やそれらが感情にもたらす効果などを理解する力。
・造形的な特徴などをもとに，全体のイメージや作風などで捉えることを理解する力。
・自然の造形の良さや美術作品などの造形的なよさや美しさ，表現意図と工夫，機能性と美しさとの調和，美術の働きなどについて考えるとともに，主題を生み出し，豊かに発想し構想を練り，美術や美術文化に対する見方や感じ方を深める力。
・材料や用具の特性を生かし，意図に応じて自分の表現方法を追求して創造的に表す力。

協調性等
相手意識や思いやりをもちながら，他者との対話や協働を行い，自分の考えを再構築する力。鑑賞を通じて，他者の感じ取ったイメージを受け取りながら，様々な多様性を受容し，寛容していく力。

主体性等
美術の創造活動の喜びを味わい，自分自身の目標や解決したい課題に粘り強く取り組み，より良い表現を目指して工夫改善を行いながら主体的に表現及び鑑賞の学習活動に取り組もうとしている態度。

2 美術科における研究の視点

（1）主体的・対話的で深い学び

対象や事象を造形的な視点で捉え，自分が創出した主題や，対話を通じてこれまでの対象の見方や感じ方から説明し，批評し合う活動を通じて，自分の見方や感じ方を深めることができる。また，表現や鑑賞の場

面では，対話によって考察が洗練される中で，自分の表現や感じ方を客観的に評価し，他者の視点や立場を意識して，課題化した点も構想に活かすことができる。

（2）情報・情報技術の効果的な活用

　美術科では，ICTの効果的な活用により，従来の作品の仕上げ段階でやり直しをしなければならなかった風景画の制作において，アプリを使用し，試行錯誤を繰り返しながら作業することが可能となった。つまり，自分の行いたいことや実現したいことの構想の再構築を何度でもできることがICT活用の大きな利点である。グループワークにおいても今まで口頭で説明していたことがタブレット端末の画面上で視覚的に伝わり，共通理解が早まりやすい点が挙げられる。

（3）『人間の強み』である創造力のアート思考による育成

　創造力のような新しいものを作り出す力は，人間の強みと言える。そのため，答えが一つだけではないような発散的思考の能力が常時，発揮される学習が必須である。さらに鑑賞活動を通じて，作品に対する様々な多様性の在り方を生徒同士が互いに寛容し合うことで創造性はさらに豊かになると考える。

　創造力とは，今までになかった新しい価値観を，生徒自身が試行錯誤を経ながら経験し，自分の哲学として得られたものであると考えられる。生徒がそのことを意識して学習に取り組むことは，課題を独自の視点で発見し，創造的に解決する力とイノベーションを起こす力にも通じることになる。

3　実践例

（1）集団で連帯感をもちながら協働し制作する（主体的・対話的で深い学び）

　題材「35クラス時計（3年生）」は，学級の持つイメージに合わせ，学級全員が連帯感をもって制作する題材である。自分の出席番号が次の人にバトンとして渡されていく変化の様子を，タブレット端末を用いてアニメーション制作を行う学習である（**図1～図3**）。アニメーションで動きを表すために，思考の段階で自分の学級のイメージ像についてイメージマップから思考を広げ，主に何をどのように表すか，どのようにすれば他者に伝わるか，使える身近な道具は何かを考えた。その思考を整理するために他者にどの程度，現段階で伝わるか，グループで話合いを行いながら，表現の工夫や改善を行った。あるグループでは，形で表す前に仲間と共に体を使った写真を用いて話合いを行うなど，ICTを活かした活動を行った。振り返りの場面では，

図1　体を使ってイメージを考察

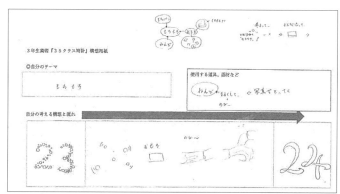

図2　グループワークによる構想シートの作成

図3　イメージから完成までの過程

タブレット端末で撮影した後に動きがどのようになっているか，俯瞰しながら活動を行うことで，生徒自身で今現在の作品の課題は何かを見つけ，自分の表現方法を追求しながらアニメーション制作を行うことができた。また，全員で自分達が制作したアニメーションを鑑賞し，学級のイメージ像に対して独創的・総合的に考えることができたことで生徒自身が作品に対して価値を見出し，自分たちの学級を表す作品をこれからも大切にしたいという思いが生まれた活動であった（**図4**）。

（2）造形的な見方・考え方を働かせ，思考を促す（主体的・対話的で深い学び）

例1

本題材「視点の冒険（2年生）」は，カメラを扱った題材である。タブレット端末のカメラ機能を活かし，構図や遠近法，編集機能を学習し，今までの自分のものの見方を変えてみる題材である。題材の最初に，生徒自身が身近な文房具や教室内の写真を撮り，写真の共通性や見たときに面白いと言える構図とは，どのようなものかを問いながら行った。

> ★「３５クラス時計」を通じて考えたこと、思ったこと
>
> 　最初は、動きを表すことがとても難しく、どのようにすれば学級のイメージに合うかよく考えないと出来なかった時に、友達からもっと柔らかくしたイメージの方が作品に合うというアドバイスや柔らかくするには波線を長くして表した方がいいというアドバイスから自分の考えがすっきりできました。
> 　この作品は、一つにつながることで意味を持つと思うので、皆の気持ちが一つになって、つながることができたと思います。この作品をこれからも大事にしていきたいと思います。

図4　活動についての生徒の記述

特に題材の中で，構図の種類や黄金比，白銀比が使われている写真をアートカード方式で見つけ出すように行い，共通性から理解を深めていった。さらに遠近法が使われている写真については，中国の宋の時代に確立された「三遠」について触れながら遠近法の学習を行った。そして，遠近感が出る作品になるようにするには，自分の姿勢をどのようにすれば良いかを生徒自身が考え，俯瞰，虫瞰して撮影し，見るアングルや視点の位置を変える活動を行った。このアングルを変える学習を行ったことで，最初に撮影された作品と学習後に撮影された写真自体が大きく変わっていった。題材の最後には，写真の編集機能を活かした学習を行い，撮影された写真の彩度や色合い，コントラストを変える活動を通して，ものの見方や感じ方を劇的に変えるものとなった。

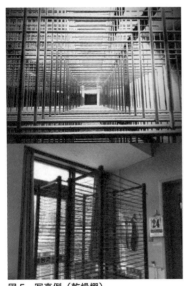

図5　写真例（乾燥棚）

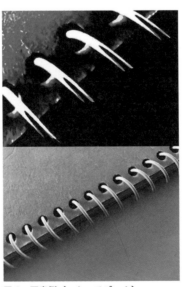

図6　写真例（スケッチブック）

図7　写真例（消しゴムケース）

この題材で事前に取ったアンケートでは，写真の構図や遠近法の理解は乏しかったが，学習を終えるにあたって事後のアンケート結果からも生徒が達成感を実感できる題材であった。**図5～図7**に生徒の作品例を示す。

例2

本題材「風景画」は，各学年のテーマをもとに水彩画の基本的な技法や表し方などの知識から，自分の課題を設定しながら技能を発揮していく題材である。制作活動の中に，生徒同士が交流する時間を確保し，それぞれのもつ課題を持ち寄りグループで解決を図った。毎時間の振り返りでは，次時の目標に向けて発揮したい表現方法を形式知として蓄積させた。

そして，風景画を描くにあたって生徒が描きたい場面を，その場で感じ取った色，形，感情，心象を学習シートに言語化する活動を行った。毎時間，その学習シートの記述を辿りながら風景画を描いていくことで，写真の転写・写真の模倣とは一味違った，自分自身のイメージがよく反映された作品となった。

1学年では，木を主題に描くというテーマのもと，附属中を見守ってきた木の存在感を感じ取りながら主題を生み出し，水彩画の基礎基本を身に付けながら着彩を行った（**図8**）。

2学年では，透視図法を用いた遠近表現の学習を行い，空気や色彩遠近法について理解を深め，線遠近法を活用して主題に迫りながら自分の表したい表現に対して思いを入れて制作を行った（**図9**）。

3学年では，心に残したい風景をテーマとして校内で思い入れがある場所を探し，表現意図に応じて画材や材料を選択して制作を行った（**図10**）。

図8　作品例1年

図9　作品例2年

図10　作品例3年

（3）安全意識と美を調和させる（**主体的・対話的で深い学び，ユニバーサルデザイン**）

「命を守るハザードマップ（2年生）」は，東日本大震災が私たち岩手に暮らす人間にとって風化させないための題材である。防災において「美術にできることは何か」を全体としての「問い」とし，「いわての復興教育」プログラム『いきる・かかわる・そなえる』をもとに自分たちの住む地域の安全を考察し，美術の力を全面に生かした街づくりを行う題材である。事前に行ったアンケートでは，8割以上の生徒が，防災について学習する前に自分の考えを述べる際「ハザードマップを見ていない」「避難所の確認をしていない」「やらなければならないだろうが，実際は行っていない」といった記述を挙げていた。

この現状を改善するため，防災を通じて美術の力でできることは何かといった考えを生徒自身が自覚し，

災害時に必要なマーク，ピクトグラムの構想を練ることにした。学習の最初には，最初に文字で書かれているものとマークで描かれているものでは，どのような違いがあるかを比較しながら考察することにした（図11・図12）。生徒の思考は，以下の通りである。

図11に対する生徒の考えや意見

・文字で書かれていると緊急時に分かりにくい。

・いざというときに文字を読む時間はない。

・文字で書かれているより図や記号で示されると分かりやすい。

図12に対する生徒の考え

・情報量が少なく，文字より分かりやすい。

・色も視覚に訴えることができるため，見やすい。

・形はシンプルにした方が伝わりやすい。

・緊急時や災害時には，見やすいものの方が混乱を生じにくいと思う。

図12 マーク・ピクトグラムによる表示

この川の上流に綱取ダムがありときどきダムに貯めた水を流し，この川の水が急に増えることがありますから注意して下さい。またダムから水を流すときは左記のとおりサイレンや放送などで知らせますのでそのときは危険ですから河原に降りないで下さい。

危ない!!

ダムの放流による増水に注意

図11 文字による表示

美術でできることは何かという問いから，マーク，ピクトグラムが分かりやすい記号（サイン）にするためにできることは何かを考えていった。その後に自分の住む地域のハザードマップを用いて，身近に起こりうる災害に対するマークを考えた。

自分たちの住む地域のハザードマップで浸水区域や土砂災害を考察し，岩手山火山防災マップを使用して災害に関する情報を調べた結果では，自分の住む地域は5〜10メートルの浸水区域にあり，避難所も浸水する場所に住んでいることが分かった（図13）。制作の意図では，自分の住む地域が二階まで浸水しているということから注意するべきマークの制作を行った（図14）。

構想が練り上がった段階で，マークとはどこまでがイラストでどこからがマークかの違いに触れ，制作を行った。絵画的に描かれているものとマークの違いは，単純化された形であることに気付きながらよりシンプルで分かりやすい形を目指し，デザインを制作した。

グループ交流では，自分のデザインのプレゼンテーションを行い，レーダーチャートを用いて客観的に見たときに自分の作品が他者に伝わっているか，他者のアドバイスを参考にて，自分の制作を深める活動を行った（図15）。

注意や禁止，指示を表すマークはそれぞれどういった意味があっての形や大きさであるかを生徒自身が学習し，形の完成に向けて制作を行った。マークの制作には描画アプリを使用して形の単純化や色を入れるなどの活動を行った。出来上がった形をハ

【ハザードマップから】
①災害がひどくなることが予想される場所を見つけよう
ハザードマップと照らし合わせ，GoogleMapストリートビューからその場所は安全であるかどうか確認してみよう
②表示などがきちんとされているのか確認しよう

自宅（本宮）
危ないところは特にないと思っていた。

しかし！

災害の学習（社会科）で見た浸水予想の動画では，本宮でも浸水する可能性があることを学んだ。

そして避難所に逃げても浸水区域。

気付いたこと・分かったこと【危険を知らせるものがあるかないのか、その場所に必要なものは？】
ハザードマップには本宮の災害による危険は特に書かれていない。しかし大規模な水害が起こった時，本宮も浸水することが分かっている。

考えられること・できること【美術の力を使ってできることは何か？何があれば危険をより知らせられるか】
本宮が浸水することはあまり知られていないため，住民の危機感を課題と捉えた。もしもの時に備え，住民の危機感が少しでも高まるような表示を作りたい。

図13 生徒の記述例

制作の意図
二階まで浸水してしまうので注意が必要であることを示そうと意図した。

図14 制作例

図15 交流風景

ザードマップに掲載するなど，防災に関わる活動を行う中で，「地図アプリのストリートビューにも制作したマークを取り入れるとより分かりやすい」といった意見から，相手意識をもって制作に取り組むことに繋がった。

図16　レーダーチャート

　生徒の振り返り記述から，マークやピクトグラムのデザイン方法を学んだことで，「他者にとって分かりやすいデザインを制作することの大切さを理解できたこと」「防災に対する意識をもち蓋然性を感じながら学習を行ったこと」が窺えた（図16〜図18）。学習後，グループ交流を通して学習の外化−内化を行い学習内容を深化させていた。

自分がその道を通っていて…といった自分の実体験が含まれており、説得力のある発表だと思いました。また、「人の膝丈まで水位が上がる」という具体的な設定や一目で分かるように色を少なくしたという説明にも納得しました。

図17　交流した単元の振り返り

今回の学習で学んだこと、今後に生かしたいこと、気掛のこと、考えたこと

一つのマークを作るにも、まずマークが必要な場所を考えて、そこの危険な理由からマークで表さなければいけない要素を考え、入れなければいけない要素をシンプルに、見てすぐわかるようにデザインを工夫する必要があることが分かった。ただ「これは川だ」「これは人だ」と分かるような絵だけでなく、組み合わせたときに何の目的か分かりやすいようにすることが大切なので試行錯誤する力がついた。これはデザイン以外にも絵を描くときに配置を工夫したり、プレゼン資料の配置を視覚的にわかりやすくしたりするときに生かせるの今回の学習を生かしたい。マークがあることで気の緩みや注意すべきことを忘れていることを防いで災害を減らすことができると思うのでこれからも機会があったら学んだことを生かしたい。

マークが必要な理由がある。

制作の意図
窓を青くすることで二階も浸水する危険があるので注意するべきだというこ とを意図した。

見やすい，分かりやすいを求めて，主体的に学習したことを記述。

学習したことを他にも活かそうとしている思考場面。

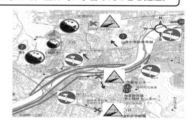

図18　授業後の生徒の感想と制作物の対応図

（4）相手意識を持ちながら協働して製作する（ユニバーサルデザイン）

　本題材「暮らしの中に息づく木の命（1年生）」は，岩手県産の木材のよさや美しさに触れ，生徒が日頃お世話になっている方に長く愛用してもらうものを制作した。使う人の気持ちを考え，実際に使用する人がその道具を活用している生活場面を想像し，その人にとって使いやすいものを選ぶために箸やスプーン，フォーク，ナイフのいずれかを選択して行った。スプーンを選択した場合，「手の大きさに合わせること」と「口に入れる部分の使いやすさ」を検討しながら機能性を考えていった。スプーンの安全性を考慮して，持ちやすさ，口への運びやすさを想像し，「形状はなるべく丸いものを選択する」「すくいやすく、壊れにくい適度な厚さにする」といったことを事前に考えた（図19・図20）。そして，粘土で一度形成して制作に取り組んだ。

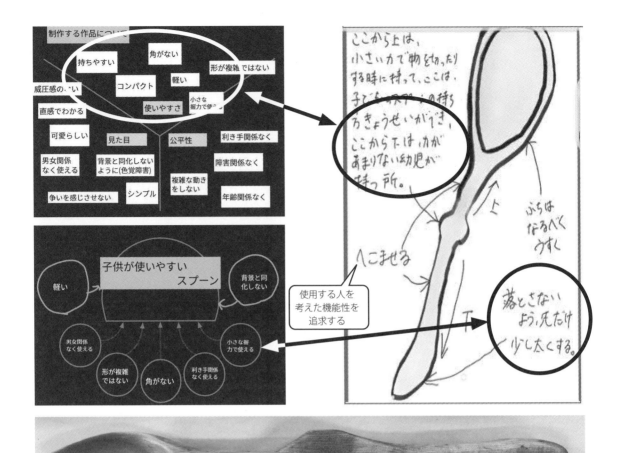

図19　生徒の思考場面「幼児が使いやすいスプーン」

実際に木材を用いた制作工程に入る前に，彫刻刀を安全に使用する指導を行った。生徒がイメージしたフォルムを形作るために，木目に従って掘り進めること，彫刻刀の前に手を置かないことなどを作業のルールとして定めた。仕上げの際に肌触りや滑らかさを追求し，紙やすりや耐水ペーパーで研磨するなどしながら，使いやすさを高めていた（図21 〜図23）。

図20　話合いの様子

図21　生徒の振り返り記述例

図22　製作場面（刃より前に手を出さないようにする）

図23　作品例（右はペーパーナイフ）

第2節　具体的実践事例

第1項　美術科学習指導案

1　題材名

心の中の光を捉えて

2　題材について

（1）生徒観

本校の生徒の多くは，美術の学習に高い興味・関心を持ち，知識・技能を習得することに熱心であり，また作品と向き合いながら制作を集中して行っている姿が見られる。3学年140名を対象に4月に行った風景画の事前調査では，「自分らしい作品となるように制作する」という項目において8割以上の生徒ができていると回答し，概ね生徒自身で作品の主題を見出しながら制作していると言える。一方，創造的な制作活動の中で「見通しをもって制作する」項目において自信をもってできている割合は全体の半数程度である。その理由として，混色やぼかし，にじみなどの表現方法に課題があること，それらを解決するために自分自身の力で粘り強く取り組むことやグループワークや集団の力で解決することに課題があることが挙げられる。

表1　風景画アンケート

質問内容	結果	
Q1. 主題を構想し，自分らしい作品となるように制作することができる	できる	30%
	どちらかと言えばできる	54%
	どちらかと言えばできない	14%
	できない	2%
Q2. 混色・重色において自分のイメージに合う色を作ることができる	できる	18%
	どちらかと言えばできる	43%
	どちらかと言えばできない	29%
	できない	10%
Q3. 意図に応じてぼかし，にじみなどの表現方法を活用することができる	できる	13%
	どちらかと言えばできる	45%
	どちらかと言えばできない	32%
	できない	10%
Q4. 風景画制作で彩色の見通しを持って制作することができる	できる	13%
	どちらかと言えばできる	42%
	どちらかと言えばできない	38%
	できない	7%
Q5. 『光と影』をテーマに描く際に大切だと思うことは何か？	・混色させて自然な色合いにすること	
	・感情を交え，光と影を捉えること	
	・柔らかさ，暖かさを生み出すこと　等	

これらのことから本題材を通じて，構想と制作が，乖離しないように指導の改善を図る必要があると考える。例えば思考の場面では，光の中に影が存在し，影の中に光があるといった『光と影』の双方のバランスを考察させることでより作品に対して迫っていく手立てとしていきたい。さらにこれらは，単に技法や手法によって得るものではなく，『光と影』の視点にさらに迫るために，形や色彩の特性を活かすとともに，試行錯誤を繰り返す中で習得させたい。さらに，制作における思考の過程を重視し，作品に対する「想い」を重視しながら，生徒が主体的に制作しようとする生徒の育成を図っていきたい。

（2）題材観

本題材で「人間の強み」を発揮するために，自然の造形や美しさなど自ら感じ取ったことをもとに豊かに情意を形成する力，従前の学習から得た知識・技能を作品に活かしていく認知能力，**目標の達成**，**他者との協働**，**感情のコントロール**を含めた非認知能力といった三つの力を関連させることを働かせることであると考えている。

本題材は，新学習指導要領第2,3学年の目標（2）「自然の造形や美術作品などの造形的なよさや美しさ，表現の意図と創造的な工夫，機能性と洗練された美しさとの調和，美術の働きなどについて独創的・総合的に考え，主題を生み出し豊かに発想し構想を練ったり，美術や美術文化に対する見方や感じ方を深めたりすることができる」ことを主なねらいとし，自ら感じ取った色彩の良さや美しさを表現することを関連付けながら［共通事項］」の内容に基づいて設定した題材である。1年次に行った『木を主題に描く』では，混色の技法やにじみ，ぼかしについての水彩画の手法を学習し，2年次には『遠近感のある風景』を視点に遠近法について学習をしている。3年次では，『光と影』という視点をもとに，そこに感じ取った情意をもとに描く学習を行う。これまで学年間で培った学習経験で得た知識・技能を利活用し，他者との協働を通じて，さらに表現を深めていくことで心の中で捉えた光から受ける印象を描き出していきたい。さらに情景の中にある色みや明るさ，鮮やかさなどが感情にもたらす効果を理解し，生徒自身が感じ取った情景を追求していく題材として設定した。

（3）教科研究との関わり

　研究主題「Society 5.0を生き抜く『人間の強み』を育む学びの構想」のもとに教科研究主題「美のある日常を具現する，生徒の主体的な学びの構想」と美術科を設定し，研究を進めている。

【思考力等】形や色彩，材料，光などの性質やそれらが感情にもたらす効果などを理解する力。造形的な特徴などをもとに，全体のイメージや作風などで捉えることを理解する力。自然の造形の良さや美術作品などの造形的な良さや美しさ，表現意図と工夫，機能性と美しさとの調和,美術の働きなどについて考えるとともに，主題を生み出し，豊かに発想し構想を練り，美術や美術文化に対する見方や感じ方を深める力。材料や用具の特性を生かし，意図に応じて自分の表現方法を追求して創造的に表す力。

【協調性等】相手意識や思いやりをもちながら，他者との対話や協働を行い，自分の考えを再構築する力。鑑賞を通じて，他者の感じ取ったイメージを受け取りながら，様々な多様性を受容し，寛容していく力。

【主体性等】美術の創造活動の喜びを味わい，自分自身の目標や解決したい課題に粘り強く取り組み，より良い表現を目指して工夫改善を行いながら主体的に表現及び鑑賞の学習活動に取り組もうとしている態度。

研究の視点①　主体的・対話的で深い学び

　本題材では，見通しを持って自分自身が制作に対する計画を実行する中で，自己が創出した主題に対し，表現意図に応じて創意工夫しながら制作していくことをねらいとしている。生徒自身が試行錯誤を繰り返し，そこから改善を図り，生まれた発想をもとに制作していくものである。生徒自身の表現意図に迫るためにアクティブラーニングにおける外化－内化の機能を十分に働かせ，生徒自身の創出したイメージについてメタ認知を促したい。そのために，個人での意見をペアワークやグループワーク，全体といった学習形態を生かし，自分の気付いたことや考えたことなどをお互いに言葉で説明し合う活動を通じて，自分にはない新たな見方や感じ方に気付き，さらに思考が深まるように色や形について考察する場面を設定したいと考えている。

研究の視点②　情報・情報技術活用

　本題材では，生徒自身が見た光景をタブレット端末内の描画アプリを使用し，個々の表現意図に応じた描画方法を選択させ，自分自身が描き出したい光景を描き出すために活用していくものである。学習指導要領解説美術編「コンピュータの活用」では，ICTを使用することで何度でもやり直しができることや色彩換えや構想の場面で試しができることを利点としても挙げている。さらに，色の選択に応じて色識別アプリを用いることで作品の中にあるRGBを認識させることや表したい色を探し出す際に用いるなど，効果的に表現

方法を追求させながら資質・能力を高めたい。

研究の視点③　『人間の強み』である創造力の育成

　AIにはない新しいものを作り出す力を発揮させるために生徒が自分自身，感動する風景写真から自分が感じ取った情意をもとにして主題を生み出しながら制作すること自体が創造力を発揮している姿である。光と影を視点に構想し，技能と関連して発揮することによって生まれる創造性を伸ばしていくことを目標としていきたいと考える。感じ取ったことを描く過程の中には，光と影を映し出した自分の内側にある興味をもとに自分のものの見方でその世界を捉えた結果や過程を自分なりの表現の仕方で探求をし続けることでもある。その表現の完成に向け，創造的に解決していく力を育成していきたい。

3　単元計画

(1) 題材の目標

【知識及び技能】

・形や色彩，光などの効果や性質やそれらが感情にもたらす効果などを理解することができる。

・造形的な特徴などをもとに，全体のイメージや作風で捉えることを理解することができる。

・描画材の特性を生かし，光と影の表し方について自分の表現方法を追求して創造的に表すことができる。

・描画材の特性などから制作の順序などを総合的に考えながら，見通しを持って表すことができる。

【思考力・判断力・表現力等】

・身近な風景や場面などを深く見つめ，感じ取ったことや考えたことなどをもとに，心で捉えた光から主題を生み出し光と影を効果的に表現する構図などを考え，他者との対話や協働を行い，自分の考えを再構築し，鑑賞を通じて，他者の感じ取ったイメージを受け取りながら，創造的な構成を工夫し，心豊かに表現の構想を練ることができる。

・造形的な良さや美しさを感じ取り，作者の心情や表現の意図と創造的な工夫などについて考えるなどして，美意識を高め，見方や感じ方を深めることができる。

【学びに向かう力，人間性等】

・美術の創造活動の喜びを味わい，主体的に身近な風景や場面などを深く見つめ感じ取ったことや考えたことなどをもとに，表現の学習活動に解決したい課題に粘り強く取り組み，さらにによりよい表現を目指して工夫改善を行いながら主体的に表現及び鑑賞の学習活動に取り組むことができる。

(2) 評価規準

知識・技能	思考・判断・表現	主体的に学習に取り組む態度
知 形や色彩，光などの効果や性質やそれらが感情にもたらす効果などを理解している。 　造形的な特徴などをもとに，全体のイメージや作風などで捉えることを理解している。 技 描画材の特性を生かし，光と影の表し方について自分の表現方法を追求して創造的に表している。 　描画材の特性などから制作の順序などを総合的に考えながら，見通しを持って表すことができる。	発 身近な風景や場面などを深く見つめ，感じ取ったことや考えたことなどをもとに，心で捉えた光から主題を生み出し，光と影を効果的に表す構図を考え，他者との対話や協働を行いながら，自分の考えを再構築し，創造的な構成を工夫し，心豊かに表現の構想を練っている。 鑑 造形的なよさや美しさを感じ取り，作者の心情や表現の意図と創造的な工夫などについて考えるなどして，美意識を高め，見方や感じ方を深めている。	態表 美術の創造活動の喜びを味わい，主体的に身近な風景などを深く見つめ感じ取ったことや考えたことなどをもとに，解決したい課題に粘り強く取り組み，さらによりよい表現を目指して工夫改善を行いながら主体的に表現の学習活動に取り組もうとしている。 態鑑 造形的なよさや美しさを感じ取り，作者の心情や表現の意図と創造的な工夫などについて考えるなどして，見方や感じ方を深める鑑賞の学習活動に取り組もうとしている。

(3) 指導と評価の計画　形成的評価〇，総括的評価●

時	学習課題・学習内容等	関連する評価の観点			見取りの視点【評価方法】
		知技	思	態	
0	アンケート，オリエンテーション		〇	〇	実際に受けた印象をもとにして主題を見出すことができる。【発言内容，振り返り記述】
1	自分が見た景色から主題を考察しよう・自分が受けた印象を主題として表す				
2	画家が描きたかったものは何か感じ取ろう・ゴッホが描いた靴の絵をもとに内面を創出する		〇		作者の心情や表現意図を考え，作品に対する見方や感じ方を深めている。【観察，振り返り記述】
3	画家が描き出したかった情景を考えよう・画家の描き出したかったねらいについて考察しながら様々な表現意図を学ぶ		〇		描かれた風景の表現意図を考察し，グループで協働し，他者の考えから自分なりの考えをまとめている。【発言内容，作品，振り返り記述】
4 本時	心の中の光を捉えよう・描き出したい光を考察し，全体のイメージを描き出す		●		主題に応じて自分自身が描き出したい光を考察し，その光の姿を描き出している。【作品，振り返り記述】
5	構想を練りながら作品の下描きを進めよう・自分の思い描いた構想を形として描く	〇			主体的に制作の順序などを総合的に考えながら，見通しを持って描いている。【作品，振り返り記述】
6	下描きを丁寧に仕上げよう・画面全体に形を捉えながら描く	●		〇	主体的に制作に取り組み，意図に応じて表現方法を工夫して形を描いている。【作品，振り返り記述】
7	基本的な描画方法で着彩する・混色をし，ぼかし，にじみを行いながら自分が感じ取った色を着彩していく	〇			主体的に基本的な描画方法を生かしながら，工夫して制作に取り組んでいる。【作品，振り返り記述】
8	表したい表現を考えながら着彩しよう・重色を行い，表現の意図に応じて着彩していく	〇			主体的に制作を行い，表現方法を考えながら工夫して制作に取り組んでいる。【作品，振り返り記述】
9	自分が思い描いた光と影への追求をしていこう・光の表現の工夫と追求	〇			主体的に光と影への表現方法を追求し，創造的に制作している。【作品，ロイロノートまとめ記述】
10	心の中の光へのさらなる追求を行っていこう・自分が思い浮かべた光を伝える活動	●		●	主体的に制作を行い，形や色彩，光などから感じる情景を全体のイメージで捉えることができている。【作品，振り返り記述】
11	互いの作品のよさや美しさについて語り合おう・作品から伝わるものや感じ取ったことなどを交流し合う		●	●	主体的に作品を鑑賞し，形などの効果や全体のイメージで捉えることを理解しようとし，機能や美しさを感じ取っている。【振り返り記述】

4　本時について

(1) 主題

　心で捉えた光を絵画で伝えるには

(2) 本時の目標

　身近な風景や場面などを深く見つめ，感じ取ったことや考えたことなどをもとに，光を効果的に表現するための色合いを考え，他者との対話を行いながら，自分の考えを再構築し，創造的な構成を工夫しながら心豊かに表現の構想を練ることができる。

(3) 評価規準

【思考力・判断力・表現力】

　身近な風景を深く見つめた場面を想起し，その情景に対する情意などをもとに，そのイメージを描くための表現の構想を練っている。

（4）指導構想

　生徒は，従前の学習の中で風景画について混色や重色，ぼかし，にじみなど基本的な着彩方法や遠近感を表現するための線遠近法などの構図についての学習の積み上げを行ってきた。今回はその集大成となる作品制作である。3学年では，今まで描いてきた風景画に対して視点を増やし，『光と影』についての学習を深めさせたい。そのためには，自分の表したい光から感じた情意などをもとに，表現意図を創意工夫しながら制作を行い，ICTを活用して描くことによって見通しを持った制作を行わせたい。

（5）本時の展開

段階	学習内容及び学習活動・予想される生徒の反応等	指導上の留意点及び評価 ・指導上の留意点　〇評価
導入 5	1.（1）ムンクの描いた『太陽』の情景で伝えたいことは何だろうか。 ・光の色から見取ると様々な色が使われているから明るいイメージ。 ・光の形が真っすぐな線が使われているから気持ちは真っすぐ。 ・色や色彩，タッチなどから描き出したかったことを感じ取る。 （2）ムンクが写真で表せなかったことは何か。 ・実際には，朝などの光景で写真には写らないものが描かれている。 ・心で感じ取ったものや情意を語り合う。	・被写体に移る色合いや形から連想できることを言葉で表すようにする。 ・理由を辿っていくことで写真（実際）とその場（現実）との区別をしながら，生徒自身が思い描いた風景をイメージさせる。
展開 10 20 30	**学習課題【心で捉えた光を絵画で伝えるには】** 2. 自分が捉えた光を伝えるためにはどのようにすればよいだろうか？ ・眩いくらいの光と影が混ざり合った感じが心に残っている。 ・印象的なのは光が沈んでいくことで幻想的な光景だった。 3. その光景から描き出すためにできることは何か？　色は？　形では？ ・その時感じた色を加える，筆のタッチを加える，気持ちを加える，情意などを取り入れる，かすれたタッチではどうだったかなど。 4. アプリでイメージを創出 ・生徒自身が描き出したい色を各々がタブレットの色や筆を扱い，描き出している。また，描き出すために必要な色を色識別アプリを扱うなどして制作を行う。 5. 作品鑑賞を行い，さらに改善できることは何だろうか？ ・自分が感じ取った光は柔らかい光であったのでもっと薄い感じやぼかした感じの色合いに仕上げた方がよいと考えた。 6. 出来上がった作品をもとに鑑賞活動を行う。 ・自分が描いた作品では，感じ取った光や影や雰囲気が自然と明るいもので赤褐色よりも明るい橙色を使って主題に迫ってみた。 ・自分の心で捉えた作風となるようにタッチで描くようにしていたが，そのとき感じ取った雰囲気などを入れるために流れを付けてみた。	・自分が写真で撮ったこと以外で味わうことができたことは何かを考えさせる。 ・写真と現実では異なる情景で感じ取ったこと話し合う。感情を入れる，色を入れる等。 ・自分自身が感じ取った光を具体的なイメージにして描いていく。 ・光の表現をどのようにすればよいか伝えたい雰囲気を色やタッチについて考え，自分の考えを描き出す。 〇シートへ記入 ・自分が見てきた景色の印象を心で捉え，心に残るものとしてシートへ記入し，主題に迫るよう考察する。 ・色やタッチ，雰囲気などの表し方の工夫などを記入。
終結 5	7. 振り返り→「振り返りシートの文言」について記述する。 　　振り返りの視点『心で捉えた光を描くときに大事にしたいことは何ですか？』 振り返りの記述例 ・自分が見た実際の光は，写真と比較したときに，その場の空気感を伝えるために，光を見た自分自身が伝えたいことが分かるように描くことが大切であると思った。今日の授業を受けて絵の具で塗る際には，自分の心で感じ取った風景がより近くなるものものだと思いました。上手いとか下手ではなく，自分が心で感じ取った風景を描いていくことが大事であると思いました。	・振り返りを記入し，学習支援アプリで提出。

第2項　生徒の姿と授業の考察

1　授業中の生徒の活動

導入 | ムンク《叫び》《太陽》2作品を比較する鑑賞

　題材名「心の中の光を捉えて」の主題を構想するために，授業の導入でオズヴァルド・ムンク《叫び》について，登場人物の表情，背景の色彩の明るさ・鮮やかさ，筆のタッチや流れ，構図や配置，立体感・遠近感から感じ取れる情意と《太陽》から感じられる情意を比較した点を生徒が考察して，作品についての発表を行った（図24）。

T ：「《叫び》からムンクが伝えたいことは何か？」
S1：「私は，《叫び》の絵画を見て奇妙に感じます。
　　　理由は，表情や背景が現実世界にはないところ
　　　から恐怖を描いているとも感じ取れます。」
S2：「私は，登場人物の後ろにいる人との距離感が
　　　恐怖を見る人に与えていると思います」
T ：「では，《太陽》からは？」
S3：「私は，《太陽》を見ると喜びや嬉しいといった

図24　導入時の板書

　　　感情を持ちます。理由は，全体的に太陽から広がる光に使われている色が赤や黄色が使用され，海の青や緑との対比のコントラストとして使われているからです。」
S4：「私は，《太陽》の朝日が昇る姿からプラスのイメージが伝わります。また，昇るというイメージは朝のスタートを切るという意味にも近いと思うので，これから先の意気込みなどが伝わってくる感じがします。」

展開1 | ペアワークによる画面

T ：「光をテーマに写真で伝えたいことは何か？　それをペアになっ
　　て語ってもらいたいと思います。最初に隣の人に見てもらって感
　　想を聞きましょう。その後に自分で答えを言いましょう。」
S5：「その写真を見たときに，春の季節感を感じます。淡い光という
　　か…。太陽の光が全体に柔らかい印象を持たせているように私に
　　は感じます。なので，タイトルは『春の穏やかさ』ではないかと
　　思います。
S6：「私は，その写真を見た時に自分と似たような構図で取られた写
　　真だと思いました。しかし，同じ構図でも違う印象を持ちます。
　　恐らく，雲の隙間から垣間見る光がテーマで木々の様子から春の
　　訪れを表そうとしているのではないかと思いました。」
S5：「私が伝えたかったことは，水色の空に雲が広がっていて，中心
　　に向かって爽やかな太陽の光が差し込んでいる様子を伝えたかっ
　　たです。桜に向かって差し込んだ光は，春の明るい爽やかな雰囲気を表し，桜
　　の花にできた影は，春の別れの寂しさを表そうと撮った写真です。」
S6：「私は，澄み切った青い空と眩しく照っている太陽が互いを強調し合っている
　　様子。初夏を思わせる上空の下で，木が日に当たりながら，堂々と木の影が伸
　　びようと成長する決意が感じられ，汗をかきながら見上げた青春のひとときを
　　思わせる風景です。」

水色の空に雲が広がっており，中心に向かって太陽の光が差し込んでいる。桜に向かって差しこんだ光は，春の明るい爽やかな雰囲気を表している。桜の花にできた影は，春の別れの寂しさを表している。

タイトル：桜に差しこむ太陽の光

図25　S6のタブレット内写真と主題に対する生徒の記述

澄みきった青い空と眩しく照っている太陽が互いを強調し合っている。初夏を思わせる上空の下で，木が日に当たりながら，それでも堂々と立っている。その木の影は，のびのびと成長する決意が感じられ，汗をかきながら見上げた青春のひと時を思わせる風景である。

タイトル：あの日見上げた空

図26　S5のタブレット内写真と主題に対する生徒の記述

図27　タブレットを用いた対話場面

　自分が撮影してきた写真の意図が伝わったこと，伝わらなかったことを共有するために，学級全体で発表をさせた。ペアで話をした際に，自分が伝えたかったことが他者に伝わらなかった事柄をもとに着目させ，自分が撮影してきた写真をスクリーンに映し出して全体で共有した（図25～図28）。

S7：「私が伝えたかったのは，光の穏やかさが印象でこの写真を撮影してきました。川に反射して映る光が輝いている様子で，その光が画面全体を主張したり，強調し合っている姿を伝えようとしたが，光の穏やかさを伝える光よりも川に反射する光が，眩く輝く光の方が主張されているという意見から，自分の主張したいことが意図的に伝わらなかったです。」

T：「では，自分が意図して伝わらなかったことについてプリントへ記入をして，今日の学習で伝えたいことをまとめ，描画アプリで自分が心で伝えたいことや思いについて構想を練りながら制作を進めてみよう。」

図28　黒板とスクリーンを使用した全体鑑賞

展開2　ICT を用いて効果的に構想を練っている場面

図29　タブレット端末の「描画アプリ」「色識別アプリ」を学習の補助として活用している生徒

制作中の全体共有

T ：「自分が心で表したいことは何？」

S8：「私が伝えたかったのはこの写真は明るい印象のため黄色で風景にある木々の輪郭をしっかりと濃くすることで明るい印象を伝えたいと思います。また，地面の暗い影はぼかしを入れることで色の対比や濃淡のコントラストを生み出していることを伝えたいと思います。」

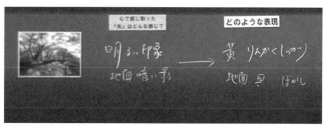

図30　構想の発表

表現の工夫の中に心で捉えることに着目した例

・全体的な暗いところと明るいところの差を焦点化して取り組んだ生徒

具体的な方法
自分がその時感じたことを覚えておいて，そのままよりは，少しオーバーに表現してみること。 差を広げることで，相手に説明がなくても伝わるようにすること。 　⇓ （暗いところと明るいところ）

・優しく，温かい光が一日の終わりを告げようとする場面を表現した生徒

具体的な方法
自分が感じ取った光は一日が終わる前，だんだんと街も静かになっていく頃の優しく，温かい光だった。その光を描くために水で淡いオレンジを表現し，少しずつ暗い色を混ぜていくことで空のグラデーションと一日の終わりを伝えたい。

・苅安色で染まる空を表現した生徒

具体的な方法

自分が感じ取った光は，雨が上がりどこか嬉しさを感じるような明るい光だった。その光をオレンジ色や黄色などの明るい色を中心に，中心から周りに広がっていくようにどちらかというとハッキリと光を描きたいと思う。また，柔らかいとも感じた。
だから，中心から外側にいくにつれてどんどん色が薄くなり，全体に光の雰囲気のようなものが漂うように水で絵の具を伸ばしたり，ドライブラシを使って柔らかい印象も与えたい。

・温かみのある太陽の光を見て，落ち着いた場面を表現した例

具体的な方法

温かみのある太陽の光をみて，落ち着きを感じた。⇒優しい感じ
これらを表すために淡い色(暖色)を主に多く使用して優しいタッチで描きたいと思う。

展開3 制作についてペアでの協働場面

S9：「一日が終わる感じで寂しい感じを表現しようと思って少し青などを入れて寂しさの感情を入れた形にしてみた。でもうまく伝わっているか分からない。」
S10：「真ん中からぼかしていく方がいいと思う。」
S9：「さっきよりも伝わるには真ん中や中心をはっきりさせ，中心からぼかしていくといい？」
S10：「その方が寂しい感じが自分には伝わりやすいかな。描画材料みたいなのをアプリケーションで探してみて。一番伝わりやすい描画材料だと思うよ。」

図31　構想の発表

終結 制作を通じて自分が大事にしなければならないと感じたことの発表

S11：「写真で撮影したことではなく，自分がその場で感じたことを描くこと。」
S12：「見た人が感じ取れるように，意識して言わなくても絵を見ただけで伝わるようにすること。」
S13：「色や形で伝えるために感情に合わせて取捨選択しながら描くこと。」
T ：「皆さんに確認したいことは今，挙げられたことでよいですか？　他には？」
S14：「全員が感じ取った個性を大事にしていくことだと思います。」

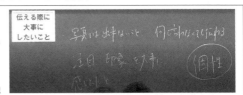

図32　自分の絵画を伝える際に大事にしたいこと

本時の振り返り

S15：「写真ではできない，情報の取捨選択を行い，伝えたいことを伝えられるように作品を作っていきたい。」
S16：「明るい部分以外との対比を大事にしたい。中心とした明るい太陽の光を目立たせるためにもしっかりと暗い部分も強調したい。また，ぼかしたりして柔らかな雰囲気を伝えたい。何も情報を持っていない人が見ても感情が伝わるように表現したい。」

2　考察

(1)「主体的・対話的で深い学び」を実現する手立てについて

　授業におけるペアワークによる画面共有では，生徒が撮影してきた写真について，どのような感情を抱くか意見を出し合う活動を行った。その意見を受け，生徒が自ら課題を設定し，どのようにすれば他者に伝わるかを客観分析しながら，伝わったことと伝わらなかったことを整理し，次への手段を構築した。

雲…ぼんやりと薄暗い雰囲気を表現するため，スポンジやティッシュを使い着色したい。基本光を上に描きたいが，少しだけ光に被せるような形で厚塗りしたい。 地面…より光とのコントラストを大きくするため，ポスターカラーで不透明な彩色をしたい。ほぼ黒。 山々…遠くにあるため，地面に比べ透明感がある。水彩絵具で重ね塗りをして色味を調整する。 光…淡い部分は水彩絵具で，細い筆を使い繊細なタッチで。中心はポスターカラーで。

・光によって草木の色の見え方が変わり，受ける印象も変わるので，みんな何かに支えられて個性が出ているのかなと思った。
・光によって引き立っている。

図33　交流からの手段構築において他者の意見を具体的に反映させた例，できなかった例

　この活動を通じ，情意の表現を深める大切さに気付くことで，導入での《叫び》《太陽》を参考にし，形や色彩，筆のタッチに注目しながら，光の表現の仕方を話し合うペアも自然と生まれていた。さらに，ICTを用いて制作した後，ペアで対話を深めながら互いの学びを振り返っていた。このことからも協働的な学習を適切に設定することにより，互いの学びを共有し合う中で相互理解する力も高めることができていたと考察する。しかし，話し合いの中で不十分なまま終わっている生徒も混在しており，情景を言語化した表現方法（モダンテクニックなどの抽象的な表現を参考に）を具体的に例示するなど，本時の学習のねらいに即した学習をあらかじめ踏む必要があると考える。

(2)「情報・情報技術の効果的な活用」を実現する手立てについて

　タブレット端末のカメラ機能を活用し，気に入った景色を何度も繰り返し撮影できる点，天候や時間を気にせず撮影できる点，撮影した写真を見ながら描ける点は，美術の学習に適しているのではないかと思われる。そして，情報共有場面では，写真の拡大・縮小を効率良く扱えるなど，主体的・対話的で深い学びの実現が果たせる役割はタブレットによる効果と言える。

　本来，風景画とは，生徒が選んだ「場所」で描くことが大前提である。その場でしか味わえない空気や雰囲気を色や筆のタッチなどで形作りながら描くことが作風に影響を与えると考えられる。今回はタブレット端末のAI描画解析技術を生かして描いたが，本来の筆の筆圧や水の加減など本物に勝るものはないということを授業者が理解し，美術の学習指導の本質から見失わないように行っていかなければならない。

(3) 身に付けさせたい資質・能力について

　生徒の記述内容について，評価基準A（十分満足できる）に照らし合わせると，学級の7割の生徒が身

近な風景を深く見つめた場面を想起し，情意をもとに表現の構想を練っていたことが分かった。その主な要因は，《叫び》《太陽》から情意に対する表現方法を学び，アクティブラーニングを通じて伝わらなかった思いを解決する活動を行ったことであると考えられる。それが全体的なのか，部分的に伝わらないのかを生徒同士での対話によって改善が図られていたことが成果として挙げられる。その学習から内化－外化され，ペアで，アプリケーションを用いて体験的に学ぶ方法により，情意による表現方法について共有することで学習を通じて，メタ認知として機能していたと考えられる。

　本題材では，季節や時間，温度など五感を通じて感じたことを言語化することが大切だと言える。そして，明確に根拠として言語化されたものは新しい価値観となって生徒に内在していく。このような活動を通して，主体的に美術の学習に取り組み，価値観をより豊かに広げていくことができると考える。

第3項　研究者から見た授業の成果・課題

表現題材におけるタブレット端末の使用について

1　はじめに

　本題材は，中学校3年生を対象とした美術A表現を中心に一部B鑑賞を含む風景画の授業である。1年次の「木を主題に描く」，2年次の「遠近感のある風景」と継続した実践の上に，自然及び風景を題材とした絵画表現の集大成として計画された。また美術科の研究視点として，(1) 主体的・対話的で深い学び，(2) 情報・情報技術の効果的な活用，(3)「人間の強み」である創造力のアート思考による育成の3点を挙げ，他題材を含め一貫した研究姿勢で進められた。今回の研究授業は，全体計画11時間の4時間目であり，水彩絵具による風景画の下描きを進める。その下描きの生成にあたり，情報・情報機器の効果的な活用としてタブレット端末が導入された。タブレット端末の導入は，事前学習である写真撮影による題材取材や授業時のグループワークでの意見交換，写真選択時の表現主題確認及び画像加工時における言語主題の視覚化等，従前の風景画授業と比較すると大きな変化をもたらした。本稿では，2021年5月28日実施の公開授業指導案をもとに，風景画題材におけるタブレット端末導入について考察する。

2　タブレット端末の使用頻度と表現の高揚

　今回の授業指導案の「3 単元計画 (3) 指導と評価計画」から，タブレット端末が単元計画の中でどのように使用されたかを分析し，タブレット端末の使用と，鉛筆や水彩絵具（以下，描画材）使用との表現における関係性について考察した。考察用の整理表として，授業の進度をX軸として，タブレット端末の使用頻度を，タブレット端末関係6項目，描画材関係2項目（**図35～図37**）と，表現における創造性・作業性の2項目（**図38**）について授業実施教員に5段階の数値化を依頼した。その結果，今回の考察から，表現題材におけるタブレット端末と描画材の使用と生徒の表現活動の高まり部分との関係を視覚化することによりタブレット端末の表現題材における機能が確認できた。

　第一の機能は，調査記録媒体機能であり，第二の機能は，表現媒体機能である。第一の機能である調査記録媒体としては，個人の制作過程記録をはじめ，自作の客観的観察による言語記録の蓄積に再生機能が加わり，より深い学びが実現できる。また，作家・作品調査においては，インターネット環境により，学習に必要な絵画や技法を高精細資料として閲覧可能である。加えて，生徒間の相互鑑賞においても，画像共有等に

よりグループワークの深化に繋がる。この第一の調査記録機能は，表現及び鑑賞を含んだ本題材においては，タブレット端末の定例的な使用が多いが，映像記録と再生は課題回答時や主題構想時に多く使用され，言語記録や再確認は特に単元の導入段階やまとめの鑑賞段階で使用されている（**図34**）。また，調査と鑑賞には相関性があり，生徒個人での作品作家調査及び鑑賞の後，グループワークによって生徒作品相互鑑賞が進行している（**図35**）。

　タブレット端末の第二の機能である表現媒体機能は，（1）課題の風景写真の記録（**図36**，授業0回），（2）写真の選択（**図36**，授業2回），（3）写真の加工（**図36**，授業4回）の3過程である。（1）風景写真の記録においては，授業外の日常生活において，自然光等の象徴的な光を観察し，タブレット端末画面の枠で風景を意図的に切り取る高度な造形的判断が必要となる。（2）主題による写真選択においては，複数枚撮った写真を比較し，自己主題を言語化した上にメタ認知的判断により候補画像採択に至る。（3）写真の画像加工においては，主題に応じたトリミング，彩度，明度，色相調整及びタブレットペンによる加筆や削除が可能になる。このタブレット端末による表現媒体としての優位性は，制作時間の短縮や，表現試行における視覚確認の簡便性が挙げられる。また，映像表現と描画材使用指数から，授業0〜4回は映像，5〜7回は鉛筆，8〜10回が水彩絵具となるそれぞれの重複使用を含む段階的使用が確認できるが，水彩絵具の使用時に映像が常に補助的に使用されているのが今回の授業の特徴である（**図36**）。

　図36の映像・描画材の使用指数値と**図37**の創造性・作業性の指数値を比較すると，映像においては授業0回と4回，描画材においては授業7〜9回に表現における高揚が確認できる。

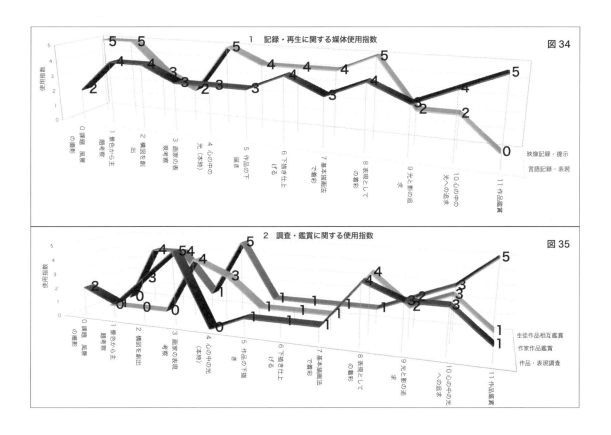

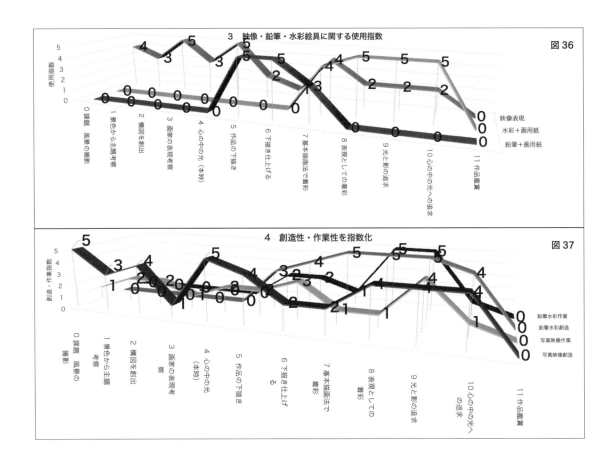

3 映像・鉛筆・水彩絵具に関する使用指数　図36

4 創造性・作業性を指数化　図37

3　まとめ

　表現題材へのタブレット端末の導入の有効性は，2で一部確認できたが，導入による風景画題材の変化と課題を整理することによりまとめとする。第一の変化は，風景画取材の変化が挙げられる。以前は岩手公園におけるスケッチ行事が，実質的な取材であった。タブレット端末による写真取材に代わることにより，制作者は，場や空間の共有感を失うことになるが，個々の主題に応じた空間や時間軸の選択に広がりが出る。第二の変化は，一つの題材に制作の高揚感が，写真加工時と画用紙彩色時の2度起こることである。この変化は，最終的な水彩画制作がタブレット端末で創出した下絵の再現のみにならないための工夫が課題となる。最後に，タブレット端末の風景画表現媒体としての導入は，いくつかの工夫も必要とするが，写真と絵画の歴史的関係が示す通り，再現性と表現性の間に存在する多くの表現的課題を具現化し，整理・検討を加えることにより，美術的な見方や考え方を現代的な手法で深化できる可能性が存在する。この先，題材によってタブレット端末のみでの絵画表現として完結することや，タブレット端末（デジタル表現）と水彩表現の複合表現等，題材や授業の目的によって，表現媒体を選択することも必要である。

（岩手大学教育学部教授　溝口明彦）

第7章 保健体育

運動の理解を深め，
豊かなスポーツ実践ができる生徒の育成

教諭　◎佐々木篤史，熊谷晴菜
岩手大学教育学部教授　清水茂幸，准教授　清水　将

第1節　教科論

1　保健体育科で育成を目指す資質・能力

　保健体育においては，運動やスポーツの特性や魅力を理解し，基本的な技能を身に付けることが求められる。技能習得の場面では，自らの身体の動きだけでなく，他者の動きに共感したり課題を共有したりすることが必要となる。そして，基礎的な知識・技能を習得した後は，それぞれの場面において個人もしくはチームの思考力を活用し，できるようになった生徒がうまくできない生徒と関わり，技能ポイントや身体の感覚を伝え合いながら，知恵を持ち寄って仲間を巻き込みながら向上していく姿が期待される。アドバイスしたことがうまくいかない場合もあるが，解決していくためには新たな課題を見付けたり，方法を変えたり，練習と練習を組み合わせたり，課題解決の過程を見直したりしながら投げ出さずに最後まで続ける力が必要となる。運動に自主的な生徒も運動に積極的ではない生徒も含め，スポーツとの多様な関わり方を見付ける力を身に付けることで，生涯にわたってスポーツを実践できる基盤を築いていきたい。

思考力等
課題解決に向けて，知識を活用し，基本的な技能を身に付け，運動の取り組み方を工夫し，運動を継続して楽しむための自己の適した関わり方を見付ける力。

協調性等
他者の意見に耳を傾け，知恵をもち寄って共通の課題を乗り越えていく力。

主体性等
自らの学習の目標をもち，進め方を見直しながら学習を進め，投げ出さずに取り組む態度。

表1　資質・能力に対応する具体的な生徒の姿

思考力	協調性	主体性
・自己の課題に応じたポイント，こつを見付ける力 ・自己の課題に応じて，練習方法を選択する力 ・学んだ知識と関連付け，新しい知識を見付ける力 ・学んだ知識を活用し，できるようになるための方法や根拠を示しながら相手に伝える力 ・運動を継続して楽しむためのスポーツとの多様な関わり方を見付ける力 ・自他の健康課題，体力向上の課題を発見する力	・教え合い，伝え合い解決していく力 ・良いところを褒めて，温かい雰囲気で明るく進める力 ・仲間が困っているときに，手を差し伸べることができる力 ・仲間の意見を巻き込み，個々人の意見を合わせながら進める力	・目標や練習計画を立て，自主的に練習を進める力 ・自己の課題を見出す力 ・相手を理解し，大切にしようとする力 ・自分の学び方を振り返り，より良い学びの過程を追究する力 ・スポーツとの多様な関わり方「する・みる・支える・知る」を選択し実践する力

2　保健体育における研究の視点

(1) 主体的・対話的で深い学び

> **【主体的な学び】**
> ⇒運動の楽しさを発見し，自分で課題を見出し，練習過程を計画し，他者と関わり学び方を修正しながら，課題解決に自ら進んで取り組む学び。
> **【対話的な学び】**
> ⇒仲間の考えを受け入れながら，自分の考えを広げたり，共に新たな考えを発見したりして課題を乗り越えていく学び。
> **【深い学び】**
> ⇒保健体育科の見方・考え方を働かせながら身に付けた知識・技能を活用・関連させ，解決に向けて試行錯誤を重ねながら，思考と運動を繋げる継続した学び。

保健体育科の見方・考え方

> 運動やスポーツを，その価値や特性に着目して，楽しさや喜びとともに体力の向上に果たす役割の視点から捉え，自己の適性等に応じた「する・見る・支える・知る」の多様な関わり方と関連付けること。

【思考と運動をつなげる継続した学びの過程】

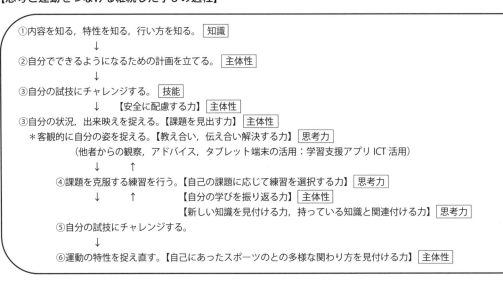

(2) 情報・情報技術の効果的な活用

「Society 5.0を生き抜く」上での資質・能力（思考力，協調性，主体性）を促進する力として，情報・情

報技術の効果的な活用が必要である。また，文部科学省（2020）では，ICT機器活用の最終ステップとして探究の過程における様々な場面で導入することを提案している。保健体育科として，ICT機器をどのような場面でどのような使い方をしていくことがより思考の深まりや思考と運動を繋げる継続した学びである深い学びにつながるのかを明らかにしていきたい。

①「深い学び」を実現する学び方に繋がること

・言葉で表現しきれない感覚を可視化できること，映像や数値として表出されることから，運動の成果を客観的，多面的に理解することができること。

・理想の動きと自分の動きを重ね合わせて動きの違いを瞬時に捉え課題を見出す力に繋げることや単元のはじめの姿と終わりの姿の映像から自分の成長を自覚することができること。

・技能の様子や思考・判断し話したことを録画・録音するなどデータとして蓄積できることから，技能習得の際，単元での繋がりを意識しやすいことや自分がより広い観点から動きを分析できるようになっていること等を自覚できること。

②「対話的な学び」を実現する学び方に繋がること

・仲間の技能の動画を見て，着目したい部分をスローにして見たり，授業のはじめと終わりの変化を伝えたり，仲間の動きを分析したりすることで教え合い，伝え合い解決する力に繋がること。

・運動が得意な生徒も運動が苦手な生徒も，これまでに得ることのできなかった情報を共有することで，運動の楽しさを味わうことができること。

（3）共生の学び

　保健体育科の改訂の要点として，「運動やスポーツの多様な楽しみ方を共有することができるよう指導内容の充実を図ること。その際，共生の視点を重視して改善を図ること」と示されている。運動に親しむ習慣に乏しいという本校の状況を踏まえて，体力や技能の程度，性別や障がいの有無などの違いに応じて，自己の状況に合った実現可能な課題の設定や挑戦を大切にしようとしたり，練習の仕方の修正に合意しようとしたりすることが，豊かなスポーツ実践に必要な資質，能力であると考える。

3　理論を導く実践例

（1）単元を見通し，試行錯誤しながら思考と運動を繋げる（主体的・対話的で深い学び）

　3年「陸上競技」（男女共習：選択授業）において，トラック競技【短距離走（100m）・長距離走（1000m）・ハードル走（50mH）】から1種目を選択，フィールド競技の【走り幅跳び・走り高跳び・ボーテックス投げ】から1種目を選択させて授業を行った。（トラック競技7時間，フィールド競技7時間，自分で練習計画を立てる時間をそれぞれ1時間の単元を16時間で構成）自分の学びを振り返りながら試行錯誤を繰り返し思考と運動を繋げる学びを目指した。生徒は1・2年生でトラック競技とフィールド競技を学習している。3年生では自分がより興味のある種目をより深く学び，競技の楽しさを味わうため，自分で種目を選択させた。生徒自身で，単元の計画，その時間ごとの課題，内容を計画し，仲間と知恵を出し合いながら実施し修正を加えさせた（図1）。仲間と一緒に，その種目に必要な動作や効果的な練習を考えたり，自分の目標達成に向けてのタイム設定をしたり，自分が使いたいタイミングでタブレット端末を用いて動作の分析を行ったりして向上を目指した。授業の振り返りから，単元の前半で見つけたポイントを意識して取り組み，自分の課題と照らし合わせて練習内容を変更したり，ペース配分を調整し再度目標を設定したりす

るなど，結果からさらに見つけた課題についても改善していこうという姿が窺えた。また，運動を繋げながら課題改善に向かう主体的な学びに繋がった（**図2・図3**）。

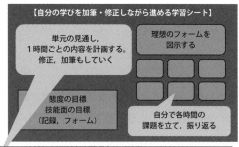

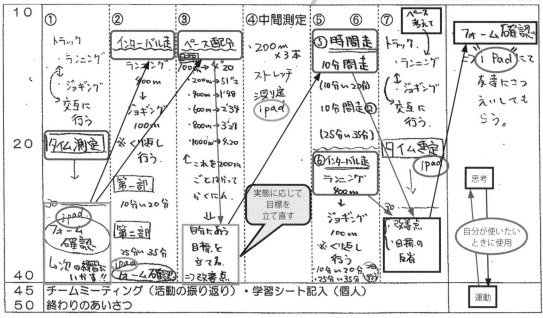

図1　自分の学びの過程を加筆・修正しながら進める学習シート

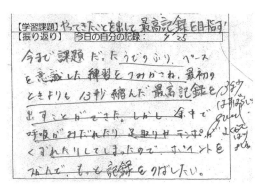

図2　生徒の振り返り記述の例

【生徒自身が自分の目標に向かって練習計画を立てる】

⇒主体性を促す

①今の自分の記録を把握し，フォームを考えよう。

②自分の課題を見付け，改善案を出そう。

③自分に合ったペース配分を考えよう。

④ペースフォームを考えて中間測定に挑もう。

⑤中間測定を活かして弱点（課題）を克服！

⑥やってきたことを出して，最高の記録を目指す！

図3　生徒自身が考えた各時間の課題の例

（2）共生の学び（主体的・対話的で深い学び）

　生涯にわたって豊かなスポーツ実践をしていく上で，スポーツとの多様な関わり方を楽しむことができるようにする観点から，体力や技能の程度，性別や生涯の有無等にかかわらず，運動やスポーツの楽しみ方を共有することができるよう共生の視点を重視することは，生徒の実態から考えても大切にしたい学びである。

共生の学びを通して身に付いた資質・能力について明らかにするために，生徒の振り返りの内容の吟味や形成的評価を実施した。3年生男女共習選択授業，サッカーを選択した27名（男子13名，女子14名）に対し授業終了後に形成的評価（高橋・長谷川，1995）を実施し，「はい」3点，「どちらでもない」2点，「いいえ」1点として，回答を得点化した。得点を「形成的授業評価診断基準：全種目を対象とした基準（『体育科教育入門2002年　高橋健夫他編著　大修館書店』）に基づいて5段階で評価した（表2）。単元計画として，ウォーミングアップから男女での関わりを増やし，ペアを組むときは原則男女で行い，お互いに声を掛け合いながら活動をするように試みた。単元を通して，「ゴール前の空いているスペースに動きパスを受け，シュートを決める」ということを課題として，男女での関わりを多く設定し楽しみながら向上していくことを目指した。

表2　形成的授業評価結果　　　　　　　　　　　　　　　　　　　　　　　　　　　【平均点と（評定）】

授業実施日	成果（知識・技能）⇒思考力			意欲（主体性）		学び方（主体性）		協力（協調性）	
	1.感動の体験	2.技能の伸び	3.新しい発見	4.精一杯の運動	5.楽しさの体験	6.自主的学習	7.目標をもった学習	8.仲良く学習	9.協力的学習
12月2日	2.38（4）	2.65（4）	2.73（4）	2.96（4）	2.96（4）	2.96（5）	2.65（4）	2.96（5）	2.81（4）
12月7日	2.57（4）	2.74（4）	2.74（4）	2.87（4）	2.96（4）	2.96（5）	2.83（4）	3.00（5）	2.83（5）
12月9日	2.73（5）	2.62（4）	2.73（4）	2.96（4）	2.96（4）	2.92（4）	2.88（4）	3.00（5）	2.88（5）
12月10日	2.92（5）	2.96（5）	2.96（5）	2.96（4）	3.00（5）	2.96（5）	2.96（5）	2.96（5）	2.92（5）
12月11日	2.86（5）	2.86（5）	2.95（5）	2.96（4）	2.96（4）	2.96（5）	2.91（4）	3.00（5）	3.00（5）
12月21日	2.82（5）	2.82（5）	2.95（5）	2.96（4）	3.00（5）	2.91（4）	2.95（5）	3.00（5）	3.00（5）
12月22日	2.83（5）	2.79（4）	2.83（4）	2.83（4）	2.96（4）	2.96（5）	2.71（4）	2.92（5）	2.88（5）
平均	2.73（5）	2.78（5）	2.84（4）	2.93（4）	2.98（5）	2.95（5）	2.84（4）	2.98（5）	2.90（5）

　単元の前半で，男女で協力して行うことによってお互いに高め合うことができた場面を全体でも共有することで，単元の後半でより男女で楽しく高め合うことができる状況に繋がったと考える。課題である主体性に関しては，男女で楽しく進めることは平均「2.98」とほぼ「3」という結果からも成果として上げられるが，「目標をもった学習」，「新しい発見」の項目が，他の項目と比べて低いことから，自分で計画を立てて進める力，より深い思考と運動を繋げていくことの必要性も明らかとなった。

男女で学ぶことで生徒が得た効果について（振り返りシートより）

> 女子よりも男子の方が技術も力もあるため，男子が女子に教えてあげたり，男子が女子をサポートする役割を担うと，男女でも気持ちよく活動できると思った。

> 普段あまり会話はしたことない人と交流することで，平等のよさがわかった。また，男子のボールが特にやさしく，セットやり方がやさしく，とてもつきやすかったし，特に楽しかった。

> 授業ではパス練習があったので，上手にできる男子のフォームをまねてパスをしてみたり，いろいろなかの加え方でパスをしたりしました。チームでは，3，4人で練習する際に声をかけ合いました。

> 男女の協力では，分からないところは男子が女子におしえるというところがあり良かったと思います。男女で協力するときはお互いを支え合うという思いが大切だと考えました。

> はじめてのスポーツでも技行を高めますとしたり，男女でも協力したり，友達とアドバイスし合うことも生活やスポーツでこれからもいかしていきたい。

　男子が技能面でもアドバイスをする場面や，女子の技能が男子の動きによって引き上げられる場面，体育の時間の活動を通して男女の交流が広がること，お互いに尊重し合う姿勢，今後の生活にも活かしていくというスポーツを通して，多様な関わり方を見出すことに繋がった。体育の見方・考え方を活かしながら，これからの社会に必要な汎用的なスキルを学ぶ場面が多く見られた。

３年男女共習選択授業「サッカー」で試みた内容　①【ドリブル・ターン，パス＆コントロール】

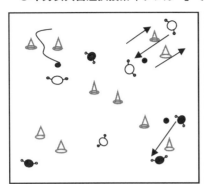

（1）大きさ：23m × 23m，ゴール　ゴール幅 3m, 5ヶ所
（2）用具：ボール，コーン，マーカー，ビブス
（3）方法：4人1組×2組

展開①　1人ボール1個で　a. 左右タッチドリブル，b. 人やコーンへドリブルして足の裏ターン，c. 全部コーンドリブル通過；**目標タイムレース**

展開②　2人1組　コーンゴールで向かい合ってパス交換，インサイドのキック＆ボールコントロール，左右足，距離調節，コーン内側外側通過；**通過回数目標タイムレース**

展開③　2人1組ボール1個⇒（4人1組ボール1個）　a. 空いてるコーン間をドリブル通過しペアにパス，b. 空いてるコーン間をパス交換し違うコーンゴールを狙う

②「ゲートを通せ」テーマ「シュート」のタスクゲーム

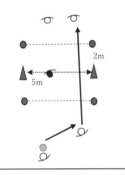

・1か所は5人1組。
・2人で協力して反対側にシュートする。
・シュートラインの手前からシュート。
・守備側はシュートを通させないように線上で守る。
・1分半程度でローテーションして守備する人を変える。

③2対1⇒2対1シュート

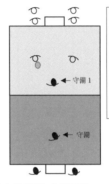

・攻撃側は2人，守備側が前と後ろのゾーンで1人ずつ入る。
・後ろのゾーンでは守備1と2対1，前のゾーンでは守備2を突破してシュートする。

（3）自分自身の動きを客観的に分析する（情報・情報技術の効果的な活用）

（現状）⇒学習支援アプリを活用した授業	効果や獲得可能な資質・能力	教育支援アプリの画面
（全員がテレビの前に集まって一斉に説明を聞く）⇒良い動きをグループに教師のタブレット端末から動画配信できること。短時間でよい情報を共有できる。	集まるための移動時間を削減し運動学習時間の確保し，思考と運動を繋げて試行錯誤する時間を確保できること。	理想の動きが各グループへ配信。スローで見ることも可能。
（タブレット端末自体に保存データの限界，削除する状態）⇒クラウド上に保存。自分の動きをポートフォリオとして蓄積できる。変化を自覚することができる。	自分の成長や学びの過程を振り返り，よりよい学びの過程に繋げる力。	単元前半の姿と後半の姿を比較し，動きの変化を自覚する。
（教師がグループを巡回し，観察で伝える姿を確認する）⇒仲間の試技を見て，コメント，録音，教師へ提出することができる。提出された動画・音声を授業後に短時間で個別の状況を把握することができる。	学んだ知識を活用し相手に伝える力，対話的な学びを促進する。	グループのメンバーの動画・録音したものを繋げて教師に提出できる。 仲間の動きを動画で見て，コメントを録音することができる。

<table>
<tr>
<td>（理想の動きを見て，自分の頭の中に理想の動きをイメージしている）⇒スローや理想の動きを隣に並べたり，自分の動きと重ねたりすることで，より深く自分の課題を捉えることができる。動作撮影アプリとの併用。</td>
<td>自己の課題に応じたポイント，こつを見付ける力

手本とする仲間の動きと自分の動きを比較して課題を見付ける。

手本とする仲間の動きと自分の動きを重ねて，細かい動きのタイミングの違いを自覚する。</td>
<td>＊動作撮影アプリの映像</td>
</tr>
</table>

自分の課題　　　　　　　　　　練習方法

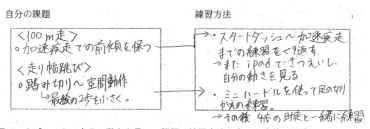

<100 m走>
○加速疾走での前傾を保つ

<走り幅跳び>
○踏み切り〜空間動作
　↳最後の2歩を小さく。

・スタートダッシュ〜加速疾走までの練習をくり返す
　→また iPad でさつえいし，自分の動きを見る
・ミニハードルを使って足の切りかえの練習。
　→その後，4班の動徒と一緒に練習

図4　タブレットで自分の動きを見て，課題，練習方法を考えた生徒の記述
　　（3年選択陸上競技）

タブレット端末で自分の動きの特徴を捉え，もう一度タブレット端末を使い自分の動きを確かめ，今まで行ってきた練習を結び付けて課題解決していく姿，試行錯誤しながら思考と運動を繋げている。

第2節　具体的実践事例

第1項　保健体育科学習指導案

1　単元名

【B　器械運動】ア　マット運動

2　単元について

（1）生徒観

　中学校入学後，バレーボール，水泳の授業を実施した。バレーボールでは，個人技能の定着を図り，簡易的な試合を通して，仲間とボールを繋ぐ楽しさを重視した。水泳では，個人の技能に合わせて目標を設定し，長く効率よく泳ぐために工夫する点について考え練習を行った。授業への意欲は高く，アンケートを実施した結果，**表3**のようになった。一方で，体育の授業への意欲が高いものの，普段運動に親しむ生徒が多いわけではなく，遊びの中での運動経験は少ないことが分かる。

今回の授業では，マット運動を扱う。生徒は小学校でマット，跳び箱運動を経験している。アンケートの結果，マット運動に対して肯定的なイメージを持つ生徒は2割に満たなかった。記述内容を**表4**に示す。

本単元を扱うに当たり，器械運動に対して持っている否定的なイメージを和らげていく工夫の必要性を強く感じた。生徒の困り感を捉え，それを段階的に改善していく手立てを講じていきたい。特に補助を活用し，怪我への不安を取り除き，仲間と信頼関係を構築し練習を進める中で，積極的に練習に取り組む雰囲気作りに努めていく。

表3　保健体育の授業に関するアンケート

番号	1	2	3 (1)	3 (2)	3 (3)	3 (4)	3 (5)
質問項目	身体を動かすことが好きだ	授業や部活以外でよく身体を動かして遊ぶ	体育の授業が毎時間楽しみである	体育の授業で仲間と積極的に関わり合っている	自分で考え、課題を解決しようとしている	悩みながら課題を解決した方が、技能向上に繋がる	失敗を恐れず、難しい課題に挑戦できる
5	42%	27%	61%	67%	42%	58%	40%
4	43%	15%	30%	27%	52%	36%	39%
3	9%	37%	6%	6%	6%	6%	9%
2	6%	15%	3%	0%	0%	0%	9%
1	0%	6%	0%	0%	0%	0%	3%

【5…とてもそう思う　4…そう思う　3…どちらでもない　2…あまり思わない　1…全く思わない】

表4　マット運動について持っているイメージ

肯定的な意見	否定的な意見
・かっこいい技がたくさんある ・楽しい ・達成感を感じられる ・できるようになると嬉しい ・回るときにリズムに乗ると，気持ちが良い	・痛い，けがしそう ・待ち時間が多く，退屈，楽しくない ・目が回る，頭が痛くなる ・体がかたくてできない ・きつい，疲れる ・上手い人と下手な人の差が大きい ・個人スポーツなので，チームワークが高まらない

（2）教材観

中学校学習指導要領（平成29年告示）解説保健体育編において，第1，2学年体育分野の目標が以下のように示されている。

(1) 運動の合理的な実践を通して，運動の楽しさや喜びを味わい，運動を豊かに実践することができるようにするため，運動，体力の必要性について理解するとともに，基本的な技能を身に付けるようにする。
(2) 運動についての自己の課題を発見し，合理的な解決に向けて思考し判断するとともに，自己や仲間の考えたことを他者に伝える力を養う。
(3) 運動における競争や協働の経験を通して，公正に取り組む，互いに協力する，自己の役割を果たす，一人一人の違いを認めようとするなどの意欲を育てるとともに，健康・安全に留意し，自己の最善を尽くして運動をする態度を養う。

今回取り扱う器械運動は，習得する技が構造に基づいて，系，技群及びグループの視点によって系統的に分類されている。それぞれの基本的な技は小学校でも学習済みであるため復習となるが，その時点でつまずきを感じている生徒が多いため基本的な技能の確認を丁寧に行っていく必要がある。

そして，単元の前半で学んだことを生かし，生徒自身がより高めたい技を選び発表に繋げていく。その過程で，生徒同士の学び合いやICT機器の活用，そして何よりも自己の運動感覚と実際の動きの摺り合わせを行いながら，技能向上に繋げていきたい。最終的な発表はペアのシンクロマットで行い，仲間と動きを揃えようとすることで技の細かい部分に目を向け，相手の動きに同調しながら技能を高めていきたい。

最後に，補助や学び合いを通して，お互いの技能向上や挑戦を認め合うことを期待したい。技能差があっても，客観的視点を生かしたアドバイスを真摯に受け止めることや挑戦しようとした姿勢を認める雰囲気は非常に重要である。その土台を整え，より多くの生徒が主体的に運動に親しめるような単元構成をしていきたい。

（3）教科研究との関わり

　本校保健体育科では，全体研究主題「Society 5.0 を生き抜く『人間の強み』を育む学びの構想」のもと，教科研究主題を「運動の理解を深め，豊かなスポーツ実践ができる生徒の育成」と設定し，育成を目指す資質・能力を，文部科学省が示した保健体育科における「資質・能力」と，本校学校教育目標「よく考え，誠をもって働く人間」に沿って整理し直した。また，教科研究の視点を3点掲げ，実践研究を進めてきた。

研究の視点①　主体的・対話的で深い学び

　まず，課題の解決に向けた粘り強い取り組みとするために，基本的な技の習得を通して技ができる楽しさや喜びを味わえるような主体的な学びを促す。その過程の中で，技の成功に向けて試行錯誤したり，他者との関わりの中で考えを広げたりする場面を設定していく。ペアの動きに共感し，それを二人の課題として解決策を探ることで，対話的な学びを促していきたい。その後，習得した技を活用し，仲間と共通の課題を設定する活動を取り入れ，発表へ繋げていく。発表内容を自ら設定しそれを修正する活動の中で，身に付けた知識・技能を活用・関連させ，解決に向けた深い学びとなると考える。この単元の学習を通して，本校保健体育科の見方・考え方へ繋げ，自己の適性に応じた価値に気付かせていきたい。

研究の視点②　情報・情報活用技術の効果的な活用

　自らの動きを確認するツールとして，タブレット端末は非常に有効である。学習支援アプリを活用することで，データの蓄積，ポイントの書き込みも可能となり，より効果的な活用ができる。本単元では，自己の動きの確認や資料の提示，学びの共有の手段として活用していく。一瞬見ただけでは把握しきれない情報を繰り返し見て分析することで，技を効率よく完成させる手段となり得る。同時に，自己の身体感覚（コツ）を重視した活動も行うため，あえて映像を見ずに学習する場面も設定する。映像に頼らないことで自らの感覚を自分の言葉で表現しようとしたり，相手の動きを自分の言葉で伝えたりすることに繋がる。映像で瞬時に確認することよりも手間がかかる方法であるが，仲間の動きを的確に表現し，それを言葉で伝えようとする経験は，今後の学習にも生かされる部分である。タブレット端末はあくまでも生徒の必要感が高まったときの使用に留めることで，効果的な活用としていきたい。

研究の視点③　共生の学び

　学習指導要領で，「自己の状況にあった実現可能な課題の設定や挑戦を認めようとすること」や「仲間の学習を援助することは，自己の能力を高めたり，仲間との連帯感を高めて気持ちよく活動したりすることにつながること」が示されている。本単元においては，基本技能習得時は共通の課題を設定するが，その後は各自課題を設定し，それに挑戦することができる。その挑戦を認め合い，仲間の技能向上を共に喜び合う環境が，生徒の学習意欲に繋がっていくと考えられる。補助やアドバイス活動が取り入れやすい単元であるため，その特性を生かし，ペアでの活動場面を十分に確保していきたい。そして，授業内では，個人レベルでの"できる"に目を向けさせ，スタートは"挑戦できる"ことであることに目を向けさせ，技が不完全であっても挑戦すること自体に価値があるのだという雰囲気を作っていきたい。

3 単元における指導と評価の計画

単元の目標	知識及び技能	次の運動について，技ができる楽しさや喜びを味わい，器械運動の特性や成り立ち，技の名称や行い方，（その運動に関連して高まる体力）（など）を理解するとともに，技をよりよく行うことができるようにする。 ア　マット運動では，回転系や巧技系の基本的な技を滑らかに行うこと，条件を変えた技や発展技を行うこと及びそれらを組み合わせることができるようにする。
	思考力，判断力，表現力等	技などの自己の課題を発見し，合理的な解決に向けて運動の取り組み方を工夫するとともに，自己の考えたことを他者に伝えることができるようにする。
	学びに向かう力，人間性等	器械運動に積極的に取り組むとともに，（よい演技を認めようとすること），仲間の学習を援助しようとすること，（一人ひとりの違いに応じた課題や挑戦を認めようとすること）（など）や，（健康・安全に気を配ること）ができるようにする。

	時間	1	2	3	4	5	⑥	7	8	9	10	11	12	単元のねらい，意図
学習の流れ	00〜50	オリエンテーション／既習事項の確認／補助運動の確認	○学び方補助の仕方／○前転 接点技群習得①／○後転 開脚後転 接点技群習得②	○前時の確認 前時に学習した技を復習し，より良い形を探る／○伸膝前転 接点技群習得③／○頭倒立 平均立ち技群習得①	○補助倒立 平均立ち技群習得③／○片足平均立ち 平均立ち技群習得③	○側方倒立回転 ロンダート ほん点技群習得／○補助倒立前転 接点技群習得③／○つなぎの技	シンクロマットについて／○発表技の組み合わせ／○ペア学習	○選んだ技・候補となる技の練習／○通し練習 ポイント ・一つひとつの技が，より大きく，美しくなることを意識すること ・組み合わせ方をよりよくすること ・ペアとのシンクロを高めること				○発表技の練習／○発表・撮影 ①自分たちの一連の発表を仲間に撮影してもらう。（4人組で活動）②自分が最も自信がある技を1つ以上単体で撮影してもらう。	単元のまとめ	・自分の感覚の細かいところに目を向けさせ，仲間に伝えたり，仲間の言葉を理解しようとする活動を行う。 ・生徒の必要性に合わせ，ICT機器を活用し，自己の動きを客観的に見る。 ・仲間を認める雰囲気作りをし，挑戦しようという気持ちを持たせる。 ・生徒一人ひとりの学習状況を把握し，生徒の学習改善に繋げるとともに，教師の指導の成果や課題を明確にする。 ・シンクロマットを取り入れることで，仲間と一緒に息を合わせて行ったり，連続したりするところで楽しさを味わわせ，その活動の中で様々な技に共通する感覚やコツを見つけさせる。

体操・健康観察・本時のねらいの確認／補助運動　＊動き作り　＊補強／○改善点の共有・見合い伝え合う／学習カード記入・振り返りの共有・次時の確認

評価技能		1	2	3	4	5	⑥	7	8	9	10	11	12	評価方法
	知識	①	②	(③)	(③)	(③)		③	④				総括的な評価	学習カード
	技能			①		③			②			④		観察・映像
	思考						①		②					学習カード
	態度		①		②			(①)			(②)			観察（・学習カード）

単元の評価規準	知識	①器械運動には多くの「技」があり，これらの技に挑戦し，その技ができる楽しさや喜びを味わうことができることについて，言ったり書き出したりしている。 ②器械運動は，種目に応じて多くの「技」があり，技の出来映えを競うことを楽しむ運動として多くの人々に親しまれてきた成り立ちがあることについて，言ったり書き出したりしている。 ③技の名称は，運動の基本形態を示す名称と，運動の経過における課題を示す名称によって名付けられていることについて，学習した具体例を挙げている。 ④技の行い方は技の課題を解決するための合理的な動き方のポイントがあることについて，学習した具体例を挙げている。
	技能	①体をマットに順々に接触させて回転するための動き方や回転力を高めるための動き方で，基本的な技の一連の動きを滑らかにして回ることができる。 ②全身を支えたり突き放したりするための着手の仕方，回転力を高めるための動き方，起き上がりやすくするための動き方で，基本的な技の一連の動きを滑らかにして回ることができる。 ③バランスよく姿勢を保つための力の入れ方，バランスの崩れを復元させるための動き方で，基本的な技の一連の動きを滑らかにして静止することができる。 ④開始姿勢や終末姿勢，組み合わせの動きや支持の仕方などの条件を変えて回ることができる。
	思考	①提示された動きのポイントやつまずきの事例を参考に，仲間の課題や出来映えを伝えている。 ②提供された練習方法から，自己の課題に応じて，技の習得に適した練習方法を選んでいる。
	態度	①器械運動の学習に積極的に取り組もうとしている。 ②練習の補助をしたり仲間に助言したりして，仲間の学習を援助しようとしている。

4　本時について

（1）目標

・ペアと動きを同調させることから，各技に必要な感覚を見つけること

（2）授業の構想

　基本的な技を練習し，技能差はあるものの一通り経験してきた。まとめとして行う発表の形態をシンクロマットとし，本時では，難度の低い技の組み合わせに限定し，ペアで動きを合わせることを課題とする。相手とシンクロするために，技の大きさやリズムが個々で違うことに気付かせ，それを解決する動きの要素を生徒に見つけさせたい。

（3）本時の展開

段階	学習内容及び学習活動 ・予想される生徒の反応等	時間	指導上の留意点及び評価 ・指導上の留意点　○評価
導入	1　準備運動 2　整列，あいさつ 3　補助運動 　・ペアの動きから今日の状態を感じ取る。 4　前時の学びの確認・学習課題把握 　**組合わせた技を，ペアで動きを揃えて発表しよう。**	10	・マットに隙間がないか確認する。 ・マット運動で必要な力を意識させる。 ・映像で前時の振り返りを行い，本時の課題に繋げる。
展開	5　シンクロマットについて 　(1) シンクロマットについての説明 　　・模範映像を視聴する 　(2) シンクロマットを経験させる（共通課題） 　　【課題：前転→前転→前転】 　　・経験して，再度模範映像を見て比べ，ポイントを確認する 　(3) 選択肢を示し，選ばせる 　　組合わせの選択肢 　　A　開脚前転，前転，前転 　　B　開脚前転，前転，側方倒立回転 　　C　開脚後転，開脚前転，側方倒立回転 　　D　伸しつ後転，開脚後転，後転 6　グループ学習 　・4人組を作る（ペア同士でアドバイスし合う） 　・練習→修正を繰り返す 　　練習の際の確認事項 　　・動き始めから終わりまで，一定のリズムで行うこと 　　・1回ごとに別ペアからアドバイスを聞くこと 　　・アドバイスや自分の感覚を元に修正を加えること 　・動きが合ってきたと感じたら，タブレットで自分たちの動きを観察し，できていたことを確認し，更なる修正点を探る 　　動きを合わせようとすることから… 　　・技の大きさ，速さを決めている要素に気付く。 　　・スピードをコントロールするために，しっかりと自分の身体を支持し，動きを制御することの大切さに気付く。 　　・相手や自分の技の課題に気付き，普段見落としている細かい部分に目を向ける（指先まで伸びているかなど）。	35	・シンクロマット，組み合わせの選択肢について理解させる。 ・技の難度を下げ，動きを合わせるための要素に焦点を当てさせる。 ・一度実施することで，流れの中で合わせる難しさに気付かせる。 　【研究の視点③】 　・互いの技能差を認め，その中でできることを考え組み合わせを選ぶ。 ・運動を観察する場所を確認し，活発にアドバイスさせる。 　【研究の視点①】 　・ペアで課題を共有し，動きに共感しながら学びを深める。 　【研究の視点②】 　・自己の動きを確認し，動きのよい点や改善点を見付ける。 ○提示された動きのポイントやつまずきの事例を参考に，仲間の課題や出来映えを伝えている。
終結	7　学習カード記入・振り返りの共有 8　本時のまとめ 9　怪我の有無の確認・あいさつ	5	・学習カードに振り返りを記入させる。 ・動きをよりよくする要素について各自の考えを引き出す。

第2項　生徒の姿と授業の考察

1　授業中の生徒の活動

|導入|「シンクロマット」が何かを教師の模範演技を見せながら確認する。ペアで「前転×3」をシンクロで行い，課題点を挙げる。

> はじめてシンクロマットを行った生徒が工夫していた点
> ○アイコンタクトをとる　○スタート時「せーの」と声をかけで〝はじめ〟を合わせる。
> ○つなぎを長くすることで，一つひとつのずれを修正する。

「前転×3」を行った後の生徒の感想は，「うまくシンクロできなかった」「まあまあ」というものが多く，「うまくできた」という感想は少なかった。その理由として挙がったものは次の内容である。

> ○ちらちらとなりを見ないと合わせられなかった（見るとかっこわるい）。
> ○汚い（技が完璧に揃っていない）。　○最初と最後がずれる。

|展開|学習課題「組み合わせた技を，ペアで動きをそろえて発表しよう」について解決する。

　生徒は，教師が提示した技の組み合わせから，自分たちに合うものを選び実施した。提示した技は，次の通りである。

> A　開脚前転→前転→前転　　　B　開脚前転→前転→側転
> C　開脚後転→開脚前転→側転　　D　伸しつ後転→開脚後転→後転

　ここから組み合わせを1練習し，タブレット端末で自分たちの動きを観察した（**図5〜図7**）。ペアで動画を撮り合い，それを4人で見ながら成果を確認し合った。その中のグループでのやり取りは以下の通りである。

> **グループ対話（抜粋）**
> 【グループ1】
> S1：こここ，A（左生徒）はまっすぐ手が入ってんじゃん。B′（右生徒）は左がくしゃっとなってる。2本目もほら，くしゃっとなってる。Aの手を見て，まっすぐ入っている（下図の動きを見ながら）。
> S2：ちょっと（スタートが）ずれてる。でも（終わり）は揃ってる。さっきの先生のあれ（模範映像）と同じだ。
> 【グループ2】
> S3：合わなかった。
> S4：最初合ってたよね。
> S5：最初合ってる。さっきよりはここが（画面を指さしながら）良くなった。
> S3：上がるのが遅かった。僕のこのタイミングが合わない。
> 【グループ3】
> T ：S6さん，なんで（ペアの動きを）見たくなってる？
> S6：合わせたいから。
> T ：合わせるって，何を合わせるの。
> S6：始まる頭をつくタイミングと，頭をついてからの回る体勢。頭がついてから，もう回る体勢に入るので。
> T ：始めの方ね。
> S6：結局，隣を見て合わせているんだよね。

図5　ペアの動きを観察する他ペア

図6　撮影した動画で改善点を確認する生徒

図7　動画を見て課題を確認する生徒とアドバイスする教師

各グループの思考の分析
【グループ1】
・2人の動きを見比べ，開脚後転における着手に注目し，改善ポイントを確認している。同時に技が実施されることで差に気付き，グループで意見が一致していた。
・自分の感覚の中である程度できると思っている技を客観的に見て改善点を指摘してもらう機会となった。
・S2は，タイミングに着目していた。開始のタイミングがずれていても技の終わりが揃っていることから，1つの技のスピードが違うことに気付いている。模範映像で，一定のリズムで技を行っている人と苦手な局面でスピードが停滞してしまう人の例を挙げたため，それと同じことが起きているということに気付いている。

【グループ2】
・S3はモニターを見る前から，自分の演技がペアと揃っていなかったと感じていた。撮影した仲間からは，1つ目の技が揃っていることを認めてもらっている。
・S3の「上がるのが遅かった」は，開脚前転に対してのコメントである。開脚前転の構造をしっかり理解していると，なぜ起き上がってくるスピードに差が生じたかということについて深めることができたはずである。ここではタイミングの話で終わってしまい，運動がスムーズに流れず停滞した原因は何なのかということまで広がらなかった。

【グループ3】
・S6は動きを合わせるために，常に隣の演技を見ながら技を行っていた。その〝合わせ〟たい部分がどこなのかを，教師は確認した。着眼点が，技のはじめに偏っており，一つの技をまとまりとして捉えることができていない。
・「結局，S7君を見て合わせているんだよね」という発言から，見て姿を真似ることが，本当のシンクロではないと考え始めている。

終結 学習課題に対する結論をまとめる

　授業のまとめとして，ペアで撮影した動画を見ながら分析を行った。そして，学習課題に対する自分の考えをノートにまとめた。以下は生徒の記述の一部である。

【生徒1】の記述分析
・足を開くタイミングについては，足の振り下げる勢いを十分に生かすための要素として取り上げたことがあった。また，足の開く角度が狭まることによって，立ち上がることが難しくなることにも触れた。つまり，この生徒は繋ぎへの移行が遅れた要因として，足を利用した勢いの付け方や技の終わり部分の停滞を挙げている。
・前転については，着手の位置と頭をつく場所によって，その後の回転の大きさが決まることに気付いている。
・動きを揃えられた理由について，ペアとの共有ポイントを挙げている。

【生徒2】の記述分析
・自分の成果が漠然とした内容で書かれている。揃っていると書かれているものの，その根拠が示されておらず，妥当性は低い。比較的揃っていると感じたその中身を，具体的に表現できる材料が必要である。
・動きを揃えられない理由を技の実施の可否にのみ求めており，技の構造やペアとの調整に至っていない。
・アイコンタクトで揃えるということは，技の〝はじめ〟に強く意識を向けており，技や組み合わせを一つのまとまりと考えられていない。
・アイコンタクトを取る（仲間を見る）という行為で合わせることが本来のシンクロではないと感じているが，具体策は記述できていない。

記述内容	人数と割合	内容
1 「発見したい感覚やコツ」に関わる記述	14人 (45.2%)	・技の大きさが勢いや進む距離に繋がる ・技のスタートが揃っても，技をしている途中で速さが違ったりする ・開脚前転で，足をしっかり開く ・開脚前転の足を開くタイミングと角度の違いが，繋ぎに影響した ・前転の頭の場所など，少しの動きがずれに繋がる ・技の始めが同時でも，技の途中がバラバラだと終わりが合わない ・ペアと自分の技の大きさが違うため，技終了時の足の位置が遠くなる
2 1以外の記述	17人 (54.8%)	・アイコンタクトをとった ・心の中でリズムをとった ・声をかけあった ・お互いを見合って合わせた

単元終盤 マット運動 技の発表

　最終的な発表は，**図8**のワークシートに動画を貼り付けて提出（学習支援アプリ使用）という形を取った。そこに演技のアピールポイントを記入するようにし，自分が何を重視し練習してきたかを書かせた。ICTを用いることで，実際の発表ではなく，保存された動画を用いて授業時間外に評価することが可能である。

　この生徒は，ペアとリズムを感じ取るということに触れている。見た目で動きが揃っているというだけでなく，体の中のリズム（スピード）を共有することで，シンクロの精度を高めようとしている。また，連続性にも着目し，繋ぎをスムーズにするために組み合わせの順番を考えることができている。

　発表の技を組み合わせる際に，2人の技を全て揃えなくても良いという条件で行った。技能差を考慮するとともに，自分たちなりのシンクロする場面を考えることで，様々なアイディアが出されると考えた。スタート位置も固定せず，向かい合って始めたり，途中から方向を揃えたりするなどの工夫が見られた。

図8　発表についての学習シート

2　考察

(1) 主体的・対話的で深い学びの視点から

　マット運動は，自分の感覚と実際の動きのずれを修正しながら技能を高めていく種目である。その中でもシンクロマットは，単独で技を組み合わせて発表するのと違い，ペアと動きを合わせながら技能を高めていく。その際に，タイミングを合わせるために，自分の身体のスピードをコントロールする必要性が生まれる。**表5**のように，リズムの差，立ち上がりのスムーズさ，脚や体の角度など，ペアで並んで演技しているからこそ持てる視点に着目し運動の修正に繋げていく。シンクロマットを行う際，動きの改善のためにペアでの対話・他のペアとの対話が必要不可欠となる。運動の分析と他者への客観的なアドバイスをしていく中で，

運動観察の視点が磨かれる。そして，協働を通して各自の課題を解決することに繋がっていくのである。

表5　指導内容と期待する生徒の気付き

技群	接点技群	ほん転技群	平均立ち
技名	前転／開脚前転／後転／開脚後転／伸しつ前転／伸しつ後転	側方倒立回転／ロンダート	補助倒立／倒立
指導したポイント	・両手の手の平でマットを押し，体重をしっかりと支える ・足の振り下げを使って勢いをつける ・開脚の幅を広げることで，立ち上がりやすくなる	・助走（勢いをつける）時には正対し，着手しながら体をひねる ・真下に手を着くのではなく，少し前に着き手に体重を乗せる	・足を振り上げながら，着いた手よりも少し前のマットを見る ・肘は曲げずに，身体は少し反るイメージを持つ
期待する生徒の気づき	・着手の位置により，回転の大きさや進む距離に差が出る ・回転の速さ（リズム）が一定であると美しく見える ・勢いをつける（生かす）ことで，回転し（立ち上がり）やすくなる	・着手の位置を前にすることで，重心の移行がスムーズになる・足を上げているつもりでも，実際には上がり切っていない	・倒立姿勢を維持するためには，手の平で調節する

（2）ICT の効果的な活用の視点から

　タブレット端末のカメラ機能を活用することで，対話による相互評価だけではなく，自分の動きを客観的に捉え自己評価できるようになった。また，ペアで動きを分析する際，タブレット端末の動画を共に見ながら改善点を確認できることも，大きな利点である。

　一方，ICT 機器の活用で，自己の運動を把握することは容易になったが，その分感覚を研ぎ澄まし，微妙な力の入れ方を調整するなどの活動は省かれることが多くなったように感じる。ICT 機器を活用して短時間で課題を把握し，その後の活動はあくまでも自分の身体と向き合う時間とすることが，自分の身体を思うようにコントロールできることに繋がっていくと考える。

（3）成果と課題

　次ページ表6の3（5）については，難しい課題に挑戦できると感じる生徒が増えている。事前アンケートでは，器械運動のイメージとして，"痛い"や"難しい"を挙げる生徒が多かったが，記述式の解答でも肯定的な内容を挙げる生徒が増えた。3（4）では自らの試行錯誤が技能向上に繋がることについて「とてもそう思う」生徒が増加している。教えられることよりも，自分で課題に向き合い主体的に取り組むことの重要性を認識できたと考える。一方で，3（2）の仲間との関わりについては，「とてもそう思う」の割合が減少している。今後，仲間との対話により技能向上が実感できる場を設定していくことで，学び合い高め合う雰囲気作りに繋げていきたい。

　単元を通して，感覚やコツについて記述している生徒の中で，発展技や他の単元にも生かせる見方・考え方に繋がるものは少なかった。2年次の跳び箱運動や3年次の器械運動選択学習の中で，器械運動特有の指先までピンと伸びた姿勢の美しさ（特性）に気付いたり，運動を修正する際の課題把握・修正方法を選択したりするための知識や運動観察の仕方を生徒に身に付けさせていくことが重要であると考える。それを生かした主体的・対話的で深い学びを通して，運動の特性や価値に気付かせ，豊かなスポーツ実践ができる生徒の育成に繋げていきたい。

表6　生徒アンケート結果（事前・事後）

番号	質問項目		5	4	3	2	1
1	身体を動かすことが好きだ	事前	42%	42%	10%	6%	0%
		事後	60%	30%	3%	7%	0%
		差	**18%**	− 12%	− 6%	**1%**	0%
2	授業や部活以外でよく身体を動かして遊ぶ	事前	27%	15%	37%	15%	6%
		事後	37%	30%	13%	13%	7%
		差	**10%**	**15%**	− 23%	− 2%	**1%**
3 (1)	体育の授業が毎時間楽しみである	事前	61%	30%	6%	3%	0%
		事後	53%	43%	4%	0%	0%
		差	− 8%	**13%**	− 3%	− 3%	0%
3 (2)	体育の授業で仲間と積極的に関わり合っている	事前	67%	27%	6%	0%	0%
		事後	57%	40%	3%	0%	0%
		差	− 10%	**13%**	− 3%	0%	0%
3 (3)	自分で考え，課題を解決しようとしている	事前	42%	52%	6%	0%	0%
		事後	50%	43%	7%	0%	0%
		差	**8%**	− 9%	**1%**	0%	0%
3 (4)	悩みながら課題を解決した方が，技能向上に繋がる	事前	58%	36%	6%	0%	0%
		事後	70%	23%	7%	0%	0%
		差	**12%**	− 13%	**1%**	0%	0%
3 (5)	失敗を恐れず，難しい課題に挑戦できる	事前	39%	39%	10%	9%	3%
		事後	43%	43%	11%	3%	0%
		差	**4%**	**4%**	**1%**	− 6%	− 3%

【5…とてもそう思う　4…そう思う　3…どちらでもない　2…あまり思わない　1…全く思わない】

第3項　研究者から見た授業の成果・課題（保健体育）

1　はじめに

　GIGA スクール構想によって１人１台端末が実現し，児童生徒の学びの環境や方法は大きく変化した。社会の働き方も変わって，在宅勤務も取り入れられるようになった昨今では，スマート社会に対応した教育が必要になったことを示唆している。ICT 端末を使いこなして様々なタスクをこなし，適切なコミュニケーションを取ってパフォーマンスを高めていくための汎用的な資質・能力の育成は，教科横断的に求められており，とりわけ実技を中心とする教科である体育授業の ICT 端末を活用した授業方法の確立については，喫緊の課題と考えられる。

2　体育授業の ICT 端末活用の課題

　体育の授業では，映像を扱った取り組みは，ICT 端末の導入以前から家庭用ビデオカメラなどを活用して行われてきた。体育で扱う知識は，言語化が困難な暗黙知である身体知（言葉にできないけれども身体が知っていること）であることも多く，自分の動きの出来映えを捉えるためには，時間や距離の測定だけではなく，客観的な視点から自分を振り返ることが参考になる。授業中に，撮影された動画を見て動きを修正していくことも一般的になっている。このような取り組みに対して，コミュニケーションを図るツールの活用

は，体育授業ではあまり行われてこなかったことがあり，この点の充実が課題と考えられている。お互いに関わり合うコミュニケーションは，体育授業の主要な目標とされており，直接の内容である。ICT端末の利用によって，授業中の直接のコミュニケーションの減少を招くことは極力避けるようにしたい。これらの現状を踏まえ，授業の成果と課題を検討したい。

3　よい体育授業を実現する目的と方法

　よい体育の授業をどのように捉えるかは，多くの考え方があるが，ここでは高田典衛の提唱する4条件である「動く楽しさ，分かる楽しさ，集う楽しさ，できる楽しさ」を備えた授業と考える。この考えに沿えば，精一杯の運動を確保することが最優先されるので，ICT端末の活用によって運動学習時間が減少することも本末転倒になる。したがって，基本的には授業中にICT端末に触れる時間は最小限になるようにすることが求められる。1人1台端末の活用は原則であるが，実技の授業では常時端末を操作することができないので，全員使用することが能率的とは言えない場面も多く見られる。自分のパフォーマンスを客観的に捉えるためには，他人による端末操作が必要となるので，体育授業の場合には，グループで1台を活用する構造が基本となる。学び合う中で，必要最小限の端末を稼働させ，データを共有していくことが有効であり，効率的な使い方の開発，ネットワークの整備，授業外での活用が具体的な課題と考えられる。

　これまで体育の授業では，予習や復習，宿題は一般的ではなかったが，反転授業の考え方を導入し，次の授業への準備をあらかじめ家庭で行うことによって，各授業のはじめにおける教師による教示や示範を少なくすることが可能になると考えられる。授業の基本的な構造を生徒の学びの時間が中心となるようにして，運動学習の中で動きながら考え，考えたことを試行することが理想的である。目標となる運動や教材を視覚化し，授業においてどのように動けばよいのかというイメージをつくるには，ICT端末による動画などの提示は非常に有効なので，授業で生徒によって撮影された映像は，クラウドに保存し，共有することが重要と考えられる。同じものを見ることによってコミュニケーションが発生する。相手と同じものを見つめることは，視点を共有することになり，距離を縮め協働を可能にする。授業における映像や情報を共有することがコミュニケーションを活性化させる最初のステップとなるため，ネットワークへの接続は，体育の授業では非常に重要な観点と考えられる。その一方で授業中は，一緒にいるという状況を活かして，直接の対話によってコミュニケーションすることを優先したい。この場合のコミュニケーション手段は，必ずしも言語とはならないが，可能であればそれらの対話をテクノロジーによって記録したり，テキスト化したりすることができれば，教師が学びの状況を把握することができる。テキスト化されたデータは，ワードクラウドによって要約が可能であり，アイコンタクトやオノマトペ，タイミングやグレーディングの提示を把握することができれば，授業中の教師の意思決定を助けることにも繋がると考えられる。

4　主体的・対話的で深い学びへ向けたICT端末の活用

　体育の授業でスポーツや運動に主体的に取り組ませるためには，授業作りによって生徒を熱中させることが基本であり，内容を含めた面白い教材開発が問われることになる。対話的に学ばせるためには，協働しなければ完成しない教材，目標であることも重要である。この授業では，内容の提示だけでなく，練られた教材が与えられており，この教材を通して，思考・判断・表現がなされる仕組みが設らえられていた。運動ができるということは，特定の条件下で再現するものだけではない。様々なできる状態があり，授業では，シ

ンクロさせて取り組むことによって，できると思ったことができていなかったということに気付き，生徒はより高次の「自在にできる」へ向かって考えることができるようになったのである。体育の思考・判断は，「運動をできるようにするための思考」と「身に付けた知識や技能を well-being へ向かって使うための思考」の二つがあると考えられる。新学習指導要領で示される学力観の思考は後者と考えられ，このような課題設定がなされることも必要である。体育における単元は，特定の技能を身に付けさせ，やり方を教えるだけの場ではない。ヤマ場があり，意味をなす学びの経験であることが求められている。教師は，技術を教える役割だけではなく，意味を教え，価値を認める存在であることが期待されており，このような学びの経験が，現代社会を生きる資質・能力を形成することになる。

　対話的な学びを促進するには，論理的な思考も重要である。スポーツでは，自己の経験に基づいて判断を下す思考法（ヒューリスティック）を用いることがある。ヒューリスティックによる思考は，直感的で短時間の意思決定を可能にするが，判断理由にはバイアス（偏り）を含むことがある。うまくいかないときには，主張の理由や根拠としたデータが正しいかどうかを他者と客観的に検証することが必要になる。ICT 端末によって，動きを記録し，分析することが容易になり，生徒が科学的に思考することが可能になった。ICT 端末によって集められたデータは，科学的，論理的に思考することに寄与する。ICT 端末の活用は，情報の提示がその大きな効用であるが，それに加えて分析ツールとして利用することも考えたい。しかしながら，運動の評価は，測定値だけではない。人の運動を観察する際には，動きの高まりを捉え，教師がその変化や努力の価値を伝えていくことも重要である。

5　授業の成果とまとめ

　実技教科の特性として，実技中には ICT 端末を自分で扱うことが困難であることや直接のコミュニケーションを重視することなどがある。ICT 端末は，授業を充実させる手段であり，体育授業に取り入れるにあたっては，運動量やコミュニケーションを減少させずに，授業を構成することが基本である。体育では，できないことができるようになるために有効な情報を提示できることが重要である。クラウドを活用して授業外の時間を使うことも有効と考えられた。コミュニケーションを活性化させるツールとして機能させるには，提示される情報を効果的にするために，データを加工し，相手に分かりやすく伝えるためのスキルを身に付けさせることも必要となると考えられた。映像の撮影や分析によって，技能のみならず，思考力，判断力，表現力等を育成し，相手を納得させる論理的で科学的な思考を導く可能性が示唆された。

（岩手大学教育学部教授　清水茂幸，准教授　清水　将）

第**8**章　技術・家庭

評価能力を高め，
問題解決に向かう生徒の育成

教諭　◎加藤佳昭，林　澪，岩手大学教育学部特命准教授　石橋和子，教授　天木桂子

第1節　教科論

1　技術・家庭科で育成を目指す資質・能力

本校技術・家庭科において育成を目指す資質・能力を下記の通り整理した（**図1**）。

思考力等
【技術分野】問題を見出して課題を設定し，使用者と開発者の立場を往還しつつ，多様な視点の長所・短所に折り合いをつけて，製品やシステムを評価することのできる力と，よりよいものを生みだしていく問題解決能力。
【家庭分野】問題を見出して課題を設定し，自分と家族・地域の人々との立場を往還しつつ多様な視点で実践活動を評価することのできる力と，よりよいものを生み出していく問題解決能力。

協調性等
立場の違う者と協働し，問題解決のために主体的に話合いに参加し，意思決定したり，合意形成したりしていく態度。

主体性等
生活や社会の中の問題に気が付く感性と力。その問題に正面から向き合い，よりよい生活の実現や持続可能な社会の構築に向けて，生活を工夫し創造しようとする態度。

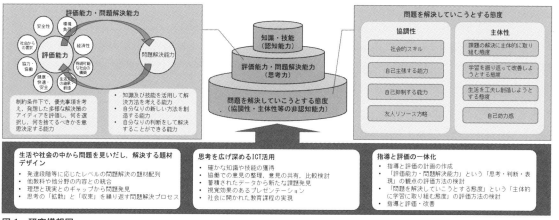

図1　研究構想図

本研究において育成を目指す「評価能力」と「問題解決能力」は，問題解決の過程で往還する関係性にあり，制約条件下で優先事項を考え，発想した多様な解決策のアイディアを評価し，何を選択し，何を捨てるべきかを意思決定しながら，問題を解決する能力である。「評価能力・問題解決能力（思考力）」は，「問題を解決していこうとする態度（協調性・主体性等の非認知能力）」を土台として，容易に数値化ができるような知識・技能（認知能力）との中間的能力であり，双方を繋ぐ役割を担う。「問題を解決していこうとする態度」とは，「課題の解決に主体的に取り組む態度」「学習を振り返って改善しようとする態度」「生活を工夫し創造しようとする態度」「自己効力感」等の主体性と「社会的スキル」や「自己主張する能力」「自己抑制する能力」「友人リソース方略」等の協調性に分類することができる。こうした非認知能力を高めることは，知識・技能や「評価能力・問題解決能力」を高めることにも重要な影響を与える。

2 技術・家庭科における研究の視点

「思考力・協調性・主体性」を育成するために，本研究では「生活や社会の中から問題を見出し，解決する題材デザイン」「思考を広げ，深める ICT 活用」「指導と評価の一体化」の3視点からアプローチする。

(1) 生活や社会の中から問題を見出し，解決する題材デザイン（主体的・対話的で深い学び）

本研究における「思考力・協調性・主体性」を育むための「主体的・対話的で深い学び」の実現を目指し，生徒の発達段階等，実態に応じた適切なレベルの問題解決の題材を配列する。例えば，1年生では自分自身または家庭，2年生では地域，3年生では社会というように，解決すべき問題の空間的レベルを広げていく。時間軸や実用性等についても同様のレベル設定が考えられる（図2）。

技術・家庭科における問題解決は，よりよい生活や社会の実現を目指すものであり，必然的に他教科や他分野の内容を統合した学習内容となる。医療・介護の問題，コロナ禍の社会の問題，災害現場の問題等は，その解決のために文理の知識を総動員して，課題解決や価値創造のための試行錯誤を行う学習場面が考えられる。こうした学習においては，生徒に様々な教科等の見方・考え方があることに気付かせた上で，生活の営みに係る見方・考え方や技術の見方・考え方を整理させることが大切である。

これまでの本校技術・家庭科の研究では，教師が解決すべき問題を考え，提示し，生徒はその問題の解決策を考える学習活動になりがちであったが，このような学習では，生徒は問題解決者になることはできても，問題発見者になることはできない。本研究においては，問題解決のプロセスの問題発見場面を重視する。

「問題」とは，「理想」と「現実」とのギャップがあることで発生する（図3）。例えば，本校技術分野の第3学年における統合的な問題解決では，医療・介護の問題解決に取り組んでおり，ある開発チームは，「一人では難しいが食事は摂ることができる」という「現実」と「食事を楽しみたい」という「理想」の差を解消しようとしている。「現実」はもちろんであるが，それに加えて「理想」を意識させることで，「楽しんでいただき

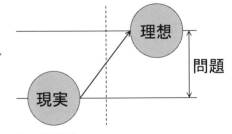

図3 問題発見

たい」という思いを製品開発に繋げることができる。ユーザーを意識して「理想」を考えられるようにすることで,「もっと生活を楽しんでほしい。そのためにはこんなものはどうでしょうか？」といった意識で開発できるようになる。問題を見いだすことが難しい生徒に対しては,「理想」を意識させたり,「現実」を理解させたりする手立てを講じる必要がある。

　問題解決のプロセスにおいては,思考の「拡散」と「収束」を重視する（**図4**）。「拡散」とは,アイディアの洗い出し作業のことである。新しい発想を生み出すためには,常識に囚われない自由な思考が不可欠である。「拡散」がない議論では,導き出される結論のクオリティが低いものとなってしまう。「拡散」の場面では,「批判しないこと」「実現できなさそうな斬新なアイディアであっても歓迎すること」「質よりも量にこだわること」「他の人に便乗してアイディアを出すこと」など,グループ内でアイディアが出しやすくなるような参加行動を意識させる必要がある。「収束」の場面では,散らばっているアイディアを取捨選択して,いくつかのまとまりに整理していく。問題解決の試行・実践活動の段階では,「See-Think-Plan-Do」のサイクルが繰り返され,製品モデル開発や実践活動がよりよいものへ修正・改善される。なお、生活や社会の中から問題を見出し,解決する題材デザインの実践例は,第2部で紹介している。

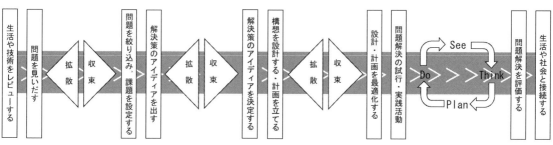

図4　生活や社会の中から問題を見いだし,解決する題材デザイン

（2）思考を広げ,深める ICT 活用（情報・情報技術の効果的な活用）

　本校技術・家庭科における ICT 活用のねらいは,「主体的・対話的で深い学び」の実現による「思考力・協調性・主体性」の育成と,「情報活用能力」の育成にある。

　生徒が問題解決に取り組む時,その時点でもっている限られた知識によって生徒の学びが限定されてしまうことがある。必要に応じて ICT を活用し,生徒にとって必要な知識を獲得することができれば,解決策の幅が広がり,よりよいアイディアが生まれてくるものと考えられる。さらに,ICT を活用することで,解決策のアイディアを瞬時に共有したり交流したりすることが可能となり,グループや学級での意見の整理や比較検討についても,短時間で効率的に行うことができるようになる。Web 会議システム等で企業や大学等の外部人材と接続すれば,距離に関わりなく双方向のやり取りができる場面を設定することができ,実際に生活や社会で行われている問題解決から学ぶことができる（**表1**）。

　技術分野の内容「D情報の技術」の「(2) 双方向性のあるコンテンツに関するプログラミングによる問題の解決」「(3) 計測・制御のプログラミングによる問題の解決」における「情報の技術についての基礎的な理解」や「それに係る技能」は,それ自体が「情報活用能力」であり,問題解決的な学習を通して,効果的に「情報活用能力」を育成する題材開発を行う必要がある。

表 1　本校技術・家庭科における ICT 活用例（令和 2 年度）

学習過程	生活や技術の レビュー問題発見 課題設定	設計・計画	課題解決に向けた 製作・制作・育成実践 活動	問題解決の評価	生活や社会との接続
ICTの活用場面	①「何とかして解決した い」と思わせる情報 の提示。（写真・動画） ②実際に生活や社会で 行われている問題解 決に関する調査。 （ネット検索）	①作業工程の動画を一 人ひとりの生徒が必 要に応じて再生し， 確かな知識や技能を 身に付ける。（写真・ 動画） ②自分のアイディアを 他者に伝えたり，他 者から意見をもらっ たりして，協働で意 見の整理，意見の共 有，比較検討する。 （学習支援サービス）	①動画を撮影して，課 題解決の状況を蓄積 し，課題点を見出す とともに，自己評 価・改善に活用する。 （動画） ②課題解決に必要な知 識を獲得する。（ネッ ト検索）	①プレゼンテーション 資料の作成（文書作 成・プレゼンテー ション作成） ②成果物を撮影し，プ ロジェクタを使って スクリーンに映し出 す。（写真・動画） ③実習の様子を動画で 撮影し，自己評価・ 改善に生かす。（動 画）	①大学や企業等，外部 人材と双方向のやり 取りをして，実際に 生活や社会で行われ ている問題解決と自 己の問題解決とを比 較し，教科の学びを 実生活に接続する。 （Web 会議システム）

（3）指導と評価の一体化

　本研究における「評価能力・問題解決能力」を「思考・判断・表現」の観点の評価として，「問題を解決していこうとする態度」を「主体的に学習に取り組む態度」の観点の評価として実施し，その評価方法や評価規準について，生徒の具体の姿をもとに検討する。各題材の「指導と評価の計画」を作成し，観点別学習状況の評価を行い，生徒の学習状況を把握し，教師の指導改善に繋げる。「主体的に学習に取り組む態度」の観点については主体的に取り組む側面と振り返って改善する側面，工夫し創造しようとする態度について評価することとなっている。主体的に取り組む側面，振り返って改善する側面については，学び方，方略の指導方法，学習シートの記述に生徒の力や態度を表出させるための問い方について検討し，指導と評価・改善を重ね，信頼性・妥当性・効率性のある評価方法を追求する。

3　理論を導く実践例

実践例 1　技術分野 内容「D情報の技術」題材名「計測・制御の技術で医療・介護の問題を解決しよう」

（1）思考を広げ，深める ICT 活用（情報・情報技術の効果的な活用）

　計測・制御のプログラミングによる問題の解決では，自動車の自動ブレーキシステムや，お掃除ロボットの段差回避システム，工場内を走行する無人搬送機等，情報の技術が使われている様々な機器の動作を再現し，安全・適切なプログラムの制作，センサやアクチュエータを含めた動作の確認及びデバッグ等を繰り返しながら，情報活用能力の育成を図った。製品モデルの提案では，文書処理ソフトを活用して作成したプレゼンテーション資料を使って，製品モデルを説明し，デモンストレーションの際には，

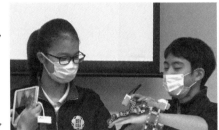

図5　製品モデルの提案の様子

タブレット端末を使って，製品モデルの動作をスクリーンに映しながら提案を行った（**図5**）。問題発見前に体験した医療機器，問題解決後にふれた最先端の研究開発も計測・制御の技術を使ったイノベーションであり，題材全体を通して情報活用能力の涵養を図っている。

（2）指導と評価の一体化

①「評価能力・問題解決能力（思考・判断・表現）」の評価

「思考・判断・表現」の観点は，題材の中に6つの評価項目を設定した。例として，「課題の解決結果や解決過程を評価，改善及び修正することができる。」についての評価方法（**表2**）を示す。製品モデル開発後，生徒たちに作成させた報告書には，一人ひとりの生徒が実際に取り組んだことを報告させ，グループではなく，個人の思考を見取るようにした。「おおむね満足できる」状態（B）は，「課題を解決するための処理の手順の変更について述べられている」ものとした。本題材の製品モデル開発は，ソフトの開発だけでは課題は解決されず，実装に至るためにはハードの開発も必要であり，ソフトとハードは相互に条件を制約し合うとともに，相互に解決策を提供し合う関係にあるため，両面からの解決策の記述があるものを「十分満足できる」状況（A）と判断することにした。

表2 「評価能力・問題解決能力」の評価例（技術分野）

評価対象	「開発プロセスのそれぞれの段階で，修正・改善しようと思ったこと」「どのように解決しようとしたか」		
評価方法	「どの段階について書いているか」＋「解決策の適切さ」から評価		
評価項目	課題の解決結果や解決過程を評価，改善及び修正することができる。		

	開発プロセスのそれぞれの段階で，修正・改善しようと思ったこと	どのように解決しようとしたか（実際にやってみたこと）	読み取りのポイント
「十分満足できる」状況（A）	①指の動きがジャイロセンサでは対応しきれない。②指の関節に合わせて，適切な角度の中で動くこと，超過しないようにすること。③「物をつかむ」動作から，つかんだまま停止，キープさせることができるようにすること。④つかんで停止した後，ゆっくりと話すことができるようにすること。	①指にはまるためのサイズ感やセンサの数から，センサの向きの工夫により改善。「もう1つつけて，そちらが動いたとき動きを制限する」ようにすることも可能か？②モータを2つ使い，関節2つ分にフィットするようにした。実際に付けて可，不可を確かめ，それ以上を制限した。③つかんだ後，手の動きが止まると同時に待機させるようにし，動き出した瞬間に次の動作にいくようにした。力はしっかりとつかむ程度かかっている。④③に関連付けて考えた。離す動作はつかむよりも数倍難しかった。しきい値を細かく設定し，よりなめらかにゆっくり動けるようにした。	課題を解決するために使用するセンサ，アクチュエータ，処理の手順（アルゴリズム）の変更について述べられている。ハード，ソフト，様々な技術や他分野の内容を統合して考えている。
「おおむね満足できる」状況（B）	安全性を重視しようと思った。	腕が無理な方向に曲がらないようにするため，もともとトルクはかなり強いため，秒数や角度ではなく，押された場合にし，ギヤを使い，トルクが強く，ゆっくり動くように調整した。	課題を解決するための処理の手順（アルゴリズム）の変更について述べられている。

②「問題を解決していこうとする態度（主体的に学習に取り組む態度）」の評価

主体的に取り組む側面と振り返って改善する側面については，事前に学び方，方略の指導を行った（**図6**）。限られた授業時数の中で製品モデル開発を行うために，STPDサイクルをチーム内で粘り強く回し続けること，必要があればタブレット端末等を使って工夫して開発を進めること，授業の最初に今日の授業で解決すべき課題と役割分担を確認し，授業時間内にも頻繁にチーム内で情報共有したり，取り組みを振り返って計画を修正したりすること等を確認した。学び方の押し付けにならないように，強制的な指導ではなく，あくまでもこのような方法があると教師が提案し，それぞれのチームでどのような方法で開発を進めていくかを決めるという形を取った。

「主体的に学習に取り組む態度」の観点は，題材の中に六つの評価項目を設定した。例として，「自らの問

問題解決の大きな流れ（PDCAサイクル）と，製品モデルの試作・問題解決の試行の段階のSTPDサイクルを各チームで粘り強く回し続けることを指導する。

自分の取り組みに必要な身の回りのリソース，例えば教科書や参考書，インターネット，タブレット端末，先生や友達をうまく活用しながら，自分なりに学習を工夫して開発を進めるよう指導する。

プログラムの実行と同時に，製品モデルが動作する様子をよく見て，チーム内で意見を出し合い，一人ひとりのアイディアを大切にしながら修正・改善していくことを確認しておく。

毎時間，最初の3〜5分間で前時の開発を振り返って，製品モデルの開発作業と役割を確認させる。うまく作業が進まないチームには，ハード，ソフト，プレゼン資料の各担当の適正人数や役割分担のパターンを示す。また，授業時間内でも，頻繁にチーム内で情報共有したり，取り組みを振り返って開発計画を修正するよう指導する。

図6　学び方，方略の指導

題解決とその過程を振り返り，よりよいものとなるよう改善・修正しようとしている。」については，思い通りにならない場面で，グループの中の個人がどのような学習方略を選択するかというところを見取る（**表3**）。評価対象は，「製品モデル評価シート」の中の「開発プロセスを振り返って，技術開発において大切だと思うこと」という問いに対する記述であり，内容のまとまり全体を通し，学習の調整力を評価する。評価方法は「自らの作業の過程を振り返って原因を追究しようとしているか」と「最適な作業手順を考えようとしているか」から評価する。「おおむね満足できる」状況（B）を「問題解決の過程を振り返り，役割分担やこまめな情報共有等，開発作業の流れを円滑にする方法を考えている。」とした。「十分満足できる」状況（A）は「問題解決の過程を振り返り，技術の見方・考え方を働かせて，学びを質的に高めようとしている。」とした。

表3　「問題を解決していこうとする態度」の評価例（技術分野）

評価対象	「開発プロセスを振り返って，技術開発において大切だと思うこと」	
評価方法	「自らの作業の過程を振り返って原因を追究しようとしているか」＋「最適な作業手順を考えようとしているか」から評価	
評価項目	自らの問題解決とその過程を振り返り，よりよいものとなるよう改善・修正しようとしている。	

	「十分満足できる」状況（A）	「おおむね満足できる」状況（B）
生徒の具体的な記述例	チームでの役割分担は，日によってハード面とソフト面のメンバーを交互にすることで，全員が開発の全てに携わることができ，新たな視点を加えながらできたので，大切だと思った。 　改善・修正のときに，開発した製品モデルを使用する人が使いやすい簡単な操作であるか，危険を最小限にできるかを視野に入れるべきだと思った。 　開発チームでコミュニケーションを取るときは，自分たちが解決しようとしている課題や使用者のニーズが何なのかを常に考えることが大切で，目的を考えながら機能の向上や外観を向上していくことが必要だと思った。	毎時間発生する課題が違うので，ソフト面とハード面をそれぞれ何人で行うかは，毎時間決めても良いと思う。改善・修正を繰り返すときには，自分たちが作ろうとしているものに合っているかを確認してから行うことが大切だと思う。サブグループ間のコミュニケーションは，それぞれが別のことに集中しているため，疎かになりやすいが，自分たちがどこまで進んでいるのかを伝えたり，どのセンサを何のために使うのかを確かめたりして，お互いの活動状況を把握すべきだと思う。
読み取りのポイント	学習意欲を高め，効果的な開発作業の流れを考え，STPDサイクルを回そうとしている。問題解決の過程を振り返り，技術の見方・考え方を働かせて，学びを質的に高めようとしている。	問題解決の過程を振り返り，役割分担やこまめな情報共有等，開発作業の流れを円滑にする方法を考えている。

実践例2　家庭分野　内容「B 食生活と自立」題材名「和食を作ろう～自分たちの食の課題を解決する献立を立てよう～」

（1）思考を広げ，深める ICT 活用（情報・情報技術の効果的な活用）

本題材では，主に3つの場面において ICT 活用を行った。

①拡散した思考を収束させる場面

課題発見の場面では，食の問題に関するアンケート結果から解決すべき課題を絞り込んだ。生徒から挙げられた食の問題点を，ワードクラウドを活用することで視覚化した（**図7**）。テキスト内で使用される頻度が多い単語ほど，大きく表示されるため，生徒から多く挙がった課題を一目で捉えることができた。

図7　ワードクラウド活用例

②必要な知識を獲得する場面

献立について検討する際に，タブレット端末の検索機能を活用して，グループのコンセプトに合致したレシピ，使用食材や一人分の分量等，生徒が必要なタイミングで必要な情報を自由に検索できるようにした。これまでの学習の情報源は，教科書やハンドブック，書籍であったが，より多くの情報の中から必要な情報を獲得することができるようになった。生徒たちは，膨大な情報を前に，情報の取捨選択も迫られ，それらをどのように活用するかを考えることで，情報編集力が鍛えられると考える。

③協働で意見を整理する場面

個人で考えた献立をもち合い，話し合いを通してグループで一つにまとめた献立について全体交流学習を行った。交流の際には，学習支援アプリを活用して，聞く側の生徒がアドバイスを書き込めるようにした（**図8**）。授業中は，自分のグループの献立表を容易に送受信できるため，グループのメンバーが受け取った献立表を見ながらプレゼンを聞くことができる。それぞれの献立に対するアドバイスを，タブレット端末内で付箋に書き込んだり，文字を書き込んだりして，互いに送り合うことで，様々な考えや異

図8　学習支援アプリ活用の様子

なる価値観をもった他者からの意見を生かして献立を再検討することができた。教師は，必要に応じて，効果的なアドバイスを取り上げ，献立の改善の視点や選択肢を与える等，瞬時に情報共有できる ICT の特性を指導に活用した。

（2）指導と評価の一体化

①「評価能力・問題解決能力（思考・判断・表現）」の評価

「思考・判断・表現」の観点は，題材の中に6つの評価項目を設定した。例として，「調理実習をして出た課題点について，実践を評価したり，改善したりしている。」についての評価方法を示す（**表4**）。

和食の献立について，栄養バランス，調理方法，彩り，予算等の視点を考慮して献立を何度も検討し，既習内容の活用状況を評価し，評価情報を指導に生かした。調理実習後には，自分たちのグループが作った定食についてレーダーチャートを用いて評価し，改善策を考えた。こうした学習活動を通して，生活の営みに係る見方・考え方を働かせてきた生徒にペーパーテストで問うことで，グループ内の個人が実践を評価したり，改善したりする力を見取ることとした。

表4 「評価能力・問題解決能力」の評価例（家庭分野）

評価対象	「あなたのグループが作った定食について，さらによりよい定食にするために，どのような点をグレードアップさせることができるか，2つ以上説明しなさい。」
評価方法	「課題点の捉え」＋「解決策の適切さ」から評価
評価項目	調理実習をして出た課題点について，実践を評価したり，改善したりしている。

	生徒の記述	読み取りのポイント
「十分満足できる」状況（A）	・四季を感じる食品が少なかったため，さつまいもやかぼちゃなど冬らしい食材を使いたいです。 ・炒めるのに時間がかかり，他の料理が冷めてしまったので，レンジを使うなど時短を意識したいです。 ・火の通りにくい人参やじゃがいもを使用していたため，先にレンジでチンして調理時間を短縮する。 ・栄養バランスの点で2群が少なかったので，味噌汁に海藻を入れる。	料理の評価項目に照らして，どの点に課題があるのか明らかにした上で，その課題点をどのように改善するのか，<u>食材や調理方法などの具体的な記述</u>がある。
「おおむね満足できる」状況（B）	・彩りが少なく，栄養バランスが偏っていたので，もっと緑黄色野菜などを入れればよかったと思いました。 ・もう少し県産の食材を使う。 ・見た目が茶色の食材が多い気がするので，彩りをよくできるように緑の食材を使う。	料理の評価項目に照らした改善策の記述がある。
「努力を要する」状況（C）	・季節の野菜や果物を取り入れたり，彩りも考えたりしたい。 ・デザートを付け，たんぱく質を増やす。 ・盛り付けとエコ（食材を使い切る）	≪支援の手立て≫ 　課題点はどこで，どう改善すればよいのかの視点を示し，具体的に考えられるようにする。

② 「問題を解決していこうとする態度（主体的に学習に取り組む態度）」の評価

　「主体的に学習に取り組む態度」の観点は，題材の中に3つの評価項目を設定した。例として，「日常食の調理と地域の食文化について，課題の解決に向けた一連の活動を振り返って改善しようとしている」についての評価方法を示す（**表5**）。グループの献立の改善点を見付け，交流会で得た意見をもとによりよいものにしようとしたり，最後まで課題解決に向き合おうとしたりする姿を学習シートで見取る。また，粘り強く課題解決に向かっているか，試行錯誤しながら課題解決に向かっているか，題材全体を通して見取るべき姿を学習シートやOPPシートから評価した。

表5 「問題を解決していこうとする態度」の評価例（家庭分野）

評価対象	「食の課題解決において学んだこと，自分の考えが最初と比べて変わったこと」
評価方法	「課題解決に主体的に取り組んでいる」＋「実生活に繋げ，実践しようとしている」
評価項目	よりよい食生活の実現へ向けて，日常食の調理と地域の食文化について工夫し創造し，実践しようとしている。

	生徒の記述	読み取りのポイント
「十分満足できる」状況（A）	・料理は味だけではなく，彩り（見た目），旬，味，コスト，エコ，栄養バランスなど，様々な視点から考える必要があることがわかった。今回の学習で，だしをとる大切さを知り，いつも簡単な野菜炒めや出汁入り味噌汁だけではなく，たまには煮魚や自分でとった味噌汁を作ってみたいと思いました。 ・栄養バランスや食品ロスをしないような工夫をしながら献立作成から調理までやってみると難しく，「食の課題」はまだまだ多くあると感じた。だからこそ，このような課題を解決していくためには，献立を考えるときに調理方法や使う食材の工夫を考えることが大切だと思った。 ・最初，廃棄率を少なくすることは簡単だと思っていたが，今回定食を作ってみて，栄養バランスをよくすることも大切なので，本来廃棄する部分をどこに取り入れたらよいのか考えるのが難しかった。	栄養，嗜好，調理法，季節，費用などの観点から，課題解決の過程を具体的に振り返り，今後の生活に活かそうとしている。

	また，調理の仕方や計画の立て方によって食品ロスなどの問題も解決できると分かった。	
「おおむね満足できる」状況（B）	・調理実習やだしの持つ役割について学んだことによって，和食は栄養バランスもよく，栄養豊富であることを学んだ。 ・和食は，行事で食べるものとしてや伝統を受け継ぐことに加えて，四季を彩る大切な役目があることがわかった。	課題解決の過程を振り返り，今後の生活に活かそうとしている。
「努力を要する」状況（C）	≪支援の手立て≫ 家庭などで，献立を立てたり調理に関わったりできるよう声掛けをする。	

第2節　具体的実践事例

第1項　技術・家庭科（家庭分野）学習指導案

1　題材名

幼児の生活と家族

2　題材について

（1）生徒観

本校3年生138名を対象に行った幼児に関する実態調査を行った。その結果（**表6**）から，家族の中に幼児がいる生徒は10名であり，日常的に幼児と関わる機会がある生徒は学年全体の10%に満たないことが分かる。また，親戚や近所の子供など，幼児と触れ合う機会がある生徒は53名であり，6割以上の生徒は幼児と触れ合う機会が全くないことが分かる。また，「幼児は好きですか」という質問に対しては，65%が肯定的な回答である一方，幼児に対してマイナスな印象を持っている生徒も少なくないことが分かる。題材導入時に実施した幼児のイメージ調査からも，「かわいい」「純粋」という肯定的な印象がある一方で，同程度の割合で「うるさい」という否定的な印象を抱いている。

表6　幼児に関する実態調査（実施対象：本校3年生，回答数138名）

質問内容	結果	
Q1.家族の中に小学生未満の子供がいますか？	いる	7%
	いない	93%
Q2.あなたは幼児と触れ合う機会がありますか？	ある	38%
	ない	62%
【触れ合う場面】いとこ　親戚　友達のきょうだい　家族の友達のきょうだい　近所の子ども		
Q3.幼児は好きですか？	とても思う	22%
	まあまあ思う	43%
	あまり思わない	20%
	思わない	15%
Q4.あなたは幼児との触れ合い実習は楽しみですか？	とても思う	20%
	まあまあ思う	37%
	あまり思わない	26%
	思わない	17%

少子高齢社会の進展により，家族内だけではなく，地域でも異年齢の子供同士の関わりが減っている社会状況である。また，本校は学区が広範囲であるため，近所の子供との関わりが困難であると考えられる。幼児と触れ合う機会が少ないからこそ，実際に幼児と触れ合う中で関わることの喜びや大切さ，幼児が好きだと感じる機会もなく，マイナスなイメージが先行していると考えられる。

そこで，幼児の発達や年齢差のある人との関わり方を学ぶことで，子供を育てる環境にいる一人として，

よりよい家庭生活の実現へ向け，幼児に対して主体的に関わりを持ち課題解決に向かう生徒の育成を図りたい。自分の幼い頃も振り返り，自分自身のこれまでの成長と関わらせながら学ぶことで，多くの人に支えられてきたことを実感し，中学校卒業後の自分の生き方へ活かしていこうとする態度を育みたい。

(2) 教材観

　家族・家庭生活の内容は，課題をもって，家族や地域の人々と協力・協働し，よりよい家庭生活に向けて考え，工夫する活動を通して，家族・家庭の基本的な機能について理解するとともに，家族・家庭生活に関する知識及び技能を身に付け，これからの生活を展望して，家族・家庭や地域における生活の課題を解決する力を養い，家庭生活を工夫し創造しようとする実践的な態度を育成することを目指している。

　本題材は，新学習指導要領「A家族・家庭生活 (2) 幼児の生活と家族」にあたる。ここでは，幼児の生活と家族について，課題をもって，幼児の発達と生活，幼児との関わり方に関する基礎的・基本的な技能を身に付け，それを支える家族の役割や遊びの意義について理解し，幼児との関わり方を工夫することができるようになることをねらいとしている。

　本題材では，導入時に自分の成長を振り返り，これまでの自分と関わらせながら学習に向かう動機付けとした。また，「幼児自身」「家庭」「地域」と空間軸を広げながら，幼児を取り巻く環境の問題点を探ることで，本題材で迫っていく幼児理解の一助とした。その後，幼児の心身の発達の特徴や生活習慣，家族の役割など，幼児と関わる上で必要な知識を学んでいく。その学習を踏まえて，幼児との関わり方について工夫したことを幼児との触れ合い実習で実践し，その内容を評価・改善していく。自分たちの生活の中から問題を見出して課題を設定し，計画を立てて実践し，幼児との関わり方について評価・改善する。この一連の学習活動を通して，子育ては大切な家庭の機能であり，多くの人々が関わって子供が育つことを，実感を伴って理解するとともに「協力・協働」という概念を形成できるようにしている。さらに，これまでの自分の成長を振り返り，様々な人々が関わってきてくれたことで今の自分があることに気付かせたい。実際に幼児と触れ合う実践的体験的活動を行うことで，試行錯誤しながらも相手の気持ちを理解しようと努め，よりよい関わり方を目指そうとする力を育みたい。

(3) 教科研究との関わり（指導観）

①生活や社会の中から問題を見出し，解決する題材デザイン

　新学習指導要領では，生活の営みに係る見方・考え方について，「家族や家庭，衣食住，消費や環境などに係る生活事象を，協力・協働，健康・快適・安全，生活文化の継承・創造，持続可能な社会の構築等の視点で捉え，よりよい生活を営むために工夫すること」としている。

　本題材では，幼児とよりよく関わるために，幼児の心身の発達等について調べ，粘り強く観察したり，ゲストティーチャーからのアドバイスをもとに，うまくいかなかったことなどを振り返って関わり方を改善するなど，自らの学習を調整しながら学習に向かう「主体性」を育めるようにした。また，仲間と意見交流しながらよりよい関わり方等のアイディアを出し合い，幼稚園実習を計画して実践し，評価・改善していく学習活動を通して，お互いに協働し合う「協調性」を育成していく。さらに，幼児に関する既有の概念や幼児の心身の発達の特徴，生活習慣などについて学んだ知識を関連付けながら，幼児とよりよく関わるために本当に必要なことは何なのか考え，幼児の年齢差や個人差などの相手意識を持ちながら問題解決していく「思考力」を育成していきたい。

②思考を広げ，深める ICT 活用

幼児の写真や動画等を自由に見ることができるようにすることで，幼児の心身の発達の特徴や生活習慣について，より明確にイメージをもつことができ，課題解決する際に役立てることができる。また，ロールプレイングの様子をタブレットに録画することで，生徒は自分たちの関わり方を見返しながら改善することができる。題材全体を通して，生徒は必要なときに必要な情報を取捨選択し，学習に活用していく。

また，グループ活動や交流会等の協働で意見を整理する場面において，学習支援アプリを活用することで，それぞれの計画に対するアドバイスを，タブレット端末内で自由に付箋に書き込み，お互いに送り合いながら，他者からの意見を生かして計画を練り上げることができる。また，必要に応じて参考にしてほしい内容を瞬時に全体で共有することができる。さらに，幼児との触れ合い実習の様子をタブレット端末で保存・蓄積し，活動を振り返ったり改善したりする際に活用していく。

③指導と評価の一体化

1）「評価能力・問題解決能力（思考・判断・表現）」の評価

「思考・判断・表現」の観点は，題材の中に4つの評価項目を設定した。幼児との関わり方を工夫するにあたって，幼児の年齢差や個人差，興味関心等の視点を考慮して，触れ合い実習計画を検討し，実践後にはレーダーチャートを用いて評価していく。生活の営みに係る見方・考え方を働かせて問題解決にあたることができたかについて，ワークシートやペーパーテストで問うことで，生徒一人ひとりが実践内容を評価する力を見取っていく。

2）「問題を解決していこうとする態度（主体的に学習に取り組む態度）」評価

「主体的に学習に取り組む態度」の観点は，題材の中に3つの評価項目を設定した。①課題の解決に主体的に取り組もうとする姿（粘り強さ），②試行錯誤を繰り返し学習を振り返って改善しようとする姿（自らの学習を調整），③生活を工夫し創造し，実践しようとしている姿（実践しようとする態度）をワークシートやOPPシート等を用いて題材全体を通して評価する。

3　題材計画

（1）題材の目標

【知識及び技能】

・自分の成長と家族や家庭生活との関わりについて理解する。

・幼児の心身の発達と生活の特徴が分かり，子供が育つ環境としての家族の役割について理解する。

・幼児にとっての遊びの意義や幼児との関わり方について理解する。

【思考力・判断力・表現力等】

・幼児との関わり方について問題を見出して課題を設定し，解決策を構想し，実践を評価・改善し，考察したことを論理的に評価するなどして課題を解決する力を身に付けている。

【学びに向かう力，人間性等】

・家族や地域の人々と協働し，よりよい生活の実現へ向けて，幼児の生活と家族について，課題の解決に主体的に取り組んだり，振り返って改善したりして，生活を工夫し創造し，家庭や地域で実践しようとする。

（2）評価規準

知識・技能	思考・判断・表現	主体的に学習に取り組む態度
・自分の成長と家族や家庭生活との関わりについて理解している。 ・幼児の心身の発達と生活の特徴が分かり，子供が育つ環境としての家族の役割について理解している。 ・幼児にとっての遊びの意義や幼児との関わり方について理解している。	幼児との関わり方について問題を見出して課題を設定し，解決策を構想し，実践を評価・改善し，考察したことを論理的に評価するなどして課題を解決する力を身に付けている。	家族や地域の人々と協働し，よりよい生活の実現へ向けて，幼児の生活と家族について，課題の解決に主体的に取り組んだり，振り返って改善したりして，生活を工夫し創造し，家庭や地域で実践しようとしている。

（3）指導と評価の計画

	学習活動（★…ICT活用）	評価規準・評価方法		
		知識・技能	思考・判断・表現	主体的に学習に取り組む態度
1	問題発見 ・自分の成長を振り返り，幼児期へ関心をもつ。（映像教材，自分の幼児期を想起する） ・幼児に関するアンケート実施。（★ワードクラウド活用）	①自分の成長と家族や家庭生活との関わりについて理解している。【ワークシート】		①幼児の生活と家族について，課題の解決に主体的に取り組もうとしている。【ワークシート，OPPシート，行動観察】
2	課題設定 ・幼児自身，家庭の中の幼児，地域の中の幼児それぞれにおける課題点を挙げる。（★タブレット端末活用：過去の幼稚園訪問実習の写真や附中ランドの動画，ネット検索機能を活用）		①幼児との関わり方について，問題を見出して課題を設定している。【ワークシート】	
3	必要な学び ・幼児の体の特徴，運動機能の発達の特徴を理解する。（★動画教材）	②幼児の体の発達と生活の特徴について理解している。【ワークシート】		
4	必要な学び ・幼児の心の発達の特徴について理解する。（★動画教材）	③幼児の心の発達と生活の特徴について理解している。【ワークシート】		
5	必要な学び ・幼児の生活習慣の特徴や子供が育つ環境としての家族の役割，遊びの意義等について理解する。（★動画教材）	④幼児の生活習慣，子供が育つ環境としての家族の役割について理解している。 ⑤幼児にとっての遊びの意義や幼児との関わり方について理解している。【ワークシート】		
6（本時）・7	関わり方の工夫 ・ロールプレイングを通して，幼児や中学生の気持ちを実感する。全体交流やゲストティーチャー（幼稚園教諭）のアドバイスをもとに，よりよいかかわり方へ工夫する。（★オンライン，録画機能） ・幼稚園訪問実習計画		②触れ合い実習での幼児との関わり方について考え，工夫している。【ワークシート，行動観察】	②幼児との関わり方について，課題の解決に向けた一連の活動を振り返って改善しようとしている。【実習計画書，OPPシート，行動観察】
8	実践（幼稚園訪問実習） ・幼稚園での幼児の観察や幼児との遊			

	びの中での関わりを通して，幼児との関わり方を工夫することができる。（幼児の年齢による違い，生活の様子等を観察したり，サッカーや砂場遊びなど幼児と遊んだりする。）		④触れ合い実習での幼児との関わり方についての課題解決に向けた一連の活動について，考察したことを論理的に表現している。【ワークシート，行動観察】	
9	評価・改善 ・実践をしてみて，改善できるところを考える。年齢，発達段階，個人差等を評価する。 （★訪問実習の写真や動画）		③幼児との関わり方について，実践を評価したり，改善したりしている。【ワークシート】	
10	学びの自覚化 ・自分と幼児のこれからの関わり方について考える。 ・実際に子育てをしている親の話を聞く。（★動画教材）			③よりよい生活の実現へ向けて，幼児との関わり方について工夫し創造し，実践しようとしている。【実習報告書，OPPシート，行動観察】

4 本時について

(1) 主題

幼児との関わり方を工夫しよう

(2) 指導目標

触れ合い実習へ向けての幼児との関わり方について考え，工夫している。

(3) 評価規準

【思考・判断・表現】

触れ合い実習での幼児との関わり方について考え，工夫している。

【主体的に学習に取り組む態度】

幼児との関わり方について，課題の解決に向けた一連の活動を振り返って改善しようとしている。

(4) 授業構想

　生徒は前時までに，課題解決のために必要な幼児の心身の発達の特徴や生活習慣についての基礎知識を学んできた。本時は，幼児と実際に関わる場面を想定し，よりよい関わり方について工夫していく。全体での意見交流や，幼稚園の先生からのアドバイスを踏まえて，幼児への「言葉掛け」や「行動」に着目させていく。ロールプレイングを通して，幼児の気持ちになることの大切さを実感し，幼児が安心して関われるよう改善していく。具体的な対応だけでは解決できないような，幼児の見えない心の中を理解しようと努めることの大切さにも気付かせたい。関わる対象は幼児であるという相手意識を持たせながら，子供を育てる環境にいる一人として主体的に学習に向かわせていく。

（5）本時の展開

段階	学習内容および学習活動 ・予想される生徒の反応等	指導上の留意点および評価 ・指導の留意点　○評価
導入 5分	1．学習内容を確認する 　・前時までの振り返りをする。 　　幼児の心身の発達の特徴，生活習慣，家族の役割等。 2．学習課題を設定する 　・幼稚園訪問に行くにあたって，不安なことや心配なことを共有する。 　・「幼児が泣いている場面」提示　こんなとき，どう関わる？ 　・幼稚園訪問実習へ向けて，実際に幼児とどのように関わったらよいか考える必要感を持たせる。	・3分前学習で，幼児の特徴について振り返る。 ・様々な関わり方を挙げさせた上で，生徒の中から本時で学ぶべき内容を引き出させる。
展開 40分	┌──────────────────────────┐ 【学習課題】こんな場面，どのように関わる？なぜそうするの？ └──────────────────────────┘ 3．幼児との関わり方を考える 　（4人×3グループ）ごとに場面設定 　　①年少の男の子。物を取り合いしている場面 　　②年中さん。中学生が取り合いになる場面 　　③年長の男の子。一人でいる場面 【個人で考える】 　・けんかをやめさせる。取り合いになった理由を聞く。 　・順番に遊ぶ。みんなで一緒にできる遊び提案する。 　・みんなが集まっているところに連れていく。 【グループ活動】 　・意見交流，ロールプレイング（※役割を順番に回す） 　・代表3グループ発表，全体で意見交流 　★幼稚園の先生からアドバイス 4．幼児との関わり方を改善する 　・「言葉掛け」幼児の年齢による発達の違いに着目しながら 　・「行動」目線，笑顔，幼児を受け入れる姿勢，幼児の気持ちを考える 《改善案》 　・年少さんでも分かるような言葉で丁寧に話しかけてあげる。 　・幼児が安心できるように同じ目線になって話す。 　・「どうしたの？」「そうなんだね」など，幼児の気持ちに寄り添ってあげられるように声を掛ける。 　★幼稚園の先生からの言葉	・過去の幼稚園訪問実習の実践から，実際に想定される場面で関わり方を考える。 ┌──────────────────────┐ ○触れ合い実習での幼児との関わり方について考え，工夫している。 【思考・判断・表現】 （ワークシート，行動観察） ※既習事項を活用して問題解決を図っている姿を評価 └──────────────────────┘
終結 5分	5．本時を振り返る（OPPシート） ┌──────────────────────────┐ 　　　　　　生徒の振り返り（記述例） 　今日の学習では幼児との関わり方について考えた。最初は，みんなが集まっている場所に連れていけばいいと思っていたが，仲間の意見や幼稚園の先生のアドバイスを受けて，まずは幼児がどんな気持ちなのかを考えること，安心して関わってもらえるように同じ目線になって笑顔で話しかけるなどの工夫をすることが大切だとわかった。幼稚園訪問実習でも生かせるように頑張りたい。 └──────────────────────────┘ 6．次時の見通しを持つ 次回は，幼稚園訪問実習の事前準備学習	┌──────────────────────┐ ○幼児との関わり方について課題の解決に向けた一連の活動を振り返って改善しようとしている。 【主体的に学習に取り組む態度】 （OPPシート，行動観察） ※意見交流をもとに，よりよいものにしようとしたり，最後まで課題解決に向かう姿を評価 └──────────────────────┘

第2項　生徒の姿と授業の考察

1　授業中の生徒の活動

導入　幼児との関わり方についてのグループでの話し合い活動

（年中の幼児が「お兄さん・お姉さんと遊びたい！こっちきてー！」みんなはどうする？）
S1：他のお兄さん連れてきて，「このお兄さんと遊んで！」って言うかな。でも，そうしたら
　　幼児は絶対「何で〜？」ってなるよね…。「何で〜？」って言われたら返答に困るんだよ
　　ね…。
S2：う〜ん。わからない。どうすればいいんだろ。
S3：私だったら，みんな遊んでほしいと思ってるわけだから，みんな混ぜて遊んじゃえばいい
　　と思うんだよね。（お兄さん）一人と（幼児）みんなで。
S1：あ〜，なるほど。鬼ごっこみたいなこと？　チームで遊ぶってこと？
S3：そう。大人数で遊べるもの！

> ★話合いを通して，問題解決に向かう。小さい兄弟がいる生徒が自分の経験を踏まえながら意見発信することによって，よりよい関わり方を導き出す。

展開1　話し合いを踏まえたロールプレイング

S1：あ，粘土がある！
S2：あ，粘土だ〜！
S1：これ私の！
S2：いや，私が先に見つけた！
S1：え，〇〇ちゃんひどい！
S2：ひどいよ，△△ちゃん！
S3：ちょっと待って！　新しい粘土があるよ。
S1：でもわたしこの粘土じゃなきゃやだ！
S3：この粘土は最新バージョンだよ！
S1：（お兄さんに向かって）ありがとう！
S2：一緒にあそぼ！
S1：うん，やったー！
⇒幼児同士のけんかの仲裁のために中学生役であるS3が
対応している。

図9〜図11　板書・ロールプレイングの様子

展開2　ロールプレイング後の全体交流

T　：例えばどんな関わり方がよかった？
S1：H君みたいに，幼児に「こういうのどう？」と提案しているところが，あくまで主役は幼児なんだなという接し方でいいと
　　思った。
S2：ひとりで遊んでいるということは，その子がやりたいことをやっているのだと思うし，一緒に遊ぶのではなくて，寄り添って
　　あげるのがいいんだと思います。
S3：トラブルになったときに「代わりにこうしたら？」という代替案を出していたのはいいと思うんですけど，今回はすんなり認
　　めてくれていたんですけど，Oさんがやったように「これじゃやだ」となるかもしれないから，そういうところは難しそうだ
　　なと思いました。
T　：そういうとき，どうしたらいいんだろうね？
S4：Jさんがやったみたいに「幻の粘土！」って言っちゃうと，今度は2人ともそれがよくなっちゃうから，難しいなと思いました。
S5：一人で遊ぶことは悪いことじゃないから，強引に行き過ぎるのはよくないと思いました。
　　年長は人間関係が出来上がってくるときだから，いま悩んでいるかもしれないから。
S6：幼児の考えを尊重しようとしていたところがよいと思った。
⇒仲間のロールプレイから，関わるときのポイントを発見している。反対に，現実的には難しそうだという点にも触れていること
　で，考えの深まりにつながっていると考えられる。

終結　ゲストティーチャー（幼稚園の先生）から助言を受ける

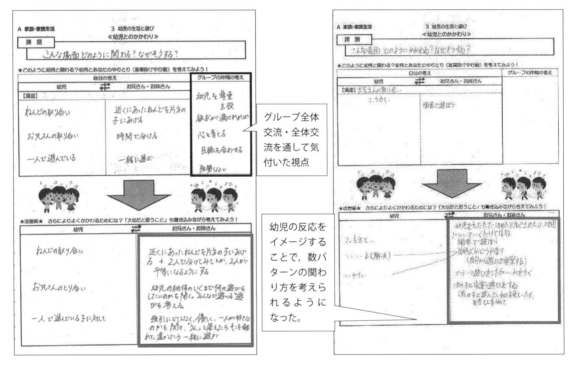

・幼児理解とは，幼児の見えない心の中を理解するということ。

・状況の整理をしてあげて，子供と一緒に考えることが大事。

・最後の決断は幼児自身が決めることであり，あくまでも中学生は「サポーター」役に徹する姿勢でいること。幼児自身が最後に自分自身で決める状況を作り出してあげること。経験者としてアドバイスをするというスタンスで臨むとよい。

・具体的にどのように対応するHow toだけでは異なる場面で解決できないからこそ，相手の気持ちを考えることが必要。マニュアルはないから，幼児を分かろうとし，寄り添うこと。

・行動の理由の背景を考えること。「なぜ泣いているのか。何があって，どのような気持ちの変化があったのか。」

⇒学習指導要領や教科書の内容だけでは押さえきれない，「専門家」としての考えを聞くことで，幼児と触れ合う上での本当に大切にすべき点を学ぶことができ，生徒への指導に大きく役立った。

生徒の思考の変容（学習プリントの記述から）

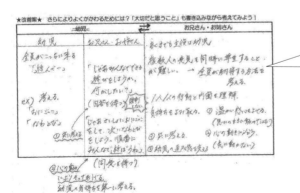

グループ全体交流・全体交流を通して気付いた視点

幼児の反応をイメージすることで，数パターンの関わり方を考えられるようになった。

【深い思考をしていると考えられる生徒】
ロールプレイングや意見交流を通して，幼児と関わるときのポイントを押さえたやりとりが展開されている。「具体的なやりとり」だけではなく，そのときの行動や気持ちのポイントも押さえられていることで，**場面が異なる場合でも対応できる**と考えられる。

図12　学習プリントの記述

2 考察

（1）全体研究の視点からの考察

【主体的・対話的で深い学びの視点から】

　題材導入時に，「幼児自身」「家庭」「地域」と空間軸を広げながら，幼児を取り巻く環境の問題点を探ることで，学習の必要感を強くもたせた。また，タブレット端末の検索機能を活用しグループごとに問題を調べたことで，様々な角度から幼児のことを理解するとともに，解決の根拠と見通しをもたせた（図13）。

【題材の導入発問：幼児を取り巻く問題点を挙げてみよう】

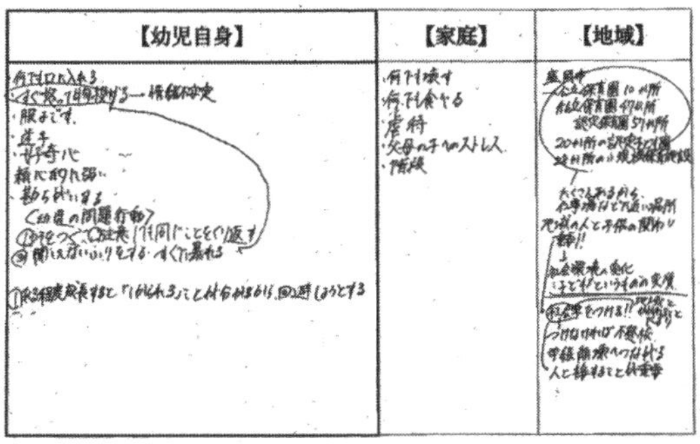

【幼児自身】	【家庭】	【地域】

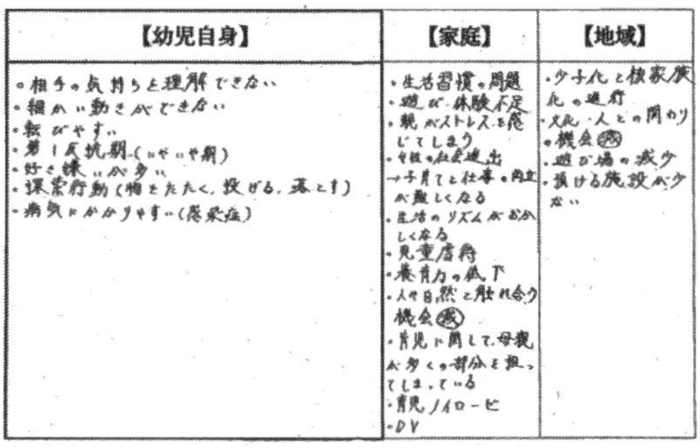

【幼児自身】	【家庭】	【地域】

図13　生徒の記述例

　さらに，幼稚園訪問実習などで幼児と楽しく触れ合うという目標に向かう中で，本時の導入では幼児が泣いている場面を提示し，幼児との関わり方を考えていく必要感をもたせた。昨年度の幼稚園実習で実際にあった3つの場面を提示し，また幼児と中学生それぞれの役になりきれるよう名札を付けるなどの工夫を行うことで，主体的に課題解決に向かうことができたと考えられる。グループでの話し合いを通してどうすればよりよい関わり方ができるか検討を重ね，対話的に学習に向かうことができた（図14）。

　そして，幼児と触れ合う生活経験が少ない分，幼児とどのように関われ合うばよいのか見当が付かない生徒もいた。小さい弟妹がいる生徒，近所に幼児がいる生徒など，幼児と触れ合う機会がある生徒の意見により話合いが深まるなど，自分では考え付かない視点が挙げられた。さまざまな家庭環境にいるからこそ，異年齢の人との関わり方を考えていくにあたり，対話の効果は大きいと感じる。

図14　話合いの様子

【情報技術の効果的な活用の視点から】

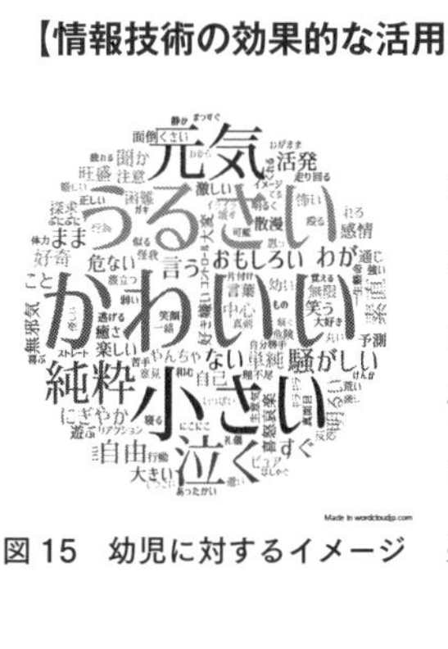

図15　幼児に対するイメージ

　課題発見の場面では，アンケート結果から挙げられた幼児に対するイメージを，データ可視化ツールを活用することで視覚化した（図15）。これにより，生徒から多く挙がったキーワードを一目で捉えることができたと考えられる。また，タブレット端末の録画機能を活用し，録画したものを見返して改善に役立てたり，他のグループの動画を自由に見られるようにしたりすることで，お互いの良い点を参考にしながら改善することができた。さらに，幼稚園とオンラインで繋がり，生徒のロールプレイングや意見交流を見ていただき，幼児との関わり方に対する

アドバイスをもらった。コロナ禍で触れ合い実習が難しい中だが，専門家の意見を聞くことで生徒の考えが大きく変容し深い学びへと繋がった。

(2) 資質・能力に関わる分析

　生徒の「主体性」がどのように発揮されているかについて，生徒の記述から分析する。生徒の「主体性」を評価するため，「課題の解決に向けた一連の活動を振り返って改善しようとしているか」について分析した。学習を通して，「はじめは○○と考えていたが，学習後は□□と考えるようになった」のように，協働やリモートによる助言を通して，考え方が深まっている様子が確認できた（図16）。

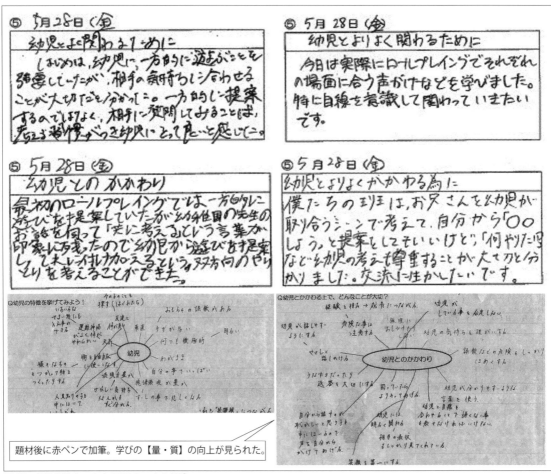

図16　振り返りシートとOPPシートの記述

○ ICT活用：ロールプレイングを録画して見ることで，客観的に自分たちのやりとりを振り返ることができ，よかった点や改善点を探し出すことができた。

○ゲストティーチャーの登場：専門家の意見を聞くことで，生徒同士の意見交流の中では導き出せない視点に気付くことができた。この活動が生徒の考えの変容に大きく寄与していた。

○ OPPシートの活用：題材を通しての学びを関連付けながら振り返ることができた。これまでは，「〜がわかった」という内容の記述に偏りがちであったが，『よりよい関わり方をするために，本時ではどのように取り組みましたか？』という聞き方をすることで，取り組み方に焦点を当てて振り返ることができた。

▲ロールプレイングは，中学生という時期を考えると，やらせ方次第では学びの深まりに効果的であるか難しい点もある。

▲授業の中での考えの変容について，本時の授業では生徒同士のやり取りの中からではなく，ゲストティーチャーからのアドバイスによる深まりの方が大きかった。このバランスが難しいと感じた。

第3項　研究者から見た授業の成果・課題

1　はじめに

　一人の女性が一生のうちに産む子供の数は合計特殊出生率で示され，それが2を上回る状態を維持すること，すなわち短絡的に言えば夫婦二人で2人以上の子供を育成することで，その国の将来を支える人口が保たれる（人口置換水準は2.07〜2.08）。日本の合計特殊出生率は令和3年6月に厚生労働省が発表した人口動態統計によれば1.34を記録し，減少傾向に歯止めがかかる様子はなく，人口ピラミッドは逆三角形を続けている。

　日本では平成27年4月から「子供子育て支援新制度」を施行し，消費税率引き上げによる増収分の一部を子育て支援に充当する等，子育てを社会全体で支える仕組みがある。児童手当は従来から継続して子育てに関わる経済的な支援である。内閣府は令和2年5月に「少子化社会対策大綱」を閣議決定し，妊娠・出産，子育てに温かい社会の実現に向け，様々な啓発をしている。平成28年には「仕事子育て両立支援」を創設し，女性が社会で才能を発揮しながら，子育てができるように，父親が育児休暇取得できるような仕組み作りの支援や企業が保育に参画する支援等がある。家族の日，家族の週間を設定し，家族の存在価値を再認識する機会を設け，子育てへの国民の理解を深め啓発する取り組みである。「さんきゅうパパプロジェクト」と題して，産休とThank youをかけて，育児に参画する父親を社会が公認し，父親が子育てに参画することで父親としての自覚を高め，子育ては夫婦の共同で行うという共通認識が広く日本社会全体に定着するような取り組みがある。配偶者の出産後2か月以内に半日，又は1日以上の休暇を父親が取得して，出生届を提出したり，育児に積極的に参加したり，夫婦が共に行う子育てのために父親の育児参加が認められている。令和3年6月に閣議決定された改正育児・介護休業法では女性の出産後に男性も産休2週間が取得できるようになり，子育て支援はますます拡充している。

2　家庭科の保育学習に関わる附属中学生への調査結果

　令和3年6月〜10月に，保育に関わる学習内容について岩手大学附属中学生に質問紙調査に協力していただいた。その結果は次の通りである。

　「幼児は好きか」ではとてもそう思う，そう思うを含めると65%が好きであるが，「日常生活で幼児との触れ合いがあるか」については62%がないとの回答である。「将来子供はほしいか」については90%がほしい，「将来の子育てに家庭科の保育学習は必要か」については必要であるが97%である。

　「合計特殊出生率について」は94%が高める方がよいであった。その理由は複数回答で，「高めないと逆ピラミッドになる」（17%）が最も多く，「自分が高齢者になったときに受取る年金等収入が減る」（16%），「未来の日本社会を築く人が減るので日本社会の崩壊に繋がる」（12%），「伝統や文化の伝承ができにくくな

る」（10%），「活気がない社会になりそう」（12%），「家族は多い方がよい，兄弟は多い方がよい」が合わせて（17%），「自分が高齢者になったときに世話をしてくれる人がいなくなる」（8%）等であった。調査に回答した附属中学生は合計特殊出生率を高める方がよいと考え，そのことの意義を理解している状況が明らかになった。

低くてもよいと回答した人は6%いたが，その理由は，「自分の家族を増やすのは未経験のことなので不安がある，子育てには自信がない，自分にふさわしい結婚相手が見付かるか不安である」が合わせて18%である。これらの不安や自信喪失の払拭については家庭科教育の保育学習により，解消や解決がなされる部分もあると考えられる。子育てへの知識不足を補い，幼児の身体的・精神的な成長過程や特徴を習得し，幼児への関わりについて実例を観察する，幼児との関わりを体験する等の学習をする。「幼児との交流前の保育学習」は87%が必要であると回答し，中学生は保育学習へのレディネスがあり重要性を認識している。

他方，「独身で生きていきたい（33%），結婚したとしても夫婦二人で生きたい（12%），結婚したいと思わない（10%），子供の世話はお金がかかりそうなので，手間がかかりそうなのでやりたくない（16%），「子供はわがままでうるさいので関わりたくない，子供の数は自分には関係がない，将来のことより今の生活が大切で先のことは分からない」が合わせて12%いた。人生観に関わる考えや理由は尊重すべきであり，率直な意見が見られた。

このような結果から，全体的には中学生は家庭科教育における保育学習の意義を認識し，学習意欲を高めていることが明らかになった。

3　授業実施後の生徒の評価と指導上の課題

平成29年改訂の学習指導要領では，家庭科の内容は「A家族・家庭生活」「B衣食住の生活」「C消費生活・環境」の三つの柱がある。小学校での115単位時間の家庭科学習を受けて，中学生では87.5単位時間のうちに「幼児の生活と家族」の内容があり，出生から1歳までの乳児期は高等学校の指導範囲なので，中学生ではそれ以降から小学校入学前までの幼児期に焦点を絞った学習である。具体的には，幼児の発達と生活の特徴，幼児が育つ環境としての家族の役割，幼児にとっての遊びの意義，幼児との関わり方の内容である。

令和3年度の岩手大学教育学部附属中学校での技術・家庭科（家庭分野）の研究は，幼児との関わり方についての理解を取り上げている。幼児の心身の成長や生活の特徴等を学び基礎的な知識を基盤にした，幼稚園実習に行く前の段階での幼稚園実習に繋がる学習である。本研究の授業は自身が学びを深めるアクティブな授業展開であり，中学生は幼児との関わりについて自身の考えをまとめ，工夫した関わりができるように授業後の自己評価では変化した。附属幼稚園実習後の中学生は「幼児についてより知りたい」との項目に87%の回答である。保育指導の成果であると捉えられる。千田満代指導主事のご尽力に感謝申し上げる。

少子化が進行し，核家族が増えている現代日本の家庭環境では，家庭において子育てを観察したり，経験したりする機会は少ない。しかし，中学生は保育学習への意欲があり，将来は子育てをしたいと多くが考えている。学校教育での家庭科教育における幼児に関わる保育学習の意義は大きい。人を育む家庭経営の構築に繋げる家庭科授業は必須である。

今後の課題は，家庭科教育における保育指導内容のさらなる充実，アクティブ・ラーニングの学習評価のさらなる充実工夫と授業改善に向けた実践研究をより深めていくことである。

（岩手大学教育学部特命准教授　石橋和子，教授　天木桂子）

第9章 外国語

互いの多様性を認め合い，共感的に
コミュニケーションを図ることができる生徒の育成

教諭　◎山蔭理恵，大瀧　航，芳門淳一，岩手大学教育学部教授　ホール・ジェームズ

第1節　教科論

1　外国語科で育成を目指す資質・能力

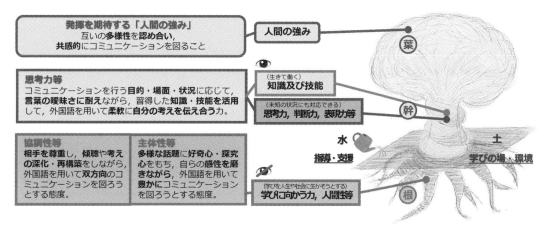

図1　本校外国語科で育成を目指す資質・能力のイメージ

　それぞれの資質・能力について，以下に具体的に述べる。

　まず，思考力についてである。外国語科の基盤は「外国語によるコミュニケーションにおける見方・考え方」として示されている通り，「外国語で表現し伝え合う」ことでコミュニケーションを図ることである。コミュニケーションの話題が日常的なものから社会的なものになるほど，コミュニケーションに用いる言語表現やその内容はより抽象的で高度なものとなる。多様な話題を扱う中学校段階においては，自分が伝えたいことを外国語でストレートに表現したり，相手が伝えようとしていることを完全に理解したりすることは容易ではない。

　そのような状況下においても，その時点でもち合わせている知識・技能を最大限活用して，伝えたいことを別の言葉で言い換えたり，相手が伝えようとしていることを自分の言葉で言い直して確認したりするような柔軟な思考・判断をし，外国語で表現し伝え合う力を育成したい。伝え合うことで，気持ちや考えを理解したり，言おうとしていたことを推測したりすることができ，互いに共感的なコミュニケーションを図るこ

とが可能となる。

　次に協調性についてである。ここで言う協調性とは，自分の気持ちや考えを発信しながら他者と有機的に交わり，より良いものを追求し続ける積極的な関わりを指す。その際に大切になるのは，自分の主張だけを一方的に押し通すのではなく，コミュニケーションの相手を対等な人格として尊重し，相手が伝えようとしていることに心から耳を傾け，自分の考えを深化したり，再構築したりしようとすることである。考えを深化，再構築する際には，コミュニケーションの目的に応じて，既知の概念を関連付けたり，複数の情報を精査したり，課題を見出して解決策を考えたりすることが必要となる。相手の意見を素直に受容したり，自分の考えを相手に理解してもらうためにあらためて伝えたり，自分と相手の意見の折衷案を考えたりするなど，コミュニケーションの相手を慮る素地となる態度である。

　最後に主体性についてである。日常的な話題から社会的な話題に至るまで，多種多様な分野の題材を通じてコミュニケーションを図る外国語科において，生徒がそれまで知り得なかった話題について外国語科の時間に初めて出会うことも往々にしてある。そのような話題について，自他の既有の知識を組み合わせながら，好奇心や探究心をもって目標や目的に向かって学び続けようとする態度，自分という人間の感性や人格を磨き，より内容豊かなコミュニケーションを図ろうとする態度を醸成したい。自らが言語使用の主体者であることを自覚し，探究のサイクルを回しながらコミュニケーションの質的向上を図ることで，共感的なコミュニケーションを図る態度が醸成されるものである。

2　外国語科における研究の視点

（1）主体的・対話的で深い学び

①教科横断的カリキュラム・マネジメント

　前項でも述べた通り，外国語科では扱う話題が多岐に渡る。そこで，題材やパフォーマンス課題に応じて，他教科等と連携することで，教育成果の向上を図る。具体的には，年間指導計画作成の段階で教科書題材を洗い出し，必要に応じて題材配列を組み替えたり，複数単元を繋げたりすることで他教科との系統性をもたせる。他教科の時数も含め，中長期的スパンの単元を組むことで，生徒に課題の設定から調査，分析，まとめに至る自由度の高い大きなプロジェクトに挑戦させることも可能になると考える。

　大きなプロジェクト，難易度の高い課題解決に挑戦させることで，必然的に他者と協働的に学んだり，「見方・考え方」を働かせながら「外国語科における『探究のサイクル』」（**図2**）を回したりして，試行錯誤（Trial & Error）を繰り返し，資質・能力を高めていくことができるものと考えている。文法シラバスに縛られず，題材配列の組み直しや場面シラバスの洗い出しをすることで，どの学年

図2　外国語科における「探究のサイクル」

のどの時期に，どのような題材を配置し，どのような言語活動を通して資質・能力を育成していきたいか，教員が能動的に指導計画を立てることが可能になる。また，各単元等のまとまりの中で身に付けさせたい見方・考え方について，題材の類似や相違，重点を置く資質・能力を明らかにすることで，それらについて学びを広げたり深めたりする適正時期を見極めることができると期待している。

②系統性をもたせたスピーキング指導

　外国語科の特徴である「自分の気持ちや考えを伝える」言語活動，特にも受容・発信の双方向性を強く意識し，発揮できる領域である「話すこと［やり取り］」の系統的な指導を行う。多様なコミュニケーションの相手や扱う話題に興味・関心をもち，自らの見識を広げ，感性を磨くことができれば，自ずと相手に対する寛容な態度，共感的な姿勢も育つ。

　発達段階に応じ，学年が上がるにつれて，日常的な話題から社会的な話題へ，Yes / No で好き嫌いを主張できるものから，意見を述べるもの，「正答」が存在せず，多様な考え方ができるものまで様々な話題（**図3**）を系統的に配置し，指導にあたりたい。

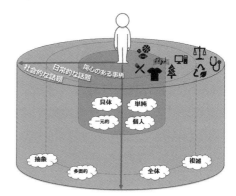

図3　学習者と話題との距離イメージ

（2）情報・情報技術の効果的な活用

①学びの接続

　1人1台端末の導入により，授業内外において ICT 機器を簡単に用いることが可能となる。それを効果的に使用することで，外国語科の5つの領域における言語活動のうち，特に「表現」領域である「話すこと［やり取り］」「話すこと［発表］」「書くこと」の機会確保と蓄積，メタ認知も容易になる。中でも，今までは「音声」として流れてしまっていた普段の「話すこと」のパフォーマンスを気軽に録画や録音をして自分の端末に蓄積し，個やペアの変容を見取ることができる。これにより，生徒自身が過去の自分と今の自分のパフォーマンスを今まで以上に「点」ではなく「線」で繋げて捉えられるようになり，成長を具体的に実感することで，より自信をもって発信するきっかけとなる。

　また ICT 機器を用いることで，従来は学級内のペア，グループ，全体共有に収束しがちだった学びを，学年の他の学級，先輩や後輩など校内の異年齢集団，校外や国外へと繋ぐことが可能になる。より多様なフィードバックを得たり，やり取りをしたりするなど，従前に留まらない様々な相手とコミュニケーションを図ることで，相手を尊重したり配慮したりする態度も自ずと醸成されるものと考える。

②ICT 活用の在り方の追究

　本校外国語科ではこれまでもタブレット端末や IC レコーダー等の記録媒体を用いて，生徒のパフォーマンスを可視化したり，フィードバックに使用したりする実践を行ってきた。今年度から使用される教科書には QR コードが配置され，生徒が自分で新出語句や本文の音声を聞いたり，パフォーマンスのモデル映像を見たりすることができる。また，学習支援アプリで共有することで，授業で扱った資料映像を家庭で見返したり，ブラッシュアップした「話すこと［発表］」のパフォーマンスを再録画し再提出したりすることもできる。

　日本の学生はスマートフォンやタブレット端末等の ICT 機器を「遊び」の道具として多く使う一方，「学び」の道具としてはあまり活用していない傾向が明らかになっている。このことからも，タブレット端末等を用いた効果的な学習方略や，「学び」の道具としての適切な使用方法などについて，具体例を挙げながら生徒と共有していくことが必要である。教師が学習におけるタブレット端末等の効果的な活用を模索し，意図的に授業で使い続けることで，生徒の資質・能力がさらに育成されるものと考える。

3 理論を導く実践例

(1) 教科横断的カリキュラムマネジメント（主体的・対話的で深い学び）

①実践の概要

・ユニット「まち紹介」（時期：2学年1月～3月　特別単元）

・ユニットの目標　ターゲットとなる海外の方に向けて，自分のまちの魅力を，資料を作成して発表する。

表1　ユニットの計画（実践例1）

時数	学習内容	探究サイクル	○学習活動	□留意点　☆教科横断，他教科と共有している内容
1	ユニット開き	① 目的・場面・状況の理解	○先輩のまち紹介（CM，ガイドブック）を見て，自分が紹介したいまちを決め，伝える。	☆自分のまちについて紹介する。（社会「防災マップ」，ヒューマン・セミナー[H・S]） □目指してほしいレベルを映像や英文を見ながら共有する。
2〜12	Lesson 8		○教材 "India, My country" を読んで，特定の場所を紹介するための構成や表現を学習する。	□国紹介をする際の表現に着目させる。 → Picture Describe, Retell の活動を中心に。 □国紹介の記事を構成しているトピックを分析し，なぜそのトピックを選んだか考えさせる。→要約，読み手の分析をすることで構成について学ぶ。
13〜16	Let's Read 2	② 言語活動・情報の整理・分析・再構築	○教材 "Landmines and Aki Ra" を読んで，特定の場所について自分の考えを伝えるための表現を学習する。	□母国を思う「アキラがどのような英語を使って，表現しているかに着目させる。 → Picture Describe を通して，表現を活用する力をつける。
17〜19	パフォーマンステスト		○自分が紹介したいまちについて考え，発表し合う。 ○自分が選んだまちを ALT に紹介する。	☆居住地が近い人同士でペアやグループ活動を行う。（社会「防災マップ」を作成したときのグループ） □今まで学習してきた構成と表現を，ペアでやり取りを繰り返す中で振り返らせる。
20〜23	発表	③ まとめ・表現・振り返り	○グループで紹介したいまちを決め，構成を考える。 ○自分たちが紹介したいまちを紹介する。	☆居住地が近い人同士でグループを編成する。 □一つのまちに絞るため，誰に向けて紹介していきたいのか対象を決めさせる。 □先輩のモデルを再度見せることで，表現や構成についてヒントを与える。

図4　ユニットのゴールと計画（生徒配付）

　本単元の学習活動を進めるグループについては，社会科の防災学習の際に編成したものをもとにした。社会科では，自分たちの地域に起こり得る災害への対策を考えさせる観点から，住所が近い者同士でグループを編成している。それをもとに4人グループを編成することで，防災マップ作成のときとは異なる視点でまちを見つめ直し，魅力を再発見した上でさらなる協働を促した。また，単元等のまとまりを大きくし，途中何度も試行錯誤を積み重ねながらゴールの活動に向かわせることで，その単元内における生徒のパフォーマンスの質向上を図った。

ユニットのゴールに向かう過程では，【探究サイクル①】まち紹介を行う相手（対象）と，その相手にどのように情報を伝達することが最適かをグループで考えさせ，【探究サイクル②】複数の教材を用いた言語活動を通してまち紹介に必要な表現や視点を得た。その結果，ユニット末で，【探究サイクル③】パンフレット，ポスター，動画など，グループ毎に議論の上選択したまとめ方で紹介資料（図5〜図7）を作成し，発表会を行うことができた。

図5　地域紹介パンフレット　　　　　　　　図6　岩手見どころポスター　　　図7　市内循環バスの旅動画

②実践を終えて

　このユニットで育成を目指したのは，まち紹介の発表やその練習を通して，グループのメンバーから豊かな表現を学び合い，ターゲットに向けて発信するものとしてどのようなものが適切なのか，協力して追究していく力である。このユニットでの学習を通して，一人で行うよりも協力して発表を行うことで，楽しく英語を学習できたという生徒が学年の多数を占めた。アイディアを英語で表現することが苦手な生徒も，グループで協力することで，困難を乗り越えながら発表することができる充実感を味わうことができた。また，自分が知らなかった情報が発表の内容そのものに盛り込まれていることで，自分の興味・関心が引き立てられたと話す生徒もいた。

　2学年では同時期に並行してH・S（ヒューマン・セミナー：本校における「総合的な学習の時間」の呼称）で地域課題の解決について探究活動を行っているため，「地域」という大きなテーマで教科を越えた学びを展開することができた。複数の教科等の視点，複数人の視点から地域を見つめることで，地域の魅力や課題を関連付けたり，より比較・分析したりすることができ，言語形式面だけに留まらない内容の豊かなコミュニケーション活動として成立させることに繋がった。

（2）系統性をもたせたスピーキング指導（主体的・対話的で深い学び）

　全学年：「話すこと［やり取り］」の指導の工夫

①実践の概要

　本校では教科部会で卒業時及び各学年修了段階の目指す生徒像，ゴールの活動を定め，生徒と共有している。現在は3年次の最終ユニットの活動において卒業スピーチをし，その後に聴衆とスピーチの内容について英語で質疑応答を行うことをゴールに据えている。英語で質疑応答を行うためには，スピーチの内容を理解した上で，自分の考えを英語で構築，発信し，相手に伝えたり，相手の考えを受け止めたりすることが必要である。その能力を育成するために，発達段階を考慮してやり取りをする話題やその応答内容の目指すレ

ベルを共有している。学年段階に応じた「話すこと [やり取り]」の題材例とそのやり取りの具体例を**表2**に示す。

表2 「話すこと [やり取り]」の話題例及び学年段階毎の表現の推移

	1年生	2年生	3年生
話題例	（四季に関わる単元で）Which season do you like?	（環境問題に関わる単元で）What can you do for the earth?	（学習法について）When students study English words, they should write them by hand rather than type. Do you agree with this idea?
やり取り例	A: Which season do you like, winter or summer? B: I like summer. A: Why? B: Because my birthday is in August.	A: What can you do for the earth? B: I can make less trash. For example, when I go shopping, I will use my own bag. A: Do you have an eco-bag? B: Yes.	A: Do you agree with this idea? B: I agree with this idea. I have two reasons. First, I can remember how to spell words. Second, as the research shows, we can learn more when writing by hand. So, students should write by hand. A: You said you remember how to spell words, but digital devices are more useful than writing by hand. We can read, write and listen to the words when we use digital devices. Those are more useful and easier for many types of learners.
話の構成	自分の考え＋その理由	自分の考え＋その理由＋エピソード＆データ	相手の考えを受容＋自分の考え＋その理由＋エピソード＆データ

②指導の内容

　発達段階に応じて話題を日常的な話題から社会的な話題にすることで，内容や表現，思考や視野の広がりを段階的に向上させることができた（**表3**）。2学年のやり取りでは，自分の考えに理由をつけて話すことを目標とし，その対話に対して質問ができれば良いことにしているが，3学年のやり取りでは相手の考えを受容した上で，自分の考えを表現することとし，相手の主張や言い分に応じて表現を操る力を高めた。

　本実践の話題選定は，主として「話すこと [やり取り]」の領域の指導を目的として行ったものではあるが，「話すこと [発表]」領域における発表者自らのテーマ選定にもプラスの影響を及ぼした（**表4**）。3年次卒業スピーチの発表テーマは自由であるが，本実践の中心となった昨年度卒業生は，世界規模の課題に対して問題意識をもち，それについて

表3 「話すこと [やり取り]」の各学年における話題の変遷

学年	扱った話題例
1年生	・Which season（sport / subject / ramen...）do you like?
2年生	・Which do you like better, watching TV or reading books? ・What can we do to solve environmental problems?
3年生	・Where do you want to work, urban area or rural area? ・Which do you like better, paper dictionary or electronical dictionary? ・Students should wear school uniforms. ・Every Japanese person should go abroad. ・Do you agree with Kevin's action?（=A Vulture and a Child の読み物教材において）

表4 卒業スピーチのテーマ（抜粋）

卒業スピーチタイトル	スピーチの内容
Stand tall and say "I'm not afraid"	差別，分断について
The earth, countries and me	国際協調と私の夢について
My dream	モダンバレエの魅力について
THIS IS ME	性別問題，差別について
How to stop global warming	地球温暖化を止める方法について
Always be yourself	自分が尊敬している人について
MY DREAM	国境なき医師団と自分の夢について
No art, no life	芸術のテロリストが伝える世界について
TIME IS MONEY	有効な時間の使い方について
My Respect Person	あなたの知らない月亭方正について

データを駆使して自らの主張を展開したり，聴衆に問いかけたりする生徒が多く見られた。英語の授業における相手との対話，コミュニケーションを通して多様な話題に触れ，自らの思考を深めるだけでなく，それ

を仲間と共有し，社会全体をよりよくしていこうという意志の成長を感じることができた。

（3）学びの接続とICT活用の在り方の追究（情報・情報技術の効果的な活用）

①実践の概要

・単元　Special Unit　私たちのまち（時期：3学年10月〜11月　特別単元）

・単元の目標　盛岡について予備知識のあるタイの中高生に

図8　卒業スピーチの様子

向けて，自らの生活経験を生かして，既習表現を活用しながら，盛岡の魅力が伝わるように，CM形式で紹介することができるようにする。

表5　ユニットの計画（実践例3）

時数	○学習活動	□留意点　☆ICT活用場面
1・2	○ Warm-up ○学習旅行で訪れた岩手県内の観光地について，スライドやポスターを作成して紹介する。	☆「話す」「書く」のWarm-up　①対話録音，②要約記入。 □「書くこと」（話した内容の要約）の良いモデルの全体共有。 ☆生徒一人ひとりが観光地について，学習支援アプリやプレゼンテーションソフトを用いて紹介スライド，ポスターを作成。
3〜6	○ Warm-up（前時の観光地紹介スライド，ポスターについて） 単元ゴール　盛岡について予備知識のあるタイの中高生に向けて，自分たちだからこそ知っている盛岡についてCMで紹介しよう。 ○タイの学校の先生方からの依頼動画を視聴する。 ○ CMの内容について考えを広げたり，深めたりする。	☆グループごとに相互評価し，優秀作品を選出，共有。 ☆「話すこと」「書くこと」のWarm-up。 □動画は学習支援アプリの「資料箱」に保存し，何度も繰り返し視聴できるようにしておく。 ☆学習支援アプリの思考ツールを用いて考えを整理し，提出。 □ CM作りの良い視点をもつ生徒のカードを全体で共有。
7〜8	○ CMの内容を決め，3構成を考えた上で，CM案1（一人30秒）を作成する。 ○前時に提出したCM案をペアで視聴し合い，アドバイスをする。	☆学習支援アプリのカードやプレゼンテーションソフト，動画編集ソフトなどを自由に用いて，盛岡の写真や映像，文字，音声等を含めたCMのもととなるスライド等を作成する。 □提出したCMは生徒と共有，他学級の分も見られるようにする。
9	○ CM作りの大切な要素について，全体で共有する。 ○アドバイスやCMに必要な視点を踏まえ，CM案を修正する。	☆学習支援アプリの「資料箱」上にある4学級分のCM案を自由に視聴する。 □ CMの「チャンネル権」を生徒に委ね，学びの対象と方法を自分で選択させる。
10・11	○ 4人グループで修正したCM案を見合い，1本のCMを作るために編集会議を行う。	☆ CM案をグループ内で見合い，必要に応じて「生徒間送信」でデータを送り合い，1本（1分）のCMに再構成する。 □各々の強みを反映させた作業分担を決めさせた上で行わせる。
後日	○完成したCM（限定Webサイトにアップロード）に対してタイの中高生と感想コメントを送り合う。	☆興味のあるCMを視聴し，Webサイト上で感想を書き込む。 □コメントの書き込み方については，事前に情報モラルの指導を行う。

本学とタイの大学は姉妹校であり，その繋がりでタイの中学校，高校を教育学部生が毎年訪れ，英語の授業や日本文化の授業を経験している。現在はコロナ禍で教育学部生が現地を訪れることができないため，代わりに本校生徒が関わり合いながら，盛岡とタイの互いの地域についてのCM交流を行った。

単元の導入の時間には，タイの学校の先生から送られてきたビデオレターを用いて，生徒が主体的に単元の課題に取り組むことができるよう，意欲付けを行った（**図9**）。具体的にビデオの内容を用いて，コミュ

ニケーションを行う対象や内容，方法について確認したり，イメージを膨らませたりすることができた。また，思考ツールを用いて CM 作りの視点整理を行い，生徒各自が CM 作成の方向性を定めることができた（**図 10**）。

　単元の後半には，生徒各自が作成した CM 案について交流し，言語面・内容面の両側面から修正箇所をアドバイスし合った（**図 11**）。その際，自分と同じ題材の CM や自分が目標にしている生徒の CM など，各自に CM 視聴の選択権を委ねることで主体的に修正の視点（**表 6**）を考えさせ，その視点に沿って修正した CM を後日再提出させた。

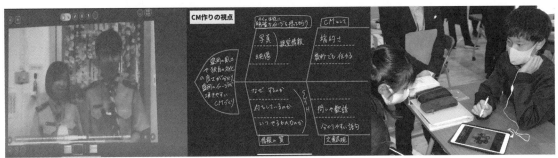

図9　ビデオレター　　　　　　　図10　CM作りの視点　　　　　　図11　CM案の交流

表6　CM案の修正の視点例（生徒から出されたもの）

【言語】構成（Opening-Body-Closing，起承転結），端的さ，印象に残る表現，自然な発音 　　　　固有名詞の読み上げ方
【内容】希少性，体験談，ストーリー性，五感に訴える，好印象をもたせる，タイとの比較（共通点・相違点），文化背景への配慮 　　　　（宗教，マナー，タブー，ハンドサインなど）

　実際に，提出された CM 案の修正前後を比較すると，下線部をシナリオに追加し，より相手意識をもった CM にしようとしているのが分かる（**表 7**）。また，シナリオの読み上げ方も修正され，より自然な発音とアクセントで，相手に伝わりやすい明瞭な話し方で再録音されていた。コミュニケーションの相手（対象）に応じてたくさんの情報から取捨選択し，自分と相手が理解できる表現を用いて適した内容をまとめるという過程で，思考力，協調性，主体性が一体的に育まれていくものと考える。

表7　CM案

	修正前	修正後
C M の 表 紙 画 像		

| CMシナリオ | Hello.
This is Sakurayama shrine. There are 300 years with Morioka.
It is a power spot in Morioka. It has a crane and a turtle statue.
It is said to live long. So we touch it.
We can enjoy some beautiful view near here, for example, Rose can be seen in June. It's most very good.

If you visit Morioka, please come to Sakurayama shrine. | (サワディー：タイ語の挨拶)
This is Sakurayama shrine. There are 300 years with Morioka.
It is a power spot in Morioka. It has a crane and a turtle statue.
It is said to live long.
We can enjoy some beautiful view near here. It's most very good.
It is a 21-minute walk from Morioka station.
Please visit Sakurayama shrine. |

②実践を終えて

　ICT 機器を用いることで，写真や動画，音声等の資料を，即時的に生徒全員と共有し，一人ひとりが個別のタイミングで視聴することが可能になった。また，作成した資料は共有の提出箱（**図 12**）に提出することで，相互に自由に閲覧，視聴することが可能になり，生徒自身が学びの選択権をもち，主体的に情報を取捨選択し，自らの学びに生かすことができた。

　コミュニケーションの対象となる外国の「相手」に，CMで伝えたい内容についてどのような工夫を凝らすことで，その魅力が伝わるのかを考えること，また，実際に Web サイト

図 12　提出箱に提出されたCMの一覧

上で CM を交流し，コメントを送り合うことで，相手に対する共感や関心の気持ちを養うことに繋がった。

第 2 節　具体的実践事例

第 1 項　英語科学習指導案

1　単元名

Lesson 3: Every Drop Counts（NEW CROWN English Series 2）

2　単元について

（1）生徒観

　これまで生徒は，様々な言語活動を通して，自分自身や身の回りのことについて英語で表現する力を高めてきた。4月初めのアンケートでは，「英語が好きか」という問いに対し，約8割の生徒が肯定的回答をしており，英語の授業に意欲的に取り組むことができている。特に，与えられた課題に熱心に取り組み，自らの技能を向上させようと励む生徒が多い。しかし，「英語が得意か」という問いに対する肯定的回答は，約4割に留まった。また，5領域の活動について尋ねた「5つのうち最も得意な活動は何か」という問いでは，「話すこと［やり取り］」と答えた割合は，5領域中最低のわずか5%だった。同項目については約2割の生徒が「5つのうち最も好きな活動」と回答しており，両回答の差は5領域の中で最も大きかった。このことから，「好き」を「得意」に昇華する足場がけをし，英語によるやり取りを通じて達成感や成就感を感じさ

せ，話すことへの自信をもたせる必要性があると考える。

　そこで，4月からの授業では，①教科書題材の本文を活用したやり取りを豊富に行うこと，②様々なテーマについて相手とやり取りをした内容について書くことなどを通して，英語での口頭表現に対する情意面のハードルを下げたり，多種多様な表現の仕方（内容）を共有したりすることを意識してきた。本単元のまとめの活動では，社会的な話題（身の回りの問題や地球規模の諸問題等）を取り上げ，ペアやグループで意見を述べ合うやり取りの活動を行う。単元やこれまでの学びを通して，より相手意識をもった発話や受容を行い，やり取りに自信がもてるよう，変容を期待する。また，言語活動を繰り返す過程で，できるだけ多くのクラスメイトと関わらせ，英語で伝え合うことに対して生徒自身がもっている見方・考え方を広げたり，深めたりしながら，パフォーマンスや態度の質的向上を図りたい。

（2）教材観

　本単元は，『中学校学習指導要領解説　外国語編』の目標「(3) 話すこと［やり取り］　イ　日常的な話題について事実や自分の考え，気持ちなどを整理し，簡単な語句や文を用いて伝えたり，相手からの質問に答えたりすることができるようにする」を中心としながら，「(3) 話すこと［やり取り］　ウ　社会的な話題に関して聞いたり読んだりしたことについて，考えたことや感じたこと，その理由などを，簡単な語句や文を用いて述べ合うことができるようにする」などの目標とも関連付け，複数の領域にまたがる統合的な言語活動を進めていくことができる単元である。

　題材として，エチオピアの「ワルカ・タワー」が取り上げられており，登場人物が林間学校先での出来事についてやり取りをする場面と，ワルカ・タワーについての記事（説明文）を読む場面で構成されている。生徒にとっては，教科書題材を通じて社会的な話題について考える最初の単元となる。

　言語材料としては，There is [are]~ や動名詞を含む文を学習する。現状把握や問題提起，具体例を示す文脈などにおいて，伝えたいことをより的確に表すことが可能になる。英語教育の課題としても挙げられている「言語材料について理解したり練習したりすること」に終始する言語活動ではなく，豊かな題材を通して「実際に英語を使用して互いの考えや気持ちを伝え合う」言語活動を展開したい。

（3）「人間の強み」を発揮するための資質・能力を育成するための手立て

　本校外国語科では，全体研究主題「Society 5.0 を生き抜く『人間の強み』を育む学びの構想」のもと，教科研究主題を「互いの多様性を認め合い，共感的にコミュニケーションを図ることができる生徒の育成」と設定し，育成を目指す資質・能力（**図1**参照）を明らかにした上で実践研究を進めていくこととした。

　本単元のまとめの活動は「社会的な話題（身の回りの問題や地球規模の諸問題等）を取り上げ，ペアやグループで意見を述べ合う」ことであるため，本単元では特に，次の二つの手立てから資質・能力の育成を目指す。

手立て1　研究の視点（1）主体的・対話的で深い学び　－②系統性をもたせたスピーキング指導

　単元の主たる言語活動が「話すこと［やり取り］」であることから，毎時間の帯活動として，ペアやグループによるやり取りを継続的に行う。生徒が社会的な話題について初めて本格的に考えることを考慮し，日常的な話題から社会的な話題へと徐々に話題を高度化

	本単元におけるやり取りの話題　※日…日常的な話題　社…社会的な話題
0	What is a global problem? What can you do about it? 社
1	Which do you like, school lunch or Bento? 日
2	What spot do you want to recommend in Morioka? 日
3	What is the most important habit to stay healthy? 日
4	Which goal is important in 17 goals for SDGs? 社
5	What do you think about ʻWarka Water Projectʼ? 社
6	What is a problem around you? What can you do about it? 社

する。

　前単元 Lesson1 の既習事項である I think~ や議論の場で便利な I agree / disagree などの表現が活用できそうな話題を配置することで，生徒にスパイラルな使用を促していく。

　また，実際にアウトプットを繰り返しながら生徒自身が発話を振り返る中で，現時点で到達を目指す目標について，ルーブリック形式で定めさせ，話すことの質的向上を図っていく。

手立て2　研究の視点（2）情報・情報技術の効果的な活用　－①学びの接続

　学習支援アプリを用いて，手立て1に挙げたペアやグループによるやり取りを録音及び提出し，蓄積する。生徒は音源を聞き返すことで授業や単元の前後を比較し，変容や成長を実感できる他，教師もモニタリングとフィードバックを行いやすくなり，手本となるモデルを共有することが容易になる。必要に応じて他学級のモデルを共有することもできる。また，音源の文字起こしを行うことで，発話の癖やエラーについても可視化できるようになることから，知識・技能の向上にも繋がると考える。

　生徒と共有したルーブリック（内容，スキル・態度）を見ながら音声を聞いて振り返らせ，話すことの質的向上に役立てていく。

3　単元計画

（1）単元の目標

　友達の意見等を踏まえた自分の考えをまとめるために，日常的な話題や社会的な話題（身の回りの問題や地球規模の諸問題等）について，自分の考えとその理由を，簡単な語句や文を用いて伝えたり，相手からの質問に答えたりすることができる。

（2）評価規準（「話すこと［やり取り］」の評価規準）

知識・技能	思考・判断・表現	主体的に学習に取り組む態度
［知識］ There is [are]~ や動名詞を含む文の特徴や決まりを理解している。 ［技能］ 日常的な話題や社会的な話題（身の回りの問題や地球規模の諸問題等）について，自分の考えとその理由を伝え合う技能を身に付けている。	友達の意見等を踏まえた自分の考えをまとめるために，日常的な話題や社会的な話題（身の回りの問題や地球規模の諸問題等）について，自分の考えとその理由を，簡単な語句や文を用いて伝えたり，相手からの質問に答えたりしている。	友達の意見等を踏まえた自分の考えをまとめるために，日常的な話題や社会的な話題（身の回りの問題や地球規模の諸問題等）について，自分の考えとその理由を，簡単な語句や文を用いて伝えたり，相手からの質問に答えたりしようとしている。

（3）指導の計画

時	学習課題　■ねらい　・主な言語活動等	関連する評価の観点			備考
		知技	思判表	態度	
1	Lesson Q: What is a global problem? What can you do about it? ■教科書の扉絵を見て，題材（エチオピアの水資源）について考える。 ・簡単な語句や文を用いて，題材について気付いたことや考えたことを伝え合う。 ■単元目標を提示し，学びの見通しをもつ。（話すこと［やり取り］，社会的な話題）。 ・単元シートで個人目標を設定する。 ・現時点での Lesson Goal に対する考えをペアで伝え合う。 ・やり取り（日常的な話題①）の説明をし，ペアで行う。				
2 ・ 3	Today's Q: What spot do you want to recommend in Morioka? （第2時） Today's Q: What is the most important habit to stay healthy? （第3時） ■教科書本文を聞いたり読んだりして，対話の概要を捉える。				

時	学習活動				
	・本文に触れる前に，挿絵と質問から内容を予想する。 ・本文を聞いたり読んだりして予想が合っているか確認する。 ・教科書本文の中で，There is [are]~ / 動名詞を含む文がどのように使われているかを確認する。 ・There is [are]~ / 動名詞を含む文を使って本文の要約を話す。 ■新出の言語材料について理解を深める。 ■単元で習得を目指す技能を繰り返し練習し，使い方に慣れる。 ・やり取り（日常的な話題②③）をペアで行う。 ・盛岡のお薦めの場所を外国人観光客に向けて紹介する。（第2時） ・大切にしたい生活習慣について意見を出し合う。（第3時）				
4 ・ 5	Today's Q: What is "Warka Water Project"? （第4時） Today's Q: What do you think about "Warka Water Project"? （第5時） ■教科書本文を読んで，記事の概要や要点を捉える。 ・概要を捉えるために，本文の内容を図にまとめる。 ・学習課題に対する本文の要約や自分の考えを伝え合う。 ■題材について理解を深める。 ■単元で習得を目指す技能を繰り返し練習し，使い方に慣れる。 ・やり取り（社会的な話題①②）をペアで行う。				
6	Today's Q: What can you do for problems around the world? ■教科書題材に関連する内容について，自分の考えを伝え合う。 ■単元で習得を目指す技能を繰り返し練習し，使い方に慣れる。 ・自分が考える世界の問題を一つ取り上げ，自分の考えとその理由，自分ができることを伝え合う。 ・やり取り（社会的な話題③）をペアで行う。 ■題材を焦点化し，自分事として考えを深化する。（ALTからの問題提起）Lesson 　Q2: What is a problem around you? What can you do about it? ・自分の身の回りの問題を一つ取り上げ，調べてくる。				
7 本時	Today's Q: What is a problem around you? What can you do about it? ■学習課題について，話合いを繰り返しながら言語面，内容面の質的向上を図る。 ■単元で習得を目指す技能を繰り返し練習し，使い方に慣れる。 ・やり取り（社会的な話題④）をペア，グループで行う。 ・ペア，4人グループで話し合い，自分の考えとその理由を伝え合う。				
第1～7時は「記録に残す評価」は行わない。（提出された音声やシートに対して全体及び個別にフィードバックすることで指導に生かす。）					
8	パフォーマンステスト：ALTの問い（What is a problem around you? What can you do about it?）について伝え，関連する質問に答える。 【例】　S: I think "eco" is a problem around me. We throw away too much paper and plastic every day. 　　　T: When you go shopping, what can you do about the problem? 　　　S: I can bring my own eco bag. ※1・ALTからの問題提起に対して，自分の考えとその理由を述べる他，複数（2～3個程度）の質問に答える。 　　・撮影映像を見ながら，教師は本課の評価規準（「知識・技能」，「思考・判断・表現」，「主体的に学習に取り組む態度」）に照らして評価する。	●	●	●	・※1参照
9	Lesson Q2: What is a problem around you? What can you do about it? ・第7時とは異なる4人グループで話し合い，自分の考えとその理由を伝え合う。 ・単元シートで振り返りを行う。 ※2　第8時を極力「記録に残す評価」とするが，緊張等からやり取りが不十分だった生徒について，グループの話し合いの様子を観察し評価する。	●	●	●	・※2参照

4　本時について

（1）指導目標

社会的な話題（身の回りの問題や地球規模の諸問題等）について，自分の考えとその理由を伝えたり，相手からの質問に答えたりすることができるようにする。

（2）授業構想

本時は，生徒自身が課題意識をもつ問題について，複数の相手とのやり取りを通じて，問いに対する自分の考えに磨きをかけて再構築するための1時間である。

導入では，前時にALTの先生から提起された問いの内容について生徒とのやり取りをしながら再確認し，やり取りの視点（内容，スキル・態度）を想起させる。展開の前半では，ペアを変えながらやり取りを行い，その過程で内容やスキル・態度の質的向上を図る。必要に応じて全体共有を挟み，生徒の言葉でやり取りの重要な視点を挙げさせたい。展開の後半では，それらの視点をもとに自分の考えをさらに深めたり，相手とのやり取りを充実させたりするために，3～4人グループで活動を行う。ルーブリックを用いながら個人の目標を定めさせ，意欲をもってやり取りに臨ませたい。終結では，やり取りをどのようにブラッシュアップしたか，しようとしているかについて共有し，振り返った上で，次時のパフォーマンステストに繋げたい。

（3）本時の展開

段階	学習内容及び学習活動 ・予想される生徒の反応等	指導上の留意点及び評価 ・指導の留意点　○評価
導入	1　本時の問いと学習課題の共有 　・Today's Q: What is a problem around you? What can you do about it? 　（ALTの先生からの問題提起）の解決に向かうために，ペアやグループで話合いを繰り返し，自分の考えについて内容面，スキル・態度面から質的向上を図ることを確認する。	
展開	**What is a problem around you? What can you do about it?** 2　ペア・グループ活動 　①自分の考えを深めるために，ペアを変えながらやり取りを行う。（3～4回） 　　・ルーブリックを参考にしながら，ペアでアドバイスし合う。 　②やり取りのよいモデルを共有する。 　③やり取りの視点を共有する。 ＜やり取りの視点（例）＞ 【内容】意見・主張＋理由（I think ~ because…./ I have ~ reasons.），明確な根拠，具体例（When I~,…./ If we~,…./ for example），解決策（I can…./ We should….） 【スキル・態度】表情，ジェスチャー，反応，相づち，相手の方を向く（身体ごと），目線，声量，質問をする（Why do you think so? / What can you do? / 7W1H），言い換え，繰り返し（強調），ミスを恐れない，共感，発音，アクセント，抑揚 　④4人グループで自分の考えを伝え合う。 3　音声による対話分析 　・個人で音声を聞き返し，内容面とスキル・態度面から，自分の考えの伝え方や質問への答え方，その内容，他のメンバーの良いところや課題を見つける。	・生徒が述べ合っている場面から，必要な視点を把握し，全体で共有する。 ・様子を見て，途中で全体共有を挟む。 ○ペア・グループでの話合いの様子（最後のやり取りについて，各自録音したものを提出）。 ※「記録に残す評価」は行わない。
終結	4　学びの振り返り 　・自分の考えをどのような視点でブラッシュアップし，再構築したか，話合いの中で気付いたことやさらに高めたいと思ったこと等について振り返る。	

第2項　生徒の姿と授業の考察

1　授業中の生徒の活動

> [導入] **本時の学習内容の確認・ルーブリックの内容の確認（5分）**

　単元末のパフォーマンス課題 "What is a problem around you?" と本時の見通し（相手を変えながら何度も「やり取り」の練習をすること）について，生徒と教師が英語で対話をしながら共有した。また，前時までに生徒と一緒に作ったルーブリックのレベルや内容を確認した。

図13　タブレットでルーブリックを確認する生徒

表8　やり取りのブラッシュアップのためのルーブリック

Step by Step（Lesson3: Every Drop Counts）				
評価項目／スコア	C	B	A	S
観点　視点・ポイント				
内容　①意見・考え＋理由　②理由の根拠が明確　③解決策の提案	意見＋理由			
	意見＋理由（根拠が明確，具体例，説得力あり）			
	意見＋理由（根拠が明確，具体例，説得力あり）＋解決策			
	自分の意見・考えを述べていない。または，全体を通して出題のテーマから外れた内容を述べている。	自分の意見・考えとその理由について述べている。	自分の意見・考えとその理由について述べており，理由は根拠が明確で説得力がある。	自分の意見・考えとその理由について述べており，理由は根拠が明確で説得力がある。解決策についての提案も述べている。
態度・スキル　①相手意識　S：声量・はっきり話す・目線・ジェスチャー・表現等　L：相づち・反応等　②質問・問いかけ・賛否の理由　③深い質問・質問への受け答え等	Speaker: 声量・はっきり話す・目線・ジェスチャー・表現等　Listener: 相づち・反応等		質問・問いかけ・賛否の理由	
			質問（深い・関連した）・問いかけ・賛否の理由・質問への受け答え	
	相手意識が欠如しており，理解する上で聞き手は非常に苦労を強いられる。伝える上で話し手は非常に困難を感じる。	相手意識があり，理解する上で聞き手はあまり負担を感じない。伝える上で話し手は心地よくコミュニケーションが図れる。	分からないことを質問したり，自分の賛否とその理由を明らかにしたりしている。	分からないことを質問したり，自分の賛否とその理由を明らかにしたりしている。その際，深まりや関連のある質問をし，話し合いの内容を高めている。また，質問への受け答えも適切に行っている。

> [展開] **やり取りの練習とブラッシュアップ**

　相手を変えながら何度もやり取りを繰り返す中で，やり取りの内容とスキル（内容面と言語面）の質的向上を図った。やり取りにおける実際の発話を次ページに示す。

ペアでのやり取りの例（1回目）S1, S2

S1: What is a problem around you?

S2: My problem is Food Loss every day. The world peoples can't eat very much… え, many? So food あー thank.（拝むジェスチャー）

S1: あー感謝, 感謝。Thank you. How are you?

S2: え My around problem is COVID-19 because many people has coronavirus and they found in Morioka every day. My brother is a elementary school student. The elementary school closed from May 25th to today. My brother 今日 today 休み very holiday. COVID-19 is world problem.

図14　やり取りを行う生徒の様子①

表9　「やり取り1回目」後における S1, S2 の振り返り内容の例

成果	言おうと思っていたこと（意見）は言えたと思う。
課題	反応の種類を増やす，質問をする，説得力を増す必要がある。

ペアでのやり取りの例（2回目）S1, S3

S1: What is a problem around you?

S3: I think that problem is many Japanese people eating overseas food.

S1: Ah, food loss?

S3: Yes, yes. Because it is little dangerous overseas food. And if we eat overseas food.

S1: Japanese farmer cannot sell Japanese food. OK?

S3: OK. Another country は（×印のジェスチャー）で, Japanese food は sell.

S1: That's right. Howe about you?
My around problem is COVID-19 because many people has coronavirus and they found in Morioka every day. My brother is a elementary school student. The elementary school closed.

S3: Really?

S1: Yes. From May 25th to today. He is today holiday. We should wash my hands and （うがいのジェスチャー）. ※

S3: Me too. …My problem. We can…we need make many Japanese food. But I can…I cannot make food. But I can buy Japanese food.

S1: Ah, OK. Me too. I think so too.

図15　やり取りを行う生徒の様子②

※ S1 はやり取り1回目と比較し，2回目で□□□□□の内容を付け加えた。a problem の内容だけでなく，解決策（a problem を解決するための自分の考え）を足すことで説得力を増そうとしているのが分かる。

表10　「やり取り2回目」後の全体共有内容

成果	・解決策，資料（データ）を示して説得力を増す　・反応，相づち
課題	・質問で深める　→使えそうな文の共有　Why do you think so? ・日本語使用　→抽象から具体に言い換えると表現が簡単になる，補足説明を簡単に加える 　　　　　　　　→使えそうな語句，文　for example　/　If…　/　When…

　全体共有後，聞き手側が話の内容を理解していない様子ならば，タブレット端末で資料を見せることを追加助言し，3回目のやり取りを始めさせた。

ペアでのやり取りの例（3回目）S1, S4

S4: What is a problem around you?

S1: My around problem is COVID-19. Look. This is coronavirus. (タブレットで資料を見せる) Many people has coronavirus and they found in Morioka every day. For example , my brother is a elementary school student. The elementary school closed from May 25th to today. We should wash my hand and water… （うがいのジェスチャー）.

S4: I think so too.

S1: What is a problem around you?

S4: I…あ〜（小声で）環境。We world…many problems. We can SDGs for the world. For example, …sea's planet.

S1: Why do you think so?

第9章　外国語

225

S4: えーっと，my…around…自分の…えーっと，many problem is…自分の身の回りって何て言うっけ？
S1: around…many problems around you？ I think so too. …Food loss とか，problem CO$_2$ とか
S4: I think so too.
S1: Global warming….
S4: I agree.

S1 はやり取り2回目と比較し，3回目で□□□の内容を付け加えた。資料を見せる動作や家族の具体例の話し始めなど，自分の発話の質を向上させようとしている姿が見られた。また，相手の主張の足りない部分を補うために，理由を問う質問を投げかけていた。

3回目終了後，指名した生徒S3と教師がモデル対話を行った。S3から取り入れたい表現や態度について全体共有をしたところ，**表11**の内容が挙がった。具体的な複数の表現を共有した上で，最後に個人の目標を焦点化させ，4回目のやり取りを行った。

表11 モデル対話から取り入れたい態度や表現（全体共有内容）

態度	・相手が質問したことにちゃんと受け答えをし，自分の考えもはっきり言っている。 ・That's right. などで相手の意見を一度受け止め，それに対して反応している。 ・質問を1回で終わらせず，何回か行うことで内容を深めていた。
表現	Why do you think foods from other countries are dangerous? / What can we do? If we eat food from foreign countries, we will be sick. / That's right.

4回目終了後，本時のまとめとして3～4人グループで5回目のやり取りを行い，学習用端末を用いて対話の録音を行った。

グループでのやり取りの例（5回目）S1, S5, S6

S1: What is a problem around you?
S5: I think that problem is world warming because world warming will be…temperature is not.…temperature will be hot. We can… we live…future. Look at this picture. For example, ice is melty. This animal is very dangerous. We can use eco bag and ride bike. So…temperature down. But I cannot use plastic bags and drives car.
S1: Ah, very hot.
S5: And we will be dangerous. Look at this picture.（シロクマの写真）For example, that ice is very melty. And this animal is very dangerous because temperature is hot. We can use eco bag and ride a bike for temperature down. But I cannot use plastic bag and drive a car.
S1: I use eco bag. していきたい。
S6: I can't drive bike.
S5: Oh, you….
S1: Walk, walking.
S5: You…you use…you go…bus. S6, what is a problem around you?
S6: I think that many people use smart phone for a long time. Use smart phone before night, we can't sleep well. And smart phone's blue lights hurt. We eyes hurt, my eyes hurt.（目を指すジェスチャー）
S5: dry eye?
S1: Tired?
S6: No, pain, pain.
S1: あー痛い。
S6: Yes, yes. And we can't sleep well. We can't grow. Grow? We can't tall.（背の高いジェスチャー）big?
S1: あー big かな？
S6: Sleep is very important.
S1: What can we do?

図16 やり取りを行う生徒の様子③

S6: えー parents.（預けるジェスチャー）
S5: I use smart phones very long time.
S1: Oh…!
S5: So, times …small.（少なくするジェスチャー）
S1: I have a smart phone too. So, S19…agree.
S6: So what is a problem around you?（タイマーが鳴る）
S1: Oh, my around problem is COVID-19. Look. This is coronavirus.（タブレットで資料を見せる）Many people has coronavirus. They found every day in Morioka. We can wash my hands …OK. 時間が…。

内容や表現が豊かになったことで対話が盛り上がり，結果としてS1が話す時間が少なくなってしまった。しかし，□□部の表現を用いながら，対話の質をさらに高めようと主体的に取り組む姿が見られた。

【終結】

本時の中で，生徒は計5回の「やり取り」を異なる相手と行い，ブラッシュアップを図った。当日の「やり取り」の中で初めて知った話題について，自分が

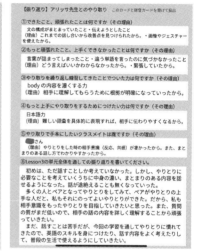

図17　S1の文字起こし

図18　S1の単元の振り返り

今持ちうる最大限の英語力で，何とか伝え合おうとする姿が見られた。生徒自身が目指す姿と現状を比較し，ルーブリックの指標やクラスメイトのアドバイスから，もう一歩成長しようという主体性をもって言語活動に臨んでいたこと，相手の話題に対しても真剣に受け止め，何とか「やり取り」の質を高め，深めようとする姿が窺われた。

【次時】

ALTと1対1でパフォーマンステストを行い，その様子をタブレットを用いて録画・録音した。また，そのデータを用いて，事後課題である文字起こしに取り組むとともに，単元全体の振り返りを行った。

文字起こしでは，対話を何度も聞き返し，分からなかった部分を調べ，より適切な言葉に直していた。また，単元の振り返りでは，具体的な級友を思い描きながら，成果と課題を分析し次に繋げようとしていた。生徒たちは，やり取りの深まりを実感していた。

2　考察

○系統性をもたせたスピーキング指導によるやり取りの質的向上

単元全体の帯活動として，相手や話題を変化させながら「話すこと［やり取り］」の活動を行った。（指導案を参照）「日常的な話題」から「社会的な話題」へと徐々に発展させること，「やり取り」の実際をタブレットで録音し，事後に振り返らせたことで，内容面・言語面の両側面から，発話をブラッシュアップすることができた。特に，前単元や1年時の既習内容を活用しながら，コミュニケーションの相手が理解しやす

いように，伝えたいことを別の言葉で言い換えたり，相手が伝えようとしていることを自分の言葉で言い直して確認したりするような柔軟な思考・判断をする場面が増えた。

○１人１台学習用端末の活用によるメタ認知の容易化

外国語科における学習用端末活用の利点は音声や映像を容易に記録・保存できることである。本単元でも前述の「話すこと［やり取り］」の活動を毎時間録音し，家庭学習や次時の授業で聞き返すことで，発話の質に着目し，話の目的や場面に応じた表現や話の展開，相手意識のあるやり取りの在り方などについて，思考を働かせ，メタ認知を行うことができた。実際の自分の生の言葉や姿を見たり聞いたりして振り返ることは，何よりのフィードバックである。

○中学校における「社会的な話題」の扱いと足場がけ

本単元で扱った「社会的な話題」は，学習指導要領外国語編やCEFR-Jにおいて中学生段階の英語力では，「聞いたり読んだりした内容について」（＝聞き手と話し手の双方が内容を理解しているものについて）やり取りをするとされている。話し手にとって関心があり，やり取りをする中で考えを深めたい話題であったとしても，聞き手にとってはそうではない場合もある。「やり取り」は，双方向性の強いコミュニケーション領域であり，知識や内容理解の乏しい話題に対して，聞き手が感想を述べたり質問をしたりすることは容易ではない。真に「自分の考えや気持ちを伝え合う」言語活動を行い

表12　生徒が選んだ社会的な話題

選んだテーマ	人数
公共交通機関／悪路	3
新型コロナウイルス感染症	2
外国産の食品	1
地球温暖化（海面上昇／森林伐採）	14
運動機会の減少	1
公園の保持	1
野球人口の減少	1
ゴミ／プラスチックゴミ／食品廃棄	8
情報端末の使用	1
戦争／貧困	2

ながら資質・能力を育成するためには，内容面・言語面の両側面で，よりいっそうの足場がけが必要と言える。

言語面については，「やり取り」の最中に気付いて言い直す場面は見られたものの，実際には，「やり取り」の事後に録音した音声を聞き直したり，文字起こしをしたりすることで気付くことがほとんどである。ICTの強みを生かして今まで以上に聴覚情報と視覚情報を往還しながら，生徒のメタ認知能力を高めることが「やり取り」の質を向上させることにも繋がると考える。また，異なる話題であっても共通で使用できる話型や語句を提示し，「やり取り」の中で柔軟に活用させることで，生徒相互の言語面に対する気付きも高まり，ピア・フィードバックがより有効に働くと考える。

第３項　研究者から見た授業の成果・課題

中学校英語における社会的な話の扱い方について

附属中学校の英語教育の研究では，生徒が英語を使って社会的な話題について意見交換することが目指されている。社会的な話題についてやり取りすることが，「英語」の目標として，平成29年告示の中学校学習指導要領（外国語）でも設定されている。この能力は情報化が進んでいる現代の社会に必要だと思われるが，中学校の英語の授業に取り入れる前に，慎重に考える必要がある。なぜなら，社会的な話題について対話するための英語力は一般の中学生の英語力を超えているからである。例えば，岩手県の中学校英語の目標が実用英語検定試験の３級に相当する外国語力を身に付けることであるが，英検３級の英語力はCEFR（ヨー

ロッパ言語共通参照枠）の尺度にすれば A1 レベルに該当すると考えられる。CEFR とは，外国語の運用能力を同一の基準で測ることができる国際標準である。

　社会的な話題がどの程度難しいかを理解するために以下の表を作成した。これは，CEFR の尺度と，そのレベルに相当する実用英語技能検定試験のスコア，そしてそのレベルに適する校種を示している（ブリティッシュ・カウンシル, n.d.; 文部科学省, 2013; 日本英語検定協会, n.d.）。日本版の CEFR-J（投野, 2013）では社会的な話題についてやり取りする能力は大学生を対象とする B2 レベルに相当する（**表 13**）。

表 13　CEFR，英検，学校が目指すレベルの対照表

CEFR		実用英語技能検定試験	校種
C2	熟達した言語使用者	—	—
C1		1 級	大学
B2	自立した言語使用者	準 1 級	
B1		2 級	高校・大学
A2	基礎段階の言語使用者	準 2 級	高校
A1		3 級	中学校
		4 級	

　私が社会的な話題の難易度を述べた理由は，中学校でこの内容を扱うのが「不可能」と論じるためではない。中学校で社会的な話題に触れる価値があると私は思っている。この価値が附属中学校の研究に見える。附属中学校の生徒と教員が作ったルーブリックでは，社会的な話題について話すために，どのような能力が必要であり，これを達成するために，どこを改善すればいいかが見える。Hattie（2012）は，学習目標と学習者の到達度を明示するアセスメントが，学習者を育てると述べている。この章の前部に挙げられた附属中学校の生徒の活動を見ると，即興的に自分の意見を円滑に共有し合うことはハードルが高いと思われる。しかし，生徒が「対話」と「自己評価」を繰り返し行うことで，社会的な話題についてやり取りする力をいつかものにすると思われる。

　日本の中学校で社会的な話題について話し合う活動を始める際には条件がある。この条件は，まず，生徒が A1・A2 並のやり取りができること。このやり取りには，自分の趣味や好きなテレビ番組等のような簡単な話題について話し合うことを含む。つまり，生徒にある程度の基礎力が必要になる。Cambridge Key Exam（n.d.）では，A2 並のやり取りの資質が以下の観点（**表 14**）から評価されている。生徒がこのような観点を満たしていなければ，社会的な話題を扱う活動の実施が難しいと思われる。

表 14　A2 レベルの「やり取り」の指標

文法と語彙	基礎の文法を使いこなせる・日常的な話題について話すための語彙をもっている
発音	理解可能な発音があり，英語の音声的な特徴を単語と発話のレベルで忠実に生産できる
対話的なコミュニケーション	話の相手からの補助がなくて，継続的に簡単なやり取りができる

　社会的な話題は，学習指導要領に記載されているが，これについて即興的にやり取りを行うことは，中学生の英語力を超えていると思われる。附属中学校の研究では，ルーブリックを活用した指導法が提案されている。中学校段階で，ルーブリックを使って社会的な話題に取り組む意義があるが，その際には，生徒がやり取りの基礎をある程度身に付けていることが条件であることを提案したい。

（岩手大学教育学部教授　ホール・ジェームズ）

自ら考え，他者と協働し，
人としてよりよく生きようとする生徒の育成

教諭　◎大瀧　航，三上潤也，中村功佑，岩手大学教育学部教授　宇佐美公生

第1節　教科論

1　道徳科で育成を目指す資質・能力

　社会が大きく変動する中で，道徳的価値観も多様化する中，なかなか答えが見つからない問題にも，自ら判断し，行動することが求められるようになる。価値観が多様になる現代だからこそ，何が問題かを道徳的諸価値についての理解をもとに判断し，自己を見つめ，他者と議論し，物事を多面的・多角的に考え，人としてのよりよい生き方を主体的に判断し自己決定していく姿勢を育むことが大切である。そうした道徳科の授業を積み重ねることで，道徳科で目指す資質・能力（道徳性）を育み，「人間の強み」を発揮できる生徒の育成に繋がると考える。以上のことから「『人間の強み』の追求」において，道徳科で育成を目指す資質・能力（道徳性）を，学校全体として育成を目指す資質・能力（思考力等，協調性等，主体性等）を踏まえ，次のように設定した。

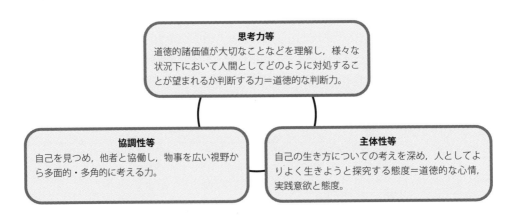

　道徳科において三つの資質・能力は互いに密接に関連しているものであり，それぞれを分けて考えたり，個々に育成したりすることは難しい。年間35時間の道徳の授業において，時にはいずれかの要素に重きを置くことは考えられるが，それぞれを関連させ，育成を図っていくものである。本校道徳科では，この三つの資質・能力を育成する過程，つまり「道徳性をもって他者と協働し，人としてよりよく生きようと探究する」ことを学びの本質と捉え，研究主題とした。

2　道徳科における研究の視点

全体研究の研究視点に基づき，道徳科として次に示す三つの視点に基づいて指導に当たることで，資質・能力の育成を図るものとする。

（1）主体的・対話的で深い学び

①カリキュラムマネジメントの工夫

道徳科における見方・考え方を働かせるとは，「様々な事象を，道徳的諸価値の理解をもとに自己との関わりで（広い視野から）多面的・多角的に捉え，自己の（人間としての）生き方について考えること」である。本校では，特に自己との関わりで広い視野から多面的・多角的で捉えることを重点に置いているため以下の取り組みを行っている。

また，田沼（2017）が以下に示した「小単元型プログラム（パッケージ型ユニット）」を年間指導計画に位置付けたカリキュラムマネジメントを行っている。

・年間 35 時間の道徳科授業を大単元，つまりユニットとして捉える。
・学期ごと，節目ごとに自校の道徳的実態や道徳教育重点目標に照らして重点的指導内容を明らかにする。
・年間指導計画に小単元プログラム（パッケージ型ユニット）を組み込む。→以下「ユニット」と表記する。

ユニットを組み込むに当たり，まず，以下のように道徳科の年間計画を立てる。

・年間の行事や他領域との連携を図りながら年間計画を立てる。

・道徳科で学ばせたい学年重点項目を設定する。

・年間の大きな行事を活用し，道徳科の学年重点項目における学びを深めるというねらいのもとでユニットを位置付ける。

このようにユニットを組み，様々な内容項目の資料を用いて，数週にわたり連続的な指導を行うことで，多面的・多角的なアプローチの仕方が可能となる。その結果，様々な道徳的価値に関わる考え方や感じ方を統合し，生徒に新たな考え方，感じ方を生み出すことができると考える。

特に本校では，「総合的な学習の時間」をヒューマン・セミナー（以下 H・S）と名付け，3 年間を通して自己の生き方を探究する学習を展開している。本校の教育課程はこの H・S を中核として編成されており，各教科で育成された資質・能力を教科横断的に H・S の時間で活用させることで，学校教育目標である，「よく考え，誠をもって働く人間」の実現を目指している。このことからも，総合的な学習の時間や特別活動などにおいて考えたことや体験した道徳的諸価値を，人間としての在り方や生き方という視点で捉え直させるユニットを組むことで，より自分のこととして理解し，自分との関わりで道徳的諸価値を捉え，自分なりに発展させていくことをねらいとしている。

以上の考えから，年間指導計画を作成し，それに基づいて各学年年間 2 〜 3 回のユニットを組む計画である。例として，**表 1** に示す通り，1 学年「仲間との出会い」をテーマとする場合，7 月に行われる生活トレーニングセンターに向けて学びを深めるため，また，3 学年「よりよい生き方」をテーマとする場合，6 月に行われる学習旅行での学びと関連付けるために，**表 2** のようにユニットを組む。

表1　第1学年小単元型ユニット例

ユニット名	各教科・領域，行事と道徳教育との関連	重点指導内容
ユニット1　仲間との出会いを大切に	H・S（生活トレーニングセンター）	C（11）公正，公平，社会正義　B（9）相互理解，寛容
ユニット2　みんなで目標達成！	特別活動（文化祭）	B（6）思いやり，感謝　C（15）よりよい学校生活，集団生活の充実
ユニット3　先輩になる	附属小学校交流	A（3）向上心，個性の伸長，（4）希望と勇気克己と強い意志，（22）よりよく生きる喜び

表2　第3学年小単元型ユニット例

ユニット名	各教科・領域等、行事との関連	重点指導内容
ユニット1　よりよく生きるとは？	H・S（学習旅行）	D（22）よりよく生きる喜び
ユニット2　仲間の考え方生き方を尊重する	特別活動（文化祭）	C（9）相互理解，寛容
ユニット3　生命の尊さ、ありがたさについて考える	復興教育　卒業式	B（6）思いやり，感謝　D（19）生命の尊さ

②メタ認知を促す指導

　ユニット（詳細は前述）における自身の考えの変容や深まり，その要因や過程などを自分自身で気付くことができるようにするため，また，それを教師の見取りに活用するため，振り返りシートを用いる。

　ユニットとして行う授業では，一単位時間ごとの振り返りを一枚のシートに書きまとめていく。そうすることで，ユニットの中で考えたことを，ひと目で分かるようにすることができる。さらに，ユニットの最初の授業と最後の授業では同じ問いで振り返りを書かせることにより，ユニットを通した考えの変容や深まりを，生徒が自覚することができ，さらに教師も見取ることができると考える。この学びの深まりを以下の視点で見取っていく。

> ・生徒が一面的な見方から多面的・多角的な見方へと発展させているかどうか。
> ・道徳的価値の理解を自分自身との関わりの中で深めているかどうか。

　そして，生徒を励ます個人内評価を通知表へ記述することにより，生徒や保護者に伝えていく。また，毎時間の積み重ねによって見えてくる傾向や変化を捉え，教師側の授業改善の材料としても活用する。

　平成31年度の実践について，**図3・図4**に示す（令和2年度実践については実践例にて記載）。

（2）情報・情報技術の効果的な活用

①思考ツールの効果的な活用

　一単位時間ごとのワークシートのメモ欄に思考ツールを設けることにより，生徒の思考が整理される（**図1・図2**）。そうすることで，グループでの対話の際に，自分の考えを表出させやすくし，仲間の考えを取り入れやすくすることで，主体的・対話的で深い学びを促進させると考えた。

　ただし，思考ツールの効果的な活用を促すため，学年の発達段階に応じ，1学年は教師による提示，2学年は教師による複数提示から生徒による選択，3学年は自由な活用を目指すこととした。

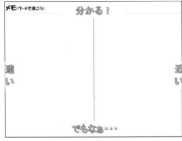
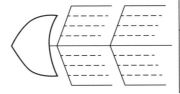

図1　第1学年ワークシートのメモ欄の例　　　**図2　第2学年思考ツールの例**

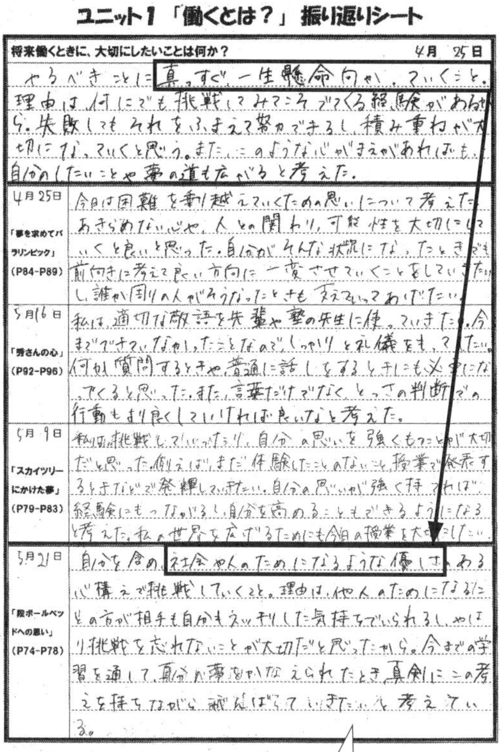
ユニット1「働くとは？」振り返りシート
将来働くときに、大切にしたいことは何か？
「夢を求めてパラリンピック」
(P84-P89)
(P92-P96)
「スカイツリーにかけた夢」
(P79-P83)
(P74-P78)

個人の幸福を優先する考え方から，社会貢献の価値を認め自分の生き方について考えを広げる場面。

図３　１年次研究２学年ユニット振り返りシート

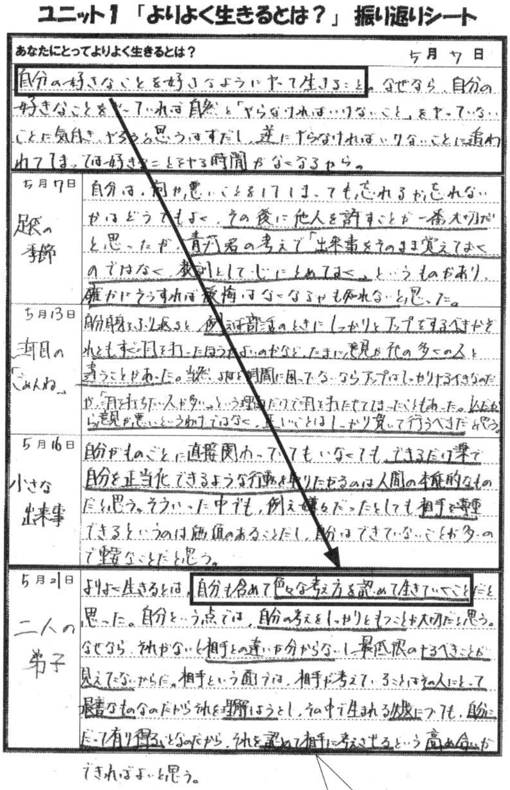
ユニット1「よりよく生きるとは？」振り返りシート
あなたにとってよりよく生きるとは？

自己の幸福を優先する考え方から，自己の考えをもとに他者の考え方を理解し，共生していくことに喜びを感じる場面。

図４　１年次研究３学年ユニット振り返りシート

３　理論を導く実践例

(1) カリキュラムマネジメントの工夫とメタ認知を促す指導（主体的・対話的で深い学び）

表３『第一学年：仲間との出会いを大切に』の４時間構成

時間	1	2	3	4
教材名	魚の涙	やっぱり樹里は	私の話を聞いてね	一粒の種
内容項目	C (11) 公正，公平，社会主義	C (11) 公正，公平，社会主義	B (9) 相互理解，寛容	C (15) よりよい学校生活，集団生活の充実

表３は，「仲間との出会いを大切に」というテーマについて３つの内容項目で構成したユニットである。『中学校学習指導要領解説道徳編』のＣ［主として集団や社会との関わりに関すること］から，【(11) 公正，公平，社会正義】をユニットの最初に２時間連続で学習する。その次に他者を受け入れるという観点から，Ｂ［主として人との関わりに関すること］から，【(9) 相互理解，寛容】また，Ｃ［主として集団や社会との関わりに関すること］から，【(15) よりよい学校生活，集団生活の充実】についての題材を加えることで，一つのテーマについて，多面的・多角的に考え，自分自身を見つめ直し，今後の実践意欲を喚起させたい。これらの学習を通して自分が考えたことや新たに生まれた疑問などを今後の自分自身のテーマとすることをねらったユニットの構成とした。

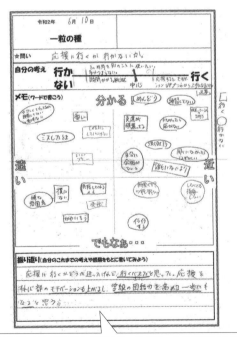

総合的な学習の時間で考えてきたことをもとに，教材を通してよりよい学校生活や集団生活の充実について考えを述べている。

形式的な面のみの考えの記述から，行動の目的について道徳的諸価値を学ぶことで見出した記述になっている。

図5　1学年生徒Aの一単位時間の学習シート（思考ツールを用いたメモ）とユニット振り返りシート

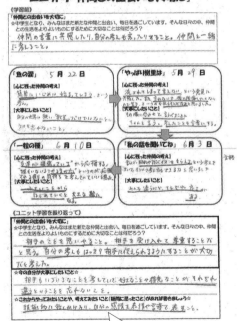

主発問に対しての級友の意見を，思考ツールを活用しながらメモすることで，自分の考えと他者の考えを比較している。

自分で最初に立てた問いについてユニットの学習を通して，多面的・多角的に考え，主体的に自己の生き方について記述している。

図6　1学年生徒Bの一単位時間の学習シート（思考ツールを用いたメモ）とユニット振り返りシート

本ユニットは，総合的な学習の一環として行われる7月の生活トレーニングセンターに向けて構成した。生活トレーニングセンターでは，仲間と活動する中で何か困難が生じた際に自分自身がどう行動するかが問われるようになる。そこで自分自身の弱さに素直に向き合い，よりよい行動を判断することができるよう，仲間と過ごす上で大事にしたいことを考えた状態で臨ませたい。そして，道徳科の学習とH・S学習を繋げ，教科横断的に学習を進めることで，道徳科での学びをより深いものとさせたいと考え，三つの内容項目を関連づけながら学習することを考えた。**図5・図6**に，4時間にわたる生徒Aと生徒Bの振り返りの記述を例として示す。

（2）思考ツールを用いて思考を整理させる（情報・情報技術の効果的な活用）

①主題

　第2学年　教材名『ジコチュウ』【B（9）相互理解，寛容】

②主題の設定理由

　年度の道徳の最初の時間に，キャリアパスポートで立てた目標をもとに，道徳で学ぶ内容項目において，「どのような項目に興味があるか」「どの項目について学んでみたいか」というアンケートを行った。アンケートの結果を分析すると，【B 主として人との関わりに関すること】の視点に関することに興味を寄せていることが分かる。さらに内容項目について見ていくと，【（9）相互理解，寛容】に関心を示し，理由としては「コミュニケーションを取るために大切だから」や「相手の考えを受け入れることが苦手だから」，「相手を理解することで自分を上手に伝えたいから」，「自分勝手な自分がいるから」などが挙がった。これらのことから，生徒は理想の自分になるために，相手を尊重し，望ましい人間関係を構築することを願っている。

　生徒は4月から新たな学級での生活をスタートし，様々な活動に取り組んでいる。新たなクラスメイトと

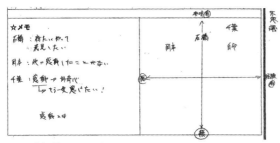

図7　座標軸を用いた学習シート
考えを交流しているときに他者の考えを分類して，振り返りに生かした。

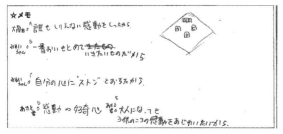

図8　生徒が自発的に「ダイヤモンドランキング」を使う様子
考えを交流しているときにメモをとり，交流後自分が納得した考えについて順位付けすることで思考を整理した。

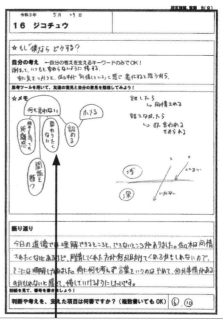

クラス替えしたばかりの級友との距離感について，自分の考えを深めるために自発的にクラゲチャートを用いている。

図9　授業プリントで思考ツールを使用する様子

授業や係活動に取り組んでいるが，自己開示をためらい，発言を躊躇することや班で協力して係の仕事に取り組むことに消極的な生徒も見られる。新しい人間関係の中に身を置くことによる不安を緩和するために，放課前の終会でクイズなどのレク活動を積み重ね，安心して発話できる環境を整えてきた。これを生かし，積極的に自分の経験を発言することを促し，他者の考えから視野を広げ，深い学びになるようにしていきたい。また，昨年から総合的な学習の時間や特別活動の時間において思考ツールを用いて情報を整理する活動に取り組んできた。今までの経験を生かし，他者の考えを積極的に受容し，自分の考えと結び付けることで，効果的に道徳的諸価値の理解を深めさせたいと考え，本時を展開した。**図7〜図9**に，本時における思考ツールを用いたメモと生徒Cの学習シートの記述を例として示す。

　実践Ⅰ・実践Ⅱともに，生徒は，思考ツールを用いて学習を行ったことにより，自分自身の考えが整理され，さらに仲間の考えを自分の考えと比較しながら加えていることが分かる。また，実践Ⅰではユニットの前後で，実践Ⅱでは一単位時間の前後において，テーマや課題について考える視点が増えたことが分かる。

4　実践を受けた成果と課題

　本実践の成果は以下の4点である。
○生徒自身に自我関与させる場面を，意図的に一単位時間の中に設けることができた。
○思考ツールを用いたメモにより，他者の考えを自分の考えに生かそうとする生徒の姿が見られた。
○一年次研究から，小単元型ユニットの指導の目的をより明確にし，教師，生徒ともに学びの自覚化が図れるような振り返りについて考え，試行することができた。

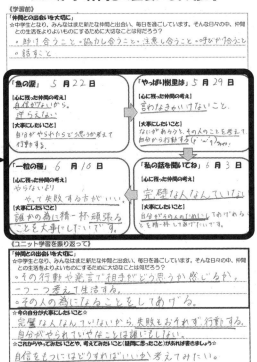

図10　1年次研究ユニット振り返りシート　　　　**図11　2年次研究ユニット振り返りシート**

○振り返りシートの記述量を減らし，多面的・多角的な考え方に繋がったこと，自分自身との繋がりを考えられたことについて端的に記述させることにより，一単位時間における対話の時間の確保ができるようになった。また，一単位時間の授業において心に残ったことを読み返すことで，ユニット学習での考えの広がりを教師，生徒ともに振り返ることができるようになった。

課題は以下の6点である。

▲多面的・多角的な視点を生徒同士の学びの中から捉えさせるための，対話の指導を積み重ねること。

▲対教師ではなく，生徒同士での対話，生徒の発言から考えが広がる教師のコーディネート。

▲本時の学習に向けて生徒が入り込みやすい導入の在り方。

▲自我関与に向かうまでの発問と，自我関与させる発問，問題解決的に考えさせたり，多面的・多角的な視点を与えたりする発問の工夫。

▲本時の学習を自分ごととして考え，道徳的実践意欲を高める振り返りの書かせ方の工夫。（話し合いの時間とのバランス）

▲情報・情報技術の活用において，道徳科における情報の捉え方，効果的な情報技術の活用の仕方についての再検討。

第2節　具体的実践事例

第1項　道徳科学習指導案

1　ユニット名と教材名

ユニット名　よりよい人間関係を作るためには

教材名「裏庭での出来事」【A（1）自主，自律，自由と責任】

「学習机」【B（7）礼儀】

「銀色のシャープペンシル」【D（22）よりよく生きる喜び】

2　ユニットについて

（1）生徒観

今年度の最初の道徳の授業において，よりよい生き方を考えるために，自己の生き方について「①あなたは今までどんなことを大切に生きてきましたか」「②あなたはこの1年間，何を大切に生きていきたいですか」「③あなたはこれからの人生で何を大切に生きていきたいですか」の三つの視点で大切にしてきたキーワード（内容項目）を選び，分析を行った。生徒の回答を，四つの視点に分類すると**表4**のような結果であった。①～③において，「B　主として人との関わりに関すること」に対して興味を寄せていることが分かる。生徒の記述から，「中学生になり人間関係が複雑になると思うから」や「先輩や先生方，地域の人にお世話になると思うから」など，中学生になることによる人間関係の変化や部活動や委員会活動における縦の繋がりを意識していることが理由であると考えられる。また，「A　主として自分自身に関すること」を

選んでいる生徒は，「中学生に上がり，先生や親に言われてからやるのではなく，自分から行動したい」や「自分で考えて行動する場面が増えると思ったから」など，これからの中学校生活を自ら考え，進んで行動したいという前向きな考えが多く挙げられた。考えていくステージが未来に向かうと，「Ｄ　主として生命や自然，崇高なものとの関わりに関すること」の項目への興味が増えていることが分かる。これらのことから，この１年間の道徳の授業において，生徒の興味関心がある項目の学習を充実させることはも

表4　生徒の回答

①あなたは今までどんなことを大切に生きてきましたか？	人数
A　主として自分自身に関すること	30
B　主として人との関わりに関すること	82
C　主として集団や社会に関すること	15
D　主として生命や自然，崇高なものとの関わりに関すること	10
②あなたはこの１年間，何を大切に生きていきたいですか？	人数
A　主として自分自身に関すること	46
B　主として人との関わりに関すること	70
C　主として集団や社会に関すること	16
D　主として生命や自然，崇高なものとの関わりに関すること	6
③あなたはこれからの人生で何を大切に生きていきたいですか？	人数
A　主として自分自身に関すること	31
B　主として人との関わりに関すること	57
C　主として集団や社会に関すること	25
D　主として生命や自然，崇高なものとの関わりに関すること	20

ちろんだが，様々な内容項目についての道徳的諸価値の理解をもとに自己の生き方について多面的・多角的に考えていくことも，今年度の道徳の目的ではないかと考えた。

　１学年は入学して約２か月が経ち，中学校生活へ新たな目標を見出し，頑張ろうとする生徒が多い。小学校時代の学びの上に中学校時代の学びがあることを意識させるようにし，これまでを振り返り，「これから」を展望し，様々な仲間と語り合える道徳の学習としていきたい。全員が新しいスタートを切った今だからこそ，これまでの自分の価値観にとらわれず，新たな考え方を広げ，様々な仲間の思いを受け入れることができる生徒を育んでいきたい。

（2）ユニット観

　本ユニットは，「よりよい人間関係をつくるためには」というテーマについて３つの内容項目で構成した。『中学校学習指導要領解説道徳編』のＡ［主として自分自身に関すること］から，【(1) 自主，自律，自由と責任】「自律の精神を重んじ，自主的に考え，判断し，誠実に実行してその結果に責任をもつこと。」をユニットの最初に学習する。他者や集団との関わりの中で，一人の人間としてよりよい行動を適切に判断することで誠実さに繋がっていくことを扱う。誠実でなければ，よりよい人間関係は築くことができないと考え，ユニットの最初の時間に【(1) 自主，自律，自由と責任】について学習する。その次に他者との関係を作るという観点から，Ｂ［主として人との関わりに関すること］から，【(7) 礼儀】「礼儀の意義を理解し，時と場に応じた適切な言動をとること。」について学習する。他者と人間関係を築いていく上で，礼儀は不可欠なものと考える。しかし，形だけの礼儀では真の信頼関係を築くことはできない。礼儀作法の意義や真心を態度で表すことを扱い，礼儀に込められた気持ちが伝わることで，人間関係が作られていくことについて考えていきたい。そして，最後には，道徳性は個に帰属するが，様々な集団や社会，他者との関わりを通して自己を見つめ，人としての在り方や生き方を育むという観点から，Ｄ［主として生命や自然，崇高なものとの関わりに関すること］から，【(22) よりよく生きる喜び】「人間には自らの弱さや醜さを克服する強さや気高く生きようとする心があることを理解し，人間として生きることに喜びを見出すこと。」について学習する。自分自身だけでは自分の弱さについて自覚することは難しい。他者と関わることで，自分の弱さについて気付いたり，認めたりできると考える。よりよい人間関係が自分にとっても，他者にとっても必要なも

のであり，成長に繋がると気付かせたい。

　この3つの内容項目をユニットとして構想し，「よりよい人間関係の構築」について，多面的・多角的に考え，自分自身を見つめ直し，今後の実践意欲を喚起させたい。

（3）教科研究との関わり

　本校道徳科において育成したい資質・能力は，①道徳的諸価値が大切なことなどを理解し，様々な状況下において人間としてどのように対処することが望まれるか判断する力，②自己を見つめ，他者と協働し，物事を広い視野から多面的・多角的に考える力，③自己の生き方についての考えを深め，人としてよりよく生きようと探求する態度，という三つである。

　その力を育むため，以下の三つの研究の視点から，人としてよりよく生きようとする生徒を育成できるよう，指導過程を工夫していきたい。

研究の視点①　カリキュラムマネジメントの工夫　　※主体的・対話的で深い学び

　道徳科では，第1節で示している「本校で育成を目指す資質・能力」を生徒に育むために，カリキュラムマネジメントの視点から，**表5**のように，年間3回ユニットを組んで，一つのテーマを数時間にわたって考えさせていく。各教科等において考えたことや体験した道徳的諸価値を人間としての在り方や生き方という視点で捉え直し，カリキュラムをデザインした。

表5　1学年のユニット構成

ユニット名	各教科・領域，行事と道徳教育との関連	重点指導内容
ユニット1　よりよい人間関係をつくるためには	H・S（生活トレーニングセンター）	A（1）自主，自律，自由と責任　B（7）礼儀　D（22）よりよく生きる喜び
ユニット2　みんなで目標達成！	特別活動（文化祭）	B（6）思いやり，感謝　C（15）よりよい学校生活　集団生活の充実
ユニット3　先輩になる	附属小学校交流	A（3）向上心，個性の伸長　（4）希望と勇気克己と強い意志　（22）よりよく生きる喜び

　本ユニットは，小学生から中学生になり新しい人間関係を構築する側面と総合的な学習の一環として行われる7月の「生活トレーニングセンター」と関連させて構成した。新しいクラスメイトと生活していく中で感じていることや，考えていることを議論の土台にすることで，生徒一人ひとりが考えをもち意見を活発に交流させ，学びに繋げたい。また，「生活トレーニングセンター」では，自分自身を律し，仲間と活動する中で関係を築き，困難が生じた際に共に乗り越えようとする姿が問われる。そこで，仲間と過ごす上で大事にしたいことを考え，目標を達成するためには他者の存在が不可欠であると捉えさせたい。そして，道徳科の学習と総合的な学習を繋げ，教科横断的に学習を進めることで，道徳科での学びをより深いものとさせたい。

研究の視点②　メタ認知を促す指導　　※主体的・対話的で深い学び

　メタ認知を促すために，道徳科では振り返りシートの工夫を行い，生徒側からも教師側からも変容が実感できるものとした。ユニットごとにOPPシート（一枚ポートフォリオシート）を用いて，1枚で振り返りを蓄積する。ユニットのテーマに関しての考えをユニットの最初と最後に記入する。OPPシートとして，考えを蓄積していくことで，最後の考えを記入するときに学びが深まった状態でテーマへの考えを書くこととなる。また，1枚の振り返りシートとすることで，生徒の側から見れば，自らの成長を実感し，実践意欲の向上に繋げていくものとなり，教師の側から見れば，授業改善の資料となる。

研究の視点③　思考ツールの効果的な活用　　※情報・情報技術の効果的な活用

　教材を通して道徳的価値についての議論をした後に，個人で思考ツールを自由に用いて，考えを整理していく。グループや学級で多様な考えに触れた後に思考ツールを用いて自分の考えを再度整理することで，友達の意見から多面的・多角的に考えたり，自己との関わりについて考えたりする場を設定したい。このように，生徒が道徳的な見方・考え方を働かせて考える過程に思考ツールを活用することで，深い学びを促進させるものとしたい。

3　ユニット計画

(1) 育成を目指す資質・能力

①　「よりよい人間関係を作るためには」というテーマのもと，【自主，自律，自由と責任】，【礼儀】，【よりよく生きる喜び】などの道徳的諸価値が大切なことなどを理解し，様々な状況下において人間としてどのように対処することが望まれるか判断する力。

②　自己を見つめ，他者と協働し，「よりよい人間関係を作るためには」というテーマについて，ユニットを通して広い視野から多面的・多角的に考える力。

③　「よりよい人間関係を作るためには」というテーマについてユニットを通して考えたことをもとに，自己の生き方についての考えを深め，人としてよりよく生きようと探求する態度。

(2) 指導計画及び評価計画

時	「資料」【内容項目】　○本時のテーマ　・学習内容　◆指導の留意点　☆評価
1	「裏庭での出来事」【A（1）自主，自律，自由と責任】 ○「信頼関係に繋がるものとは」 ・　友達の判断に流された上に，責任転嫁してしまったことに悩む主人公の姿を通して，道徳的価値を考える。 ・　道徳的価値について考えたことをもとに，これまでの自分の言動と思いについて振り返らせる。 ◆　望ましい行動が分かっていても，他人に流されてしまうことがあり，その結果は人間関係を悪いものにしてしまうことを考えさせる。信頼関係は，誠実に行動することから生まれるものであると考えさせる。 ☆　自分の行動に対して無責任になってしまう弱さや，それを乗り越えて自分を律しようとする強さなどについて，議論を通して，様々な見方で考えようとしているか。（発言，ワークシート）
2 本時	「学習机」【B（7）礼儀】 ○「礼儀を尽くすとは」 ・　登場人物のやり取りの問題点を考えることを通して，道徳的価値について考える。 ・　道徳的価値について考えたことをもとに，「礼儀を尽くす」とはどういうことか考える。 ◆　相手に対する思いや考えが，礼儀として表出するということについて気付かせる。その後，礼儀の意義について捉えさせ，これからの行動について考えさせる。 ☆　主人公や大枝さん，客といった，様々な登場人物の立場から，礼儀が人間関係に与える影響や，礼儀の意義や裏にある思いなどについて議論を通して考えを深め，時と場に応じた言動を取ることの意味を，自分と結び付けて考えようとしているか。（発言，ワークシート）
3	「銀色のシャープペンシル」【D（22）よりよく生きる喜び】 ○「心の弱さを乗り越えさせるものとは」 ・　主人公の心の葛藤を通して，道徳的価値について考える。 ・　道徳的価値について考えたことをもとに，自分の弱さを克服するためにどう行動していくか考える。 ◆　人は自分の弱さについて，どのように気付き，乗り越え，克服しようとするのか考える。人は人との繋がりの中で，自分のことを考え，成長しようとするということを捉えさせたい。 ☆　心の弱さを乗り越えることについて，登場人物の姿を通して，自分の弱さや強さを考えながら，様々な角度から考えを深めようとしているか。（発言，ワークシート）
事後	○　ユニット学習後，ユニット学習テーマ「よりよい人間関係を作るためには」についての考えをまとめさせる。 ◆　ユニット学習を通して，あらためてこれからの自分について考えたことをまとめさせる。

4　本時について

（1）教材名

「学習机」（『中学道徳①　きみがいちばんひかるとき』光村図書）

（2）ねらい

お客さまを相手にトラブルを起こした新入社員が自分の考えを改めていく姿を通して，人と関わるときに大切な礼儀の裏にある心について考えさせ，時と場に応じた行動を取ろうとする心情を育てる。

（3）あらすじ

新入社員だった頃，「私（青木）」は，注文されたものと違う型の学習机をお客さんに配達してしまった。電話にて交換すると申し出たものの，お客さんは，電話口でかなり怒っている。その怒りに対して，私も素直に反省できず，自らも苛立ちを覚える。電話を切った後，ベテラン販売員の大枝さんに相談するが，「交換すればよいというものではない。」と話をされ，自分の対応の間違いに気付かされる。その言葉に，「私」は，直接お客さんのところにお詫びに行くことを決心する。同行した大枝さんが，深くおじぎをして詫びると，あんなに怒っていたはずのお客さんは，穏やかに対応して許してくれたのだった。

（4）授業の構想

本時は，『中学校学習指導要領解説道徳編』のB［主として人との関わりに関すること］から，【（7）礼儀】「礼儀の意義を理解し，時と場に応じた適切な言動をとること。」を道徳的価値の中心に据えて展開していく。

事前に礼儀に対する考え方や必要感に関するアンケートを行い，実態を把握する。また，学習支援アプリを用いて礼儀を欠いた行動により失敗したことのある経験を募集する。

導入では，事前に集めた生徒の失敗談を匿名で公表し，共有する。人間関係において，「礼儀が必要であることは分かっていても失敗してしまうことがある」と考えさせ，「礼儀を尽くす」ためにはどうしたらよいかを問うことで本時のテーマに繋げていく。

展開前段では，父親の怒りが何に対して向かっているのかということを考えることで，青木さんの言動に心が欠けていると捉えさせる。父親の怒りは，青木さんの配送ミスに対してではなく，その後の行動にあることを気付かせる。そして，その行動の裏には青木さんの相手に対しての気持ちが不足しているということを考えさせる。次に，怒っていた父親の態度が変化した理由について考える。学級全体で議論を深めていく中で，単に行動としての謝罪によるものではなく，その行動に関わる思いや気持ちが伝わることが大切であると気付かせ，その相手に対する気持ちが礼儀の本質であると考えさせる。

展開後段では，考え・議論したことをもとに，「礼儀を尽くす」ということについて，自分との関わりの中で理解を深めていく。思考ツールを適宜用いて整理させることで，学びを深いものとさせたい。

終末では，授業で考えたことをもとに自分自身を振り返らせていく。これまでの自分が考えていた礼儀の捉えや経験，仲間の考えから学んだこと，そしてこれからの自分の行動について考えることで，自分自身を見つめ直し，新たな行動へのきっかけとしたい。

（5）本時の展開

段階	学習内容及び学習活動 ・予想される生徒の反応	時間 （分）	指導上の留意点及び評価の視点 ・指導上の留意点　○評価の視点
導入	1　日常生活の中で，礼儀が欠けていて失敗したと感じる場面について共有する。 　・挨拶ができず，注意された 　・タメ口を使ってしまい怒られた 　・お辞儀を注意された 　・言葉遣いを注意された	6	・あらかじめ学習支援アプリで失敗談を募集し，生徒の日常生活からテーマに関わることについて引き出す。 ・学級の生徒の失敗談を共有し，礼儀について，学ぶ意欲を喚起させたい。
展開	礼儀を尽くすとは，どういうことだろう。 2　資料から考える。 　資料を読んで，「青木」と「父親」の変化を確認する。 　父親は，何に対して怒っているのだろうか。 　・違う学習机を配達されたから 　・謝罪の言葉がなかったから 　・学習机を売ることの意味を理解していなかった 　・子どもが悲しんでいるから 　父親の態度が変わったのは，なぜだろうか。 　※適宜，グループ協議を行い，本質に迫っていく。 　・謝ってもらったから 　・謝罪に来て，頭を下げてきたから 　・大枝さんや青木さんの気持ちが伝わったから 　・大枝さんや青木さんの謝罪に誠意を感じたから 　※謝罪の言葉や行動が父親の態度を変えたのか，大枝さんの気持ちが父親の態度を変化させたのか，など議論する点を焦点化して，グループで協議させる。 3　資料から考えたことをもとに考えを深める。 　礼儀を尽くすとは，どういうことだろう？ 　※思考ツールを適宜用いて考えを整理する。 　・相手に対して，誠意をもって行動する 　・相手の立場に立って，考えること 　・相手に思いを伝えるために，どう行動するか考えること	5 15 16	・父親の怒りが何に向かっているのか，整理させることで，青木さんが相手に対する心を欠いていたということに気付かせる。 ・父親の態度が変わった理由が礼儀に込められた気持ちにあることを捉えさせるために，適宜補助発問をすることで，本質に迫るように工夫する。 ○主人公や大枝さん，客といった，様々な登場人物の立場から，礼儀が人間関係に与える影響や，礼儀の意義や裏にある思いなどについて議論を通して考えを深め，時と場に応じた言動を取ることの意味を，自分と結び付けて考えようとしているか。 （発言，ワークシート）
終末	4　本時の学習を振り返る（自己を見つめる）。 　自分のこれまでの考えや経験をもとに書いてみよう。 　・これまで礼儀は挨拶や言葉遣い，お辞儀といった接し方だと思っていたけれど，それだけではなく，相手に気持ちを伝えるためにするものであると感じました。気持ちが伝わる礼儀を心がけていきたいと思います。 5　仲間の振り返りを聞く。	8	・これまでのユニットの学びを振り返りながら今の考えを書かせる。

第2項　生徒の姿と授業の考察

1　授業中の生徒の活動

「父親の態度が変わったのは，なぜだろうか。」について考えている場面
T ：父親の態度が変わったのはなぜだと思いますか？
C1：父親は店のミスにより子供が泣いているのに，謝らないっていうところに怒っていたので，謝ってくれたから変わったと思います。
C2：わざわざ家に来て謝ってくれたからだと思います。
C3：最初に電話したときとは違って，反省していると感じたからだと思います。
T ：なんで反省していると感じたと思う？
C4：父親が怒ったときの言葉と，大枝さんが謝ったときの言葉が関係しているというか，怒っていた理由について（青木さんが）正直に謝ってきたと思うからです。
C5：青木さんが，子供に夢を与えることについて理解して反省していたからだと思います。
C6：謝ったときの気持ちが伝わったからだと思います。

　ここまでの発言から，礼儀をもって行動することについてある程度の理解を示していることが確認できる。

　ここからは授業の主題について迫るため，教師側から次のような場面を提示し，4人グループでの学習を促すことで，対話を通じて道徳的諸価値の理解を活用し，テーマに迫ることをねらった。

追加発問について考えている場面
T ：謝ってくれたから態度が変わったと皆さん言っていますが，電話で謝ってきたらどうですか？
C7：電話だと相手の顔が見えないから感情が分からないし，本当に反省しているのか分からないので，あんまりスッキリしないと思います。
C8：電話だとどんな姿勢で謝っているか分からないと思います。
T ：今回はどんな姿勢だと思う？
C8：お辞儀？
C9：電話で謝ればいいという気持ちが伝わってしまうのでよくないと思う。
C10：この物事を軽く受け止めている気持ち。

図12　グループワークの様子

T ：では，表情が見えて姿も見えるといいの？　テレビ電話はどうですか？
C11：直接謝らないと，軽く捉えていると思われるだろうし，ふざけているの？って思われると思う。
C12：わざわざ直接謝りたいって，反省の気持ち，どれだけ申し訳ないと思っているかが大事で，テレビ電話だといくのがめんどくさいという気持ちが伝わると思う。

> 追加発問について考えることを通して，「礼儀を尽くす」ということについて深めることをねらった。

T ：ここまで資料を通して考えてきたことを整理してもらいたいです。テーマの「礼儀を尽くすとは？」について考えてきたことをまとめてみてください。

> 今までの仲間の発言と自分の考えについて思考ツールを使うことで比較したり，結び付けたりすることで主題について多面的・多角的に考えさせることをねらった。

C13：礼儀を尽くすとは表情や感情や姿で相手に気持ちが伝わって，笑顔になるんじゃないかと思います。
T ：なんで笑顔になるの？
C13：みんなの気持ちが優しくなれるから？
C14：何か失敗してしまったら，行動や姿で表して自分ができることを精一杯やることで相手や自分もスッキリして終わること。相手のことも考えて，相手のためにできることを行うことだと思います。
C15：礼儀を尽くすとは，真剣な気持ちが相手に伝わって，相手が自分のために尽くしてくれていることや苦労していることが伝わって，優しい気持ちが伝わって，礼儀を尽くせば相手も自分も気持ちよくなって，人間関係がよくなると思う。
T ：なんで人間関係が良くなるの？
C15：お互いに気持ちよくなることで，お互いにこの人はいい人なんだなって思えるからだと思います。
C16：尽くす人は相手のことをちゃんと考えているけれど，尽くしていない人は相手のことを考えていないと思う。

T ：尽くしていれば相手のことを考えてどうなるの？
C16：相手の気持ちを理解して，もやもやしなくなると思う。
C17：礼儀を尽くすとは思いから始まると思います。思いとは，反省や感謝になっていて，それを表すためには行動をしなければいけないし，行動すると姿や言葉，場所や内容で表さなければならないなと思いました。思いや感謝は目に見えないものだと思いました。姿や言葉，場所内容は目に見えるものだと思います。僕は，礼儀を尽くすということは目に見えないものの方が多いのかなって思いました。

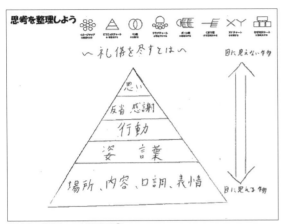

図13　学習シート記述例①

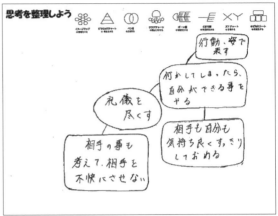

図14　学習シート記述例②

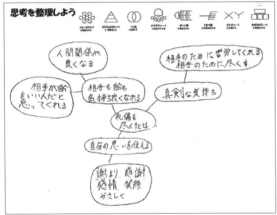

図15　学習シート記述例③

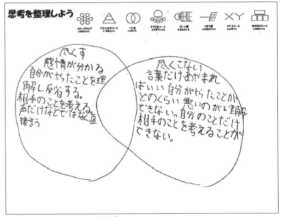

図16　学習シート記述例④

図17　生徒が書いた思考ツールを画面に提示し，考えを共有する場面

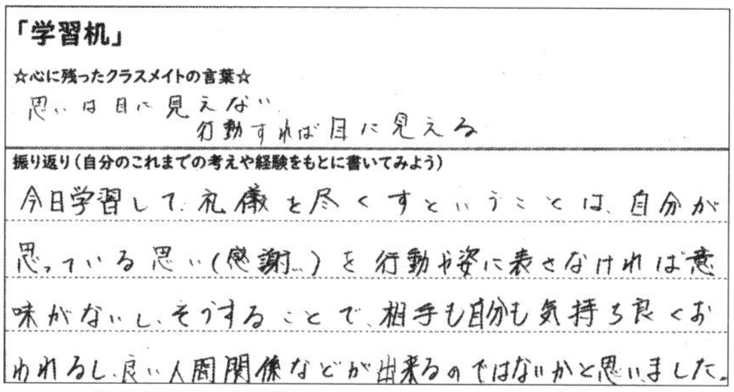

「学習机」

☆心に残ったクラスメイトの言葉☆

思いは目に見えない
行動すれば目に見える

振り返り（自分のこれまでの考えや経験をもとに書いてみよう）

今日学習して、礼儀を尽くすということには、自分が思っている思い（感謝...）を行動や姿に表さなければ意味がないし、そうすることで、相手も自分も気持ち良くなれるし、良い人間関係などが出来るのではないかと思いました。

図18　振り返り記述例①

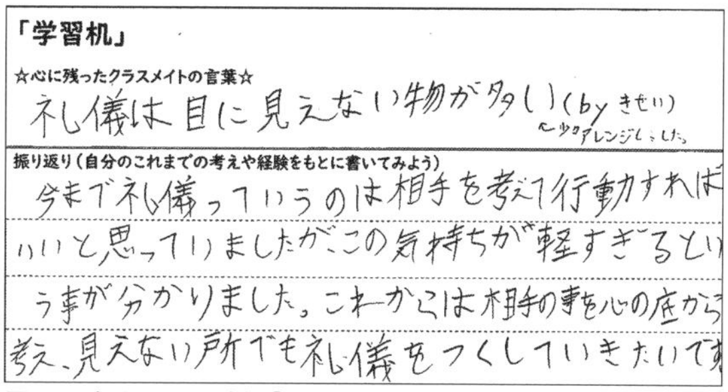

「学習机」

☆心に残ったクラスメイトの言葉☆

礼儀は目に見えない物が多い（byきむり）
～タワチレンジした。

振り返り（自分のこれまでの考えや経験をもとに書いてみよう）

今までで礼儀っていうのは相手を考えて行動すればいいと思っていましたが、この気持ちが軽すぎるという事が分かりました。これからは相手の事を心の底から考え、見えない所でも礼儀をつくしていきたいです

図19　振り返り記述例②

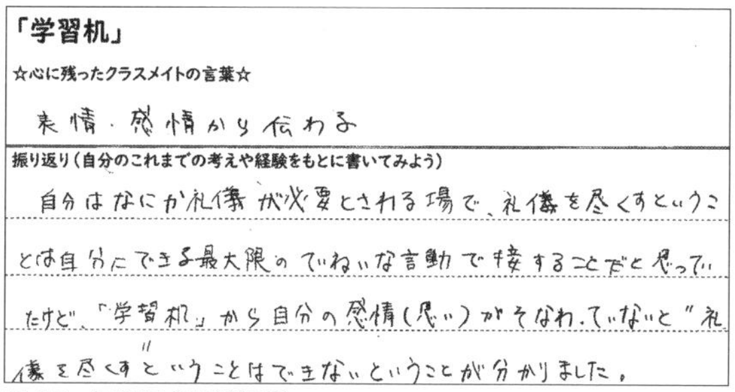

「学習机」

☆心に残ったクラスメイトの言葉☆

表情・感情から伝わる

振り返り（自分のこれまでの考えや経験をもとに書いてみよう）

自分はなにか礼儀が必要とされる場で、礼儀を尽くすということは自分にできる最大限のていねいな言動で接することだと思っていたけど「学習机」から自分の感情（思い）がそなわってないと"礼儀を尽くす"ということではないということが分かりました。

図20　振り返り記述例③

図21　アンケート結果を提示しながら導入をしている場面

2　考察

　事前に内容項目に関わる事前アンケートを行った。内容は，「礼儀不足により失敗してしまったこと」について ICT 機器を用いて提出させた。導入場面において，本時のテーマに関わる失敗談を匿名で共有することでテーマと自分の関わりを考え，今までの生徒が経験してきた具体的な場面をイメージしながら発言をすることができる素地ができたと考えられる。また，一般的に自分の失敗談を発表することに抵抗がある生徒は多いが，ICT 機器を用いて提出させることで，匿名性が担保されることで，失敗した経験を発表しやすくなったと考えられる。

　授業の主発問を父親の態度が変化していく様子に着目することで，礼儀を尽くすことが与える影響について深く思考することを目指した。中心的な発問について生徒が答える過程の中で，父親の態度の変化は青木さんの謝罪によるものであると展開された。ここで，「電話での謝罪」や「テレビ電話での謝罪」など，切り返しの発問をすることで，テーマについて深く思考する場面を意図的に作った。この切り返しの発問の後にグループで意見の交流を行った。主発問に対してグループの中で議論し，全体でグループの議論がどのように進んでいたかについて共有することが多くなりがちだが，本時では生徒たちが主体的に考え，議論する授業にしたいと考え，生徒たちの発言からさらに深めたくなるような場面を見出し，その場面の中でテーマについて議論する時間を設けた。教材が提示している場面と生徒が考えたいことが必ず一致するわけではないために，自分とはかけ離れた理想論を述べる「きれいごと」にならないようにした。そのため，本当に生徒たちが考えていきたい場面の中で議論を進めていくことが，テーマと生徒との関わりを強め，道徳的諸価値の理解をベースとした，今後の実践意欲に繋がると感じている。

　展開後段では，思考ツールを用いることで，本時の授業で考えた「礼儀を尽くす」ことについて自分の思考をまとめた。思考ツールを使うことで，授業の中で自分が考えてきたことと友達の発言を振り返り，整理

することで多面的・多角的に主題について思考を深めていることが確認できた。また，授業で議論してきたことについて思考ツールを用いて視覚的に再確認できるまとめ方をすることで，本時の主題に設定していた形式的な行動による礼儀だけではなく，気持ちを込めた行動をすることが礼儀を尽くすことに繋がるという気付きを促すことができた。礼儀を尽くすということは，謝ることに留まらず，相手の気持ちを考え，心と行動で伝えることが大事であるという結論にピラミッドチャートを使うことで行き着くことができたと考えられる。しかし，思考ツールの使用の指示により，多様な思考ツールの一つひとつの使い方を確認する時間や，どの思考ツールを使うことが自分の考えや友達の考えを学習プリントにきれいに整理できるか考える時間に割かれてしまい，授業の主題である「礼儀を尽くす」ことについて自分の考えを深める時間を短縮してしまったことが課題である。授業の中では思考ツールの使用は強制していないが，思考ツールを進めることで生徒が主題に対して深めていた思考をストップさせて，思考ツールをいかに上手に使うかに関心をもたせてしまう可能性があることも分かった。思考ツールを使って考えをまとめる時間を設定することで，生徒にどんな気付きを与えたいか教師自身が明確にした上で，活用させていく必要がある。

　本時の授業中で，礼儀は大切だと分かっていても，行動できないことや，気持ちが伴わないことについて考える機会を与えられなかったことが反省点として挙げられる。中学生になると正しいと分かっていても，素直に行動できないことや正しい行動をあえて選択しないことが増えてくるが，その判断がどのように周囲に影響し，自分に返ってくるかについて考えさせることも必要であった。そして授業の導入で生徒の礼儀を欠く行動について取り上げたときに，分かっていてもできない自身の経験を取り上げることや，教材の登場人物を通して考えた「理由」についてさらに考えさせることで人間理解が進み，礼儀を阻む障害があった時にも，相手のことを思いやって行動する実践意欲の喚起に繋げられたのではないかと考える。

第3項　研究者から見た授業の成果・課題

　「礼儀」というと古い儒教道徳をイメージする人もいるかもしれないし，他者に対する振る舞いの形式的の型をイメージする人もいるかもしれない。大人でさえ「礼儀を尽くせ」と言われても，状況次第ではどう振る舞えばよいのか戸惑うこともあろう。その意味で「〈礼儀を尽くす〉とはどういうことか」を問題にしたこの授業は，中学生にとって決して簡単な「問い」ではなかったと思われる。

　本校の道徳科では，新学習指導要領のキーワードである「主体的・対話的で深い学び」を受けて，内容項目を「ユニット化（小単元プログラム化）」して年間の授業計画を組み，各時間に「メタ認知を促す指導」や「思考ツールや情報技術の活用」なども組み込みながら「自ら考え，他者と協働し，人としてよりよく生きようとする生徒の育成」の実現を目指して研究に取り組んでおられる。ここでは，「主体的・対話的で深い学び」の視点から，今回の実践に関してコメントさせていただく。

　ユニットに組まれた前時の「自主・自立，自己責任」と次回の「よりよく生きる喜び」との間に位置する本時では，「主として人の関わりに関すること」の一つとして「礼儀」の内容項目が取り上げられている。

　ともすると型や形式の理解に流れがちな「礼儀」だが，その道徳的価値の意義を，さらに踏み込んでより深い視点から考えてもらいたい，という意図から選ばれたとのことだが，取り上げられた素材「学習机」は，売り手と顧客との間の商品トラブルにまつわる「礼儀」の問題ということで，生徒たちにとって身近で理解しやすい話題であったとは言い難いと思われる。そうした困難もありながら，生徒に「思考を促す」工夫が

見られた実践であった。

（1）前時では，自己責任の価値が取り上げられていたが，本時の主人公の最初の姿勢には「自分のミスを，商品を交換することで責任を取ろうとする」自己責任の発想も見て取れた。しかし実は自己責任だけでは解決しない，トラブル相手との関係修復のための「礼儀」の在り方を考えさせる素材になっている。ここではユニット化により，複数の価値の重なりの読み取りを促す工夫が為されている。

（2）生徒たちに事前に，各自の礼儀を欠いた経験を報告させ，一見，生徒たちの生活とは離れた社会人の仕事上の問題を，自分の経験と比べて，礼儀の共通した特徴を考えてもらう，という伏線を授業では用意している。

（3）後半で，思考ツールを使わせ，礼儀の本質を抽出する作業をさせて，各自の経験とも対比してみる可能性を開いている。

（4）ユニットそのもののタイトルは学習ノートには示さず，むしろ3時間の学びを通して，そこから生徒たちが，各自で3時間の学びを総合して捉え直す可能性を開いている点も新たな試みである。

以上の工夫が，授業者の展開から読み取れ，それぞれに生徒の「主体的で深い思考」に結び付けようとする意図の表れとして評価でき，またその意図の一部は確かに実現されていたと考える。

次に課題であるが，（1）でせっかく事前に生徒たちに自分が礼儀を欠いて失敗した経験を語らせたのだから，作業ノートで思考を整理した成果を，各自の経験に適用し，自分の失敗で検証してみる機会があればよかった。すなわち自分はどうすればよかったのかを，各自が抽出した「礼儀の本質」を踏まえ検討し直す，といった反省的思考の機会があれば，思考の深まりをさらに促すことができたと思われる。

また，最終的に生徒が引き出した結論の「相手の気持ちを考える必要がある」という点に留まるのではなく，相手のどんな気持ちを考える必要があるのか，を状況に応じて考える機会があれば，より主体的で深い学びになったのではないだろうか。

そもそも中学校学習指導要領で掲げられている22個の内容項目を学んでも，我々が日常で経験する道徳的判断を要求される場面には，教科書のようなタイトルが付いているわけでも，また内容項目が掲げられているわけでもない。日常の経験では，複数の内容項目に関わる道徳的価値が，多層的に絡み合っていることが多く，それらのうちのどれを重視するか，またなぜそれを重視すべきなのかの判断は，具体的な場面に遭遇した一人ひとりが行わなくてはならない。「学習机」の主人公も，自分の配送ミスの責任を取らなくてはという思いから「交換」を申し出たのかもしれない。しかしその形の自己責任よりも配慮すべきことがあったことに大枝さんの姿勢に触れて後に気付く，という展開になっている。複数の内容項目に関わる可能性がある中で，どれがこの場面では大事か，ということをその都度の場面で判断するのは，これから具体的に道徳的問題に関わる経験を重ねる生徒自身なわけで，その意味でも，礼儀の型よりも，礼儀の特質に注目し，その都度の状況で相手の何に配慮することが大事なのかを考え，その配慮を行動で示すときにどのようにふるまう必要があるのか，といった「抽象化と具体的場面への応用」という作業の繰り返しが，本校の道徳教育に関する課題でも挙げられていた「実践力」に結び付くことになるのではないだろうか。

この授業では，「主体的で深い学び」の面で，新しい工夫が見て取れたが，「対話的」という部分に関しては時間の制約もあり，少し物足りないところもあった。そこで，教師が掲げた内容項目のユニット化を踏まえた上で，それまでのユニットの授業を振り返り，今度は生徒たち自身に「問い」を挙げてもらい，それを自分たちで考え，対話し，探究する，哲学対話（P4C）を年間の授業の中に挟んでみることをあえて提案さ

せていただきたい。そうした試みは，近年では道徳の教科化に対応して，国内のいくつかの中学校で実践されており，関係の学会などでもその事例が紹介されている。また日本学術会議哲学委員会からの「道徳科において『考え，議論する』教育を推進するために」という報告（令和2年6月9日）でも，哲学対話の導入が推奨されていることを紹介しておく。

　なおP4Cの実践のためには，生徒たちが安心して意見を述べられ，共同して探求できる場を維持するための教師の「ファシリテーション技術」が不可欠となるが，それは生徒の「主体的・対話的で深い学び」を促すどの科目においても必要な教師の技量であると思われるので，学校全体で教科の枠を超え，連携して研鑽に努められることを期待する。

（岩手大学教育学部教授　宇佐美公生）

第11章 総合的な学習の時間

自己の生き方を探究する
ヒューマン・セミナーの構想

教諭　◎工藤真以，中村正成，赤沼周子，佐々木篤史，佐々木聡也，山蔭理恵
岩手大学教育学部教授　田代高章

第1節　教科論

1　総合的な学習の時間で育成を目指す資質・能力

　総合的な学習の時間が育成に寄与しうる人間の強みは，「自ら課題を見付け，解決の道筋がすぐには明らかにならない課題や，唯一の正解が存在しない課題などについても，自らの知識や技能等を総合的に働かせて，他者と協働しながら粘り強く対処して解決し，自己の生き方を考えていくこと」であると捉えている。以下に示す資質・能力は，今後いくら AI が飛躍的に進化しようとも，その実現は AI には難しいと考えられていることから，これらの資質・能力の育成を目指すことは，一人ひとりの生徒がこれからの社会で「人間の強み」（＝人間にしかできないこと）を発揮していくことに繋がるのではないかと考える。

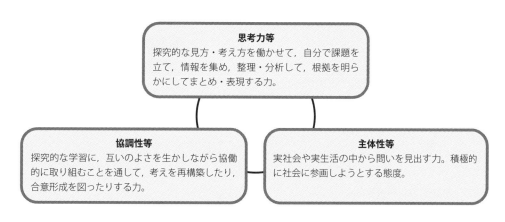

2　総合的な学習の時間における研究の視点

（1）主体的・対話的で深い学び

　生徒が三つの資質・能力を身に付け，生涯にわたって能動的に学び続けることができるようにするために，探究的な学習に主体的・協働的に取り組ませていく。

　その過程で特に大切にしたいのが「①課題の設定」を生徒自身に行わせることである。様々な問題と向き合い自分で取り組むべき課題を見出すことは，生徒が解決への意欲を高め，主体的な学びに繋がると考える。

また，複雑化する現代社会においては，いかなる問題についても，一人だけの力で成し遂げることは困難であることから，他者と協働的に課題解決に取り組む場面を意図的に設定することで，資質・能力の育成を目指す。

（2）情報・情報技術の効果的な活用

これまでは，学習プリントをファイルにポートフォリオさせることで学習過程を蓄積させてきたが，今年度から本格的に1人1台端末が導入されるにあたり，学習プリント中心に行われてきた学習や，ホワイトボードや模造紙に個人やグループの考えを書いて交流する場面などについて，ICTに代替することでより効果的に，効率よく学習できる場面がないか実践を通して明らかにしていく。デジタルとアナログを融合し，ハイブリッドに学習を進めていくことで，より生徒の資質・能力が育まれるものと考える。ただし，ICTを使うことを目的化せず，あくまでも主体的・対話的で深い学びを実現するためのツールとしてICTを活用することに留意していく。

（3）小中連携を意識したカリキュラム・マネジメント（内容の小中連携から資質・能力の小中連携へ）

①「育成を目指す資質・能力」の小中連携

附属小学校・中学校で育成を目指しているところは，新しい社会で「人間の強みを発揮する」ことで合致している。「人間の強みを発揮する」上で大切な資質・能力について，それぞれの発達段階を踏まえながら，次のように捉えている。

小学校では豊かな「感性」，中学校では「思考力等・協調性等・主体性等」を挙げている（**図1**）。「感性」とは，「美しいものを感じること」「直観的に判断すること」「自らの意思で行動すること」「よさを感じる作品を創り出すこと」などが挙げられる。

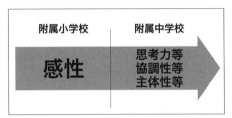

図1 小中で育成を目指す人間の強み

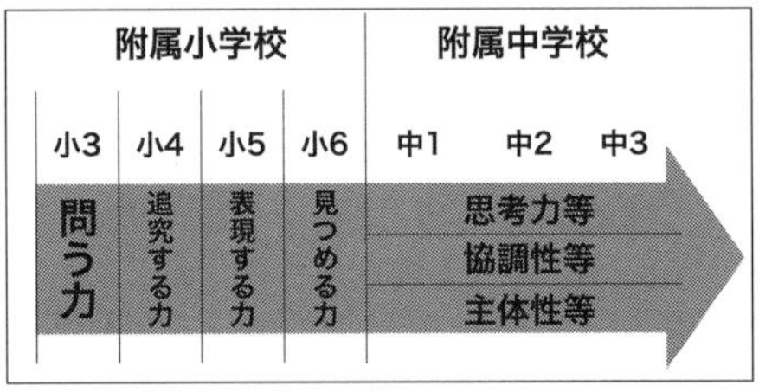

小学校では，3年生「問う力」，4年生「追究する力」，5年生「表現する力」，6年生「見つめる力」のように各段階に応じて重点的に資質・能力を育成するものとし，それぞれの力を発揮する中で児童一人ひとりがもっている豊かな「感性」を働かせ，

図2 各学年で育成する力

育成することを目指している。中学校では，「思考力」「協調性」「主体性」を相互に関連させながら発揮し，学年進行とともにそれぞれの質的な高まりを繰り返しながら育成していくことを目指す（**図2**）。

②「表現のスキル」の小中連携

探究的なスキルの中でも，表現に関わるスキルは他者と関わりをもちながら学ぶ過程でより重要となる。小学校では，6年生の卒業研究発表時点で，「発表する」「発表を聴く」「質問を出す」「質問に応える」などのスキルを育成している。また，思考ツールの種類や使用方法についても指導を行っている。中学校では，小学校で育成された「発表する」「発表を聴く」「質問を出す」「質問に応える」などのスキルを基盤として，「議論する」「議論をコーディネー

図3 表現する力の小中連携

トする」「本質的な質問をする」「目的とずれたら軌道修正する」「相手に合わせてインタビューする」などのスキルをさらに育成する（**図3**）。

　小学校では，主にクローズドなスキルを育成し，中学校では相手に合わせたオープンなスキルを育成することを目指す。インタビューを行うに当たっては，先方へ連絡し，アポイントメントを取って自分で場をセッティングするなどの企画力も育成していく。また，小学校で学んだ思考ツールやコンピュータツールを「目的に応じて選択し使いこなす」段階まで引き上げていく。

③「地域学習」の小中連携

　小学校では，3年生「自分の身の回りから学ぶ」，4年生「盛岡から学ぶ」，5年生「岩手から学ぶ」，6年生「全国から学ぶ」のように，地域での学習の場を周辺地域から全国へと拡大させている。例えば，盛岡市の課題に目を付けて，提案するなどの学習を行っている。

　中学校では，1年生「盛岡から学ぶ」，2年生「岩手から学ぶ」，3年生「全国から学ぶ」のように，小学校と同様に地域での学習の場を拡げているが，小学校段階からさらに学習の場を焦点化し深い学びを行うとともに，小学校での地域学習と比較したり，関連させたりする中で，「学びの再発見」や「深化」を目指す。特に，「生き方」学習が哲学的な学習や机上の空論とならないようにすることが必要である。「生き方」の学習を推進するための基盤として「地域を見つめる」視点をさらに強化していくものとし，地域参画を視野に入れた「生き方」の学習を目指していく。

3　理論を導く実践例

(1) 3学年の実践（主体的・対話的で深い学び，情報・情報技術の効果的な活用）

　本校の特色ある教育活動の一つに「学習旅行」がある。観光に傾倒した「修学旅行」ではなく，魅力的な生き方をしている方と直接お会いしてお話を伺ったり，一緒に働いたりすることなどを通して，自己の生き方を探究させていくことが「学習旅行」のねらいであり，総合的な学習の時間を中心に学習を展開している。

　昨年度は，「『超スマート社会を生きる』とはどのようなことか」という学年共通学習課題に対し，探究的な学習を繰り返してきた。

【探究的な学習Ⅰ】超スマート社会についての学習

過程	内容
①課題の設定	・『超スマート社会』が何か調べ，関連するキーワードをあげる。 ・関連するキーワードをKJ法で分類し，課題を設定する（以下の9つ）。 ① Society 5.0，② AI，③スマート農業，④ビッグデータ，⑤ IoT，⑥柏の葉スマートシティ，⑦山口幹生氏（ポケットマルシェ），⑧菱木豊氏（inaho株式会社），⑨出口敦氏（東京大学）　※⑦〜⑨は学習旅行で講師を務める方々
②情報の収集	・課題に対して，4人グループで役割分担をしてインターネットや文献で調べる。
③整理・分析	・調べた内容を持ち寄り，必要な情報を整理する。
④まとめ・表現	・レポート（A31枚）とポスター（模造紙1枚）にまとめて交流する。

【探究的な学習Ⅱ】 自分が会いたい人についての学習

過程	内容
①課題の設定	・【探究的な学習Ⅰ】で自分が調べたり交流したりしたことを整理する。 ・もっと調べてみたいことや個人で追究してみたいことを考える。 ・その考えた内容を解決するために，話を伺ってみたい人は誰か考える。 ※この生徒は，ある株式会社の代表取締役社長について調べることにした。→個人課題
②情報の収集	・課題に対して個人でインターネットや文献で調べ，学習支援アプリに情報を蓄積していく。 スクリーンショットした内容に，線を引いたり，書き込んだり，矢印で繋いだりして，情報の収集，整理・分析を進めた。 ※従来の学習では，生徒は書き込んだプリントをファイルにポートフォリオしていくことが中心であったが，今年度からはICTを活用し，学習支援アプリ上に生徒が調べた内容を蓄積させていった。その蓄積した情報にデバイス上で書き込んだり，他者と瞬時に共有したりすることが可能となった他，他の教科で調べたことを参照することも容易となった。
③整理・分析	・蓄積した情報を整理する。

○スライド（プレゼンテーションソフト）をつくるときのポイントについての学習
・見やすい資料のポイント（文字数，写真やイラストの活用，配色，配置など）

過程	内容
④まとめ・表現	・調べた内容をプレゼンテーションソフト（スライド4枚）にまとめ，それをもとに発表原稿を作成する。 ・ペアで発表内容を交流して相互評価する（協働的に課題解決に取り組む場面）。 ※評価基準は国語や英語の学習を通して，教師と生徒間で共有している。 ・伝えられたよい点や改善点をもとに発表原稿を推敲し（右の発表原稿），本番の発表に臨む。

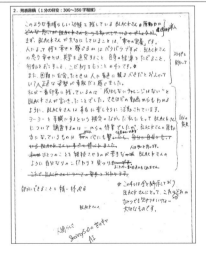

【探究的な学習Ⅲ】学習旅行での学習

過程	内容
①課題の設定	・【探究的な学習Ⅰ】と【探究的な学習Ⅱ】を経た時点での，「『超スマート社会を生きる』とはどのようなことか」についての自分の考えをまとめる。
②情報の収集	・講演会で講師の方々の様々な生き方に触れる。
③整理・分析	・共通点や相違点に着目して講演会で得た情報を整理して自己の生き方を考える。
④まとめ・表現	・「『超スマート社会を生きる』とはどのようなことか」について，プレゼンテーションソフト（一人6分）にまとめて発表する。また，文書作成ソフト（1,600文字）で卒業論文を作成する。 ※下は生徒がプレゼンテーションソフトを用いて発表している様子（左），また，その時に生徒が作成したスライドの一部（右2枚）。

【本実践の成果と課題】

　探究的な学習を繰り返すことで，本校が育成を目指している「思考力等」の質的な高まり（調べ方やまとめ方など）を見取ることができた。また，その学習過程で，ペアやグループで調べた内容を交流したり，相互評価したりすることを通して，他者の考えやまとめ方のよさに触れ，自分の考えを再構築する生徒の姿が多く見られた。

　4月と2月に実施した質問紙調査の結果を見ても，「協調性等」の正の有意差が認められた。一方で，「主体性等」に関わる質問紙調査では低い値が出ていることから，この力をどのように育んでいくかが，今後の課題である。

（2）1学年の実践（主体的・対話的で深い学び，情報・情報技術の効果的な活用）

　1年生後期に行った本実践は，講演会を聴講することで「地域のために活動する人」の思いに迫るとともに，それを実現するための具体的な行動について考え，実践する内容である。

　本実践を構想するにあたり，育成を目指す資質・能力を学習指導要領に定められた資質・能力の三つの柱

に沿って整理するとともに，指導目標とその評価規準について明らかにした。これをユニットなど内容のまとまりごとに作成して指導にあたることで，小中が連携して児童・生徒の資質・能力を効果的に育成することができると考えたからである。

①育成を目指す資質・能力（1年後期）

知識及び技能	・盛岡市に多様な問題が存在していることや，その解決に向けて取り組む人々の思いを理解する。 ・調査活動を，目的や対象に応じて適切に実施することができる。
思考力，判断力，表現力等	・盛岡市への関わりを通して感じた関心をもとに課題を作ることができる。 ・課題の解決に必要な情報を収集し，種類に合わせて蓄積することができる。 ・課題解決に向けて，多様な情報の特徴に応じて整理し，考えることができる。 ・相手や目的に応じて，分かりやすくまとめ，表現することができる。
学びに向かう力，人間性等	・課題解決に向け，自分の特徴やよさに気付き，探究活動に進んで取り組もうとする。 ・自他の考えのよさを生かしながら課題解決に向け，協働して学び合おうとする。 ・地域との関わりの中で自己の生き方を考え，自分にできることを見付けようとする。

②指導目標

　盛岡市で地域のために尽力している人々について調べたりまとめたりする活動を通して_ア_，地域にある課題の解決に向けて取り組む人々の思いを理解し_イ_，自分自身が「地域と関わる」とはどのようなことかについて考えるとともに_ウ_，自らの生活や行動に生かすことができるようにする_エ_。

（ア…単元において中心となる学習活動，イ…単元において重視する「知識及び技能」，ウ…単元において重視する「思考力，判断力，表現力等」，エ…単元において重視する「学びに向かう力，人間性等」で整理）

③評価規準

知識・技能	思考・判断・表現	主体的に学習に取り組む態度
・地域のよさや課題を知り，その解決に向けて取り組む人々の思いを理解している。 ・地域のために尽力している人々の調査を，対象に応じて適切に実施している。	・調査活動や講演会，交流会を通して感じた関心をもとに課題を作っている。 ・調べたことや考えたことを分類・整理しながら課題の解決に向けて考えている。	・自他の考えのよさを生かしながら課題解決に向け，協働して学び合っている。 ・地域との関わりの中で自己の生き方を考え，自分にできることを見付けようとしている。

　また，課題の探究過程④「まとめ・表現」の中の表現力も小中で系統的に育成するために，その具体的な項目を「表現のスキル」としてまとめた。なお「表現のスキル」は，それまで行った座談会（盛岡市内から12名の講師の方々をお呼びして開催）で生徒自身が感じた課題を整理し，そこに教師の思いを込めて作成したものである。

④ユニットの指導計画（10時間扱い）

過程	内容	
①課題の設定	・「自分自身が『地域と関わる』とはどのようなことか」について考え，それを付箋にまとめる。 ・付箋を4人グループで交流して「座標シート」に整理させることで，考えの差異に気付く。 ※「座標シート」は，自分の考えを整理するためのもので，横軸に現在⇔未来という時間による違いを，縦軸に直接⇔間接という関わり方の違いを整理できるように配慮したもの）	〈生徒の振り返り記述〉 ・そもそも「地域」とは何なのか？ ・誰とも関わりをもたず，一人で生きていくことはできるのか？ ・どうすれば普段身近ではない地域の方とも関わることができるのか？ ・地域のために今の自分（たち）にできることは，どんなことなのか？
②情報の収集	・講演会で講師の方の生き方に触れる。	
③整理・分析	・講演会で得た情報を整理・分析し，4人グループごとに「座標シート」を再構成する。 ・学習支援アプリで各グループの「座標シート」を自由に見て，自分の考えに加えたいものや質問したい点を探す。	

・お互いに質問し，全体で交流する中で考えを深める。

A　現在×直接（身近）
　…挨拶やごみ拾いをすること。なぜなら，誰もが住みよい地域にすることで，その地域の魅力を高めて人口の流出などを解消することができると思うから。

B　未来×直接（身近）
　…地域の行事に参加して交流を深めること。なぜなら，地域の絆が強くなったり地域の伝統を守っていくことにも繋がったりすると思うから。

C　現在×間接
　…地域を知ること。なぜなら地域を知らないままでは好きになることもできず，地域に関わることができないと思うから。

D　未来×間接
　…企業を増やすことや地域をPRすること。なぜなら人を集めることで，地域を盛り上げることができると思うから。

・個人で「座標シート」を整理し，それを解釈して自分の考えを再構築する。

| ④まとめ・表現 | ・「考えを具現化した行動＝自分にできること」は何かを考える。
・学んだことを個人新聞にまとめて発行する。
・実践を成果と課題を明らかにし，次年度の学習に繋げる。 | 〈生徒の振り返り記述〉
・まず自分自身が地域のよさを知らないと思ったので，よく知る努力をして，さらに忘れないことが大切だと思った。
・思いやりの気持ちを大切にし，爽やかな挨拶など当たり前のことを徹底して行うことで地域の魅力を上げることができると思った。
・将来できることが増えるように力を付けたい。 |

【本実践の成果と課題】

　小中連携を意識したカリキュラム・マネジメントについて，小学校との比較から育成を目指す資質・能力を明らかにし，それをもとにユニットの指導目標とその評価規準を作成したことで，小学校との系統的な指導の足掛かりを作ることができた。今後の課題は，中学校における段階的・系統的な指導である。それぞれの学年やユニットで育成を目指す資質・能力を明らかにし，指導目標と評価規準を作成することで，実現を図りたい。

　また，情報・情報技術の効果的な活用について，本実践では教育支援アプリで瞬時に情報をやり取りできるというデジタル的な手法と，付箋を「座標シート」に貼って考えを整理するというアナログ的な手法とを必要な場面に応じて使い分けた。次年度から1人1台端末が整備されるが，今後も「主体的・対話的で深い学びを実現する」という目的を強く意識し，ICTありきにならない実践に努めていく。

4　実践の効果

　「自己の生き方について，3年間のヒューマン・セミナー（H・S）学習を通して考えが深まったかどうか」という質問に対して，99％の3年生の生徒が肯定的な回答をした。以下は，自己の生き方について考えが深まった生徒や，「地域」や「繋がり」の大切さに気付き，自分の考えの変容を自覚できた生徒の記述である（図4～図6）。生徒の学習している様子の観察や，記述や成果物を見取った結果，多くの生徒が，特に「思考力等」「協調性等」の高まりを感じていた。

> HSの学習をする前の私の考えは，とにかく信念をもち，それを貫くことが大事，というものでした。しかし，3年間の学びを通して考えは大きく変わりました。講師の先生方はみんな自分だけの目標をもった方だったけど，頑固にそれを曲げない！というより，良いと思うものがあれば，変わってもいいと考える方が多かったように思います。その中でも，山口さんの「自分の殻を破ることに興味をもつ」や岡崎さんの「なんにでもなれるけどなににもなれないかもしれない」，BLACKさんの「経験値を上げ，最適解を探す」という言葉で私の中の根本まで揺さぶられました。

図4 自己の生き方について考えが深まったと考えられる生徒①

「信念をもち，それを貫くことが大事」であるという自分の考えに固執した思考から，講師の先生方の講演を通して，「よいと思うものがあれば変わってもいい」という柔軟な考え方をもつことも必要な力であることに気付いたところに考えが深まった様子が見られた。

> 私は今まで，将来は必ず職について生活をする人になる，と考えていたが，高橋さんのお話を聞いて生き方に形はなく，自分で変えていっているのだと気付いた。また，地球規模で広がっている問題にも自分事として捉えるために，この共感力も必要になると思った。周りを揺さぶることができ，周りから揺さぶられるものがあるという2つの面を持つこの共感力はHSの学習において最大のキーワードとなった。

図5 自己の生き方について考えが深まったと考えられる生徒②

将来について考えたときに，「生き方＝職業」という考え方から，「生き方に形はなく，自分で変えていけるのだ」ということに気付くことができ，より視野を広げ，考えに深まりをもたせられている様子が見られた。

> 「新しい社会」について，私は正直これから地域，という概念はなくなると思っていた。インターネットと人と私たちの森への技術により，国民，また世界が一体化していくと考えたのである。しかし，東浦さんと出口さんのお話を聞いて180変わった。これからは地域が大切になっていくのだ。超スマート社会やスマートシティでも人のつながりが重要になることを学んだ。「地域」や「ワーク・グループ・ブリッジ」が大変だと考えた。

図6 「地域」や「繋がり」の大切さに気付き，自分の考えの変容を自覚できたと考えられる生徒

「新しい社会」を考えていくときに，「地域」という概念がなくなっていくと考えていたが，講師の先生方からのお話を聞くことで，これからの社会こそ「地域」ということがキーワードとなり，大切になっていくということに気付き，考えの変容を自覚することができていると考えられる。

　以下は，「現在疑問に思っていることやこれから調べてみたいことはあるか」という質問に対しての3年生の生徒の記述である。自分なりの「問い」を見出している生徒が非常に多く，3年間，探究的な学習を繰り返してきたことを通して，「主体性等」が育まれてきたと感じている。卒業後も生涯にわたって自己の生き方を探究し続ける姿を期待したい。そのことが「人間の強み」を発揮することに繋がるのではないだろうか。

- ・「AIに勝てる人間の力は何か」についてもっと調べたり，考えたり，見付けたりして，やがて来る超スマート社会に備えていきたい。
- ・「発想力」を身に付けるために，今まで大きな成功をした方に，どのようなことを考えてそこに辿り着いたのか聞いてみて，自分の生き方の参考にしたい。
- ・外国の方など，日本とは違う文化の方の話も聞いてみたい。比較して聴くことで，日本人の生き方の特徴，その他の国の特徴が分かり，日本のよさ，課題を知ることに繋がるのではないか。

第2節　具体的実践事例

第1項　総合的な学習の時間（ヒューマン・セミナー）学習指導案

1　単元名

地域課題解決に向けたプロジェクト「SSS」

2　単元について

（1）生徒観

　生徒は2年次に「『地域と関わる』とはどのようなことか～岩手に視野を広げて～」の共通学習課題のもと，岩手の基幹産業である第一次産業にスポットを当て，それぞれの地域で農業を営みながら様々な地域課題に挑む方々を訪問し，農業体験を共に行ったり経営者にお話を伺ったりして，第一次産業における様々な諸問題やそれに対する課題解決の考え方について学んできた。農業を取り巻く厳しい環境を押さえながら，経営者の方々が知恵を出し様々な人々と繋がりながらその解決に向かう姿勢から，共通学習課題に対する地域課題について考えを深めることができた。

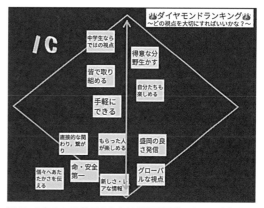

図7　1年次に生徒が考えた地域課題解決のために大切となる視点

　一昨年度に行った校内研究会で，地域課題解決のために活動を行う上で優先する視点として生徒が挙げたものは，「実現可能性が高い」「自分たちの力や得意なことが生かせる」「自分たちの興味・関心が高い」であった。もちろんこれらは地域課題解決のための活動を行う上で大切なモチベーションとなる視点ではあるが，原点に立ち返り，実行することで多くの人々が恩恵を受けるということ，また喫緊性が高いために取り組むべき価値があるといった視点にも目を向けさせながら活動を計画・立案・実行させ，共通学習課題に対する考えを深めさせたい。

（2）教材観

　昨年度の学習を受け，今年度は「『地域と共に生きる』とはどのようなことか～「今の私」ができる地域課題解決～」という共通学習課題のもと学習を進めている。この共通学習課題に向けて，3学年では大きく「学習旅行」と「地域課題解決プロジェクト（Sustainable Students' Solution，通称SSS）」の二つの学習活動を設定した。前者は岩手県沿岸南部に赴き，未曽有の大震災に対してわが岩手県はどのように立ち向かっていったか，また震災から10年経った現在の課題は何なのか，そしてどのように課題解決に向かおうとしているかを現地の方々との交流を通して学ぶもので，6月下旬に計画している。後者は，岩手県内における地域課題を資料や調査をもとに分析・把握し，その具体的な解決方法を計画・立案し，グループで活動を展

開することで地域課題解決を図るものである。実際に 10 月頃にグループで任意の場所に赴き，地域課題解決に繋がるような活動を行う予定である。この学習活動により，他教科で学んだ資料の分析・活用の仕方を活用しながら課題を把握し，その解決に向かうとともに，学習成果をまとめ表現する力，グループで協働的に取り組むことで考えを再構成したり合意形成を図る力，そして実社会から課題を見出し積極的に自らが主体となって社会に参画しようとする態度を養うことをねらっている。さらに活動を通して，自分がこの先どのように地域と関わり合いながら生きていくか，本校の学校教育目標である「よく考え，誠をもって働く人間」に近づくにはどうあればよいかを考えさせていきたい。

（3）領域研究との関わり（指導観）

①総合的な学習の時間における「育成を目指す資質・能力」

ア 探究的な見方・考え方を働かせて，自分で課題を立て，情報を集め，整理・分析して，根拠を明らかにしてまとめ表現する力。（思考力等）

イ 探究的な学習に，互いのよさを生かしながら共働的に取り組むことを通して，考えを再構築したり，合意形成を図ったりする力。（協調性等）

ウ 実社会や実生活の中から問いを見出す力。積極的に社会に参画しようとする態度。（主体性等）

②研究の視点

ア　主体的・対話的で深い学び

　SSS の学習では，プロジェクトのためのグループを作り，協働的に課題解決を目指すこととしている。グループ作成の際には，あらかじめどのような活動を行いたいか，またどのようなことに関心があるかを事前に調査をし，実現可能性も考慮しながら「伝統文化」や「観光」などの内容上で 7 種類に分類した。そしてできるだけ自分が興味をもち，力が発揮されるよう配慮してグループ分けを行った。また，地域課題の把握に関してはこちらからあえて課題を提示せず，自分たちの力で資料を探したり取材させたりして取り組むべき課題を設定させた。これにより，自らがより主体的に学習に向かうことをねらっている。加えて，地域課題に対する方策を考える際にも，初めから一つの方策に絞って考えるのではなく，生徒の多くのアイディアが反映されるように，複数の方策を組み合わせたり方策のデメリットを工夫によって改善したりして，複数人で協働的に思考するからこそできる取り組みを考えさせたい。

　対話の方法については，他教科で行っている話合いの仕方を応用・発展させながら指導を行った。小学校での学習を生かしながらも，特に，国語科との関連を意識しながら学習を展開したい（詳細は**ウ**）。

イ　情報・情報技術の効果的な活用

　本学年では，昨年度から理科や数学などで積極的にタブレット端末を用いた授業を行っており，生徒は扱いに慣れている。これまでの総合的な学習の時間においても，様々なサイトにアクセスして情報を得たり，伝えたいことを教育支援アプリにまとめてプレゼンをしたり，思考を整理するために思考ツールを活用して自分の考えをまとめたりするなどの活動を行ってきた。本単元においても，課題の把握のために情報を集めたり，プレゼンの資料を作成したりする際に思考ツールや様々なソフトを積極的に活用していきたい。また，メールも活用できることから，活動において協力を仰ぎたい機関や人物に対して質問したり連絡したりすることも可能となる。加えて，地域の魅力や自分たちの活動を配信するといった活動に活用することも考えられる。情報源や著作権などに留意しながら，自分たちの活動がより主体的かつ効果的に行うことができるよう 1 人 1 台端末のよさを生かしながら学習を展開していきたい。

ウ　小中連携を生かしたカリキュラム・マネジメント

　附属小学校でも地域にスポットを当てた学習を展開している。特に6年生では卒業研究として自分の興味・関心に合わせながら課題を設定し，探究して学習の成果を報告する機会を設けている。中学校ではこれらの学習を想起させながら，より各教科で培った見方・考え方を働かせて課題を把握し，グループで他者と協力しながらその解決に向けた取り組みを立案・実行させたい。また，その過程を通して，社会参画を視野に入れた自分の生き方を考える契機とさせたい。

　また，小学校では「発表する」「発表を聴く」「質問を出す」「質問に応える」などの表現スキルを身に付けている。中学校では，これらをもとにしながらより相手を意識した「議論する」「議論をコーディネートする」といった表現スキルが求められる。この表現スキルは本領域のみで育成を図るものではなく，国語や英語などの教科を中心として横断的に指導するものである。本単元においては，国語科の〔思考力，判断力，表現力等〕の3学年のA「話すこと・聞くこと」のア「目的や場面に応じて，社会生活の中から話題を決め，多様な考えを想定しながら材料を整理し，伝え合う内容を検討すること」，イ「自分の立場や考えを明確にし，相手を説得できるように論理の展開などを考えて，話の構成を工夫すること」と関連させ，国語科での単元の配置を工夫して教科横断的な指導を図りたい。

3　単元計画

(1) 単元の目標

　岩手県の様々な地域の調査活動を通して，その地域の特徴や課題を捉え，その解決の方法について深く考え実践するとともに，自ら進んで協働的に活動し，自分の生き方に生かそうとすることができる。

(2) 評価規準

知識・技能	思考・判断・表現	主体的に学習に取り組む態度
①調査活動を通して，地域には様々な課題があり，様々な人々が関わり合いながらその解決に向けて尽力していることを理解している。	①資料などを活用・分析しながら地域課題を適切に捉え，その解決に向けて見通しをもった計画を立案し，実行している。	①自分や他者の意見や考えのよさに気付きながら，課題の解決に向けて協働的に取り組もうとしている。
②調査活動を目的に応じて適切に行っている。	②調査内容を相手や目的を意識してICT機器等を活用しながら分かりやすくまとめたり表現したりしている。	②地域課題解決に向けた取り組みを通して，自分の生き方について深く考えようとしている。

(3) 指導の計画（45時間）

次	学習活動	知技	思判表	態度	・評価方法
1	(1) 岩手県を取り巻く地域課題について自ら調査する。	①			・学習シート
	(2) グループで解決を図りたい地域課題を決定し，その現状について調査する。	②		①	・学習シート ・グループ活動の様子
	(3) 地域課題解決のための方策を考える。		①	①	・学習シート ・グループ活動の様子
	(4) 地域課題の現状や現時点で考える解決のための方策をクラスメイトに伝え，改善案を考える。（本時）		①		・グループ活動の様子 ・学習シート

2	(1) 第1次をもとに，追調査をしたり解決の方策について修正したりして，SSS実行のための計画を立てる。	②	①		・学習シート ・グループ活動の様子
	(2) 訪問先との連絡や調整を図るなど，事前準備を行う。	①	①		・グループ活動の様子
	(3) 学習旅行で訪問先の生徒にSSSについてプレゼンする。		②		・プレゼンテーション
3	(1) SSSの計画を現地に赴き実行する。		①	①	・活動の様子
	(2) 活動を振り返り，活動内容をプレゼンソフト等にまとめる。		②		・学習シート
	(3) 文化祭で活動について報告する。		②	②	・報告の内容

4　本時について

（1）指導目標

　現時点での自分たちのグループのSSSについてクラスメイトに伝えさせ，交流させながら課題の捉え方や課題解決に向けた方策について見直させ，改善案を考えさせる。

（2）評価規準

　資料などを活用・分析しながら地域課題を適切に捉え，その解決に向けて見通しをもった計画を立案し，実行している。（思考・判断・表現）

（3）本時の展開

段階	学習内容及び学習活動 ・予想される生徒の反応等	指導上の留意点及び評価 ・指導の留意点　○評価
導入 3	1. 前時までのグループのまとめた内容について確認する。（3分） 〔SSSの構想に入れるべき内容〕 ①グループにおけるプロジェクト名 ②解決に向かおうとしている地域課題 ③②が地域課題であることを示す根拠 ④現時点でグループが考える地域課題解決に向けた方策 ⑤④についてどのようにその効果を検証するか ⑥助言や協力を仰げそうな機関や人物 2. 学習課題を確認する。	・①については課題追究を意識して疑問形の形にまとめたい。 ・③については単なる資料提示に留まらず，それをどのように解釈しているかを示し，その課題がどのくらい重要度が高いかを説明できるとよい。
展開 42	**現時点でのSSSの構想を交流し，自分たちの計画に生かそう** 3. グループの構想を発表し合う。 　（交流Ⅰ　10分，全体　5分，交流Ⅱ　10分） ①グループのうち半数（2～3人）がその場に残り，自分たちのグループの発表を行う。 ②グループの他のメンバーは重複しないように他のグループの発表を聴きに行く。 ③発表側はタブレット端末を用いながら構成等に気を付けて分かりやすくSSSの内容を伝える。（5分） ④質問側は発表を聴き，質問をしたり助言をしたりする。（5分） ⑤1回目の発表が終わった時点でどのような質問を受けたかを全体で確認し，2回目の発表では上記に加えてその視点でも発表を聴き，質問をするように促す。（5分）	・発表側は国語科での学習をもとにしながら，〔SSSの構想に入れるべき内容〕の①～⑥の順序を入れ替えるなどして論理の展開を考えて構成を意識しながらプレゼンを行う。 ・質問する側は発表前にスライドを事前に読み，質問を考える。 ・机間巡視をしながら，話合いによってSSSの構想がさらに改善されそうなグループをチェックする（全体で取り上げる）。 ・質問がうまくできないところには，〔質問側の質問・助言の視点〕に照らし合わせて話すように促す。

〔質問側の質問・助言の視点〕 ・解決に向かおうとしている地域課題が，グループの示す根拠と照らし合わせて妥当性があるか。 ・グループの示す根拠は適切か。 ・グループで考える地域課題解決の方策が有効か。 ・課題や魅力を宣伝するだけに留まらず，自分たちが活動に関わっているか。 ・グループの活動をさらに有効に行う助言はないか。	・1回目の交流終了時点で，どんな質問が出されたかを確認し，〔地域課題解決に向けて大切にしたい視点〕に気付かせ，2回目の交流時はその視点でも発表を聞き，質問するように促す。 ・自分たちの興味や関心を超えて，より広い視野で地域課題解決に向かっていく視点に気付かせ，自分たちのSSSの計画のブラッシュアップに役立たせたい。
4. 3で仕入れた情報について自分のグループのメンバーに伝え合う。（5分）	・状況によって他クラスのグループの発表や各地域の取り組みを提示して，どのような視点で地域課題解決に向かっていくかを考えさせる。
5. 任意のグループを取り上げ，地域課題解決に向けてどのような視点をもって活動に向かおうとしているかを押さえる。（5分） 〔地域課題解決に向けて大切にしたい視点〕 ※・はこれまで多くの生徒が抱いている視点。 　○は交流を通して新しく気付かせたい視点。 ・自分たちの興味・関心が高い。 ・自分たちの力や得意なことが生かせる。 ・実現可能性が高い。 ○多くの人々の幸せに繋がる。 ○大人やその地域の人々も含めてみんなが関われる。 ○その土地の強みを生かせる。 ○モデルケースから考える。 ○単体ではなく，様々なものを掛け合わせる。 ○対象を意識して活動を考える。 ○持続可能性が高い。	・自分たちの考えた方策が〔地域課題解決に向けて大切にしたい視点〕のどれを意識したものなのかを振り返らせ，構想を再検討させる。構想の改善のための助言を適宜行う。 ○資料などを活用・分析しながら地域課題を適切に捉え，その解決に向けて見通しをもった計画を立案し，実行している。（グループ活動の様子，学習シート） ・思考ツール等を用いて，グループの構想を整理し見える化を図る。
6. 3〜5の活動をもとに，自分たちのグループの構想に対する修正を図る。（7分）	
終結 5	7. 本時の学習を振り返りながら，今後の方向性をまとめる。（5分） 〔期待する振り返り〕 ・Aグループの発表では，地域の強みである○○と，自分達が考えた△△を組み合わせて構想していた。もう少し地域の魅力を掘り下げて，それを生かせるような方策を考えたい。 ・質問を受けて，自分たちのグループは人を集める活動を考えていたが，どんな人を集めるかを意識していなかった。小中学生を集めたいので，調査し直して対象が楽しめるような活動を再考したい。	・グループ活動においてどのような質問や助言または発表が自分たちの計画の改善に役立ったかに注目してまとめさせる。 ・今後どのようなことをさらに調べてSSSを進めていくかの展望をまとめさせる。

第2項　生徒の姿と授業の考察

1　授業中の生徒の活動

（1）前時までの学習活動

　本時に先立ち，生徒はグループごとにSSSの計画についてのプレゼン資料を学習支援アプリなどを用いて作成し，国語の授業と関連させながら発表練習を行ってきた。**図8**は海外からの観光客を呼び込むためのプランを考えたグループのプレゼン資料の一部である。生徒は対象の現地を訪れたりネット上のデータを参考にしたりして分析し，課題として提示してそれに対する方策を考えていた。

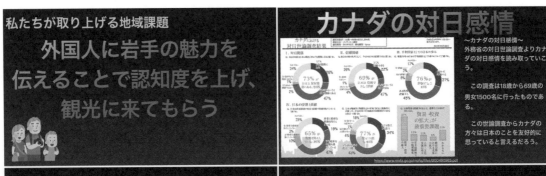

図8　タブレット端末を用いて生徒が作成したプレゼン資料

（2）本時の導入の学習活動

　本時は，自分たちのグループで練り上げた課題解決の計画をクラスメイトに伝え，アドバイスを受けながら改善策を模索する時間となる。できるだけ多くの発表に触れることができるように，ジグソー法を2回用いて交流を行った。授業前の時点での生徒の考えたSSSの計画を見てみると，そもそもその事象が地域課題と言えるかうまく説明できていないものや，地域課題の方策がもともとあるものの宣伝等で終わっており，自分たちが主体的に地域課題解決に関わっているとは言えないといった提案がいくつかあった。これらを解決するために，1回目のグループ交流の際に，提案に対して以下の5点に気を付けて質問をするように促した。

> ・取り組もうとしている地域課題は本当に地域課題と言えるのか。
> ・地域課題の根拠として，資料の解釈は適切か。
> ・地域課題解決のための方策に効果があるのか。
> ・地域課題の方策が，課題の紹介や魅力の紹介だけで終わっていないか。
> ・より効果的に行うアイディアはないか。

（3）本時の展開の学習活動

　1回目のグループ交流の後，一つのグループの交流内容を全体で取り上げ共有した。あるグループは若者

に人気の「グランピングキャンプ」に注目し，それを用いた盛岡郊外の雫石町への集客・活性化を提案した（S2・**図9**）。これに対する質問のやり取りを全体で共有した。

S1：グランピングキャンプは他の地域でも一部やっていることだが，それでなんで都会から若者が来ると言えるの？　そのメリットは？

S2：実際に行ったら自分たちが住んでいるところよりも自然が豊かなのが分かった。その自然の豊かさを前面に出せば，他の地域よりもよくなると思った。

T ：そのグループは，どんな地域課題に挑もうとしているの？

S2：過疎化です。

T ：過疎化？　何の？

S2：雫石とか岩手とかに来る若者が少ない。グランピングを体験して，後々岩手に移住したり観光客が増えたりすれば，岩手が豊かな県になるかなと思いました。

図9　タブレット端末を用いてプレゼンする様子①

T ：つまり，ターゲットなんだね。そのグループの方策の対象は若者なんだね。

S2：若者の間ではやっていて，インスタ映えもするので，それがあればいいんじゃないかとグループで考えました。

　上の質問の視点③について，地域課題解決の方策を考える上では，その対象・ターゲットをどこに絞って行うかが重要である。このグループの話合いの様子を全体に共有することで，ターゲットをどこに置いて方策を行っているかに注目し，その点で方策の効果について検討するように促し，2回目のグループ交流に移った。

　あるグループは「宮古の海を守るには」というテーマで，マイクロプラスチックを減らす取り組みについて考えた（S4）。その方策として，ポスターを制作し，内陸の人たちにも海を守ることについて関心をもってもらうこと，ごみを集めてそのごみで小物や制作物を作ってPRすること，文房具など使わないものを譲りたいときに手間をかけずに譲ることができるクローズドサービスの提供（エコ萬屋オンライン）の三つを考え，提案した。エコ萬屋オンラインについては，試験的なホームページも作成していた。グループ交流では，このエコ萬屋オンラインに関心が集まった（**図10**）。

S3：エコ萬屋オンラインについて，文房具など使わないものと言っていたんですが，海とかに流れ着くごみって，ポイ捨てとかが多いと思う。ポイ捨てとかで出てくるごみについてはどうしようと思いますか。

S4：これは，環境に関心をもってもらうという取り組みで，間接的な取り組みになってしまうが，環境を大切にしようと思って，ポイ捨てする人も減るのではないかと思います。実際にポイ捨てするようなごみは，ゴミを拾って再生する二つ目の取り組みで行いたいです。

S5：どんなものを作ろうとしているの？

S4：オランダでの活動を参考にしているが，規模が大きすぎて私たちにはできないので，文房具や定規，プランターなどを作りたい。私たちのマークなどを入れて，興味をもたせたい。

図10　タブレット端末を用いてプレゼンする様子②

S6：エコ萬屋は校内でやると面白そうだね。

S3：うん，絶対行く。でもさらに他の学校に広げるのは難しそうだね。

　S3は，海の環境を守るには，直接的に海に捨てられたごみに対してアプローチをした方がよいと考えていたようである。しかし，このグループはどちらかと言えば，内陸部，特に同級生や中学生くらいの年齢層を対象に，自分たち中学生にできることという視点でエコ萬屋を考えたことが分かる。グループの方策の対象が自分たちであることを理解したS3や他の質問者はそれに共感し，中学生がそれに協力しそうであると感じつつも，他の学校にまで広げるには課題があるのではないかと疑問を呈している。

　グループでのやり取りから，「海の環境を守るには」グループについては，課題把握として宮古の海の汚染の原因が主に何であるかを再調査すること，ターゲットを中学生にし，その環境への関心を高めることが

目的であるとするならば，エコ萬屋オンラインの実際的な運用に向けての課題を洗い出すことが今後の学習で必要になると考えられる。

2回目のグループ交流を経て自分のグループに戻り，他のグループの発表から自分たちのグループに活かせそうなことや，質問を受けて解決しなければならないことについて，5分程度で話し合わせた。以下は，前述の「海の環境を守るには」グループの話合いの様子である。

図11　グループでの話し合い内容を全体で共有する様子

S7：漂流物は，プラスチック以外の木材とかもあるんじゃないか，それらの再利用はどうするのかという質問をされた。
S8：マイクロプラスチックは自然では分解されないもの。木は自然のものだからそこまで影響はないのではないか。ただ，マイクロプラスチックは人間にも害が及ぶので，プラスチックごみを重視した方がいいと思う。
S7：現状は木材ごみが多いから，その対策も考えた方がいい。
S4：エコ萬屋が面白そうって言われた。校内はできるけど，校外となると管理が難しいのでは？
S7：URLをどのように発信するかが課題になる。
S8：パソコン室をサーバーにできないのかなぁ。
S4：あと，実際に宮古市で行っている環境への取り組みについてもインタビューしてきて取り組んだらいいんじゃないかという意見ももらった。
S7：自分でプレゼンをして思ったけど，海洋汚染についてのデータも大切だけど，認知度的なデータもあればいいかなと思った。
S4：その方が重い問題として捉えられるね。海洋汚染を知らない人が多いかもしれないから，そういうデータもいいかも。

ジグソー法のグループ交流から，海洋汚染の原因の分析についてもう一度見直す必要があるということを捉えることができたようである。特に，S4は宮古市で実際に話を聞いてその取り組みなども理解した上で活動を行う必要性も感じているようである。

グループでの交流を通して，あらためて地域課題解決に向けてどのような視点をもって活動を計画したり実行したりしなければならないと考えたかを全体で発表させた（**図11**）。今回の授業では以下の視点に気付くことができた。

ア　中学生はできることは少ないが，逆に中学生だからこそできることがあると感じた。中学生が関心をもったり行動したりすると，周りの人は共感して行動してくれると思う。
イ　活動を行って成果が得られない時に，PDCAサイクルを回してどのように活動を修正していくかが大切だと思った。
ウ　場所単体ではなく，様々な場所を組み合わせることで，より広い地域の活性化に繋がる。
エ　「人口減少」だけではなく「健康改善」のように，様々な課題を組み合わせることで課題解決に向かうことができる。

アについては，盛岡に外国人を呼び込むための活動を考えているグループから出された視点である。このグループはこの日までに何度も盛岡市国際交流協会に足を運び，アドバイスをいただきながら自分たちの提案について実現可能性を探っていた。そのとき，職員の方々の協力的な姿勢を目にし，自信をもって活動の計画を立案できたようである。この時点でまだ外部の団体等に接触していないグループは，これを聞いて自分たちも積極的に接触してみようと思うようになった。

ウ・エについては，前述の「グランピングキャンプ」のグループから出された視点である。移動に自転車を考えた意図を掘り下げて聞くと，はじめは自然を体感するということに留まっていたが，様々な場所のよさを知ることができること，人が集まるだけではなく集まる人が健康になれるという側面にも気付くことができた。この視点については，他の観光で集客を考えているグループも気付くことができた。

ここで，1年次に考えた「地域課題解決のための活動を行う上で優先したいこと」を示したダイヤモンド

ランキング（指導案の図）を全体に示した。1年次では，「中学生ならではの視点」や「得意な分野を生かす」などが上位にきていたが，今回の交流から，「直接的な人々の関わり・繋がり」が生み出す視点の大切さにも気付かせた。

　また，海外からの観光客を呼び込むためのプランを考えたグループのプレゼン資料をもう一度提示し，どのようにして方策を取捨選択したかを説明させた。このグループはいくつかの方策を立案しており，メリット・デメリットを挙げていたが，デメリットに対する対応を考えず，消去法でできることを考えていた。そこで，上の図を提示しながら，考えた方策にどのようなメリット・デメリットがあり，デメリットがあるとすればどのように対応すれば実現に近づくことができるかを考えさせることとした。

（4）本時の終末の学習活動

　授業の終末では，今回の学習を受けてSSSをどのように改善していくか，短い時間であったがその方向性をグループごとに話し合わせ，振り返りを行った。ある生徒は，「今までは考えていたものの中で当日に大きくやってたくさんの注目を集めるという方向性で考えていたけど，当日の前から行う活動を長時間かけてやることでより多くの人に広められると思った。」と振り返った。

2　考察

　本時は，自分たちのSSSについて交流させ，内容を見直させ改善案のきっかけを考えさせる授業であった。各グループのプレゼンでは，国語科で事前に指導した，もともと提案内容に対する知識が薄い相手に対してどのように話せばよいかといった相手意識のあるプレゼンを行うことができたように思う。ジグソー法を用いたグループ活動を通して，地域課題解決の方策を考える上で大切にしたい「対象を意識して活動を考える」，「単体ではなく様々なものを掛け合わせる」，「大人やその地域の人々も含めてみんなが関われる」といった視点について気付かせることができた。また，その視点をもちながら，自分たちのSSSの計画を見直すことに繋げることができた。

　一方で，課題の把握についてはまだまだ未熟な点があった。ICTの効果もあり情報はたくさん集まるが，それをどのように取捨選択し，解釈し，課題化していくかには課題がある。これは，総合的な学習の時間のみならず，他教科においても様々な事象から疑問をもち，課題として追究していく力を養うことが求められる。また，その課題解決に対して自分たちの考えた方策がしっかりと対応したものであるかを吟味する力もさらに指導していく必要があると感じた。

　この後の学習では，これらの視点をもとにSSSの内容を再考させ，6月下旬に実施した学習旅行（岩手県沿岸南部地域）で当地に居住し地域のために尽力している専門家の方々や県立山田高等学校・宮古市立田老第一中学校の生徒にプレゼンを行い，さらにアドバイスを受けて改善を図らせた。残念ながらコロナ禍の影響で実施はかなわず，実施を計画している内容に応じた関係者への提案で学習は終わったが，生徒は「地域と共に生きる」ということが楽しいと感じる一方で，実際に行動に移すことの難しさを感じたようである。このように社会・地域に目を向けた学習を経験させることで，社会参画の意識をさらに醸成していきたいものである。

第3項　研究者から見た授業の成果・課題

総合的な学習の時間を創造する視点と「ヒューマン・セミナー」の成果と課題

(1)「総合的な学習の時間（以下，「総合的学習」と略記）」：カリキュラム開発の視点

　「総合的学習」のカリキュラム開発で必要な視点を，以下に三点ほど挙げてみたい。

　第一に，目標として，生徒に育みたい「資質・能力」をある程度明確にすることはもちろん，将来的な姿として，教育目的に位置付けられる「自己創造」及び「社会創造」できる人間の形成も，マクロな視点として設定しておきたい。

　特に，「総合的学習」では，自己の生き方を考えることが目指されるだけでなく，さらに，多様な現代的諸課題を扱う場合もあり，現代の社会のあり方そのものも批判的に問い直し，生徒が将来の社会を自分たちで創造できる力の育成も求められる。18歳で主権者となる生徒には，自らの人生を創造できるとともに，社会に参画し社会を創造できる（社会参画力）人間の形成は「総合的学習」が目指す目的でもある。この自己創造と社会創造の力の育成に向けて，具体的な「資質・能力」を設定することになる。

　第二に，内容として，設定すべき課題について，学習指導要領上，例示的に三つの視点が挙げられているが，できれば「地域課題」こそ中心に据えたい。生徒にとって，身近な地域で生起する課題，日常的に新聞やテレビ，ネットなど幅広い情報媒体に取り上げられ，かつ地域でも話題になり得る地域課題は，地域の人々や地域素材から直接に情報を得られやすく，生徒も当事者意識をもって取り組める課題であり，「真正（authentic）の学び」，「社会に開かれた教育課程」の実現にも寄与する。

　また，課題設定に際して，中学生レベルでは，課題を教師側が一方的に決定するより，教師から選択肢を示して生徒が具体的に課題設定するか，生徒自らが問題意識をもって課題設定することが求められる。学習主体である生徒自身が設定した課題であれば，当事者意識が生まれ，その後の探究活動も意欲的に取り組むことに繋がる。つまり，課題設定への生徒参画の保障である。

　第三に，学習方法として，「探究的な学び」と「協働的な学び」の質的充実である。探究のスパイラルである「課題設定－情報収集－整理・分析－まとめ・表現」において，情報社会への対応と，全ての学習の基盤となる資質・能力である「言語能力」「情報活用能力」の育成という観点から，「整理・分析」「まとめ・表現」は特に充実させる必要がある。ここが不十分であれば，「活動あって学びなし」という批判を受けるであろう。「総合的学習」の探究学習は，単なる調べ学習とは異なる。調べた情報をもとに，設定した課題の解決にどの程度有効であるかを吟味（分析）する作業が不可欠である。また，課題の解決を検討することを通して，自分事として自分自身は何を考え，どのように行動し，他者や（地域）社会に働きかけていくか，つまり，情報収集に伴う生徒自身の認識形成を，いかに生徒自身の行動形成に結び付けられるようになるかが探究の質を高めるための鍵である。多様な他者と関わり，多面的な情報収集と多面的な分析，それを踏まえ，個々人のみならず多様な人々に対して自ら働きかける行動力の育成が実現してこそ，自己創造と社会創造が可能な主体の形成は実現しうるであろう。その際，「地域を学ぶ，地域から学ぶ，地域を創る（地域に生きる自己を創る）」というように学習の質的発展と関連付けて，目標・内容・方法・評価が一体となったカリキュラム構想を常に意識したい。

　これらの視点を軸に，附属中学校の提案実践事例について成果と課題をまとめてみたい。

（2）附属中「ヒューマン・セミナー」の成果と課題

　附属中の「総合的学習」，いわゆる「ヒューマン・セミナー」は，学校教育目標「よく考え，誠をもって働く人間」を最も体現しうる，人間形成の核をなす学習時間である。この「ヒューマン・セミナー」は，この人間形成を中核に，学校内外の他者と関わることを通して，様々な地域で活躍する人々に触れ，その生き方から，自分自身の生き方を考えることを目指してきた。キャリア教育にも通じる活動でもある。しかし，3年間を通じて見た場合，これまでの「ヒューマン・セミナー」は，自分たちの生活する現実の地域を捉え直し，地域に存在する課題を解決提言し，地域の創造に自ら当事者意識をもって主体的に取り組むという社会的な側面（社会創造）が弱かったように思われる。

　ところが近年は，この課題を克服してきている。本実践でも自己の生き方を考えるという視点を残しつつ，地域課題の解決という視点を重視し，生徒自らが，自分たちの地域の課題を考え，その解決に向けて ICT機器を活用しながら多様な情報を収集・分析し，グローバルな視点をもちながら自分たちが実践可能な提案行動を行う探究活動へ発展してきている。「社会参画力」育成を視野に入れ，「総合的学習」の目指す目的を個人レベル（自己創造）と社会レベル（社会創造）の両面から統一的に把握できているところが成果と言える。

　次いで，本提案実践は，自己創造と社会創造へ繋がる社会参画力の育成を目標としつつ，目標に即した，「内容（地域課題）」と「方法（課題解決的な探究活動）」の質的充実という特徴を有している。

　生徒が関心をもった地域課題について，実地調査やネット情報などから多様に情報収集し，思考ツールを活用して情報を整理分析し，「協働的な学び」の方法であるジグソー法も採り入れながら，他者や他グループとの交流を保障している。その上で，批判的・多面的な視点から解決案をタブレット端末の活用で提示し交流し合う探究活動が展開されている。

　問題解決的な探究活動のスパイラルにおける「整理・分析」「まとめ・表現」の質を深めるという授業構想，学習の基盤をなす「言語能力」「情報活用能力」の適切な位置付けなど，今，「総合的学習」で意識すべき実践的特質を見出すことができる。

　一方で課題となるのは，目標（「資質・能力」）・内容・方法・評価が一体となった「小中連携カリキュラム」の構築である。

　また，提案行動の現実的な社会への働きかけが課題である。解決策の実現可能性は，当該地域課題を深刻な課題として捉えている当事者の地域の人々や，課題解決の実現に直接関わりうる行政に対する提言が不可欠となる。それらの提言相手からの応答を踏まえた提言の再修正，再提言といったスパイラルな探究活動の発展的展開により，生徒の当事者意識の醸成と，課題解決のための探究の質はさらに高まるであろう。

　少子高齢過疎化に対する地域創生や，東日本大震災・自然災害からの復興など，東北・岩手ならではの地域社会の現実とそこに生きる生徒の生活現実も踏まえ，他校と校種を繋ぐ「総合的学習」カリキュラムの開発に期待したい。

（岩手大学教育学部教授　田代高章）

総合的な学習の時間（ヒューマン・セミナー）では，日常の探究活動に加え，講師の先生を多数お招きしご講演をいただく。話を聴く中で生き方学習を深める。

●ICT 支援員
日脇隆弘

第**5**部

ICT 支援について

1 教育の情報化と ICT 支援員

文部科学省が推進する「教育の情報化」では，情報通信技術の特長を生かし教育の質の向上を目指している。①情報教育：子供たちの情報活用能力の育成，②教科指導における ICT 活用：ICT を効果的に活用した分かりやすく深まる授業の実現等，③校務の情報化：教職員が ICT を活用した情報共有によりきめ細やかな指導を行うことや校務の負担軽減等，の3点が挙げられる。これに加えて，〈A：教師の ICT 活用指導力等の

図1　学校の ICT 環境整備に係る地方財政措置（文部科学省, 2017）

向上〉，〈B：学校の ICT 環境の整備〉，〈C：教育情報セキュリティの確保〉は，教育の情報化の実現を支える基盤として重要と言われている。この教育の情報化を加速するため，「教育の ICT 化に向けた環境整備5か年計画（2018 ～ 2022 年度）」（**図1**）で，学習者用コンピュータ端末を3クラスに1クラス分の配備と教師には1人1台の整備，超高速インターネット及び無線 LAN100% 整備などを掲げた上で，外部人材である「ICT 支援員」を4校に1人配置の数値目標を示した。また，学校教育の情報化の推進に関する法律（2019）では，第18条：人材の確保等で「学校の教職員による情報通信技術の活用を支援する人材の確保，養成及び資質の向上が図られるよう，必要な施策を講ずること」と法整備した。令和3（2021）年8月には，学校教育法施行規則の一部を改正し，教職員の日常的な ICT 活用の支援に従事する「ICT 支援員＝情報通信技術支援員」として，学校職員に関する規定に位置付けた。

2 ICT 支援員の必要性

ICT 支援員等の外部人材の必要性が顕著になった理由の一つとして，2020 年度小学校全面実施の学習指導要領で必須となった「プログラミング教育」が挙げられる。プログラミングを学習に生かすのは教員の役目であるが，その指導力の習得は容易ではない。『小学校プログラミング教育の手引き（文部科学省）』の第4章「企業・団体や地域等との連携（外部の人的・物的資源の活用）」に，「プログラミング教育の充実を図るために，企業・団体や地域等と積極的に連携し協力を得ることは有効である」としている。また，「GIGA スクール構想（2019 年 12 月）」で示された，2023 年度までの児童生徒1人1台端末の整備や教員の業務分担と負担軽減を促進する動き等により，さらに外部人材の投入が必要な状況となっている。教員の情報活用能力や指導力が向上することで ICT 支援員は不要になるとの見解もあるが，ICT 機器及びソフトウェアは日々アップデートされるため，常に情報収集やスキルアップが欠かせない。

表1　GIGA スクール構想の実現ロードマップ

2019 年度	2020 年度	2021 年度	2022 年度	2023 年度	2024 年度〜
児童生徒 1 人 1 台コンピュータの実現，遠隔・オンライン教育 教科の ICT 活用，教員養成・外部人材活用促進 →					改訂教科書 使用開始 デジタル教科書 本格導入 小学校〜
	新学習指導要領 小学校	新学習指導要領 中学校	新学習指導要領 高等学校		
〜 2022 年度 環境整備 5 か年計画 →					

　GIGA スクール構想の実現パッケージに示される学習者用端末の標準仕様の基本モデル例を見ても，端末の OS は 3 種類あり，利用する学習用ツールも様々である。これらの選択は自治体・学校に委ねられており，その他ソフトウェアやサービスも組み合わせが自由だ。1 人 1 台端末の管理・保守・更新・設定など，ICT 機器が増えることによる作業負担やトラブル対応が増えることは明らかで，トラブルの一次対応や問題の切り分け，調査・改善，業者・メーカーへの問い合わせ等の専門的なやりとりを教員が行うには負担が大きく，これらの教育活動の付帯業務を担っていく「ICT 支援員（情報通信技術支援員）」と連携をしていくことは，より良い教育活動の実現に不可欠であろう。

表2　GIGA スクール構想の実現・標準仕様端末

GIGA スクール構想の実現 標準仕様端末	学習用ツールや，特長など
Microsoft Windows 端末 （キーボード付き）	デスクトップのトップシェアソフトウェアの教育仕様版。学校でも多く利用してきたワープロソフト，表計算ソフト等のアプリケーションや，協働学習支援ツール，アンケート作成ツール，テレビ会議機能も原則無償で提供する。Microsoft が提供するこれらのソフトウェア群は，Chromebook 端末，iPad 端末でも同様に利用可能。
Google ChromeOS 端末 （キーボード付き）	シンプルで軽量の端末で，クラウド利用を基本とする。ワープロソフト，表計算ソフト等のアプリケーションや，協働学習支援ツール，アンケート作成ツール，テレビ会議機能も原則無償で提供する。Google が提供するこれらのソフトウェア群は，Windows 端末，iPad 端末でも同様に利用可能。
iPadOS 端末 （キーボード付きケース）	タブレット型端末でトップシェア。Apple 社が提供するワープロソフト，表計算ソフト等のアプリケーションに加え，動画・音楽編集やプログラミングツールなども原則無償で提供する。高性能カメラやタッチパネルの安定性が好評で，協働学習支援ツールには，画面制御・共有機能もある。

※「端末利活用状況等の実態調査（令和 3 年 7 月末時点）」（2021 年 10 月：文部科学省）によると，ChromeOS が 40.0%，Windows が 30.9%，iPadOS が 29.1% となっている。

3　ICT 支援員の業務分類

　「ICT 支援員」の業務は，各自治体や学校によって様々である。ICT 支援員の育成・確保のための調査研究事業（平成 30（2018）年：文部科学省）では，ICT 支援

ＩＣＴ支援員の業務

 授業支援　 校務支援　環境整備　 校内研修

図2　ICT 支援員の業務

員の業務を〈授業支援〉〈校務支援〉〈環境整備〉〈校内研修〉の四つに分けて整理している（**図2**）。

　四つの各項目の概要と具体的な業務を一部紹介するが（**表3**），実際の業務については雇用条件や仕様で示されているため，ここに挙げられた業務範囲に限らない。自治体・学校では ICT 環境の違いはもちろんのこと，ICT 機器活用の方針や，活用実態・スキル，人員配置等の状況に合わせて業務範囲を定めていく。

表3　ICT 支援員の業務分類

授業支援	授業計画の作成支援，教材作成，ICT 機器準備，操作支援，学校行事等の支援，障害トラブル対応等への支援	環境整備	メンテナンス，障害トラブル対応，年次更新，ソフトウェア更新，運用ルール作成，ICT 機器整備等への支援
校務支援	学籍・出席管理，通知表，指導要録，成績管理，教職員間の情報共有，家庭地域への情報発信等への支援	校内研修	校内研修の企画支援，校内研修の準備，校内研修の実施，校内研修の実施支援

4　ICT 支援員のスキル・資格

　ICT 支援を行うためには，パソコンや情報端末の操作スキルや情報活用能力が求められるが，学校現場においては児童生徒，保護者，地域の方々と接するため，社会人の資質に加えて，チーム学校の一員として学校・児童生徒の理解，マナー・コミュニケーション能力，社会性・公平性など，ICT 技術スキル以外の能力も求められる。しかしながら，ICT 支援員になるための必須資格や公的な育成機関がなく，その育成状況や研修内容は自治体・学校，派遣事業者によって様々である。文部科学省では，ICT 支援員の業務スキルや資質，およびその研修内容について，

表4　ICT 支援員の基盤的なスキル

(1)	ICT 支援員の業務についての理解
(2)	導入機器・ソフトに関するスキル
(3)	教育の情報化の理解
(4)	ネットワークの概要の理解
(5)	障害の切り分けのスキル
(6)	文書作成のスキル
(7)	セキュリティポリシーに関する理解
(8)	コンプライアンスの理解
(9)	コミュニケーションのスキル

『ICT 支援員ハンドブック』（平成26（2014）年）や「ICT 支援員の育成・確保のための調査研究　成果報告書」（平成30（2018）年）にまとめているので一部を紹介する。

　ICT 支援員としてあらゆる業務を行う場合に，前提として持っていなければならない共通的なスキルとして〈基盤的なスキル〉をまとめている（**表4**）。機器・ソフトの操作や設定，ネットワークなど ICT 機器にまつわるスキルはもちろん，教育の場であることを忘れてはならない。セキュリティポリシー，コンプライアンスといった知識や，様々な人との関わりを想定したコミュニケーションスキルも欠かせない。

　これらの〈基盤的なスキル〉と，前述の業務分類に沿った研修を，下記の4つの種別に整理している（**表5**）。

表5　研修の種別と特長

種別	種別の特長
基盤的研修	全ての ICT 支援員育成で共通で身に付けるべきスキル，および環境整備の業務を行う ICT 支援員が身に付けるべきスキルを育成する研修
授業支援研修	授業支援の業務を行う ICT 支援員が身に付けるべきスキルを育成する研修
校務支援研修	校務支援の業務を行う ICT 支援員が身に付けるべきスキルを育成する研修
校内研修に関わる研修	教職員を対象とする校内研修を行う ICT 支援員が身に付けるべきスキルを育成する研修

このような ICT 支援員としての様々な実践的能力や適性・資質を評価する民間の資格試験に，「ICT 支援員能力認定試験」（情報ネットワーク教育活用研究協議会／教育情報化コーディネータ認定委員会）がある。平成 25 年度から年 2 回認定試験が実施され，これまで 2,432 名（令和 3 年 12 月現在）の認定者がいる（**図3**）。年々増加しているが全国の小中学校数＝約 3 万校を考えると，十分とは言えないだろう。

令和 2（2020）年 1 月の公表データによると，受験者数 2,913 名に対して，平均合格率は 53.2%（合格者は，1,549 名）となっている。この ICT 支援員能力認定試験は，2 つの領域の試験で構成されている。

CBT（Computer Based Testing）形式で行う実践的知識（A 領域）の試験と，問題分析・説明力を問う試験（B 領域）がある。

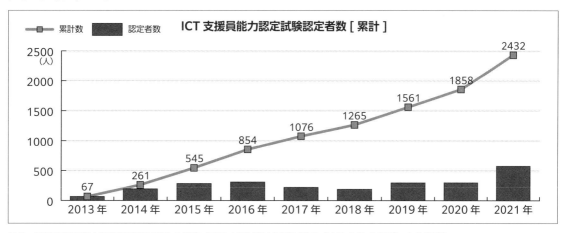

図 3　ICT 支援員能力認定試験認定者数の推移（ICT 支援員能力認定試験公式 HP より 公表データを累計）

A 領域試験では，前述の「基盤的スキル」の出題が含まれており，ICT 技術の基本的知識，最新技術等の幅広い知見に加えて，実践的な場面を想定した状況判断，アプリケーションの操作や設定，教育現場での常識的行動や規範に関すること，学校でのトラブルへの理解等で構成されている。

B 領域試験は，学校現場を想定した課題の解答を受験者自身が動画撮影し，提出する。状況を正しく分析し解決に導く課題解決力と，分かりやすく説明をするコミュニケーション能力が問われる。言葉選び・言葉遣い，話し方，話すスピードも評価のポイントとなっているようだ。なお，同協議会では，養成カリキュラムに基づいた e ラーニング「ICT 支援員養成講座」が令和 3 年 4 月に開設され，ICT 支援員の自己研修に活用できる。

〈A 領域の出題領域〉
a) 教育現場や情報技術などでの基本的用語
b) 教育現場で利用される
　　アプリケーションソフトやファイルの操作
c) 現場で生じる問題に対する状況判断や対応
d) 教育現場で利用されるハードウェアやソフトの設定
e) 学校特有の問題に関する理解（職務，子どもの扱いなど）
f) 情報モラルの指導・セキュリティに関する知識

〈B 領域の出題について〉
ICT 支援員として学校現場で日常的に遭遇する内容への問題解決，あるいは，技術的な内容について，わかりやすく説明するといった課題が出されます。評価観点は，「問題場面を的確に把握できているか」と「先生方にその状況や対応を的確に説明できるか」に重点が置かれます。実際に教育現場で，人前で話したり，説明したり，質問にわかりやすく答えたりすることをやってこられた ICT 支援員の方にとっては特別な準備は不要ですが，不得意な方は日頃からの自己研鑽が必要でしょう。
※ ICT 支援員能力認定試験公式 HP より

その他，ICT の技術スキルを示す資格として，同協議会の教育情報化コーディネータ（ITCE）3 級～1 級試験や，IT パスポートなどの情報処理技術者試験（IPA 独立行政法人 情報処理推進機構），PC スキル・アプリ操作スキルを認定する Google for Education の認定教育者 や，マイクロソフトオフィススペシャリスト（MOS）などがあり，ICT 支援員能力認定試験と合わせて支援員募集の条件とするケースがある。

5　ICT 支援員配置の現状

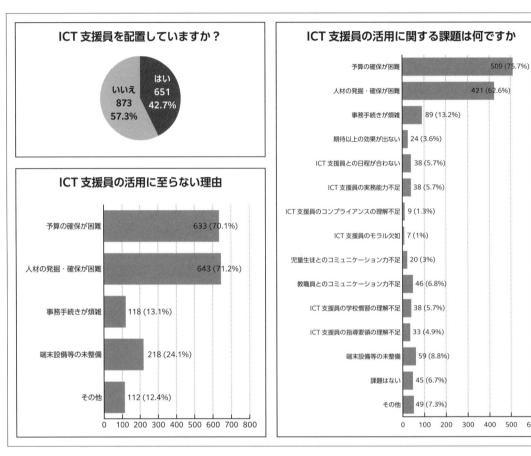

図4　ICT 支援員の配置促進に関する調査研究のアンケート調査（文部科学省，2021）より抜粋

ICT 支援員の配置促進に関する調査研究（2021 年：文部科学省）のアンケート調査のまとめ（**図4**）によると，アンケート回答のあった市町村教育委員会の半数以上（57.3%）が，ICT 支援員を配置していないと答えている。その理由としては，予算の確保が困難（70.1%），人材の発掘・確保が困難（71.2%）が挙げられている。また，実際に配置できた自治体への「ICT 支援員の活用に関する課題」の設問では，同様に「予算確保」と「人材の発掘・確保」が困難であると答えている。

現在の ICT 支援員の設置については，予算面・人材育成／確保面で課題があるようだ。GIGA スクール構想実現のための1人1台の端末整備が進む中，運用面の支援のさらなる強化のため安定的な基盤整備を目指す「GIGA スクール運営支援センター」を各都道府県に整備する事業計画が進んでいる（令和3年度補正予算，令和4年度予算）。今後ますます支援体制が強化され，ICT 支援員の人材不足の解消や ICT 活用の運用

面での支援が充実することが期待される。

6　GIGA スクール構想下での管理体制

　GIGA スクールの構想の実現に向けて，どのように ICT 支援員と連携しているか簡単に紹介する。本校では，これまで数名で取り組んできた ICT 推進担当教員を拡充し，1人1台端末の導入に向けて体制を強化した（**図5**）。導入から管理・運用まで，ICT 推進担当教員を中心に行っているが，一連の業務において ICT 支援員が専門的な視点から支援・助言を行っている。日常的な管理業務として，大きく〈端末管理〉〈アプリケーション管理〉〈アカウント管理〉の3つがある。

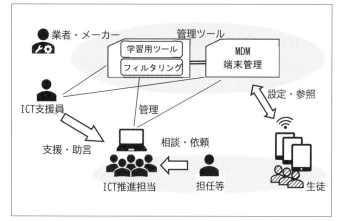

図5　GIGA スクール構想下での管理体制

　端末管理については，1台1台設定・管理するのは困難であるため，端末管理システム（MDM：Mobile Device Management）で一元管理する。端末の状態把握，ルールの設定，端末の OS やアプリケーションのインストール・バージョン管理，セキュリティ・機能制限などをコマンド操作で遠隔制御できるのが特長である。グループやタグ付け機能で区分けして管理運用できることは，現場で非常に役に立つ。また，学校外での端末利用を安全に行うため，端末の位置情報から紛失時に探し出す手助けをしてくれる機能や，不正利用防止のロック機能なども備わっている。

　学習用ツールや有害サイトのフィルタリングなどのソフトウェアを利用するためには，利用するサービスの数だけ児童生徒にアカウントの発行と管理が必要となる。シングルサインオン（SSO＝1つのアカウントで，他のサービスにサインインできる仕組み）に対応したサービスも増えており手間も軽減されてきているが，それぞれのサービスでアカウントを持つという考え方は変わらない。デジタル教科書や教材，フィルタリングサービス，健康管理アプリのアカウント等，活用するサービス別にアカウントが必要である。これらの管理には MDM 同様に遠隔で制御可能な管理ツールがあり，ユーザ管理や機能の設定・制限などを行う。これらの MDM や管理ツールは，非常に便利であるが，設定や構成が複雑で多岐にわたり少し難易度が高い。また，教育向けの学習用ツールや機器は，一般に利用できるものではなく ICT 支援員や販売業者でも経験が少なく，実際に動作確認したり試したりしながら管理運用に当たっているのが現状である。

　機器やアカウント管理などでトラブルが発生した際も，原則は ICT 推進担当教員を主として対応に努めるが，トラブルの内容・難易度によって ICT 支援員や業者・メーカーと連携し，対応に当たっている。日々の教育活動を止めないためにも迅速な対応が求められるが，授業中など即時に対応できない場合が多く，予備端末の活用や ICT によらない柔軟な対応も解決策の一つとしている。

　始まったばかりの GIGA スクール構想で，日々新しい課題と向き合いながら手探りで取り組んでいる。安心安全な ICT 活用はもちろん，効率的な学習利用そして教職員の負担軽減に繋がるよう，ICT 支援員とよりいっそう連携して取り組んでいく。

7　ICT支援員に聞く

学校現場で一緒にICT活用に取り組む「ICT支援員」に，お話を伺いました。

—— ICT支援員はどんな仕事をしていますか？

学校の教職員・児童生徒のICT活用全般をサポートするのがICT支援員です。授業支援，校務支援，環境整備，校内研修という4つの業務に分けられます。授業のICT活用の準備・設定や操作の支援，校務では生徒のデータ管理方法や情報共有などのサポートをします。情報端末が1人1台導入されましたので，導入時の研修や，端末管理・アカウント管理など管理面のサポートもあります。

—— ICT支援員になった「きっかけ」は何ですか？

2017年当時，小学校の新学習指導要領でプログラミング教育が必修化されると知り，「小学生がプログラミングできるの？」と疑問を持ったのがきっかけでした。プログラミング教育がどのようなものか調べていく中で，学校現場でのICT活用が進んでいない現状を知り，何か役に立てることがあるのではないかと感じました。「ICT支援員」の存在を初めて知り，「ICT支援員能力認定試験」にすぐにチャレンジしました。当時は，岩手県内でも認定者は数名しかおらず，現場で活躍している方はいらっしゃらないようでしたが，今では認定者も増えて岩手県に35名の認定者がいらっしゃいます。

——誰でもICT支援員になれますか？

ある程度のパソコン操作や基本的なICT技術の習得は必要ですが，いわゆるパソコンが得意な人やICT機器に精通している方は，適任だと思います。実際に現場で感じるのは，ICT技術スキルよりも，課題解決力やコミュニケーション力が重要だなと感じます。教育現場では一般には見ることがない機器やアプリが導入されていて，ネットワーク構成や機器の組み合わせ・使い方もそれぞれ異なっています。トラブル対応や相談をいただいたときに，まず状況把握するのに時間がかかります。トラブルの場合，

すぐに解決すればいいのですが，一つひとつ原因を探ったり，問題の切り分けを行ったりして，業者・メーカーさんと連携しながら解決していきます。また，ICT支援員が支援する対象は教員や生徒ですので，人とのコミュニケーションは避けられません。単純に機器を操作するだけではなく，会話の中から状況やニーズ・課題を把握し，分かりやすく説明する力が必要です。

—— ICT支援員になるにはどんな勉強が必要ですか？

私はシステムエンジニアとして，ソフトウェア開発に携わっていますので，普段からパソコンやタブレット端末を使っています。システム開発で経験した課題解決やデバッグ（ソフトウェアの欠陥を修正する作業）が，支援に活かされているのではないかと思います。また，最新のICT技術について毎日情報収集するようにしています。ICT支援員になってからは，特に教育関係の情報に目を通すようにしていますし，ニュースレターを読んだり，SNSやコミュニティに参加したりして情報交換しています。

—— ICT支援をしていて大変なことは何ですか？

特に大変なことはありませんが，少し困ることとすれば，思っている以上に先生方が忙しく，休み時間・放課後でも，なかなか会話時間が持てないことでしょうか。課外活動や会議など先生方は授業以外の業務も多いように見えます。少しでも先生方の負担を減らすことができるように，サポートしていければと思っています。

—— ICT支援をしていて楽しいことは何ですか？

いつも楽しんで業務に当たっていますが，トラブルを解決したり，先生方の要望に応えられたりしたときは，とてもやりがいを感じます。週に1回程度

の勤務ですが，「支援員さんが来ている日で良かった」なんて言ってもらえると，とても嬉しいです。

——支援するとき気を付けていることはありますか？

先生方と話をするときに「分かりやすい言葉」を使うように意識しています。どうしても専門的な用語を使いがちですが，それではなかなか理解してもらえません。また，相談をいただくときは，目の前のやりたいことではなく，目的を確認するようにしています。思い込みで方法を決めつけていたり，本来のやりたいことと食い違ったりする可能性があるからです。いくつかの選択肢を提示することも意識しています。

——相談の多い内容は何ですか？

今はほとんどありませんが，生徒のトラブルで多かったのが，パスワード紛失による端末ロックの復旧作業です。中学生でも4桁のパスワードを忘れてしまうことがあるようで，先生方から何度も指導いただきました。

先生方からは，主に管理面でのサポートが多いです。MDMや管理ツールは，機能が多く操作が複雑な部分や，専門的な内容が多いため間違いがないようにサポートしています。

——先生方にお願いしたいことはありますか？

いくつかお願いがあります（笑）。

まず一つ目に，ICT支援員はICT活用を提案することはできますが，授業を作るのは先生方であるということを伝えたいです。ICT活用は何通りもあるので，「おすすめのアプリありますか？」と聞かれると答えに困ってしまいます。先生が実現したいこと，困っていることをぜひ教えてほしいです。

二つ目は，先生方ご自身のスキルアップに時間をかけてほしくないなということです。今の子どもたちは，機器の操作に慣れていますので，先生が教えるよりも簡単に自分で操作を習得していきます。先生方が完璧に覚えてから導入するのではなく，生徒たちと一緒に使いながら，（むしろ生徒に教わりながら）ICT活用してみてはいかがでしょうか。

三つ目に，最初から高度な使い方を目指さないでほしいなと思います。学習用ツールやアプリケーションの機能は豊富でこだわりすぎると準備や調査に時間がかかって，負担も増えます。得意な先生方の事例や経験・成果を参考にしながら，ICTの必要性はもちろん，学習の場面や，先生と生徒のスキルに合わせてICT活用にチャレンジしていただきたいです。

最後に，いつでも遠慮なく話しかけてほしいなと思います。どんな些細なことでもかまいません。

長年の悩みが一瞬で解決することもありますので，疑問や困ったことがあれば，どんどん聞いてみてください。

——生徒たちにお願いしたいことはありますか？

ICT機器を正しく大切に使ってほしいです。ICT機器に慣れていることもあり，少し雑な扱いが目立ちます。特にケーブルの抜き差しや，端末の持ち方です。簡単に壊れないようにできていますが，破損する危険性がありますので注意してください。中学生は様々なアプリケーションの使い方を自分で習得しており，逆に学ばせてもらっています。積極的な活用は歓迎しますが，ルール外の使い方はやめましょう。

—— ICT支援員を目指す人へ

今現在，全国的にICT支援員は不足しており，今後ますます必要な人材であると言われています。学校現場の先生方は多忙な中で，1人1台端末の導入やICT活用，プログラミング教育に苦労しています。また，都市部に比べて地方でのICT活用は遅れており，地域格差が生まれているのも事実です。我々ICT支援員が率先して，先生や生徒と一緒にICT機器を活用していくことで，未来を担う子どもたちのより良い学習に繋がっていくことと思います。チーム学校の一員として，多くの方々にサポートしていただけると，とても嬉しいです。

３年次には学習旅行があり，日本各地に赴く。その際に，現地でしか体験できない体験をし，講演から得た知見と経験を結び付けていく。

●研究主任
平澤 傑

第**6**部

統計分析で見る本校生徒の特徴と変容

1 資質・能力の変容を捉えるための方法とは？

生徒の資質・能力を育成する際，具体的な指導目標を明確にすることと，資質・能力の変容を適切に把握することは，指導と評価の一体化を図る上で必要不可欠である。しかしこの際，各教師の感覚や主観のみで目指すべき生徒の姿をもつことや，資質・能力の変化を捉えることは，指導と評価の一体化を図る上で妥当ではない。学校単位で資質・能力の育成を図る際，次のような状況が危惧される。

- 抽象化された資質・能力については教員集団で共有されているが，具体的な生徒の姿として共有されていないため，教員によって資質・能力の捉えが違ったり，見取りの規準や目的意識にばらつきが生まれたりする。
- 教育研究の効果について，生徒の実態が十分に分析されず，「実践をして終わり」という校内研究になる。

図1　生徒の思考場面

上の写真は，授業で「よく思考している」と思われる生徒の姿である。一方で，「思考力が高まった生徒の姿」の捉えが教師によって百人百様であれば，指導のアプローチや見取りに差異が生まれ，学校全体で生徒の資質・能力を効果的に育むことが難しくなる。

図2　職員による議論場面

校内研究を推進する際には，計画や方法論の検討だけではなく，「全教員で取り組んだ授業改善によって生徒がどのように変容したのか」「指導のアプローチは適切であったか」について，根拠に基づいて議論することが重要である。

近年我が国においても，学校教育の成果に対するアカウンタビリティ（説明責任）が問われており，エビデンスに基づいた教育政策の決定，教育活動と成果の因果関係の実証，さらには妥当性と信頼性を担保した上での「指導と評価の一体化」の重要性が叫ばれている。校内研究レベルにおいても，EBE（Evidence-Based Education）の考え方を踏まえ，生徒の内的・心理的な側面が，指導によりどのように変化することが望ましいのか，実際にどのように変化しているのかを十分に検討し，評価しながら進めることが重要と捉える。本校でも，前次研究において「生徒の実態や実践の効果を適切に捉えながら研究を進めること」が課題に挙げられていた。校内研等で生徒の実態や変容を教職員間で質的分析をする際，根拠となる客観的な見取り（量的分析）が必要である。そこで本研究では，生徒の実態を捉える方法について，①「人間の強み」を育成するための資質・能力，②主体的・対話的で深い学びに関わる生徒の力（心理的側面），③ICT活用に関する生徒の学習過程，の三点について検討した（**図3**）。三つのうち二つについては尺度を独自に開発し，一つは既存のものを使用している。その具体を以下に紹介したい。

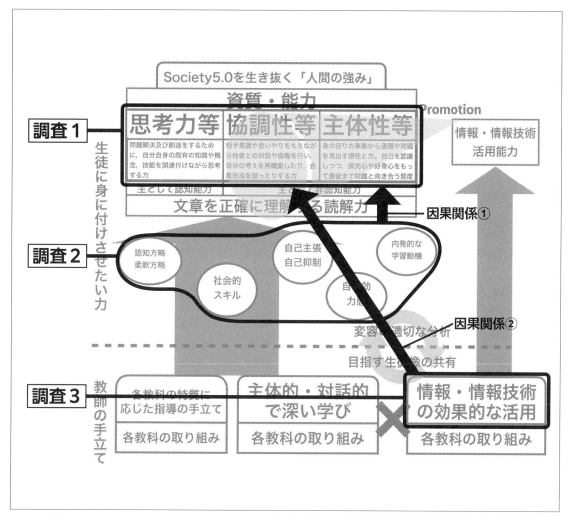

図3　研究概要図に照らし合わせた実態分析内容

（1）調査1 「人間の強み」を発揮するための資質・能力尺度（本校職員の捉えからボトムアップ式に作成）

　研究1年目の時点で，職員間でよく議論されたのは，「未来で必要とされる『人間の強み』とはどのような力か」「資質・能力が高まった生徒の姿というのはどのような姿か」ということであった。各教師がもつ目指すべき生徒像は多岐にわたるもので，なかなか一つにまとめられるものではない。そこで本校では，令和2（2020）年2月に，岩手大学大学院教育学研究科・山本奨教授監修のもと，資質・能力を具体的な生徒の姿として表した「附属中学校版資質・能力尺度」を開発した。

　これは，本校職員22名に対し，資質・能力の定義に照らし合わせ，「その力を備えている生徒の特徴を箇条書きで記述してください」と教示し，自由記述により回答を得たものである。生徒への質問紙調査及び因子分析（最尤法，プロマックス回転）による内的整合性の検討を行った結果，本研究の趣旨に合致する3因子構造が見出された（次ページの**表1**）。本尺度を用いて，目指すべき生徒像を職員間で共有するとともに，変容を分析する際には，質問紙調査の質問項目として用いた。質問紙調査では「とても当てはまる」から「全く当てはまらない」の5件法により，生徒へ回答を求めた。

表1　教職員の捉えから作成した「人間の強み」を発揮するための資質・能力尺度

思考力等

1. 様々な視点から物事を考えることができる

2. 自分の考えを決めるときに根拠をもとにすることができる

3. これまで学んだことや生活経験をもとに，予想したり仮説を立てたりすることができる

4. 様々な情報から，必要な情報を選択することができる

5. 自分の考えの根拠を説明することができる

6. これまでの知識や経験，技能をもとに解決への見通しをもつことができる

7. 自分の考えを分かりやすく相手に伝えることができる

8. 学習したことや生活経験をもとに，新たな発想で物事を考えることができる

協調性等

1. 他者の視点に立って考えようとしている

2. 協働してよりよいものを生み出そうとしている

3. 互いが納得する答えを導き出そうとしている

4. 他者の意見のよさを認めようとしている

5. 自他の共通点や相違点を整理しようとしている

6. 正解の無い難しい問題も，他の考えを尊重しながらみんなが納得する答えを導き出そうとしている

7. 自分の考えにこだわらず，他の意見を取り入れようとしている

8. 級友一人ひとりの個性や良さを認めようとしている

主体性等

1. 身の回りの事象と学校の学習との繋がりについて考えようとしている

2.「なぜこれを学ぶのか」ということに対して，自分なりの考えをもとうとしている

3. 身の回りのことに「なぜ？」と疑問をもとうとしている

4. 上手くいかなくても，粘り強く取り組もうとしている

5. 学校内の問題をどのように解決したらよいか考えようとしている

6. 身の回りの問題を自分事として捉えようとしている

7. 学校内の問題解決に関わろうとしている

8. 学校内の問題に関心をもっている

(2)　調査2 主体的・対話的で深い学びに関わる心理測定尺度（既存の尺度を使用）

　(1) の資質・能力尺度における生徒の具体的な姿は，生徒の内面的側面の力が起因して表出される。客観的かつ内面的な生徒の実態を捉えるため，既存の心理測定尺度を用いてさらに調査を行った。今回用いる心理測定尺度は，三つの資質・能力及び主体的・対話的で深い学びの学習過程に関連すると考えられる五つの尺度（学習動機尺度，自己効力感，学習方略，社会的自己制御，社会的スキル）を抽出した。これらは，すでに先行研究等により信頼性・妥当性が検討されているものである。それぞれ，6件法により回答を求めた。

表2　資質・能力に関わる心理測定尺度の内容

尺度名	学習動機						自己効力感	学習方略				社会的自己制御		社会的スキル
尺度の意味	生徒は何のために学習するか						目標を達成したり，うまく行動したりする「自信」がどれくらいあるか	普段，どのような学習方法を用いているか				他者との関係の中で，自分のやりたいことや意志と，現状の間でズレが起こったときに，		対人関係を円滑に運ぶためのスキル
下位尺度名	充実志向	訓練志向	実用志向	関係志向	自尊志向	報酬志向		プランニング方略	認知方略	柔軟方略	作業方略	自己主張	自己抑制	
下位尺度の意味	学習自体が面白い	自分自身を鍛えるため	仕事や生活に活かすため	友達や先生につられて	プライドや競争心から	報酬を得る手段として		計画的に学習に取り組む	精緻化・知識同士を結び付ける・集中力を高める	自分の学習の状態に合わせて変える	学習の作業を工夫しながら学習を進める	自分を主張する力	自分を抑制する力	

(3) 調査3 学習における ICT 活用尺度（本校生徒の捉えからボトムアップ式に作成）

　ICT などの情報技術は，「使うこと」ではなく「どのように使うか」が重要であることは先に述べてきた。そこで，生徒がどのような ICT 活用の仕方を，どの程度行っているかを調査した。ICT の効果的な使用方法は，実際にICT を使っている生徒がよく理解し，その有効性を認識しているものと考えられるため，教師の捉えではなく生徒の捉えをもとに尺度を作成する必要が

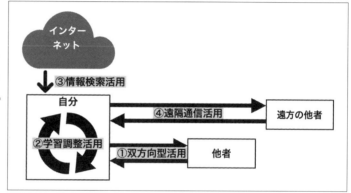

図4　学習における ICT 活用尺度各因子のイメージ図

ある。そこで，2021 年 12 月に，岩手大学教育学部久坂哲也准教授から助言をいただきながら，「学習における ICT 活用尺度」を開発した。これは，生徒自身が，日常的に有効性が高いと感じている ICT の使用方法を自由記述で回答したものから，ボトムアップ式に尺度として作成したものである。全校生徒を対象に質問紙調査を実施して因子分析を行った結果，4 因子構造が提案された（次ページの表3）。それぞれの因子は，①情報をアウトプット及びインプットしたり他者と共有・交流したりする使い方（双方向型活用），②自分自身の考えをまとめる・管理するなどし，学習を調整する使い方（学習調整活用），③インターネットを用いて情報を検索したり資料・写真・動画を保存したりする使い方（情報検索活用），④他者と連絡を取る使い方（遠隔通信活用），である（図4）。それぞれ 6 件法により回答を求めた。

表3　生徒が捉える「ICTの有効な使い方」回答から作成した「学習におけるICT活用尺度」

双方向型活用

1. 資料（写真や動画など）をみんなと共有する

2. 自分の意見や考えを画面に表示して発表する

3. 大事な場面を写真・動画で記録する

4. みんなの考えや意見を共有したり比較したりする

5. 自分の考えを相手に送信する

6. 学校外から課題を提出する

7. 授業中に通信機能を使って提出物を出す

8. 自分の行動の様子を動画や音声に撮って振り返る

9. デジタルの資料に直接書き込む

10. 写真・動画に撮って気付いたことを書き込む

学習調整活用

1. 自分の考えを素早くまとめる

2. 学習の計画を立てて実行する

3. 自分の考えを分かりやすくまとめる

4. 学習前後の自分の考えを比較する

5. 授業で解決しなかったことを授業後に考える

6. 過去の学習や情報を思い出す

7. いろいろな教科のノートを管理する

8. 授業で学習した内容を家で復習する

9. 自分の考えをページ数を気にせずたくさん記述する

10. 提出物の内容や期限を把握する

11. デジタル教科書やデジタルノートを使う

情報検索活用

1. 資料や情報などをインターネットで入手する

2. インターネット動画を使って分からないことを検索する

3. たくさんの資料を保存し，学校や家で閲覧する

4. 写真・動画を入れてノートを作る

遠隔通信活用

1. 友達や先生に連絡を取る

2. 遠くにいる人と交流する

2 どのような学習が資質・能力の向上に影響があるのか？

(1) 調査1 資質・能力尺度と 調査2 心理測定尺度との関係（因果関係①）

　教職員からのボトムアップで作成した「人間の強み」資質・能力尺度と，心理測定尺度の関係性を調べるため，重回帰分析を行った（一つの下位尺度の場合単回帰分析を実施）。すると次のような結果が得られた。なお重回帰分析とは，一つの結果を複数の原因から説明するための方法で，因果関係の分析に利用される。本研究では，「資質・能力尺度における生徒の具体的な姿は生徒の内面的な側面が起因して表出される」と仮説を立てているため，説明変数（独立変数）を 調査2 の結果，目的変数（従属変数）を 調査1 の結果とした。分析結果を**図5**〜**図9**に示す。

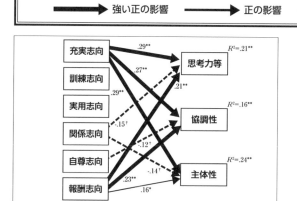

図5　学習動機と資質・能力の因果関係

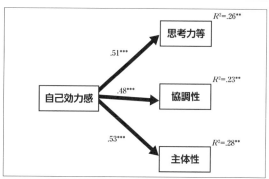

図6　自己効力感と資質・能力の因果関係

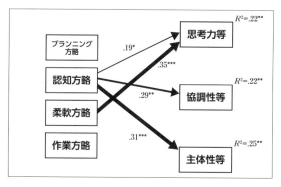

図7　学習方略と資質・能力の因果関係

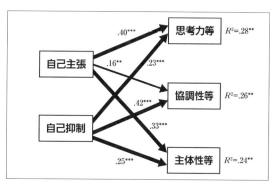

図8　社会的自己制御と資質・能力の因果関係

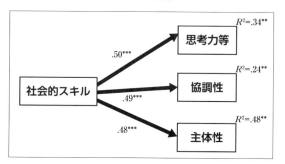

図9　社会的自己制御と資質・能力の因果関係

・ $*p<.05$　$**p<.01$　$***p=.00$

重回帰分析の結果から，心理測定尺度と資質・能力尺度の関係について，次のような本校生徒の傾向が明らかとなった。

【本校生徒の特徴】

- 学習する理由が「学習内容が面白いから」である場合，思考力・協調性・主体性の向上に繋がる。
- 学習する理由が「友達や先生につられて」である場合，思考力・主体性の低下に繋がる。
- 学習する理由が「プライドや競争心から」である場合，協調性の低下に繋がる。
- 学習する理由が「報酬を得る手段として」である場合，思考力・協調性・主体性の向上に繋がる（主体性の向上に関しては他二つに比して低い，また学習の継続性の観点から報酬志向により学習する姿は望ましいものではない）。
- 「目標を達成したりうまく行動したりする自信（自己効力感）」は，思考力・協調性・主体性の大きな向上に繋がる。
- 「習ったことをもとに考えたり，知識と知識を結び付けたり，集中力を高めたりといった認知的なはたらきを重視して学習するやり方（認知方略）」は，思考力・協調性・主体性の向上に繋がり，影響力は主体性・協調性・思考力の順に強い。
- 「学習の進め方を自分の状態に合わせて柔軟に変更していくやり方（柔軟方略）」は，大きな思考力の向上に繋がる。
- 他者との関係の中で，「自己主張する力」と「自己抑制する力」は，思考力・協調性・主体性の大きな向上に繋がる。
- 「対人関係を円滑に運ぶためのスキル」は，思考力・協調性・主体性の大きな向上に繋がる。

この結果から，「友達や先生につられて」という学習動機は思考力・主体性に負の影響，「プライドや競争心から」という学習動機は協調性に負の影響を与えていることが示唆されたため，主体的・対話的で深い学びを授業で行う際には留意する必要がある。例えば，「先生が好きだから学習を頑張る」「クラスのみんなが頑張っているから自分も頑張る」という段階から，「学習内容が面白いからもっと学習したい」という段階に移行させる等である。また，中学校高学年になるほど受験への意識が強まり，「他者に負けたくないから学習を頑張る」という考えをもちがちであるが，「今後のキャリア形成のために学習を頑張る」という意識をもたせることも必要である。

さらに，「目標を達成したり，うまく行動したりする自信（自己効力感）」，「適切に自己主張したり自分を抑えたりする力（社会的自己制御）」，「対人関係を円滑に運ぶためのスキル（社会的スキル）」はいずれも全ての資質・能力に有意な正の影響を与えていることが示唆された。これらのスキル向上のための指導や，生徒がそれを実感できるような授業運営が必要であると考えられる。例えば，「先生が分かりやすく教えてくれた」という段階から，「自分の力で今回の問題を解決できた」という段階へ学習を昇華させることである。そのためには，生徒自身が自分の力で問題解決を行い，解決までを自力でできるようなコーディネートの工夫が必要である。さらに，適切にコミュニケーションを図ることができるようなスキルの明示的な指導や，自分の考えを適切に主張したり抑えたりする必要性を生み出す授業運営も必要である。例えば，授業で教師が生徒同士の発言を繋ぐ目的で，発言内容を代弁したり，教師が対話に入ってしまったりすることが考えら

れる。これにより，生徒同士が深く議論したり，合意形成したりする機会が奪われ，コミュニケーションスキルの発揮や自己主張・自己抑制の必要性が奪われ，コミュニケーションスキルの発揮や自己主張・自己抑制の必要性が薄れてしまう。協働的な場面では，生徒に活動を委ねコーディネートに徹することも必要と考えられる。

(2) 調査1 資質・能力尺度と 調査3 学習における ICT 活用尺度との関係（因果関係②）

「人間の強み」資質・能力尺度と，学習における ICT 活用尺度の関係性を調べるため，同じく重回帰分析を行った。「ICT の効果的な活用と使用頻度は資質・能力に影響を与える」と仮説を立てているため，説明変数（独立変数）を 調査3 の結果，目的変数（従属変数）を 調査1 の結果とした。分析結果を 図10 に示す。

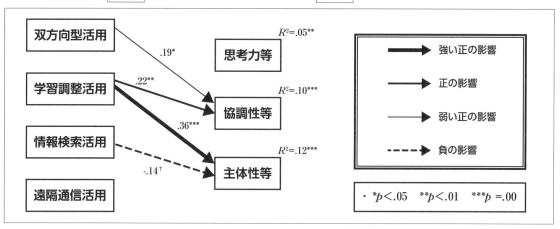

図10　ICT 使用頻度と資質・能力の因果関係

ICT 使用頻度と資質・能力の因果関係について，次のような本校生徒の傾向が明らかとなった。

【本校生徒の特徴】

・情報の入力・出力や共有・交流といった双方向型の活用を多用している場合，「協調性」の向上に繋がる。

・自分の学習を調整するために ICT を活用している生徒は，「協調性」の向上に繋がる（影響力はやや強い）。同じく，自分の学習を調整するために ICT を活用している生徒は，「主体性」の向上に繋がる（影響力は非常に強い）。

・インターネット等で情報を検索したり，写真・動画を入れてノートを作ったりする使い方を多用している場合，使い方によっては「主体性」の低下に繋がる。

以上の結果から，ICT を活用することは，協調性・主体性に大きく影響を与えていることが示唆される。

双方向型活用は，他者との情報共有が主たる活用方法であり，協調性に影響を与えることは十分に考えられる。実際，学校内の Wi-Fi 環境が整備され，生徒は ICT を用いた情報の共有・交流を活発に行い，協働の質は大きく向上した。

学習調整活用は，学習指導要領における評価の新観点「主体的に学習に取り組む態度」の「自らの学習を調整しようとする側面」に類似しており，その要素を含んだ主体性等に大きな影響を与えると考えられる。

1人1台端末が配備され，生徒はたくさんの情報を一括して管理できるようになっただけでなく，ポートフォリオのように学習のログを組織化できるようになった。学習調整活用が協調性等にも強い影響を与えていることは，自分の考えを十分に構築した上で協働活動を行うことの重要性を示唆していると考えられる。

　情報検索活用は，主体性等に負の影響を与えており，ICT活用の際に特に注意すべき点である。本校生徒はこの項目において，6件法で平均値5を上回っており，使用頻度がきわめて高い項目である。具体的な使用場面としては，調べ学習のときに情報検索サイトで情報収集に取り組んだり，必要な写真をダウンロードしたりするなどである。しかし，生徒の学習の様子を見ると，別な使い方も散見される。例えば，問題解決の結論に直接的に繋がる情報をインターネットの情報検索機能で導き出したり，文章による記述や説明を省略し写真や動画を添付することで代替したりする等である（板書の撮影も含む）。このように，生徒が問題解決や創造を粘り強く自力で行うことを妨げる可能性のあるICT利用の方法は，主体性等に負の影響を与えていると考えられるため，教師は生徒のICTの使い方に十分注意し，コントロールする必要がある。特に，家庭内など授業外でのICT活用は，生徒個人の自己コントロールが十分になされるよう，活動の意義を伝えるなど内的動機付けを十分に行う必要がある。

　本調査では，ICT活用と思考力等との因果関係は特に認められなかった。これは，思考力等の向上及び働きに関しては，主体的・対話的で深い学びの質に依存し，ICT利用の有無が思考に直接的に関与していないことが窺える。実際の生徒の活動の様子を見ても，思考を深める場面そのものでは，ICT活用の手をいったん止めたり，対話や活動に没頭したりしている。まさに「ICTは文房具」という言葉の通り，「ICTを使うか使わないか」が思考に影響するのではなく，「ICTを使ってどのように考えるか」が影響していると言える。

3　1年間の実践の効果は？

　2020年2月〜2021年3月に，全教科等で授業改善及び実践を中長期的に行った。実践前・実践後に資質・能力尺度と心理測定尺度を用いて，生徒の実態を調査した。実践期間は，月1回程度校内研究会（校内研）・拡大校内研究会を実施し，授業のブラッシュアップを図った。校内研では職員間で細かく意見を出し合い，生徒の変容を分析した。特に，実践前に大きな改善を要した第3学年を抽出し（n＝125），重点的に分析を行った。変容から成果・課題を**図11**〜**図14**に示す。なお，以下に示す「有意な差」とは，「統計上からは偶然起こったと判断できない差」であり，実践による効果である可能性が示唆される。

（1）成果

　まず，学習動機（**図11**）について，内発的な学習動機の中でも，資質・能力に正の影響がある充実志向が向上し，外発的な学習動機全般の低下が見られた（いずれも有意差までは確認できなかった）。次に学習方略（**図12**）について，作業方略のみ低下しているが，他三つに関しては有意な向上が見られた。中でも認知方略・柔軟方略は資質・能力に繋が

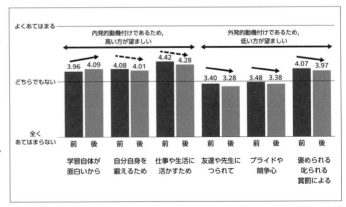

図11　「生徒は何のために学習するか」の変容

る学習方略である。認知方略は，主体的・対話的で深い学びの「深い学び」そのものであると考えられる。「身に付けた知識や技能を活用したり，発揮したりして関連付ける学び」「体験したことと収集した情報や既有の知識とを関連させ，自分の考えとして整理し意味付けたり，それを自覚したり共有したりする学び」といった学習場面を授業内で多く経験するようになっていると考えられる。また，日常の授業で生徒自身に問題解決を委ねる場面が増えたことにより，生徒が自らの学習をコントロールし，自己調整学習の主要な機能である柔軟方略が有意に向上したものと考えられる。これらに付随して，資質・能力の思考力（**図14**）について，有意差は認められなかったものの，向上が見られた。

次に協調性に関する考察である（**図13**）。「自己主張する能力」と「自己抑制する能力」が有意に向上しており，資質・能力についても協調性が有意に向上している。これは，授業において協働的・対話的な学習機会が増え，自らの意見を主張したり合意形成のために自分の意見を抑え調整を図ったりする必要性が生まれたこと，学習支援アプリを中心としたICT活用により協働の規模が拡大したことが理由と考えられる。生徒の様子を見ても，ICTを用いた他者との通信・協働場面で協働や対話を抵抗なく行い，問題解決のために意見を活発に交流する姿が増えた。校内研では，ICTの活

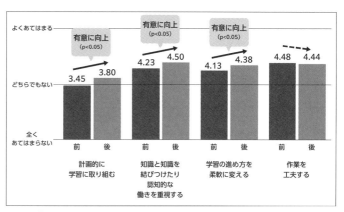

図12　「多用する学習方法」の変容

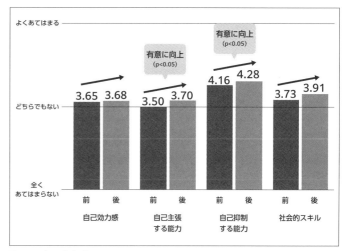

図13　自己効力感・コミュニケーションに関わるスキルの変容

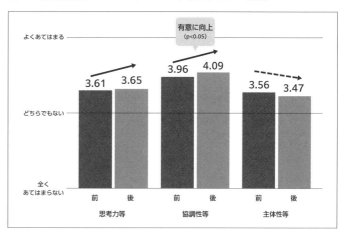

図14　資質・能力の変容

用は生徒同士の協働を活発化させているという意見が多く出された。

最終的に三つの資質・能力の全てが有意差のある向上に至らないまでも，その過程となる資質・能力の要素が着実に向上していることが窺えた。特に，学年進行とともに自分自身を見る目が厳しくなり，諸調査の結果が低下していく傾向にある中，向上している項目が一定数存在することは大きな成果と捉えられる。

（2）課題

　図12から，有意な差ではないものの資質・能力の「主体性」については低下が見られる。生徒の様子に目を向けてみると，生徒は授業や諸活動における問題や課題を，真に自分自身が解決したい・達成させたいと思う問題や課題としているかについては，指導の継続性と全教員の共通認識の必要性の観点からまだまだ改善の余地があると考えられる。また，依然として「自分自身の力で様々な問題を解決することができた」という自信をもてずにいる生徒がいることが課題として挙げられる。このことから，教師が生徒の問題解決に直接的に介入しすぎず，生徒に活動を委ねると同時に，間接的・意図的な支援や適切なコーディネートにより，生徒自身の力で問題解決を行う授業づくりと教師の授業力向上をさらに検討していかなければならない。

　特に，重回帰分析の結果からも，教師や仲間の雰囲気につられて学習していたり，インターネット検索や写真・動画の使用により自力での解決・創造を怠ったりしている場合は，主体性の伸長を妨げる可能性がある。指導の際には十分に留意する必要がある。

主体的・対話的で深い学びは校内だけに留めず，学校外にも規模を拡げている。上の写真は，学習旅行で被災地の高校生と議論を深めた様子である。

下の写真は，東京学芸大学附属竹早中学校の生徒と同じ学習課題を協働して解決する中で，「学習集団に対するメタ認知を働かせる」学習活動の様子である。

参考・引用文献

第1部　序論

遠藤孝夫（2019）『「主体的・対話的で深い学び」の理論と実践』東信堂

久坂哲也，佐々木聡也，平澤傑（2020）「1人1台端末を使用した中学校理科の授業における生徒の反応──使用場面ごとの有効性の認知とコスト感に着目して」岩手大学教育学部教育実践総合センター研究紀要，19号，pp.97-140

岩手大学，岩手県教育委員会，岩手県立大学（2021）「令和2年度いわて学びの改革研究事業研究成果報告書」https://www.edu.iwate-u.ac.jp/wp-content/uploads/2021/05/803e95a80de3f6427683bbd8c1b2a9ec.pdf

JSTEオンライン教育研究会（2021）「オンラインで拓く技術・情報教育の可能性」一般社団法人日本産業技術教育学会（オンライン出版）

加藤佳昭（2020）「D（3）『計測・制御の技術で医療・介護の問題を解決しよう』」，「中学校技術・家庭科（技術分野）内容「D情報の技術」におけるプログラミング教育実践事例集」https://www.mext.go.jp/a_menu/shotou/zyouhou/detail/mext_00617.html

加藤佳昭，三浦隆，宮川洋一（2021）「第10章　中学校の実践事例2」，田代高章，阿部昇（編著）『「生きる力」を育む総合的な学習の時間』福村出版，pp.153-168

加藤佳昭，宮川洋一，上野耕史，森山潤（2021）「介護技術のシステムを題材に技術ガバナンスレビューを通して技術イノベーション力を育成する中学校技術科の授業モデルの開発と実践」一般社団法人日本産業技術教育学会誌，63（2），2021，pp.239-247

国立極地研究所（2021）「GIGAスクール特別講座 ～南極は地球環境を見守るセンサーだ！～」https://www.nipr.ac.jp/gigaschool/

文部科学省（2021）「『令和の日本型学校教育』の構築を目指して～全ての子供たちの可能性を引き出す，個別最適な学びと，協働的な学びの実現～（答申）【概要】」https://www.mext.go.jp/content/20210126-mxt_syoto02-000012321_1-4.pdf

文部科学省（n.d.）「中央教育審議会」https://www.mext.go.jp/b_menu/shingi/chukyo/chukyo0/index.htm

文部科学省（2017）「新しい学習指導要領の考え方－中央教育審議会における議論から改訂そして実施へ－」https://www.mext.go.jp/a_menu/shotou/new-cs/__icsFiles/afieldfile/2017/09/28/1396716_1.pdf

文部科学省（2019）「教育の情報化に関する手引」https://www.mext.go.jp/content/20200609-mxt_jogai01-000003284_001.pdf

文部科学省（n.d.）「平成29・30・31年改訂学習指導要領」https://www.mext.go.jp/a_menu/shotou/new-cs/1384661.htm

文部科学省（n.d.）「以前の学習指導要領」https://www.mext.go.jp/a_menu/shotou/youryou/main4_a2.htm

文部科学省（2021）「文部科学省初等中等教育局修学支援・教材課：端末利活用状況等の実態調査」https://www.mext.go.jp/content/20211125-mxt_shuukyo01-000009827_001.pdf

内閣府（n.d.）「Society 5.0」https://www8.cao.go.jp/cstp/society5_0/

中村好則，藤井雅文，工藤真以，稲垣道子（2020）「中学校数学科の図形領域におけるICTを活用した指導の効果と課題──「円周角の定理」の実践授業における質問紙調査の分析を通して」岩手大学教育学部教育実践総合センター研究紀要，19号，pp.117-126

七木田俊，山本奨，芳門淳一，加藤佳昭，藤井雅文，平澤傑，青山慶（2020）「岩大附中版中学生の資質・能力尺度開発の試み──Society5.0時代の新しい学校教育の実践成果を測定する」岩手大学教育学部附属教育実践総合センター研究紀要，19号，pp.59-64

日本産業技術教育学会（2021）「次世代の学びを創造する新しい技術教育の枠組み（The New Framework of Technology and Engineering Education for Creating a Next Generation Learning）」https://www.jste.jp/main/data/New_Fw2021.pdf

日本産業技術教育学会（2019）『小・中・高等学校でのプログラミング教育実践──問題解決を目的とした論理的思考力の育成』九州大学出版

第2部　Society 5.0 時代の未来の学び

加藤佳昭，宮川洋一，上野耕史，森山潤（2021）「医療・介護技術のシステムを題材に技術ガバナンスレビューを通して技術イノベーション力を育成する中学校技術科の授業モデルの開発と実践」日本産業技術教育学会誌，第63巻，第2号，pp.239-247

経済産業省（2020）「未来の教室」https://www.learning-innovation.go.jp/about/

文部科学省（2021）「『令和の日本型学校教育』の構築を目指して～全ての子供たちの可能性を引き出す，個別最適な学びと，協働的な学びの実現～（答申）【概要】」https://www.mext.go.jp/content/20210126-mxt_syoto02-000012321_1-4.pdf

文部科学省（2018）「中学校学習指導要領（平成29年告示）解説　技術・家庭編」開隆堂出版

日本学術会議（2003）「新しい学術の体系」https://www.scj.go.jp/ja/info/kohyo/pdf/kohyo-18-t995-60-2.pdf

第3部　Society 5.0 時代の「人間の強み」を育む学びの構想

秋田喜代美（2006）『授業研究と談話分析』日本放送出版協会，pp. 88-89

文部科学省（2013）「国際成人力調査（PIAAC）調査結果の概要」https://www.mext.go.jp/b_menu/toukei/data/Others/__icsFiles/afieldfile/2013/11/07/1287165_1.pdf

内閣府（2017）「Society 5.0」https://www8.cao.go.jp/cstp/society5_0/

ウェイン・ホルムス，マヤ・ビアリック，チャールズ・ファデル（著）関口貴裕（監訳）東京学芸大学大学院・教育AI研究プログラム（訳）（2020）『教育AIが変える21世紀の学び』北大路書房，p. 5

Puentedura, R. R.（2010）"A Brief Introduction to TPCK and SAMR" http://www.hippasus.com/rrpweblog/archives/2011/12/08/BriefIntroTPCKSAMR.pdf

第4部　各教科・領域等の研究

国 語

教科論

中村正成（2020）『とうほく東研ひろば』東京書籍，2020年1月号，p. 2

田近洵一，井上尚美（2013）『国語教育指導用語辞典　第4版』教育出版

髙木展郎（2017）『教育科学　国語研究　11月号』明治図書，p. 90

滝井隆太（2017）『教育科学　国語研究　2月号』明治図書，p. 36

冨山哲也編（2017）『中学校新学習指導要領の展開』明治図書

柳川範之（2016）「人工知能（AI）の苦手なことは『言語理解』」「10MTVオピニオン」https://10mtv.jp/pc/content/detail.php?movie_id=1463

指導案

樺沢紫苑（2018）『学びを結果に変えるアウトプット大全』サンクチュアリ出版

永松茂久（2019）『人は話し方が9割』すばる舎

西脇資哲（2015）『プレゼンは「目線」で決まる──No.1プレゼン講師の人を動かす全77メソッド』ダイヤモンド社

齋藤孝（2019）『22 歳からの社会人になる教室③　齋藤孝が読む　カーネギー「話し方入門」』創元社

田近洵一，井上尚美（1984）『国語教育指導用語辞典』教育出版

社 会
教科論

唐木清志編著（2016）『公民的資質とは何か──社会科の過去・現在・未来を探る』東洋館出版社, pp. 36-45

加藤寿朗，澤井陽介（2018）「社会科における主体的・対話的で深い学びの実現に向けた授業改善」，『初等教育
　　資料』文部科学省, pp. 43-49

道田泰司（2001）「批判的思考」，森敏昭（編著）『おもしろ思考のラボラトリー』北大路書房, pp. 99-120

文部科学省（2018）『中学校学習指導要領（平成 29 年告示）解説　社会編』東洋館出版社, pp. 9-10

文部科学省（2018）『中学校学習指導要領（平成 29 年告示）解説　総則編』東山書房, 40, pp. 78-79

那須正裕（2017）『「資質・能力」と学びのメカニズム』東洋館出版社, pp. 152-207

澤井陽介（2020）『［図解］授業づくりの設計図』東洋館出版社, p. 31

数 学
教科論

国立教育政策研究所教育課程研究センター（2020）『「指導と評価の一体化」のための学習評価に関する参考資料
　　中学校 数学』東洋館出版社

藤原大樹（2018）『「単元を貫く数学的活動」でつくる中学校数学の新授業プラン』明治図書

文部科学省（2018）「Society 5.0 に向けた人材育成～社会が変わる，学びが変わる～」https://www.mext.go.jp/
　　component/a_menu/other/detail/__icsFiles/afieldfile/2018/06/06/1405844_002.pdf

相馬一彦，國宗進，二宮裕之（2016）『理論×実践で追究する！数学の「よい授業」』明治図書

山崎浩二，佐藤孝彦，石川昌（2000）『21 中学授業のネタ 数学』日本書籍

研究者から（教授　中村好則）

文部科学省（2021）「『令和の日本型学校教育』の構築を目指して～全ての子供たちの可能性を引き出す，個別最
　　適な学びと，協働的な学びの実現～（答申）【概要】」https://www.mext.go.jp/content/20210126-mxt_
　　syoto02-000012321_1-4.pdf

文部科学省（2019）「OECD 生徒の学習到達度調査（PISA）～ 2018 年調査補足資料～生徒の学校・学校外にお
　　ける ICT 利用」

文部科学省（2018）『中学校学習指導要領（平成 29 年告示）解説　数学編』日本文教出版

理 科
教科論

新井紀子（2018）『AI vs. 教科書が読めない子どもたち』東洋経済新報社

市川伸一（2004）『学ぶ意欲とスキルを育てる──いま求められる学力向上策』小学館

溝上慎一（2020）『社会に起きる個性──自己と他者・拡張的パーソナリティ・エージェンシー』東信堂

文部科学省（2021）「『令和の日本型学校教育』の構築を目指して～全ての子供たちの可能性を引き出す，個別最
　　適な学びと，協働的な学びの実現～（答申）【概要】」https://www.mext.go.jp/content/20210126-mxt_
　　syoto02-000012321_1-4.pdf

文部科学省（2019）「国際数学・理科教育動向調査（TIMSS2019）のポイント」

文部科学省（2018）『中学校学習指導要領（平成 29 年告示）解説　理科編』学校図書

文部科学省（2018）「教育課程研究センター『全国学力・学習状況調査』」

文部科学省（2018）「教育課程部会 児童生徒の学習評価に関するワーキンググループ」

Puentedura, R. R.（2010）"SAMR and TPACK: Intro to Advanced Practice." http://hippasus.com/resources/sweden2010/SAMR_TPCK_IntroToAdvancedPractice.pdf

米盛裕二（2007）『アブダクション──仮説と発見の論理』勁草書房

指導案

NHK for school「ガルバーニの動物電気」https://www2.nhk.or.jp/school/movie/clip.cgi?das_id=D0005401840_00000

NHK for school「電池を発明したボルタ」https://www2.nhk.or.jp/school/movie/clip.cgi?das_id=D0005300739_00000

研究者から（准教授　久坂哲也）

平澤傑, 久坂哲也（2021）「中学校理科における『主体的に学習に取り組む態度』の評価指標の開発」理科教育学研究, 62（1）, 149-157, https://doi.org/10.11639/sjst.sp20011

国立教育政策研究所（2019）「学習評価の在り方ハンドブック（小・中学校編）」https://www.nier.go.jp/kaihatsu/pdf/gakushuhyouka_R010613-01.pdf

文部科学省（2018）『中学校学習指導要領（平成29年告示）解説　理科編』学校図書

櫻井茂男（2020）『学びの「エンゲージメント」──主体的に学習に取り組む態度の評価と育て方』図書文化

［音楽］

教科論

加藤徹也, 山﨑正彦（2018）『中学校　新学習指導要領　音楽の授業づくり』明治図書

文部科学省（2018）『中学校学習指導要領（平成29年告示）解説　音楽編』教育芸術社

文部科学省（2018）「Society 5.0に向けた人材育成～社会が変わる, 学びが変わる～」https://www.mext.go.jp/component/a_menu/other/detail/__icsFiles/afieldfile/2018/06/06/1405844_002.pdf

文部科学省（2016）「芸術ワーキンググループにおける審議のとりまとめ」https://www.mext.go.jp/b_menu/shingi/chukyo/chukyo3/069/sonota/__icsFiles/afieldfile/2016/10/12/1377096_1.pdf

文部科学省（2016）「幼稚園, 小学校, 中学校, 高等学校及び特別支援学校の学習指導要領等の改善及び必要な方策等について（答申）」（中教審第197号）https://www.mext.go.jp/component/b_menu/shingi/toushin/__icsFiles/afieldfile/2017/01/10/1380902_3_2.pdf

指導案

岩手県教育委員会（2021）「『指導と評価の一体化』に向けたハンドブック」https://www.pref.iwate.jp/_res/projects/default_project/_page_/001/038/477/sassibann.pdf

日本音楽の教育と研究をつなぐ会（編著）徳丸吉彦（監修）（2019）『唱歌で学ぶ日本音楽（DVD付き）』音楽之友社

芝祐靖（監修）（2006）『図説　雅楽入門事典』柏書房

研究者から（教授　川口明子）

川口明子, 猶原和子（2012）『小学校でチャレンジする！伝統音楽の授業プラン』明治図書

薦田治子（2019）「はじめに──唱歌の重要性について」, 日本音楽の教育と研究をつなぐ会（編著）徳丸吉彦（監修）『唱歌で学ぶ日本音楽（DVD付き）』音楽之友社, p. 3

文部科学省（2018）『中学校学習指導要領（平成29年告示）解説　音楽編』教育芸術社

日本音楽の教育と研究をつなぐ会（編著）徳丸吉彦（監修）（2019）『唱歌で学ぶ日本音楽（DVD付き）』音楽之友社

芝祐靖（監修）（2006）『図説　雅楽入門事典』柏書房, p. 208

徳丸吉彦（2008）『音楽とはなにか──理論と現場の間から』岩波書店

徳丸吉彦（1991）『民族音楽学』財団法人放送大学教育振興会

美術
教科論
文部科学省（2020）「主体的・対話的で深い学びの視点からの授業改善」https://www.mext.go.jp/a_menu/shotou/new-cs/__icsFiles/afieldfile/2020/01/28/20200128_mxt_kouhou02_01.pdf

文部科学省（2018）「Society 5.0 に向けた人材育成～社会が変わる，学びが変わる～」https://www.mext.go.jp/component/a_menu/other/detail/__icsFiles/afieldfile/2018/06/06/1405844_002.pdf,

内閣府（2016）「第5期科学技術基本計画」https://www8.cao.go.jp/cstp/kihonkeikaku/index5.html

末永幸（2020）『「自分だけの答え」が見つかる　13歳からのアート思考』ダイヤモンド社

トレイシー・E・ホール，アン・マイヤー，デイビッド・H・ローズ（著）バーンズ亀山静子（訳）（2018）『UDL　学びのユニバーサルデザイン』東洋館出版社

保健体育
教科論
国立教育政策研究所教育課程研究センター（2020）『「指導と評価の一体化」のための学習評価に関する参考資料　中学校 保健体育』東洋館出版社

長谷川悦示，高橋健夫，浦井孝夫，松本富子（1995）「小学校体育授業の形成的授業評価及び診断基準作成の試み，スポーツ教育学研究」vol.14, pp. 91-101

文部科学省（2020）「主体的・対話的で深い学びの視点からの授業改善」https://www.mext.go.jp/a_menu/shotou/new-cs/__icsFiles/afieldfile/2020/01/28/20200128_mxt_kouhou02_01.pdf

文部科学省（2018）「Society 5.0 に向けた人材育成～社会が変わる，学びが変わる～」https://www.mext.go.jp/component/a_menu/other/detail/__icsFiles/afieldfile/2018/06/06/1405844_002.pdf

佐藤豊（2017）『平成29年版　中学校新学習指導要領の展開　保健体育編』明治図書

高橋健夫，岡出美則，友添秀則，岩田靖（2002）『体育科教育学入門』大修館書店

技術・家庭
教科論
独立行政法人大学入試センター（2021）「平成30年告示高等学校学習指導要領に対応した令和7年度大学入試共通テストからの出題教科・科目について」https://www.dnc.ac.jp/

経済協力開発機構（OECD）（2018）『社会情動的スキル──学びに向かう力』明石書店, p. 52

七木田俊，山本奨，芳門淳一，加藤佳昭，藤井雅文，平澤傑，青山慶（2020）「岩大附中版中学生の資質・能力尺度開発の試み－Society5.0時代の新しい学校教育実践成果を測定する－」，『岩手大学教育学部附属教育教育実践総合センター研究紀要』第19号, pp. 59-64

指導案（家庭）
筒井恭子（2021）『中学校技術・家庭科　家庭分野　資質・能力を育む学習指導と評価の工夫』東洋館出版社

外国語
教科論
中央教育審議会教育課程部会外国語ワーキンググループ（2017）「外国語ワーキンググループにおける審議の取

りまとめ」

中央教育審議会教育課程部会言語能力の向上に関する特別チーム（2016）「言語能力の向上に関する特別チームにおける審議の取りまとめ」

文部科学省（2021）「『令和の日本型学校教育』の構築を目指して～全ての子供たちの可能性を引き出す，個別最適な学びと，協働的な学びの実現～（答申）」https://www.mext.go.jp/content/20210126-mxt_syoto02-000012321_1-4.pdf

研究者から（教授　ホール・ジェームズ）

ブリティッシュ・カウンシル（n.d.）CEFR（ヨーロッパ言語共通参照枠）https://www.britishcouncil.jp/programmes/english-education/updates/4skills/about/cefr

Cambridge English Assessment（n.d.）"A2 Key preparation"https://www.cambridgeenglish.org/exams-and-tests/key/preparation/

Hattie, J.（2012）"Visible Learning for Teachers" Routledge.

文部科学省（2013）「グローバル化に対応した英語教育改革実施計画」http://www.mext.go.jp/b_menu/houdou/25/12/__icsFiles/afieldfile/2013/12/17/1342458_01_1.pdf

日本英語検定協会（n.d.）「英語教育に関する研究調査結果（英検）」https://www.eiken.or.jp/eiken/group/result/

投野由紀夫（2013）『CAN-DO リスト作成・活用　英語到達度指標 CEFR-J ガイドブック』大修館書店

道 徳
教科論

赤堀博行（2017）『「特別の教科 道徳」で大切なこと』東洋館出版社

岩手県教育委員会（2019）「考える道徳への転換に向けたワーキンググループにおける審議の取りまとめ」，『平成 31 年度　学校教育指導指針』

文部科学省（2018）「Society 5.0 に向けた人材育成～社会が変わる，学びが変わる～」https://www.mext.go.jp/component/a_menu/other/detail/__icsFiles/afieldfile/2018/06/06/1405844_002.pdf

毛内嘉威（2018）『道徳授業の PDCA──指導と評価の一体化で授業を変える！』明治図書

柴原弘志（2018）「岩手県教育センター『「特別な教科 道徳」における授業づくりと評価』」

田村学（2017）『カリキュラム・マネジメント入門』東洋館出版社

田沼茂紀（2017）『道徳科授業のつくり方──パッケージ型ユニットでパフォーマンス評価』東洋館出版社

柳沼良太（2019）「平成 30 年度 第 35 回岩手県教育評価研究大会『新学習指導要領における道徳教育の在り方』」

柳沼良太（2017）『道徳の理論と指導法──「考え議論する道徳」でよりよく生きる力を育む』図書文化社

吉本恒幸（2019）「平成 30 年度 第 62 回岩手県教育研究発表会『道徳科の授業と評価』」

総合的な学習の時間
教科論

文部科学省（2018）「Society 5.0 に向けた人材育成～社会が変わる，学びが変わる～」https://www.mext.go.jp/component/a_menu/other/detail/__icsFiles/afieldfile/2018/06/06/1405844_002.pdf

文部科学省（2018）『中学校学習指導要領（平成 29 年告示）解説　総合的な学習の時間編』東山書房

研究者から（教授　田代高章）

文部科学省（2021）『今、求められる力を高める総合的な学習の時間の展開（小学校編）』アイフィス

田代高章，阿部昇（編著）（2021）『「生きる力」を育む総合的な学習の時間』福村出版

第5部　ICT支援について

Google（2022）"Google for Education" https://edu.google.com/intl/ALL_jp/

ICT支援員の養成に関する調査研究委員会（一般財団法人 コンピュータ教育推進センター）（2014）「ICT支援員ハンドブック」http://www.cec.or.jp/cecre/ictsup/h24ictsup_index.html

IPA独立行政法人情報処理推進機構（2022）https://www.ipa.go.jp/

JNK4 情報ネットワーク教育活用研究協議会（2021）「ICT支援員養成講座」https://jnk4.info/e-LearningCourse/entry.php

情報ネットワーク教育活用研究協議会／教育情報化コーディネータ認定委員会（2021）「ICT支援員能力認定試験」https://jnk4.org/itce

情報ネットワーク教育活用研究協議会／教育情報化コーディネータ認定委員会（2021）「教育情報化コーディネータ検定試験」https://jnk4.info/itce/

Microsoft（2022）「MOSマイクロソフト オフィス スペシャリスト」https://mos.odyssey-com.co.jp/index.html

文部科学省（2021）「GIGAスクール構想の実現に向けた端末の利活用等に関する状況について　端末利活用状況等の実態調査（令和3年7月末時点）（確定値）」https://www.mext.go.jp/a_menu/other/mext_00921.html

文部科学省（2021）「ICT支援員の配置促進に関する調査研究」https://www.mext.go.jp/a_menu/shotou/zyouhou/detail/mext_01346.html

文部科学省（2021）「令和3年度補正予算」https://www.mext.go.jp/a_menu/yosan/r01/1420672_00002.htm

文部科学省（2021）「令和4年度予算」https://www.mext.go.jp/a_menu/yosan/r01/1420672_00003.htm

文部科学省（2020）「GIGAスクール構想の実現　標準仕様書」https://www.mext.go.jp/a_menu/other/1421443_00002.htm

文部科学省（2019）「学校教育の情報化の推進に関する法律」https://www.mext.go.jp/a_menu/shotou/zyouhou/detail/1418577.htm

文部科学省（2019）「GIGAスクール構想の実現について」https://www.mext.go.jp/a_menu/other/index_00001.htm

文部科学省（2018）「ICT支援員の育成・確保のための調査研究事業」https://www.mext.go.jp/a_menu/shotou/zyouhou/detail/1398432.htm

文部科学省（2017）「教育のICT化に向けた環境整備5か年計画（2018（平成30）～2022年度）」https://www.mext.go.jp/a_menu/shotou/zyouhou/detail/1402835.htm

第6部　統計分析で見る本校生徒の特徴と変容

堀浩洋道（2020）『心理測定尺度Ⅰ・Ⅱ・Ⅳ・Ⅵ』サイエンス社，Ⅰ；pp. 37-42, Ⅱ；pp. 170-174, Ⅳ；pp. 176-182, Ⅵ；pp. 151-158, pp. 164-166

中西一雄，矢野充博（2021）「中学校理科授業における生徒のICT活用の有用性認識尺度の開発」，『日本教育工学会論文誌』45巻2号，pp.173-183

七木田俊，山本奨，芳門淳一，加藤佳昭，藤井雅文，平澤傑，青山慶（2020）「岩大附中版中学生の資質・能力尺度開発の試み－Society5.0時代の新しい学校教育実践成果を測定する－」，『岩手大学教育学部附属教育実践総合センター研究紀要』第19号，pp. 59-64

研究の経過

年度	期間	主な研究内容
令和元年 理論構築＆授業研究会 （理論から「人間の強み」を模索する）	4月〜7月	①校内研究会「理科」 　〜主体的・対話的で深い学びと主体的に学習に取り組む態度の評価〜 ②校内研究会「道徳」 　〜道徳的価値理解を基に自己を見つめ，生き方について考えを深める授業〜 **2019年度学校公開教育研究中間発表会**
	8月〜12月	③校内研究会「英語」 　〜外国語科固有の見方・考え方を働かせる学びの場の設定〜 ④校内研究会「理論研究」 　〜「AI時代・『人間の強み』を育む教育と学び」〜（講師：東北大学・渡部信一先生） ⑤校内研究会「数学」 　〜主体的・対話的で深い学びを実現するための単元計画の作成〜 ⑥校内研究会「ICT導入研修」（講師：ロイロノートスクール株式会社様） ⑦校内研究会「総合」 　〜育成を目指す資質・能力を明確化した授業〜
	1月〜3月	⑧校内研究会「国語」 　〜言葉による見方・考え方を働かせる『真正の学びの場』の設定〜 ⑨校内研究会「教科等研究交流」 　〜「人間の強み」を発揮するために〜 ⑩校内研究会「理論研究」 　〜「Society 5.0を目指す超スマート社会」〜（講師：マイクロソフト・西脇資哲先生） ⑪校内研究会「家庭」 　〜生活や社会を支える家庭生活と地域社会〜 ⑫校内研究会「理論研究」 　〜新学習指導要領における指導と評価の一体化について〜（講師：国立教育政策研究所・水谷尚人先生）
令和2年 授業研究会 （理論に基づき実践を高める・生徒の変容を的確に捉える）	4月〜7月	①校内研究会「理論研究」 　〜評価の在り方について〜 ②校内研究会「理論研究」 　〜研究総論について〜 ③校内研究会「道徳」 　〜道徳的価値に迫る対話の在り方の追究〜 **令和2年度教育研究協議会** （コロナウイルス感染拡大防止のため学校公開教育研究中間発表会に代替して開催） ④校内研究会「中間総括・来年度研究計画」 ⑤校内研究会「社会」 　〜資質・能力の教科横断的な学び〜
	8月〜12月	⑥授業のオープンセミナー※ 「数学」〜ICTを用いた協働的な授業〜 「家庭」〜ICTを用いた協働的な授業〜 ⑦授業のオープンセミナー 「理科」〜一人一台端末を活用した一人一課題の授業〜 「英語」〜一人一台端末を活用し学びの選択権を委ねる授業〜 ⑧授業のオープンセミナー 「美術」〜ユニバーサルデザインの授業〜 「理科」〜主体的に学習に取り組む態度の評価〜 ⑨校内研究会「国語」 　〜主体的・対話的で深い学びを促す教師のコーディネート〜

	1月〜3月	⑩校内研究会「総合」 　〜小中連携を意識したカリキュラムマネジメント〜 ⑪校内研究会「理論研究」 　〜生徒の変容分析と新しい評価方法の在り方〜
令和3年 授業研究会 （生徒の変容・実態を踏まえ，さらに実践を高める）	4月〜7月	①校内研究会「道徳」 　〜「主体的・対話的で深い学び」と「情報・情報技術の効果的な活用」〜 **令和3年度学校公開教育研究発表会（本公開・オンライン公開）**
	8月〜12月	②校内研究会「理論研究」 　〜生徒の実態分析と新たな研究構想〜 ③授業のオープンセミナー「社会」「保健体育」 　〜ICTを活用した主体的・対話的で深い学び〜
	1月〜3月	④校内研究会「保健体育」 　〜伝え合うことを通した集団での課題解決〜 ⑤校内研究会「理論研究」 　〜ICTの効果的な活用×主体的・対話的で深い学び〜 （講師：東北大学大学院教授・堀田龍也先生） ⑥校内研究会「国語」 　〜主体的・対話的で深い学びにおける教師のコーディネート〜 ⑦校内研究会「理論研究」 　〜生徒の変容分析と各教科の授業ブラッシュアップ〜

※「授業のオープンセミナー」とは，他校から参会者を募り，本校職員と共に授業研究会を行う拡大校内研究会を指す。

図1　授業のオープンセミナー（美術）

図2　授業のオープンセミナー（理科）

図3　授業のオープンセミナー（英語）

図4　評価方法を吟味する校内研究会

図5　生徒の変容分析のための校内研究会

（研究主任　平澤 傑）

研究の経過

■執筆者一覧

まえがき・第1部　　校　長　　宮川 洋一

第2部　　　　　　　教務主任　　加藤 佳昭

第3部　　　　　　　研究主任　　平澤 傑

第4部

　　　国　語　　鈴木 駿，中村 正成，三上 潤也
　　　　　　　岩手大学教育学部准教授　田中 成行

　　　社　会　　藤村 和弘，中村 功佑
　　　　　　　岩手大学教育学部教授　今野 日出晴

　　　数　学　　稲垣 道子，浅倉 祥，工藤 真以
　　　　　　　岩手大学教育学部教授　中村 好則，岩手大学教育学部准教授　佐藤 寿仁

　　　理　科　　佐々木 聡也，小原 翔太，平澤 傑
　　　　　　　岩手大学教育学部教授　菊地 洋一，岩手大学教育学部准教授　久坂 哲也

　　　音　楽　　赤沼 周子
　　　　　　　岩手大学教育学部教授　川口 明子

　　　美　術　　佐々木 倫生
　　　　　　　岩手大学教育学部教授　溝口 昭彦

　　　保健体育　　佐々木 篤史，熊谷 晴菜
　　　　　　　岩手大学教育学部教授　清水 茂幸，岩手大学教育学部准教授　清水 将

　　　技術・家庭　　加藤 佳昭，林 澪
　　　　　　　岩手大学教育学部特命准教授　石橋 和子，岩手大学教育学部教授　天木 桂子

　　　外国語　　山蔭 理恵，大瀧 航，芳門 淳一
　　　　　　　岩手大学教育学部教授　ホール・ジェームズ

　　　道　徳　　大瀧 航，三上 潤也，中村 功佑，小原 翔太
　　　　　　　岩手大学教育学部教授　宇佐美 公生

　　　総合的な学習の時間　　工藤 真以，中村 正成，赤沼 周子，佐々木 篤史，
　　　　　　　佐々木 聡也，山蔭 理恵
　　　　　　　岩手大学教育学部教授　田代 高章

第5部　　　　　　　ICT支援員　　日脇 隆弘

第6部　　　　　　　研究主任　　平澤 傑

■研究同人

校　長	宮川 洋一	音楽科	赤沼 周子
副校長	芳賀 郁夫	美術科	佐々木 倫生
主幹教諭	芳門 淳一	保健体育科	佐々木 篤史
国語科	中村 正成		熊谷 晴菜
	三上 潤也	技術・家庭科	加藤 佳昭
	鈴木 駿		林 澪
社会科	藤村 和弘	健康教育	藤村 郁胡
	中村 功佑	講　師	織田 未央（国語）
数学科	工藤 真以		杉本 一晟（社会）
	稲垣 道子		佐藤 里江子（英語）
	浅倉 祥		菅原 宙斗（保健体育）
理　科	平澤 傑		柳生 達雄（技術）
	小原 翔太	相談室	今野 吉章
	佐々木 聡也		向田 真矢
外国語科	芳門 淳一	事務室	伊藤 真理子
	山蔭 理恵		渡辺 敦子
	大瀧 航		齋藤 元宏

■ 2020年度までの研究同人

副校長	三浦 隆	保健体育科	髙橋 走
国語科	佐々木 淑乃		北 法子
社会科	木村 義輝		

■ 2019年度までの研究同人

社会科	七木田 俊	健康教育	真壁 相己子
数学科	藤井 雅文	講　師	遠藤 怜美（理科）
音楽科	柿崎 倫史		村上 貴史（保健体育）
美術科	髙橋 知志		田邉 尚人（音楽）
保健体育科	加賀 智子	事務室	豊岡 恵理子
技術・家庭科	岩舘 良子		

■ 2018年度までの研究同人

校　長	名越 利幸	数学科	佐々木 亘
副校長	照井 正孝	講　師	會津 響平
国語科	西澤 孝司	事務室	櫻田 美幸

装幀：南 貴之（4U design）

本文組版：朝日メディアインターナショナル株式会社，南 貴之

Society 5.0 時代の中学校教育の構想と実践

1 人 1 台端末時代の新しい授業の形 ［全教科対応］

2022 年 6 月 1 日　　初版第 1 刷発行

編著者　　岩手大学教育学部，岩手大学教育学部附属中学校
発行者　　宮下基幸
発行所　　福村出版株式会社
　　　　　〒 113-0034　東京都文京区湯島 2-14-11
　　　　　電話　03-5812-9702　ファクス　03-5812-9705
　　　　　https://www.fukumura.co.jp/
印刷・製本　中央精版印刷株式会社
